Afrikanische Skulptur

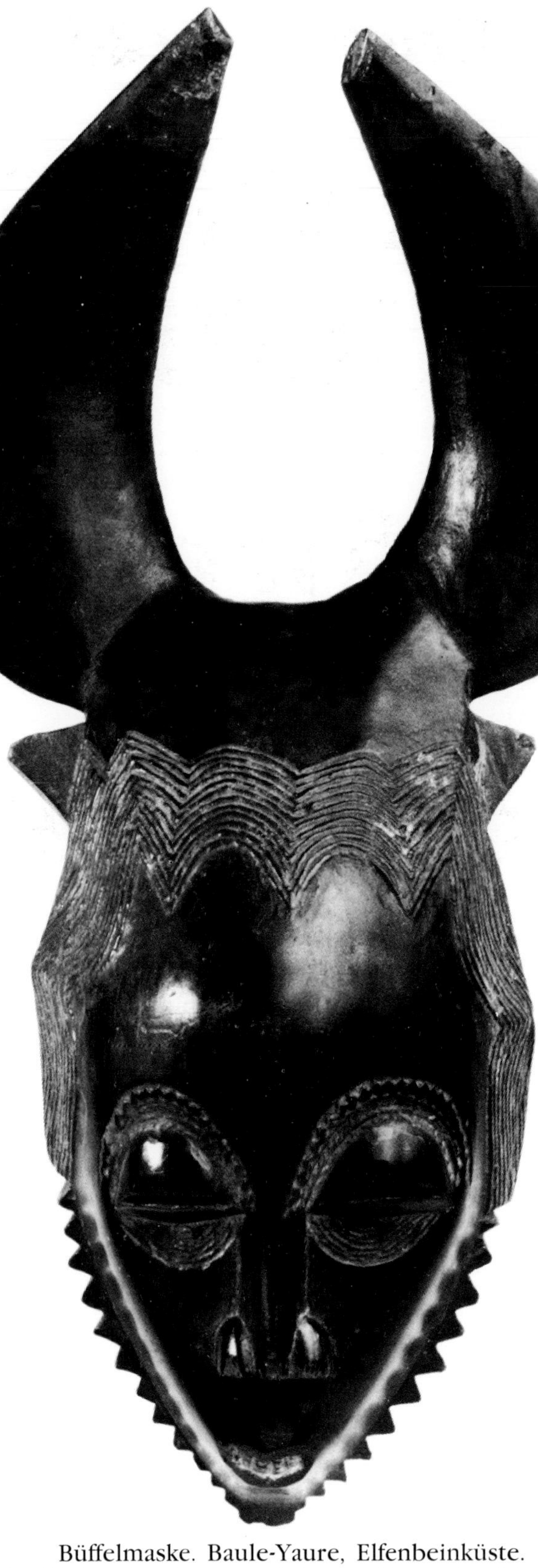

Büffelmaske. Baule-Yaure, Elfenbeinküste.
Helles Holz mit schwarz gefärbter, glänzender Oberfläche.
In den Rillen eine Kruste aus gelbbrauner Patina. Die Spitzen der Hörner mit gelbbraunem Farbstoff gefärbt.
Zum Unterschied von den anderen Baule-Unterstämmen haben hier die meisten Masken von Tierdämonen nicht die Form stilisierter Tierköpfe, sondern menschlicher Gesichter, die mit einem charakteristischen Attribut des betreffenden Tieres ergänzt werden.
Náprstek-Museum, Kat. Nr. A 11 591 H. 38,5 cm

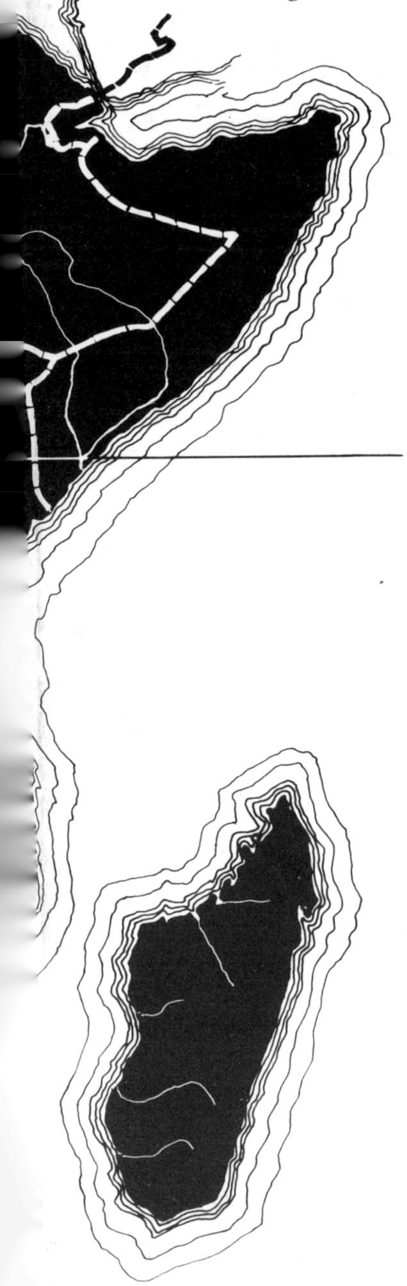

OBERLAUF DES NIGER

1. Bambara (Bamana)
2. Marka
3. Soninke
4. Malinke
5. Bozo
6. Dogon
7. Bobo
8. Bwa
9. Gurunsi
10. Mossi
11. Kurumba-Nioniosi
12. Senufo (Siena)
13. Nafana
14. Kulango
15. Tussian
16. Lobi
17. Ligbe

DIE WESTKÜSTE DES GOLFS VON GUINEA

18. Bijogo
19. Nalu
20. Landuman
21. Baga
22. Mende
23. Vai
24. Gola
25. Temne
26. Toma (Loma)
27. Kru
28. Grebo
29. Kpelle
30. Dan
31. Ngere (Guerze)
32. Ngere-Wobe
33. Bete
34. Guro
35. Baule
36. Baule-Yaure
37. Attie
38. Adioukrou
39. Alagya
40. Ebrie
41. Asante
42. Anyi (Agni)
43. Abron
44. Fanti

DIE OSTKÜSTE DES GOLFS VON GUINEA

Die Republik Benin und Westnigeria

45. Ewe
46. Fon
47. Yoruba
48. Yoruba-Ekiti
49. Bini
50. Urhobo
51. Ishan

Südostnigeria

52. Ijo
53. Kalabari
54. Anyang
55. Widekum
56. Ekoi (Ejagham)
57. Keaka
58. Bokyi
59. Ibibio
60. Ibibio-Oron
61. Ibibio-Anang
62. Kana (Ogoni)
63. Ibo
64. Ibo-Afikpo

Das Flußgebiet des Benuë

65. Igala
66. Idoma
67. Tiv
68. Jukun
69. Chamba
70. Mumuye
71. Mambila
72. Kaka
73. Wurkun
74. Goemai
75. Montol
76. Kantana (Mama)
77. Ham (Jaba)
78. Koro
79. Afo
80. Basa-Nge
81. Basa-Komo
82. Igbira
83. Nupe

Kameruner Grasland

84. Bamileke
85. Bangwa
86. Tikar
87. Bekom
88. Bamum
89. Bali
90. Bafo
91. Bakundu
92. Duala

ÄQUATORIAL–AFRIKA

Das Flußgebiet des Ogowe

93. Fang
94. Bane
95. Bulu
96. Yaunde
97. Yabassi
98. Bakota
99. Mahongwe
100. Ambete
101. Mitsogho
102. Balumbo
103. Mashango
104. Ashira
105. Bapunu
106. Bavuvi

Nord- und Ostzaire

107. Bakwele
108. Bwaka (Ngbaka)
109. Mangbetu
110. Azande
111. Bambole
112. Balega (Warega)

Der untere Kongo

113. Bavili
114. Bawoyo
115. Basundi
116. Basolongo
117. Babembe
118. Bateke-Sise
119. Bateke-Fumu
120. Kuyu

Südzaire

121. Bayaka
122. Basuku
123. Bambala
124. Bahuana (Bahuangana)
125. Bapende (West)
126. Bapende (East)
127. Bakuba (Bushongo)
128. Bashilele
129. Bawongo
130. Bashobwa
131. Babindji
132. Bakete
133. Ndengese
134. Bena Biombo
135. Bena Lulua
136. Balwalwa
137. Basalampasu
138. Bena Kanioka
139. Batschokwe
140. Ovimbundu
141. Baholo

Das Flußgebiet des Lualaba

142. Baluba
143. Basikasingo
144. Babembe
145. Babuye
146. Baholoholo
147. Batabwa
148. Basonge
149. Batetela

OST- UND SÜDAFRIKA

150. Bari
151. Gato
152. Konso
153. Ometo
154. Wassiba (Haya)
155. Wakerewe
156. Wassukuma
157. Abaha (Ha)
158. Wabende
159. Wanyamwezi
160. Wagogo
161. Washambala
162. Wazaramo
163. Doe
164. Wabondei
165. Makonde
166. Wamuera
167. Mawia
168. Wayao
169. Lomwe
170. Barotse (Lozi)
171. Masubia
172. Bathenga
173. Zulu

Die geographische Verteilung der Stämme

Erich Herold

AFRIKANISCHE SKULPTUR

Stilformen und Traditionen

Verlag Werner Dausien • Hanau

Fotografien von Jan Pícha
Federzeichnungen von Ivan Zpěvák
Ins Deutsche übertragen von Dr. Anna Kunstová
Graphische Gestaltung von Karel Vilgus

ISBN 3-7684-1000-5
2/99/80/52-01

Inhalt

DIE SKULPTUR UND DIE TRADITIONELLE AFRIKANISCHE GESELLSCHAFT

1, 2 Jagdhorn. Afro-portugiesische Elfenbeinschnitzerei, 16. Jahrhundert. Sherbro. An der Spitze des Elefantenzahns war unter dem Mundstück symmetrisch eine zweite Figur eines Vierfüßlers angeschnitzt, nach den Resten der Hufe stellte sie offenbar ebenfalls ein Wildschwein dar. Auch die beiden Figuren der Europäer an der konvexen Seite des Stoßzahns tragen erbeutete Eber. Im unteren dekorativen Streifen

Über die afrikanische Kunst gibt es weder eine Beurteilung noch eine Information, die man vorbehaltlos akzeptieren könnte. Dies gilt auch für die Grundbegriffe. Wir sprechen über die Skulptur in der traditionellen afrikanischen Gesellschaft, als ob diese Skulptur in dem ganzen Schwarzen Kontinent existierte und überall die gleiche Rolle spielte. In Wirklichkeit jedoch ist sie ein Produkt nur eines bestimmten ökonomischen Typs der afrikanischen Gesellschaft. Ihre Heimat ist der westliche Sudan, ferner der breite Streifen des Festlandes, der den Golf von Guinea säumt, von Guinea Bissau im Nordosten bis Angola im Süden, einschließlich des ganzen Kongobeckens. Im Südosten dehnt sich dieses weite Gebiet in den östlichen Teil des Kontinents aus, nach Tansania und Mozambique, von hier aus bis zum Süden. Hier sind es vor allem Einzugsgebiete großer und kleiner Flüsse, die im Westen in den Golf von Guinea und im Südosten in den Indischen Ozean münden. Dem Landschaftstyp nach sind es Gebiete des ursprünglichen Regenwaldes und angrenzende Gebiete der Waldsteppe, das heißt Gebiete, die die Entwicklung der Landwirtschaft ermöglichten, da die traditionelle afrikanische Skulptur der künstlerische Ausdruck einer Gesellschaft ist, die in ökonomischer Hinsicht auf dem Ackerbau gegründet ist. Bei den Jägern und Sammlern, die die tropischen Urwälder und Halbwüsten bewohnten, und bei der Hirtenbevölkerung afrikanischer Savannen gibt es die Skulptur nicht.

Wie wir später sehen werden, hat sich die afrikanische Skulptur nicht überall, wo sie in Erscheinung tritt, mit gleicher Intensität entwickelt. Im Südosten des Kontinents ist sie wesentlich ärmer als im Westen, obwohl sie in der Vergangenheit auch hier zweifellos reicher war, als es heute auf den ersten Blick scheint. Die geringere Bedeutung der figürlichen Schnitzerei in der östlichen Hälfte Afrikas wird gewöhnlich der überwiegenden Viehzucht angelastet. Der Schwerpunkt des künstlerischen Ausdrucks der Hirtenbevölkerung liegt in einem anderen Bereich, in Erzeugnissen, die wir mit dem Begriff „Kunstgewerbe" — oder genauer „traditionelles Design" — bezeichnen könnten.

In diesem Buch benutzen wir oft das Attribut „traditionell": die traditionelle Gesellschaft, die traditionelle Kunst, die traditionelle Skulptur — und hier sogar „das traditionelle Design". Meist könnten wir dieses Wort durch den Ausdruck „Stammes-" ersetzen und oft tun wir es auch. Wir sagten bereits, daß die afrikanische Skulptur der künstlerische Ausdruck der Ackerbauer ist. In gesellschaftlicher Hinsicht waren diese Bauern nach dem Verwandtschaftsprinzip in Sippen und Stämme organisiert. Die politische Autorität lag in den Händen der Dorfältesten und in diesem Sinn könnten wir den Großteil der afrikanischen Schnitzerei als eine Dorfkunst bezeichnen. Manchmal entstand eine zentrale politische Macht auf Stammesebene, vereinzelt entwickelte sie sich sogar zu Staatsgebilden, deren Macht den Rahmen eines Stammes überschritt. An der Spitze eines solchen Staatsgebildes stand der Monarch, der sein Amt auch im sakralen Bereich der Religion ausübte. Heute hat sich dieses System überlebt, es ist in das moderne Staatswesen eingegliedert und zerfällt unter seinem Einfluß, das alte Stammesbewußtsein weicht langsam einem breiteren Bewußtsein der Zugehörigkeit zu einer Nation oder einem Staat. Es ist natürlich ein langsamer und bestimmt kein geradliniger Prozeß, der unter der Einwirkung vieler ökonomischer und politischer Faktoren verläuft. Die Stammesord-

ist eine Jagd auf Vögel dargestellt. Ein europäischer Jäger schießt mit einer Armbrust mit einem Fußbügel, am Gürtel hat er einen Pfeil mit stumpfer Spitze, der zur Jagd auf Vögel benutzt wurde. Der andere Jäger schießt mit einem Bogen. Unter ihm befindet sich das einzige afrikanische Motiv, eine Relieffigur eines schreitenden Affen mit langem Schwanz.
Nationalmuseum, Prag, Kat. Nr. 3623 L. 56,7 cm

3 Löffel mit Stiel, der mit Figuren eines Hahns und eines Hornraben (?) verziert ist. Afro-portugiesische Elfenbeinschnitzerei. Benin (?), 16. Jahrhundert. Dieser Löffel und das Jagdhorn sind wahrscheinlich die einzigen Afro-portugiesischen Schnitzereien, die in Prag aus der ursprünglich zweifellos reicheren Kollektion des Kaisers Rudolf II. von Habsburg (1552—1612) erhalten geblieben sind. Wie J. Kandert festgestellt hat, befanden sie sich bis zum 19. Jahrhundert unweit von Prag auf dem Schloß in Brandýs, der einstigen Sommerresidenz Rudolfs II. Dank diesem Umstand wurden sie nicht von dem schwedischen Heer geraubt, das im Jahre 1648 den Großteil der berühmten Rudolfinischen Sammlungen aus der Prager Residenz als Beute nach Schweden brachte. Zu Beginn der dreißiger Jahre des vorigen Jahrhunderts, als das Schloß in Brandýs für andere Zwecke geräumt wurde, erwarb ein Privatsammler beide Objekte bei dem Ausverkauf des Inventars. Nach ungefähr zwanzig Jahren hat er sie dann zusammen mit seiner ganzen Sammlung dem damaligen Museum des Königreichs Böhmen, dem heutigen Nationalmuseum in Prag, verkauft.
Nationalmuseum, Prag, Kat. Nr. 3654 L. 23,9 cm

nung existierte in Afrika seit Jahrtausenden und erlebte ihre ersten Erschütterungen erst in der Folge der Begegnung mit der europäischen Zivilisation. Sie konnte jedoch die Zeit der frühen europäischen Christianisierungsversuche überleben, ebenso wie später die Jahrhunderte des Sklavenhandels, der große Gebiete fast entvölkerte, und schließlich das Zeitalter kolonialer Ausbeutung und direkter politischer Verwaltung durch fremde Mächte. Die britische Kolonialverwaltung hingegen nutzte die Stammesordnung oft für ihre eigenen Zwecke aus und steuerte so zu ihrem weiteren Fortbestand bei.

Ihre Widerstandsfähigkeit schöpfte die Stammesordnung aus dem konservativen Traditionalismus, der für sie charakteristisch ist. Das Festhalten an politischen, religiösen und kulturellen Traditionen erhält die Stammesgesellschaft am Leben, gleichzeitig jedoch verhindert es die Entstehung innerer Kräfte, die zu einer höheren Stufe ökonomischer und gesellschaftlicher Entwicklung führen könnten. Mit Recht bezeichnen wir also die Stammesgesellschaft als traditionell und ebenso die Stammeskunst, die ein Produkt, Bestandteil und Werkzeug der Stammestraditionen ist.

Die Weltanschauung der afrikanischen Stammesgesellschaft beruht auf dem Glauben an die Existenz der Vorfahren nach dem Tode, an ihre Beteiligung am Leben gegenwärtiger Generationen. Dieser Glaube äußert sich durch den Ahnenkult, dessen Praktiken die Eingriffe der Toten in das Leben der Gesellschaft in positive Richtung lenken und ihre negative Einwirkung verhindern sollen. Diesem Kult dient der Großteil afrikanischer figürlicher Skulpturen. Der Glaube selbst sowie die mit ihm verbundenen Praktiken und Bräuche haben viele ethnische und örtliche Varianten und Modifikationen, womit auch die verschiedenartige Bedeutung der Kultfiguren zusammenhängt. In einigen Gemeinschaften sind es Darstellungen der Ureltern der Sippe oder des Stammes, beziehungsweise des Dorfgründers, manchmal stellen sie ausschließlich mythische Ahnen dar, oft auf tierisch-totemische Art, z. B. im Kongo, manchmal sind es idealisierte Persönlichkeiten, die vor vielen Generationen tatsächlich gelebt haben. Bei den Baule an der Elfenbeinküste war es üblich, Porträtfiguren verstorbener Personen anzufertigen. Die Figur ist nicht nur der Ausdruck frommer Ehrfurcht vor dem toten Vorfahren, seine Personifizierung, der man Gaben bringt, die man mit Trankopfern versöhnt, deren Gunst man durch Opfer erlangt, die man um Rat und Hilfe bitten kann. Die Figur ist auch der Sitz seiner Seele, die an sie gefesselt sein soll, damit sie nicht frei umherirren und ohne Kontrolle einen negativen Einfluß auf die Gemeinschaft der Lebenden nehmen kann. Bei einer Reihe von Stämmen in Gabun wurden sogar idealisierte Bildnisse Verstorbener als Masken angefertigt, die bei Begräbnis- und Versöhnungsriten benutzt wurden. Zur Kategorie des Ahnenkults gehört auch die Verehrung, die längst gestorbenen Helden des Stammes erwiesen wurde (z. B. bei den Batschokwe in Nordangola oder bei den Stämmen an der Kalabar-Küste in Nigeria), auch wenn sie nicht durch Blutsverwandschaft motiviert ist. Solche Persönlichkeiten waren ebenfalls Gegenstand figürlicher Skulptur.

4 Figur einer sitzenden Frau. Bambara, Mali, Gebiet der Stadt Segou. Helles Holz mit schwarz gefärbter, leicht glänzender Oberfläche. Die Augen sind durch gewölbte Köpfe von Messingnägeln angedeutet. Durch die Nasenscheidewand ist ein Ring aus Eisendraht gezogen. Diese Figur stammt aus dem östlichen Teil des Bambara-Gebietes. In international bekannten Sammlungen gibt es fünf fast identische Figuren, die zweifellos Werke eines einzigen anonymen Schnitzers sind, den Ezio Bassani treffend den „Meister des Raubtierprofils" genannt hat (maestro del profilo di rapace). Die schaufelförmigen Hände bilden zusammen mit dem konvexen Profil die charakteristischen Merkmale dieses lokalen und persönlichen Stils. Die Funktion dieser Figuren ist unbekannt.

Náprstek-Museum, Kat. Nr. 39 112 H. 61,5 cm

5 Menschliche Figur *nomoli* auf einem Lehnstuhl mit Händen auf den Knien sitzend. Speckstein. Sherbro, Sierra Leone, 16. Jahrh. (?). Trotz starker Verwitterung der Oberfläche, die die Details der Schnitzerei verwischte, kann man die gewölbten Augen und die Nase, Stilmerkmale, die mit denen der Afro-portugiesischen Elfenbeinschnitzereien identisch sind, unterscheiden.
Privatsammlung, Prag H. 17,8 cm

Der Totenkult existierte einst in Stammesgesellschaften aller Kontinente. In Afrika hat er jedoch einige besondere Merkmale. Als eine solche Besonderheit kann man den Kult verstorbener Zwillinge ansehen, der mit dem Glauben an ihre übernatürliche Herkunft motiviert ist. Der Ausdruck dieses Kults besteht darin, daß für die Figur eines toten Zwillings im gleichen Maße wie für den lebenden gesorgt wird. Diese Praxis, die vor allem bei den Yoruba in Nigeria belegt ist, war auch bei anderen Stämmen verbreitet, sie war jedoch nicht universell. Die Vorstellung von einer übernatürlichen Herkunft der Zwillinge führte bei einigen Stämmen zum Gegenteil, das heißt zu ihrer Tötung.

Im allgemeinen Bewußtsein wird die afrikanische Kunst vor allem mit Masken identifiziert. Der Großteil dieser Masken bezieht sich auf die zweite wichtigste Inspirationsquelle der afrikanischen Kunst, die sogenannte Initiation. Junge Menschen in Afrika, Knaben sowie Mädchen, müssen in einem gewissen Alter eine institutionalisierte Vorbereitung für das Leben in den Reihen erwachsener Stammesmitglieder und ein Ritual durchlaufen, wodurch der Übergang in diesen neuen Stand verwirklicht wird. Es ist gewissermaßen eine Schule, die in strenger Abgeschiedenheit von Nichtinitiierten und von Angehörigen des anderen Geschlechts stattfindet. Die Jugendlichen verbringen einige Wochen bis Monate in einem Lager außerhalb des Dorfes, wo sie praktische Kenntnisse erwerben, die für die Jagd oder den Haushalt nützlich sind, sexuell aufgeklärt und so für das Familienleben vorbereitet werden, Stammestraditionen, Sitten und Bräuche usw. kennenlernen. „Die Schule im Busch", wie diese Institution auch genannt wird, ist eines der wirksamsten Mittel zur Erhaltung der Kontinuität und Unveränderlichkeit der Stammestraditionen. Ihr Verlauf und vor allem ihr ritualisierter Abschluß bietet viele Gelegenheiten für Maskenauftritte. Zum Beispiel wird in Angola und Südzaire das Lager der Initianten von Wächtern mit großen Masken und in enganliegender gestrickter Kleidung bewacht. In den Gebieten am Fluß Kwango in Zaire kehren die Knaben nach beendeter Initiation in einem Maskenzug in das Dorf zurück, wobei ihre Masken durch den Einfallsreichtum ihrer Attribute Heiterkeit hervorrufen sollen. Bei einigen Stämmen an der westlichen Elfenbeinküste und in Liberia unterhält ein Maskierter die Verbindung zwischen dem Dorf und dem Lager der Knaben usw.

In engem Zusammenhang mit der Initiation steht die Institution sogenannter Geheimbünde. Der ritualisierte Übergang in den Zustand der Erwachsenheit ist bei Stämmen, bei denen diese Institution existiert, automatisch mit der Aufnahme in die niedrigste Altersgruppe des Geheimbundes gekoppelt. Diese Organisationen sind eine wichtige Grundlage zur Erhaltung der gegebenen Gesellschaftsordnung und traditioneller Regeln des Zusammenlebens der Gemeinschaft. Manchmal steht ihnen die Gerichtsbarkeit zu und sie setzen ihre unterdrückende Rolle gegenüber anderen Stammesmitgliedern auch mit Terror durch. Wenn die politische Autorität den Rahmen des Dorfes nicht überschreitet, ist diese Organisation auch ein Mittel der Verständigung zwischen den Stämmen. Die Zugehörigkeit zu einem Geheimbund ist nämlich nicht immer auf einen einzigen Stamm beschränkt, sie hat manchmal einen „internationalen" Charakter, der natürlich den Verhältnissen der Stammesgemeinschaften entspricht. Deshalb kann man auf diesem Boden auch zwischenethnische Streitigkeiten schlichten. Der bekannteste dieser Bünde ist der Geheimbund *poro,* der auch bei einer Reihe von Stämmen in Liberia und in angrenzenden Gebieten der Nachbarländer existiert. Bei den Ethnien, die Stammes- und Stadtstaaten geschaffen haben, wie bei den Bakuba in Zaire oder den Yoruba in

6 Hocker mit Karyatide in Gestalt einer sitzenden Frauenfigur. Bambara, Mali. Helles Holz, auf der Sitzfläche ein geometrisches Ornament, das mit grünem Farbstoff ausgefüllt ist. Senkrechte Flächen durch Brennen geschwärzt, Augen, Brustwarzen und Ziernarben mit Messingzwecken angedeutet. Obwohl das Alter dieses Objekts wahrscheinlich nicht mehr als einige Jahrzehnte beträgt, handelt es sich um ein Meisterwerk des afrikanischen „Kubismus". Die Art, wie der Schnitzer den ganzen Körper zerlegte, in räumlich-geometrische Massen umwandelte und wieder zusammenfügte, wurde kaum anderswo in Afrika übertroffen.

Privatsammlung, Prag H. 36 cm

Nigeria, können wir geradezu von einer polizeilichen Funktion einiger Geheimbünde sprechen. Diese Organisationen sind im Prinzip eine männliche Angelegenheit, nur in Liberia und Sierra Leone existiert ein weiblicher Geheimbund, der unter dem Namen *bundu* oder *sande* bekannt ist und ein gewisses Gegenstück zu dem männlichen Bund *poro* darstellt.

Von diesen Organisationen bekommen die afrikanischen Künstler den Großteil ihrer Aufträge. Ihre Würdenträger und Stammesoberen treten bei der Ausübung ihres Amtes in typologisch konstanten Masken auf, ihre gewöhnlichen Mitglieder tragen Masken bei Begräbnissen ihrer Gefährten, aber z. B. auch bei den Festen der ersten Ernte und anderen Feiertagen des landwirtschaftlichen Jahreszyklus. Es ist unmöglich, eine erschöpfende Übersicht aller möglichen Gelegenheiten für Maskenauftritte und der verschiedenen daran anknüpfenden Praktiken zu geben. Sie unterscheiden sich von Stamm zu Stamm und manchmal auch von Dorf zu Dorf.

Die Masken sind jedoch nicht das einzige Produkt, das afrikanische Künstler für den Gebrauch der Geheimbünde liefern. Sie erzeugen auch verschiedene aus Holz geschnitzte und aus Messing gegossene Insignien, Musikinstrumente, die bei den Zeremonien der Bünde benützt werden, Tanzstäbe usw. Die Disziplin innerhalb dieser Organisationen wurde mit Härte erzwungen, was Figuren von erhängten Schuldigen (Zeichnung S. 199) beweisen, die als anschauliches Lehrmittel bei der Initiation von Novizen des Geheimbundes bei dem Stamm Bambole in Zaire benutzt wurden.

Der Teil der afrikanischen Skulptur, dessen Aufgabe in der Stärkung des Ansehens des Herrschers und des Staates bestand, hat den Charakter höfischer Kunst.

7 Frei stehende weibliche Figur. Bambara, Mali. Braunes, schweres Holz, braunschwarz gefärbt. Runde Augen aus zerklopftem Aluminiumdraht. Diese Figur weist das gemeinsame Merkmal der meisten Frauenfiguren dieser Kunstprovinz auf, die kegelförmigen Brüste, die in einer Ebene mit den Schultern liegen. Ihre Funktion und genaue Provenienz sind nicht dokumentiert. Es scheint, daß es sich um eine sog. *flanitokele*-Figur handelt, die zum Andenken an einen verstorbenen Zwilling geschnitzt wurde. Der amerikanische Arzt J.P. Imperato hat vor zehn Jahren in einer Studie diese Praxis beschrieben. Neben seiner ärztlichen Tätigkeit in Mali widmete er sich dem Studium der Kultur der Bambara. Zum Unterschied von den populären Zwillingsfiguren *ibeji* der Yoruba kann die *flanitokele* der Bambara auch den Mann oder die Frau eines solchen verstorbenen Zwillings darstellen. Wenn nämlich der am Leben gebliebene Zwilling heiratet, wird auch die Figur des verstorbenen Bruders oder der verstorbenen Schwester mit einer weiblichen, bzw. männlichen Figur vermählt.

Náprstek-Museum, Kat. Nr. 39 115 H. 63 cm

8 Tanzaufsatz *tyi-wara.* Bambara, Mali. Helles, leichtes Holz. Die Oberfläche dunkel patiniert, zum Teil durch Brennen geschwärzt. Auf dem Hals eine Blechhülse, die aus einer europäischen Konservenbüchse ausgeschnitten ist. Zum Unterschied von vertikalen, eigentlich zweidimensionalen Tanzaufsätzen werden in der Gegend um Bamako horizontale Tanzaufsätze angefertigt, bei denen der Charakter einer dreidimensionalen Skulptur überwiegt. Sie werden aus zwei Holzstücken, der Kopf und der Torso gesondert, geschnitzt, was in Afrika eine Seltenheit ist. Beide Teile sind in der Mitte des Halses miteinander verbunden, bei älteren Exemplaren mit eisernen Klemmen oder einer Ledermanschette, bei neueren Exemplaren oft mit einer Blechmanschette. Dieses Exemplar entstand wahrscheinlich in den fünfziger Jahren.
Náprstek-Museum, Kat. Nr. A 3102 H. 25 cm, L. 57,5 cm

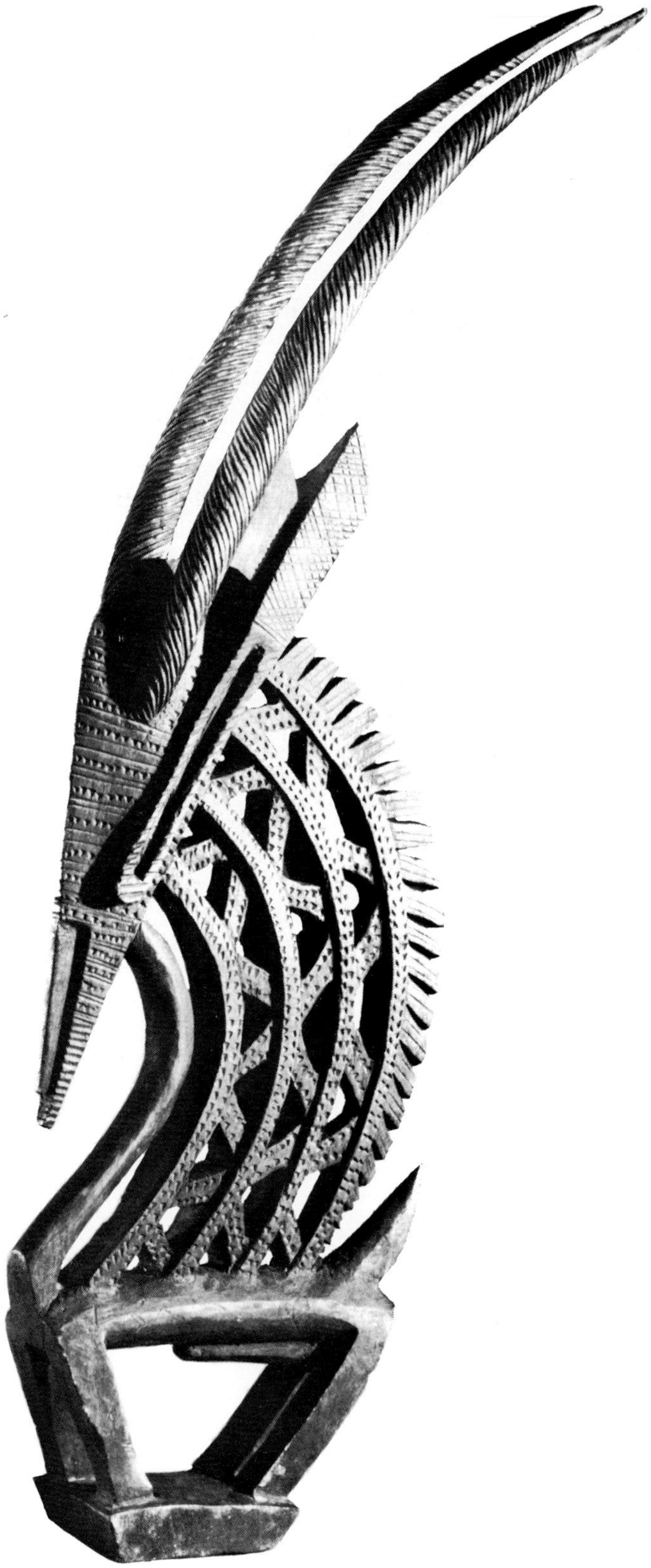

9 Tanzaufsatz *tyi-wara.* Bambara, Mali. Helles, dunkel patiniertes Holz. Von einigen regional und zeitlich bedingten Typen der Bambara-Tanzaufsätze in Gestalt stilisierter Antilopen ist gerade dieser Typ aus dem Gebiet zwischen den Städten Bamako und Sikasso der bekannteste und in den lezten Jahrzehnten wurde er zu einem populären Symbol Afrikas. Diese Aufsätze werden auf einer kleinen Kappe aus Korbgeflecht befestigt, die am Kopf des Tänzers unter dem Kinn festgebunden wird. Die Antilopenaufsätze werden paarweise geschnitzt. Außer durch das Geschlechtsorgan wird das Männchen durch eine mächtige, ornamental durchbrochene Mähne und hohe, bogenförmige Hörner gekennzeichnet. Das Weibchen hat gerade Hörner, keine Mähne und wird gewöhnlich von seinem Jungen begleitet, das entweder hinter ihm oder auf seinem Rücken steht. Die Jünglinge, die mit diesen Aufsätzen vor dem Beginn oder nach der Beendigung von Feldarbeiten tanzen, ahmen Bewegungen einer Antilope nach. Nach der mythischen Überlieferung hat die Antilope die Bambara das Säen und Ernten gelehrt.
Náprstek-Museum, Kat. Nr. A 6016 H. 96,5 cm

10 Gesichtsmaske mit figürlichem Aufsatz. Bambara, Mali. helles Holz mit schwarz gefärbter, glänzender Oberfläche. Diese Masken mit einem menschlichen Gesicht und einem menschlichen oder tierischen Aufsatz werden bei den Initiationsriten des Bundes *n'tomo* verwendet. Die Knaben gehören diesem Bund mit ihrem siebenten Lebensjahr an. Diese Maske tritt zusammen mit einer Tiermaske (Löwe oder Hyäne) auf.

Náprstek-Museum, Kat. Nr. A 9034 H. 56 cm

11 Riegelschloß. Bambara, Mali. Helles Holz mit Krusten aus funktioneller Patina. Als stilisierter Frauenkörper gestaltet. Die Schnitzerei zeigt eine Vorliebe für rechtwinkelige Verbindungen von Flächen, die für die ganze Kunstprovinz bezeichnend ist. Am deutlichsten bei den Bambara und Bobo-Fing und bei einigen Senufo-Schnitzereien

Die Riegelschlösser kamen aus dem alten Mesopotamien durch Vermittlung der Araber. Außer den Bambara erzeugten vor allem die Dogon figürlich konzipierte oder verzierte Schlösser.

Náprstek-Museum, Kat. Nr. A 5307 H. 47,4 cm

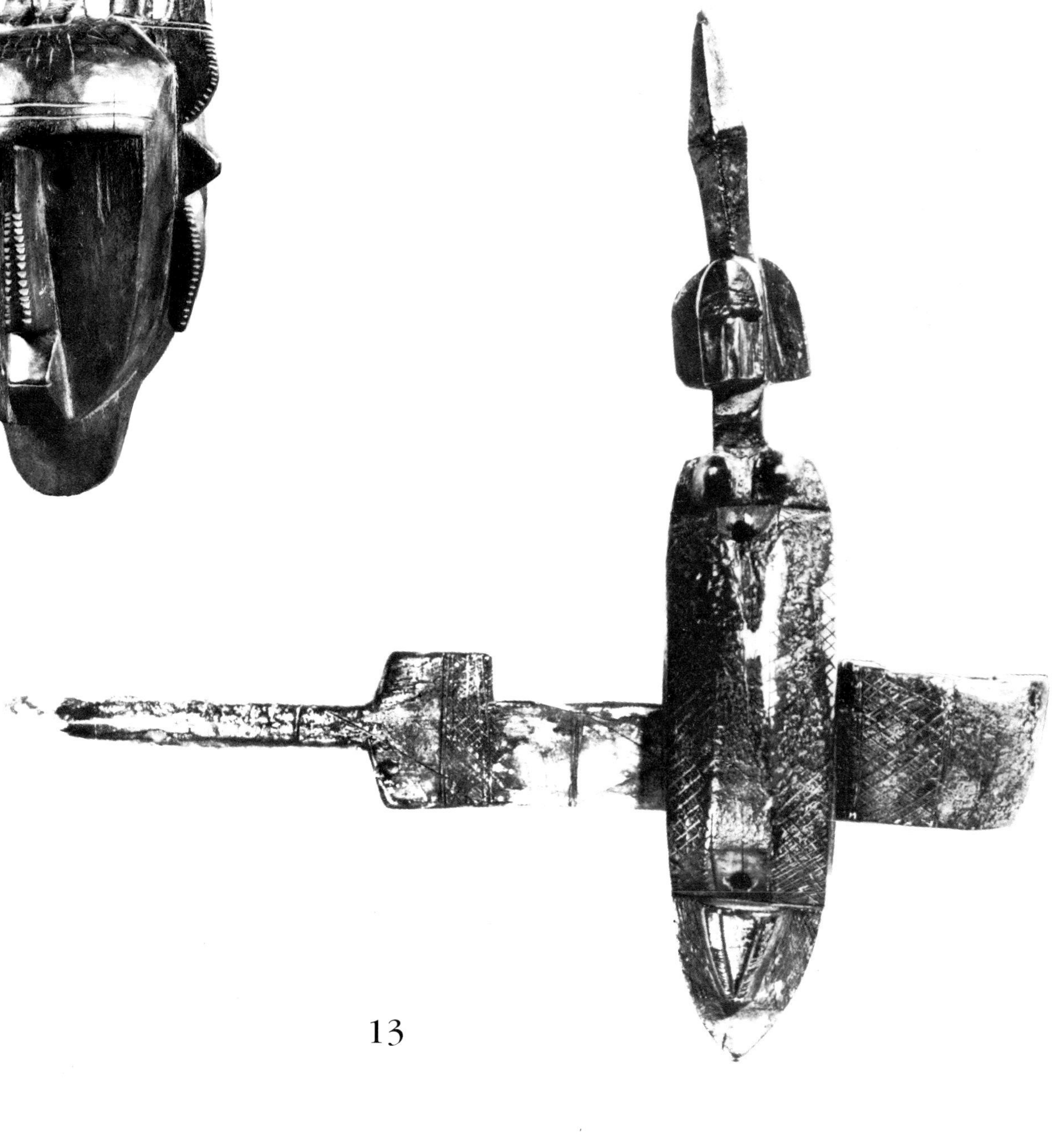

12 Reiter, Marionette. Bambara, Mali. Helles Holz, schwarz gefärbt. Puppentheater mit holzgeschnitzten Marionetten, die in Kostüme aus Stoff gekleidet sind, wird in den Gegenden Mopti und San gespielt. Die Stücke haben komischen Charakter.
Náprstek-Museum, Kat. Nr. 6939 **H. 33 cm, L. 35,5 cm**

Eine solche Kunst war z. B. der Bronzeguß in Benin. Hier, ebenso wie in dem Königreich Abomey auf dem Gebiet der heutigen Republik Benin, waren die Bronzegießer in einer Zunft vereint, die nur für den Gebrauch des königlichen Hofes arbeiten durfte. Ähnliche Zünfte kennen wir z. B. auch bei den Yoruba in

Nigeria oder bei den Bakuba in Zaire. In hochentwikkelter Form existierte die höfische Schnitzerei in Kamerun, wo sie den Bedürfnissen einer ganzen Reihe städtischer oder im Grunde genommen dörflicher Sultanate diente. Sie kam hier nicht nur bei der Anfertigung einer Vielfalt von Masken und Gedenkfiguren der Ahnen des Herrschers zur Geltung, sondern auch bei der reichen Ausschmückung der Palastarchitektur und ihrer prunkvollen Einrichtung. Zu den Aufgaben der Hofschnitzer gehörte häufig auch die Anfertigung verschiedener Regalien, der Abzeichen der Herrschergewalt, wie Zepter, Sessel und Throne mit anthropomorphen und zoomorphen Karyatiden, figürlicher Abschlüsse zeremonieller Sonnenschirme, verschiedener symbolischer Abzeichen höfischer Würdenträger und Zeremoniare usw. Allgemein kann man sagen, je komplizierter die gegebene Gesellschaft strukturiert war, je mehr gesellschaftliche Institutionen sie hervorbrachte, desto größer und vielfältiger war ihr Bedarf an Kunstwerken für ihre Repräsentation und das durch hundertjährige Tradition ritualisierte Leben. So kennen wir z. B. von dem kleinen Stamm Nafana im Nordosten der Elfenbeinküste, der keine zentrale politische Autorität hat, keinen anderen künstlerischen Ausdruck als flache, polychrome Tanzmasken, während die Yoruba, die in Westnigeria eine ganze Reihe von Stadtstaaten und mehrere Geheimbünde gebildet haben, als die fruchtbarsten afrikanischen Schnitzer überhaupt bekannt wurden, denen, was den Themenreichtum betrifft, kein anderer Stamm des afrikanischen Kontinents gleichkommt — vielleicht mit Ausnahme der Baule an der Elfenbeinküste. Das bedeutet jedoch keinesfalls, daß man die ganze Schnitzerei der Yoruba als höfische Kunst bezeichnen könnte, auch wenn die allgemeinen Stilrichtungen dem ganzen künstlerischen Schaffen der Yoruba gemeinsam sind. In Benin hingegen unterscheidet sich die höfische Kunst im Stil sehr stark von der „Volkskunst" des Stammes Bini, dem die Bevölkerung dieses ehemals mächtigen Staates angehört.

Wenn wir Figuren, die mit dem Ahnenkult zusammenhängen, ausklammern, stellen wir fest, daß nur ein verhältnismäßig kleiner Teil afrikanischer Holzplastik rein religiösen Bedürfnissen der Gesellschaft dient, daß Figuren, die Gottheiten und Dämonen darstellen, fast eine Seltenheit sind. Wir begegnen ihnen nur hie

13 Figur einer stehenden Frau. Dogon, Mali. hartes, helles Holz mit patinierter Oberfläche. Kennzeichnend für den Dogon-Stil sind die schmale, pfeilförmige Nase, die lange obere Hälfte der Arme und des Torsos, die in den Knien gebeugten Beine und Hände, die auf den Schenkeln liegen, welche von beiden Seiten dem Torso angefügt zu sein scheinen.
Náprstek-Museum, Kat. Nr. A 4472 H. 57,3 cm

16

14, 15 Gefäß mit figürlich verziertem Deckel. Dogon, Mali. Hellbraunes Holz mit dunkelbraun gefärbter Oberfläche und funktioneller Patina. Der Sprung im Deckel wird mit zwei eisernen Klammern zusammengehalten. Gefäße dieser Art dienten rituellen Zwecken. Die Figuren auf dem Deckel stellen wahrscheinlich ein Urelternpaar dar. Der Einschnitt, der am Rand des Untersatzes eine Stufe bildet, zeugt davon, daß dieser Untersatz urspünglich den Deckel eines anderen Gefäßes bildete. Die Köpfe der beiden Figuren sind in dem zweiten Dogon-Stil geschnitzt, für den ein scharfer Nasenrücken charakteristisch ist, der sich über die Stirn zieht und in eine kammartige Frisur übergeht. Der Kopf ist an der Unterseite gerade zugeschnitten.
Náprstek-Museum, Kat. Nr. A 5347 H. 43,5 cm

16 Ansichtskarte aus den dreißiger Jahren, aus dem damaligen belgischen Kongo. Die Fotografie zeigt eine Stickerin der bekannten „Kasai-Velours" mit den traditionell ausrasierten Haaren über der Stirn.

und da in dem Streifen entlang der Nordküste des Golfs von Guinea, am häufigsten bei den bereits mehrmals erwähnten Yoruba, die ein umfangreiches Pantheon erschaffen haben. Übernatürliche Gestalten sind viel öfter Gegenstand von Ritualmasken. Zum Beispiel verkörpern die in ganz Westafrika häufigen Büffelmasken einen Geist, der die Gestalt dieses Tieres annimmt, die oft publizierte Maske in Form einer großen weiblichen Büste, die in dem kleinen Stamm Baga in Guinea entstand, ist eine Darstellung der Fruchtbarkeitsgöttin Nimba. Im Flußgebiet des Kongo kommen dagegen öfters Figuren von Fetischen vor, die den allgemeinen Vorstellungen von der Wirkung magischer Kräfte entsprachen und zu ihrer Bewältigung dienten. Größtenteils sind es geschlechtslose menschliche Figuren, seltener auch Figuren von Tieren, in denen diese übernatürliche Kraft ihren Sitz hat. Diese Kraft kann mit Hilfe verschiedener Praktiken losgelöst und in die gewünschte Richtung geleitet werden, z. B. gegen den Feind des Besitzers des Fetisches. Die figürliche Form ist bei einem Fetisch unwesentlich, zum Fetisch kann auch ein gewöhnlicher Stein oder ein anderer Gegenstand aus der belebten und unbelebten Natur werden. Das Wesentliche ist die magische Kraft, die der Figur verliehen werden muß. Dies geschieht zum Beispiel, wenn ein Stück einer Plazenta oder eine Pasta aus verschiedenen Zaubermitteln in den ausgehöhlten Torso oder Kopf der Figur oder in ihre Analöffnung eingefügt, oder wenn in die Oberfläche der Figur Nägel eingeschlagen werden, da dem Eisen allgemein eine magische Kraft zugeschrieben wird, ähnlich wie den Hörnchen einer Antilope, die in den Scheitel der Fetischfiguren eingesetzt oder an ihre Halsketten befestigt werden.

Die afrikanische Skulptur ist also mit der Existenz der traditionellen Stammesgesellschaft verbunden und ihre Aufgabe besteht in der Erfüllung ihrer kultischen, erzieherischen, repräsentativen und im weitesten Sinne des Wortes rituellen Funktion. Sie geht dabei von der Vorstellung aus, daß der Lauf der Geschehnisse durch Zauberpraktiken beeinflußt werden kann.

17, 18 Frei stehende weibliche Figur. Bwa (?), Burkina Faso. Helles Holz mit brauner europäischer Ölfarbe bedeckt, Augen und Lendenschnur aus Kaurimuscheln. Diese undokumentierte Figur stammt aus der Sammlung von J. Hloucha, der sie wahrscheinlich im Jahre 1930 erwarb. Ihre Zuweisung ist hypothetisch, sie stützt sich auf einige Übereinstimmungen (Haltung, Lage der Arme mit Armreifen über den Ellbogen, Bauch mit Tätowierung, die ein Kreuz mit dem Nabel in der Mitte bildet) mit der dokumentierten Figur aus dem Museum in Ouagadougou, die W. Fagg veröffentlichte (African Sculpture, 1970, Kat. Nr. 40). Das Gesicht mit der mächtigen Nase nähert sich stilistisch eher den Masken der Bobo-Fing.

Náprstek-Museum,
Kat. Nr. 39 114
H. 61 cm

18

DER STAMMESSTIL UND DER INDIVIDUELLE STIL IN DER AFRIKANISCHEN KUNST

Die afrikanische Skulptur kann auf den ersten Blick als ein unbeholfenes, fast kindliches Bemühen um die Gestaltung eines gegebenen Themas erscheinen. Eben dieser Eindruck führte einst dazu, daß man jahrzehntelang die Kunst der Stammesgesellschaften, nicht nur der afrikanischen, sondern auch der ozeanischen und amerikanisch-indianischen, mit dem gemeinsamen Attribut „primitiv" bezeichnete. In Wirklichkeit hat diese Kunst nichts Primitives an sich, nichts in ihr ist das Ergebnis von Unbeholfenheit, Unreife oder Zufall. Im Gegenteil, alles ist hier durchdacht, sinnvoll und begründet als ein Produkt eines ideellen Vorhabens, das durch adäquate formale Mittel, oft in überraschender technischer Vollkommenheit, zum Ausdruck gebracht wird. Daran kann auch die Tatsache nichts ändern, daß uns, den Erben anderer kultureller Traditionen, dieses ideelle Vorhaben und seine Motivation in vielen Fällen bis heute unbekannt bleiben.

Die meisten afrikanischen Figuren sind starr, bis auf wenige Ausnahmen streng symmetrisch nach einer senkrechten Achse. Das Verhältnis der Proportionen einzelner Körperteile entspricht gewöhnlich nicht der Wirklichkeit. Die Köpfe sind zu groß oder zu klein, die Hälse lang, die Körper klotzförmig oder im Gegenteil auf ein Minimum reduziert, ein bloßes Konstruktionselement, das die Glieder mit dem Kopf zusammenhalten soll. Der ist jedoch oft mit bewunderswerter Sorgfalt durchgearbeitet, mit unerwarteten Details und einer vollkommenen Bearbeitung der Oberfläche, was der Nachlässigkeit widerspricht, mit der der Künstler die Gliedmaßen behandelte, falls er sie nicht überhaupt weggelassen hat. Die Augen, Ohren und die Nase hat er in geometrische Figuren umgeformt, aber die Frisur, die Schmucknarben auf den Wangen, auf der Stirn oder einer anderen Partie des Körpers hat er mit naturalistischer Genauigkeit auf die Figur übertragen. Dem Mund hat er die Form eines regelmäßigen Ovals oder Vierecks gegeben, mit überraschendem Sinn für das Detail hat er aber ganz realistisch die oberen Schneidezähne geschnitzt, die zu Dreiecken abgefeilt sind, wie man es in seinem Stamm seit Menschengedenken den Jugendlichen während der Initiation zu machen pflegte. All das zeugt keineswegs von Nichtkönnen oder Primitivismus. Jede solche Abweichung von unserem Schönheitsideal und von Maßstäben, mit denen wir gewohnt sind oder, genauer, mit denen unsere Vorgänger vor zwei bis drei Generationen gewohnt waren, ein Kunstwerk zu messen, hat ihren Grund, ist logisch begründet durch eine andere Hierarchie der Werte, nicht nur der ästhetischen, sondern auch der moralischen und gesellschaftlichen Werte. Was vom Standpunkt der gegebenen Gesellschaft und der Funktion des gegebenen Gegenstandes aus wichtig ist, wird hervorgehoben und unterdrückt, was nebensächlich, bedeutungslos oder sogar unerwünscht ist. Die Gesamtheit dieser Prioritäten und Arten, auf die sie in der Form ausgedrückt werden, bildet den traditionellen Stil, den künstlerischen Stil des Stammes, des Dorfes oder eines größeren geographischen Gebietes, dessen Grenzen nicht notwendig mit der ethnischen und sprachlichen Grenze oder der neuzeitlichen politischen Teilung des Kontinents übereinstimmen müssen. In Afrika sind einige hundert solcher Stile bekannt.

Eine brillante Charakterisierung des afrikanischen Stammesstils stammt von dem Maler Josef Čapek (1887—1945), dem Bruder des Schriftstellers Karel Čapek. Im Jahre 1938 schrieb Josef Čapek: „Dieser Stil ist doch keineswegs primitiv... Er ist grundlegend, er erhebt sich schlicht und natürlich auf seinen Fundamenten und nichts mehr... Es ist ein durchaus voll-

19 Tanzaufsatz *numtiri*. Kurumba, Burkina Faso. Helles, leichtes Holz mit Polychromie (weiß und ziegelrot auf brauner Unterlage). Das rechte Horn ist aus einem anderen Stück Holz geschnitzt. Diese schöne Maske, die Spuren der Benutzung trägt, unterscheidet sich von den gewöhnlich veröffentlichten *numtiri*-Tanzaufsätzen, sie war nicht auf einer geflochtenen Kappe befestigt, sondern ruhte mit der ausgehöhlten, konkaven Unterseite des Halses, die mit brauner Farberde gefärbt ist, direkt auf dem Scheitel des Tänzers. Die Fransen waren in den Löchern in dem Rand dieses Hohlraumes angebunden. Die Ohren sind aufgerichtet, nicht bogenförmig, und reichen mit ihren Spitzen nicht bis an die Hörner. Der Kopf ist relativ mächtig, von dem Hals zieht sich eine scharfe Kante über den Scheitel bis zum Maul. Das geometrische Ornament drückt kosmogonische Symbolik aus.
Privatsammlung, Prag
H. 81 cm

20 Anhänger in Gestalt eines Büffels, Tussian, Burkina Faso. Messing, Guß in verlorener Form. Seine Herkunft läßt sich nach der Stilisierung des Kopfes, der eine verkleinerte Nachbildung der Holzmasken dieses Stammes ist, bestimmen.
Náprstek-Museum, Kat. Nr. 6764 H. 5,3 cm, L. 7,6 cm

21 Anhänger in Gestalt eines Nashornvogels. Tussian, Burkina Faso. Messing, Guß in verlorener Form. Nach der früh verstorbenen österreichischen Forscherin Herta Haselberger dienten diese Anhänger als Abzeichen der Initiation in den Geheimbund *do*, dessen Mitglieder Tiernamen hatten und nach diesen Namen in Gruppen eingeteilt waren. Die Anhänger wurden am Gürtel getragen.
Náprstek-Museum, Kat. Nr. 6763 H. 6,5 cm, L. 12,5 cm

kommener und endgültige Lösungen enthaltender Stil, er ist in seiner Ordnung in keiner Hinsicht unzulänglich, wenig entwickelt, unreif, im Gegenteil, er ist... auf der Höhe seines Wollens und seiner Ordnung."

Der Stammesstil ist ein Komplex von Prinzipien und durch Tradition kanonisierter Mittel der bildenden Kunst, an die sich ein Künstler der Stammesgesellschaft halten und sie bei seiner Arbeit anwenden mußte. Sie halfen ihm, die traditionellen Vorstellungen seines Stammes wie nach einem vereinbarten Kode zu verschlüsseln. Nur wenn dieser Kode eingehalten wurde, konnte sein Werk verstanden und angenommen werden, konnte es seine gesellschaftliche Funktion erfüllen. Zu solchen kanonisierten Mitteln der bildenden Kunst gehört z.B. die Haltung der Figur, ihre Proportionen, die Form des Kopfes, die Art der Stilisierung der Augenbrauen, der Augen, der Nase, des Mundes oder der Ohren, die Form der Schultern, die Art, wie die Beine an den Torso angeschlossen werden usw. Dadurch, daß der Charakter dieser festgeschriebenen Stilisierungsverfahren an eine bestimmte, ethnisch, verwandtschaftlich, sprachlich, religiös oder territorial begrenzte Gesellschaft gebunden ist, hat er in der gegebenen Gesellschaft eine ähnliche Funktion wie die traditionelle Haartracht, Schmucknarben, Tätowierung oder die Mutilation der Zähne. All dies sind Identifikationssymbole und gleichzeitig Mittel zur Erhaltung der Stammesidentität und -integrität. Gerade deshalb werden auch bei maximaler Stilisierung der menschlichen Gestalt und einzelner Körperteile im Rahmen einiger afrikanischer Stammesstile die Haartracht und die Schmucknarben gewöhnlich nicht weiter stilisiert, sie werden realistisch auf die noch so abstrakt konzipierte Figur oder Maske übertragen. Es sind einfach gegebene stilisierte Identifizierungszeichen, an denen nichts mehr zu ändern ist. Sie konnten jedoch bei einem benachbarten Stamm geändert werden, der sie für seine Schnitzerei nicht mehr als primäre Identifikationselemente, sondern als stilbildende und dekorative Elemente übernahm. Als ein typisches Beispiel dieser Erscheinung kann die charakteristische Linie dienen, die auf den Masken und Figuren der Bakuba in Zentralzaire die Stirn von der behaarten Partie des Kopfes trennt. Sie wird als eines der wichtigsten Elemente des Bakuba-Stils angesehen. In Wirklichkeit jedoch, wie die Fotografie einer Bakuba-Frau aus den dreißiger Jahren (Abb. 16) zeigt, ist sie nur eine realistisch getreue Wiedergabe der traditionellen Art des Ausrasierens der Haare über der Stirn, das offenbar einst bei diesem Stamm allgemein praktiziert wurde. Aber auf den Holzskulpturen der benachbarten Stämme finden wir diese Linie bereits als ein Stilelement, ohne Grundlage in örtlicher Praxis. In der afrikanischen Kunst gibt es viele solche Fälle.

Die Welt der Menschen, die in Afrika diese Kunst schufen, war auf das Gebiet eines Dorfes, höchstens eines Stammes begrenzt. An den Grenzen dieses Gebiets endete die Welt, oder besser, es begann hier eine andere Welt, die nicht nur von feindlichen fremden Menschen, sondern auch von feindlichen Geistern und Dämonen bewohnt war. Die Xenophobie, die Angst vor Fremdlingen beherrschte die Menschen auf dieser Entwicklungsstufe und die Welt war nur dort, wo die

22 Frei stehende Figur eines Mannes. Lobi, Burkina Faso. Hartes, braunes Holz, mit glänzender Patina an hervortretenden Stellen. Der linke Arm ist nicht mehr vorhanden. Sie gehört zu den zehn bekannten Figuren eines Schnitzers, ebenso wie die Janusfigur aus der berühmten Sammlung von Charles Ratton, Paris. Für diesen persönlichen Stil sind mandelförmige Augen mit betonten oberen und unteren Lidern und halbkreisförmigen Brauen bezeichnend. Die glänzende Patina der leicht hervortretenden Augen und ihre Umrahmung verleiht diesen Figuren einen sehr lebendigen Ausdruck. Diesen anonymen Schnitzer könnten wir den „Meister der halbkreisförmigen Augenbrauen" nennen. Der ausrasierte Kopf mit nur einem oder mehreren von der Stirn in den Nacken verlaufenden Haarstreifen ist die einstige traditionelle Frisur der Lobi.
Privatsammlung, Prag
H. 38,5 cm

eigenen Leute wohnten. Wenn es möglich sein sollte, im Zusammenhang mit afrikanischer Kunst mit Recht etwas als primitiv zu bezeichnen, dann ist es diese Xenophobie, die sie gewissermaßen auf indirekte Art widerspiegelt.

Ein afrikanisches Kunstwerk ist natürlich keineswegs eine lediglich mechanische Zusammenfassung durch Traditionen versteinerter Stilemente, ebenso wie eine gotische Kirche keineswegs eine bloß nach Schablone und einheitlichem Rezept zusammengesetzte Summe von Pfeilern, Spitzbögen, Wasserspeiern, Fialen und weiteren Ausdrucksmöglichkeiten des gotischen Stils ist. Ebenso wie eine gotische Kirche, kann auch eine afrikanische Figur oder Maske ein Meisterwerk, eine einzigartige Schöpfung oder ein Produkt mittelmäßiger handwerklicher Routine oder nur ein provinzieller Widerhall an der Peripherie des Einflusses eines kulturellen Brennpunktes sein.

Die Stammesstile afrikanischer Kunst bilden eine gewisse Analogie zu den historischen Stilen europäischer Kunst, und zwar in dem Sinne, daß sie die künstlerische Ordnung der vom Menschen geschaffenen Umwelt der gegebenen Gesellschaft bestimmen. Der traditionelle Stammesstil setzte dem Schnitzer Grenzen, ähnlich wie jeder historische Stil dem europäischen Künstler Grenzen setzte. Ihr Unterschied besteht nur darin, daß die Stammesgesellschaft und ihre Tradition dem Künstler nicht nur Stilprinzipien vorschreiben, sondern auch die Themen, daß sie bestimmen, welche Gegenstände stilistisch geformt, künstlerisch gestaltet werden sollen. Aber auch in dieser Beziehung kann man in der europäischen Kunst bestimmt Parallelen finden. Es ist klar, daß in solchen Verhältnissen dem Künstler nur ein sehr geringer Raum für seine Individualität übrigbleibt, besonders wenn es um die Wahl des Themas geht. Von den historischen europäischen Stilen unterscheiden sich die Stammesstile auch durch die Zeitdimension. Die europäischen Stile entwickelten sich relativ schnell und wurden durch neue Stile abgelöst. Dieser Prozeß gewinnt mit dem Fortschreiten der Zeit an Schnelligkeit. Demgegenüber wird die Lebensdauer der Stile der Stammesgesellschaften nach Jahrhunderten gemessen, obwohl man auch hier eine gewisse Bewegung verfolgen kann, die durch den Einfluß starker Individualitäten unter den Schnitzern, durch die sich ändernde Mode u.ä. verursacht wird. Der Eindruck, als mangele es diesen Stilen an Wandlungsfähigkeit, wird zweifellos durch die Tatsache verstärkt, daß es nur sehr wenige erhaltene Werke der traditionellen afrikanischen Schnitzkunst gibt, die nachweisbar älter als hundert bis hundertfünfzig Jahre sind, und daß wir in vielen Gebieten Afrikas dieses Schaffen nur aus einem kurzen Abschnitt dieses hundertjährigen Zeitraums kennen. Trotzdem bezeugen einige Werke, die dank günstigen Umständen zum Beispiel in alten europäischen Samm-

1 Kniende Figur mit einem Gefäß. Meister von Buli, Baluba, Zaire
Musée Royal de l'Afrique Centrale, Tervuren H. 43 cm

2 Nackenstütze mit Karyatiden. Meister der Kaskadenfrisuren, Baluba-Shankadi, Zaire
Sammlung J. und R. Studer-Kuh, Schweiz H. 17 cm

lungen erhalten geblieben sind, daß sich die Stammesstile nur sehr wenig veränderten, solange die ursprüngliche Stammesintegration nicht durch den Einfluß der modernen kosmopolitischen Zivilisation zerrüttet wurde. Erst in unserem Jahrhundert, und besonders in seiner zweiten Hälfte, können wir an neuen Schnitzwerken beobachten, wie gleichzeitig mit dem Zerfall der Stammesordnung und dem Verlassen kultureller Traditionen die Vernachlässigung alter, vor allem formaler Vorschriften des Stilisierungskanons fortschreitet, wie das Vergessen des ursprünglichen ideellen Inhalts den Weg für die Gestaltung neuer Formen und neue ästhetische Gesichtspunkte frei macht und oft auch, wie sich die alte Kunst, die für die inneren Bedürfnisse der gegebenen Gesellschaft geschaffen worden war, in eine Ware für den Markt des Massentourismus verwandelt.

Die Geschlossenheit der Mikrowelt des Stammes war natürlich nicht immer und überall dermaßen hermetisch, wie es nach der vorstehenden Schilderung den Anschein haben könnte. Bis ins vorige Jahrhundert hinein kam es in Afrika in einem Maße wie vielleicht nirgendwo auf der Welt zu Wanderungen der Bevölkerung und zu wechselseitiger Überdeckung ganzer Ethnien, und erst die Teilung des Kontinents unter die Kolonialmächte und die Festsetzung zwar künstlicher, aber doch fester Staatsgrenzen bereitete diesem Prozeß ein Ende. Zwischen benachbarten Stämmen existierte einst eine dauerhafte Spannung und eine latente Feindschaft, andererseits jedoch erzwang das praktische Bedürfnis gegenseitige Handelsbeziehungen, den Austausch von verschiedenen Produkten, Fischen, Salz, Textilwaren, Eisenerzeugnissen u. ä. In einigen Fällen wurde auch die Kunst selbst zum Handelsgut. Die Handelswege mußten notwendig durch das Gebiet dritter Stämme führen. Fremde Flüchtlinge und Verbannte wurden von schwächeren Gemeinschaften, die sich von mächtigeren kämpferischen Nachbarn bedroht fühlten, als willkommene Verstärkung angenommen oder bildeten selbst neue Gemeinschaften, die dann aus verschiedenen ethnischen und kulturellen Komponenten zusammengesetzt waren. Infolge dieser Erscheinungen kam es zur Verbreitung von Ideen und künstlerischen Themen, zur Übernahme und Vermischung von Stilelementen, zur Bildung ausgedehnter, den Rahmen eines Stammes überschreitender Stilgebiete und zur Entstehung neuer Stile und Unterstile. War in der vorkolonialen Vergangenheit diese Verbreitung künstlerischer Vorstellungen und Verfahren eher die Folge allgemeiner Instabilität und Aggression, so waren und sind während der Zeiten des kolonialen Friedens und in den später entstandenen freien Staaten — soweit es hier nicht bereits früher zum Untergang der traditionellen Kunst gekommen ist — diese Erscheinungen die Folge einer genau umgekehrten Situation. Die Verbreitung moderner Arbeitsmethoden, wie der Plantagenwirtschaft, umfangreicher öffentlicher Arbeiten, des Verkehrs, die Durchsetzung zentraler Verwaltung u. ä. hat wieder die Wanderung verschiedener ethnischen Gruppen und ihre Vermischung zur Folge, die mit dem Erkennen kultureller Werte und schließlich mit ihrer Übernahme, wenn auch auf einer anderen Bedeutungsebene, verbunden ist. Eine Maske von einem bestimmten Typ, die ursprünglich eine ernste rituelle Funktion erfüllte, wird z.B. in der neuen Umgebung zu einem komischen Requisit allgemeiner Belustigung. Manchmal wurden fremde ikonographische Elemente übernommen und bei der heimischen Schnitzerei als dekorative Elemente ohne jeden semantischen Inhalt verwendet. Zur Ausbreitung eines Stils über seine ursprünglichen ethnischen Grenzen trägt auch die Wanderung erfolgreicher Schnitzer bei, die in einem größeren geographischen Gebiet arbeiteten. Es sind jedoch auch Fälle bekannt, wo Schnitzer einen Auftrag von einem benachbarten, fremden Stamm ausführen und sich dabei einem fremden Stilkanon und Geschmack unterordnen. Der Stammesstil überschreitet also oft die Grenzen eines Stammes. Wenn wir diese Fälle gründlicher untersuchen, stellen wir fest, daß durch die Verknüpfung der afrikanischen Kunst mit der Stammesgesellschaft keineswegs ihr Untergang bevorsteht, wenn sie die Grenze des Stammes überschreitet oder wenn die Gesellschaft das Stadium der Stammesordnung in ihrer Entwicklung überwindet. Es zeigt sich im Gegenteil, daß sich die afrikanische Kunst in solchen Fällen zu der gesellschaftlichen Organisation, die sie hervorgebracht hat, und zu den Aufgaben, mit denen sie von ihr ursprünglich betraut worden ist, eigentlich gleichgültig verhält. Sie verhält sich darin nicht anders als jede große Kunst. In dieser Erkenntnis verbirgt sich vielleicht auch die Antwort auf die oft diskutierte Frage nach ihrer Zukunft bei fortschreitender Auflösung der Stammeszusammengehörigkeit und der Entstehung moderner afrikanischer Nationen. Bereits lange bevor dieser Prozeß begonnen hatte, bewies die afrikanische Kunst ihre Fähigkeit, gleichzeitig

23 Maske mit flachem Aufsatz. Nafana (?), Elfenbeinküste (?). Weiches, polychromiertes Holz. Von Insekten stark beschädigt. Diese Maske hat das Museum durch Tausch von H.L. Diamond, Wien, im Jahre 1968 erworben. Angeblich wurde sie in Ghana gesammelt und soll von den Dagati, den Nachbarn der Gurunsi, in Burkina Faso stammen. Die Farbkombination ist nicht traditionell, wahrscheinlich ist sie durch die französische Trikolore inspiriert. Die Maske könnte also tatsächlich aus einer ehemaligen französischen Kolonie stammen, entweder von den Dagati in Burkina Faso oder von den Nafana an der Elfenbeinküste, wo Drid Williams diese Masken und ihre Funktion beschrieben hat. Sie treten einmal im Jahr, paarweise, bei den nächtlichen Reinigungstänzen *bedu* auf. Die männliche Maske hat einen Aufsatz in Gestalt einer liegenden Mondsichel, der runde Aufsatz der weiblichen Maske stellt wahrscheinlich den Vollmond dar.
Náprstek-Museum, Kat. Nr. A 4901 H. 121 cm

mit der Erfüllung ihrer eng auf den Stamm beschränkten gesellschaftlichen Aufgabe die Zersplitterung zu überwinden und interethnische kulturelle Verbindungen herzustellen. Im Wesen der afrikanischen Kunst gibt es also nichts, was ihre weitere Entwicklung verhindern könnte. Ihre unbestreitbare Degeneration, die durch den Wegfall einiger gesellschaftlicher Institutionen, aus denen sie die traditionellen Themen schöpfte, und die durch fremde Nachfrage hervorgerufene Kommerzialisierung verursacht ist, kann sich als eine vorübergehende Erscheinung erweisen.

Seit den zwanziger Jahren unseres Jahrhunderts wurde dem Studium afrikanischer Stammesstile außerordentliche Aufmerksamkeit geschenkt, da man auf Grund der neuen Erkenntnisse das nicht dokumentierte, in den Museen angesammelte Material, das aus Afrika auf den europäischen und amerikanischen Antiquitätenmarkt geliefert wurde, klassifizieren und seine Provenienz bestimmen konnte. Obwohl sich unsere Kenntnisse über die afrikanische Kunst seit dieser Zeit bedeutend vermehrt haben, kann man bis heute den Prozeß des Kennenlernens dieser Stile nicht als beendet ansehen. Es tauchen noch immer neue und alte Holzskulpturen auf, die zweifellos aus Afrika stammen, was aber auch die einzige Tatsache ist, die man mit Bestimmtheit feststellen kann. Im Laufe innerer Veränderungen, die allmählich infolge der Einwirkung ökonomischer, soziologischer, religiöser und kultureller Impulse in verschiedenen Regionen Afrikas stattfinden, treten neue, bisher unbekannte Werke und Stile in Erscheinung, von deren Existenz wir keine Ahnung hatten, und manchmal stellen wir mit Überraschung fest, daß die alte, bekannte traditionelle Schnitzerei noch heute in Gegenden blüht, wo sie nach unseren bisherigen Kenntnissen ungefähr seit dem Anfang dieses Jahrhunderts ausgestorben ist.

Unsere Kenntnis der afrikanischen Kunst, die früher vorbehaltlos als anonym bezeichnet wurde, hat in eini-

24 Figur einer sitzenden Frau. Senufo (Siena), Elfenbeinküste. Helles Holz mit schwarz gefärbter, patinierter Oberfläche. Eine junge, initiierte Frau, die auf einem vierbeinigen Hocker sitzt, ist eines der häufigsten Themen der Senufo-Schnitzerei. Die Funktion dieser Figuren deuten verschiedene Autoren unterschiedlich. Nach einigen Autoren bekam sie derjenige junge Mann als Belohnung, der bei der Bearbeitung eines neuen Feldes der schnellste war. Dieses Exemplar ist ein Meisterwerk jenes Schnitzers oder jener Werkstatt, deren Schnitzereien sich durch eine charakteristische Gestaltung des menschlichen Körpers auszeichnen. Der Körper ist in zwei senkrechte, einander überschneidende Flächen projiziert; die Schulterpartie flacht in der Querrichtung ab, während die Brust und der Bauch an den Seiten abgeflacht sind. Die Frisur ist eine stilisierte Darstellung eines brütenden Perlhuhns.

Náprstek-Museum, Kat. Nr. A 9405 H. 28,5 cm

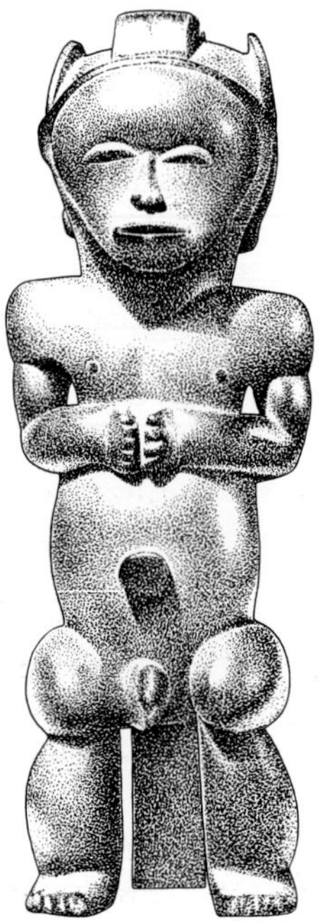

3 Männliche Reliquiarfigur *bieri.* Fang, Gabun
Früher Sammlung Dr. Emanuel Klein, New York H. 39,4 cm

gen Gebieten die bloße Bestimmung des Stammesstils weit überschritten und hat eine solche Tiefe erreicht, daß wir auch über Jahrzehnte zurück den Namen des Autors einer Holzskulptur, oder wenigstens die Werkstatt oder die Schnitzerfamilie bestimmen können. Durch das Verdienst von William Fagg ist in dieser Hinsicht die Erforschung der Yoruba-Kunst am weitesten fortgeschritten. Ein solches Wissen kann man außer durch eine intime Kenntnis des Terrains nur durch ein vergleichendes Studium eines umfangreichen Materials einschließlich der erhaltenen Dokumentarangaben über den Ort und weitere Umstände des Fundes, beziehungsweise der Archivdokumente erwerben. Nur ein solcher Zugang zu den afrikanischen Kunstwerken gibt uns die Möglichkeit, im Rahmen eines bestimmten Stammesstils charakteristische individuelle Unterschiede in der Benutzung und Entwicklung kanonisierter Stilisierungsmittel, in der Technik und Vollkommenheit der Schnitzerei zu unterscheiden, d.h. den — wenn auch anonymen — Meister auf Grund seines persönlichen Stils zu bestimmen. Ähnlich wie man im Falle von anonymen europäischen Gemälden aus dem Mittelalter von dem Meister dieses oder jenes Altars spricht, sprechen wir von einem Meister, den wir nach dem Ort, wo seine Werke gefunden wurden, nach seiner charakteristischen Stilisierungsmethode u.ä. näher bestimmen. In dem Bereich afrikanischer Kunst wurde ein solcher anonymer Meister zum erstenmal in der Region der Baluba in Zaire identifiziert. Er wird als der Meister von Buli (Zeichnung S. 23), nach dem Namen des Dorfes oder der Region bezeichnet, wo jene zwei seiner Holzskulpturen erworben worden sind, bei denen allein der genaue Fundort bekannt ist, obwohl es möglich ist, daß er an einem ganz anderen Ort tätig war. Die meisten seiner Werke sind Häuptlingsstühle mit anthropomorphen Karyatiden. Einen solchen Häuptlingsstuhl erwarb Ende der siebziger Jahre das Metropolitan Museum of Art in New York für eine Million Dollar, den höchsten Betrag, der bis zu diesem Zeitpunkt für ein Werk der Stammeskunst bezahlt wurde. Ein anderer anonymer Schnitzer mit einem charakteristischen persönlichen Stil, der als der Meister der Kaskadenfrisuren bezeichnet wird (Zeichnung S. 23), wurde bei den Baluba des Stammes Shankadi identifiziert. Seine feingeschnittenen kleinen Figuren, auch meistens Karyatiden — nicht von Stühlen, sondern von Nackenstützen — zeichnen sich durch eigenartige zweistöckige Frisuren aus. Später hat William Fagg selbst solche anonymen Meister in der Kunst von Benin und der Yoruba-Kunst identifiziert. Ende der siebziger Jahre versuchte der italienische Afrikaforscher Ezio Bassani (1978) einen bestimmtem Typ der Bambara-Figuren und Masken aus den südlichen Regionen der Republik Mali drei verschiedenen anonymen Schnitzern zuzuschreiben. Eine dieser Holzskulpturen, eine sitzende Frauenfigur, die er dem hypothetischen Schnitzer zugeschrieben hat, den er „Meister des Raubtierprofils“(Maestro del profilo di rapace) nennt, ist auch in diesem Buch abgebildet (Abb. 4). Im Zusammenhang mit der immer größeren Anzahl des veröffentlichten Materials wird zweifellos auch die Zahl der auf diese Weise bestimmten anonymen Meister steigen, deren Namen, Lebensschicksale und Gestalt wir zwar nicht kennen, deren Werk wir jedoch nach ihrem individuellen Stil und ihrer künstlerischen Handschrift identifizieren können.

DER AFRIKANISCHE KÜNSTLER UND SEIN SCHAFFEN

Die afrikanische Kunst, wie die Stammeskunst überhaupt, wird als anonym bezeichnet. Es könnte den Anschein haben, daß diese Bezeichnung das mangelnde Interesse an den afrikanischen Künstlern verursachte. Daran war vor allem die Tatsache schuld, daß die Sammler von Masken, Figuren und anderen Kunstwerken, die im vorigen Jahrhundert in Afrika tätig waren, nicht begriffen, daß das, was sie sammelten, Kunst war. Vorausgesetzt, daß ihr Interesse mehr war als nur ein Bestreben, ein kurioses Souvenir aus einem exotischen

Erdteil zu erwerben, fesselte sie die Bedeutung dieser Werke in religiös-kultischen Zusammenhängen mehr als ihre ästhetische Qualität. Zu diesem Standpunkt führte das „primitive" Aussehen dieser Kunstwerke im Vergleich mit der zeitgenössischen akademischen Kunst Europas. Holzskulpturen und andere Kunstgegenstände erwarben die Europäer damals oft durch Zufall, indirekt — durch Vermittlung der Küstenstämme, manchmal auch als Kriegsbeute, oder später von ambulanten moslemischen Kaufleuten, die zu diesen Kunstwerken weder eine religiöse noch eine ästhetische Beziehung hatten. Und wenn zu dieser Zeit der Sinn und die kulturelle Bedeutung afrikanischer Holzskulpturen unbekannt blieben, so galt das um so mehr für ihre Schöpfer.

Die Entwicklung des europäischen Denkens und europäischer künstlerischer Ansichten räumte erst gegen Ende des ersten Jahrzehnts unseres Jahrhunderts den afrikanischen Skulpturen, die bis dahin als primitive Idole betrachtet wurden, den Rang in der Kunst ein, der ihnen zukam. Aber man verband diese Kunst nicht mit konkreten afrikanischen Künstlern. Einen gewissen psychologischen Einfluß hatte dabei auch die Tatsache, daß in öffentlichen Sammlungen afrikanische Kunstgegenstände gewöhnlich in unübersichtlichen allgemeinen ethnographischen Abteilungen untergebracht waren. Bis vor kurzem konnte man auch in vielen Publikationen über die afrikanische Kunst Spuren eines Zugangs finden, der die einzelnen Kunstwerke nicht als individuelle menschliche Erzeugnisse behandelte.

Verschiedene Forscher und Forschungsreisende haben seit dem vorigen Jahrhundert in ihrem auf Beobachtungen im Terrain gegründeten Werken eine Reihe von Erkenntnissen festgehalten, die sich auf die Entstehung afrikanischer Kunstwerke beziehen. Aber erst seit den dreißiger Jahren wurde auch den Schöpfern afrikanischer Kunst systematisch Aufmerksamkeit zuteil und der Entstehungsprozeß dieser Werke wurde zum Gegenstand spezialisierter wissenschaftlicher

25 Reiterfigur *(bandéguélé)*. Senufo (Siena), Elfenbeinküste. Helles Holz, schwarz gefärbt. Vor der Anwendung der schwarzen Beize wurden auf die Oberfläche rote geometrische Ornamente aufgetragen. Diese Figur stammt aus dem Umkreis derselben Werkstatt wie die vorhergehende. Die Reiterfiguren der Senufo, die, wie hier, in der rechten Hand wahrscheinlich ein stilisiertes Gewehr, einen Speer oder ein Messer halten, verkörpern Geister, die den Wahrsagern bei ihren Handlungen helfen. Die Figur des Pferdes ist immer kleiner als die des Reiters. Der Kopf des Pferdes entspricht den Stilisierungsprinzipien der Tiermasken der Senufo, die Beine werden oft wie bei europäischem Volksspielzeug schematisch stilisiert.

Náprstek-Museum, Kat. Nr. 39 088 H. 41 cm, L. 19 cm

Feldforschung. Obwohl wir bis zum heutigen Tag die Situation der Künstler und die Bedingungen ihres Schaffens nicht in allen afrikanischen Stammesgesellschaften kennen, ist die afrikanische Kunst weitgehend erforscht, und in vielen Fällen ist sie heute auch nicht mehr anonym. Wir sehen die Situation jetzt vielmehr so, daß nicht die Anonymität der afrikanischen Kunst das geringe Interesse für die afrikanischen Künstler verursachte, sondern daß die auf Europa konzentrierte Öffentlichkeit im Augenblick ihrer Begegnung mit afrikanischer Kunst auf die Aufnahme und Bewertung fremder kultureller Werte nicht vorbereitet war und daß das unangemessen geringe Interesse für diese Werte jene „Anonymität" verschuldet hat, eine Anonymität auch im Sinne geringer Kenntnis der schöpferischen Prozesse und der Bedeutung dieser Kunst überhaupt.

Die afrikanische Gesellschaft hat der Persönlichkeit des Künstlers keine solche Bedeutung beigemessen wie die europäische. Vom Standpunkt der religiösen Vorstellungen ist es einem Afrikaner gleichgültig, wer die Ahnenfigur, die Maske oder ein anderes rituelles Symbol, das er benutzt, geschaffen hat. Doch im Unterschied zu dem Europäer kennt der Afrikaner den Autor dieser Kunstgegenstände, wenn dieser, wie häufig, ein Zeitgenosse, ein Angehöriger derselben Gemeinschaft ist.

In dieser Hinsicht ist die Situation interessant, die J. Fernandez bei dem Stamm der Fang in Gabun beschreibt. Zu den zweifellos vollkommensten und deshalb auch zu den von Sammlern am meisten gesuchten und am höchsten geschätzten Werken afrikanischer Kunst gehören die sog. *bieri-Figuren* (Zeichnung S. 26), die mit dem Ahnenkult der Fang zusammenhän-

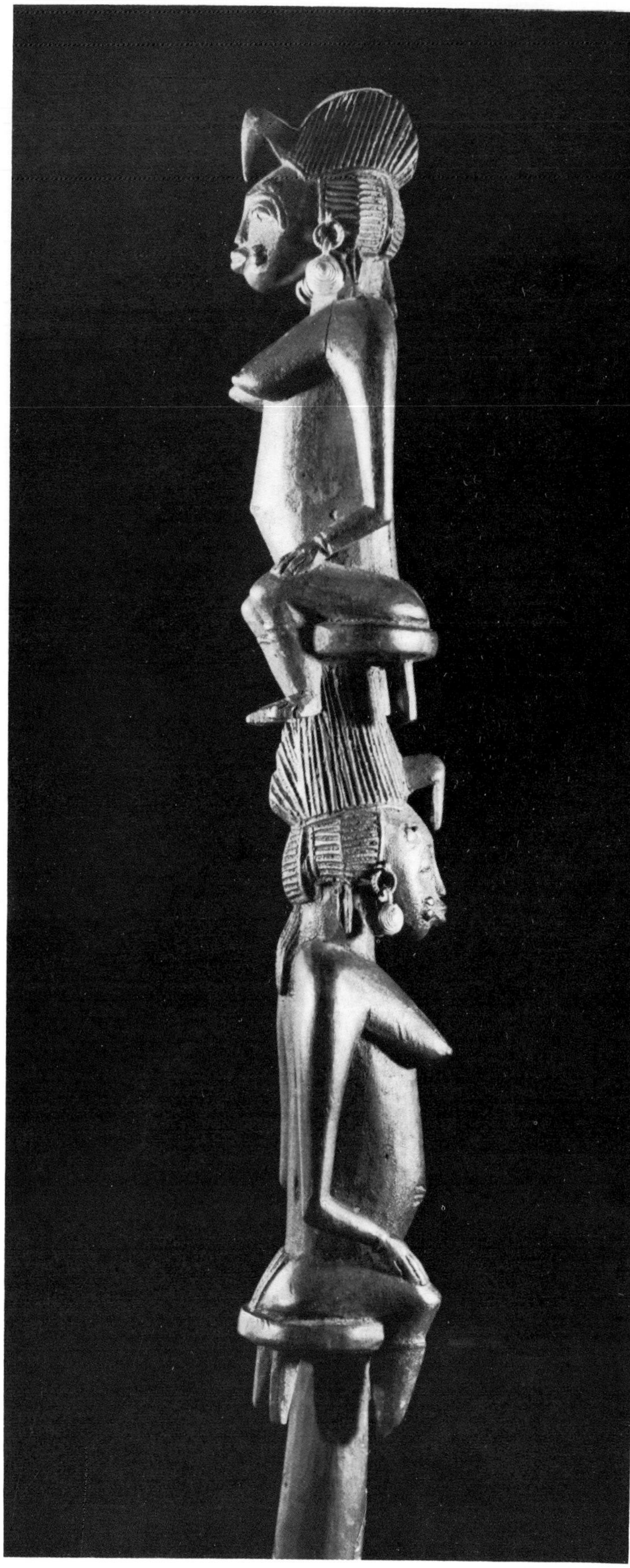

26 Ritualstab *daleu*. Senufo (Siena), Elfenbeinküste. Helles, schwarz gefärbtes Holz, gegossene Messingschellen, Messingblech und am unteren Ende eine geschmiedete eiserne Spitze. Auf dem figürlichen Aufsatz eine dünne Patinakruste. Nach B. Holas (Vevey 1969) sind diese Stäbe Insignien von Jünglingen, die sie bei ihrer Rückkehr in das Dorf nach dem Abschluß der Initiation in den Geheimbund *lo* tragen. R. Wassing (1970) schreibt ihnen die Funktion einer Prämie für den Sieger im Wettbewerb der Feldarbeiter zu, nach anderen Autoren dienen Holzfiguren fliegender Vögel, die auf einer Stange befestigt sind, als solche Prämien. Die Stäbe *daleu* sind gewöhnlich von einer Frauenfigur, die auf einem vierbeinigen Hocker sitzt, gekrönt, zwei Figuren übereinander, wie hier, sind eine Seltenheit. Möglicherweise ist ein Stab mit zwei Figuren das Abzeichen eines höheren Ranges in der Hierarchie der Mitglieder des Bundes. Bei den auf einem vierbeinigen Hocker sitzenden Frauenfiguren der Senufo verschmelzen die Beine der Figur mit zwei Beinen des Hockers und oft — wie hier — ersetzen die Beine der Figur die des Hockers.

Náprstek-Museum, Kat. Nr. 39 145 H. 164,5 cm

gen. Es sind Darstellungen männlicher und weiblicher Gestalten, die mit einem Vorsprung am unteren Ende des Torsos in zylinderförmige Reliquiare aus Baumrinde eingesetzt wurden. Diese enthielten die Gebeine der Vorfahren. Außer den wirklich meisterhaften sind aber auch viele mittelmäßige bis sehr einfache *bieri* bekannt. Manche Nachkommen kümmerten sich nicht um ästhetische Kriterien, sie wünschten sich aus kultischen Gründen, daß die Figur des Verstorbenen von jemandem aus der Verwandschaft geschnitzt wurde. Die Fang wußten aber ein außergewöhnliches Talent durchaus zu schätzen. Deshalb wandten sich manche von ihnen mit ihren Aufträgen an bekannte, bewährte Schnitzer ohne Rücksicht darauf, daß sie mit dem Verstorbenen nicht verwandt waren. Ohne diese Aufträge hätten sich unter den Fang nie so hervorragende Künstler entwickelt, wie es zweifellos die Autoren mancher *bieri* gewesen sind.

Die plastische Kunst in Afrika ist eine Männerangelegenheit, obwohl es auch in dieser Hinsicht Ausnahmen gibt. Was die Bronzeplastiken betrifft, wurde die Teilnahme von Frauen an ihrer Herstellung offenbar nie verzeichnet. Die Schnitzerei ist in Afrika ein Männerprivileg. Hans Himmelheber berichtet zwar (1960) über einen hervorragenden Schnitzer aus dem Stamm Dan, der sich nach eigener Aussage die Arbeit so organisiert hat, daß der Lehrling das Holz vorbereitete, eine der Frauen des Schnitzers die grobe Schnitzerei ausführte und er selbst nur feine Korrekturen der Details vollzog und dem Werk den letzten Schliff gab, aber dieser Fall ist wahrscheinlich nur eine Ausnahme. Die Keramik ist dagegen fast immer Sache der Frauen. Bei einigen Stämmen beteiligen sich die Männer auch an der Herstellung der Keramik, anderswo beschränkt sich ihre Teilnahme auf die Herstellung bestimmter Typen von Ritualkeramik, bei den Asante in Ghana war den Männern die Erzeugung von figürlichen Pfeifen vorbehalten, ebenso wie bei den Tiv in Nigeria. Trotzdem kann man nicht behaupten, daß sich die Tätigkeit der Frauen nur auf die Gebrauchske-

27 Figur eines Nashornvogels *calao*. Senufo (Siena), Elfenbeinküste. Helles, leichtes Holz, auf der Oberfläche Reste eines braungrauen Farbstoffes. Auf dem Schnabel, den Beinen und dem runden Sockel starke Patina. Der Nashornvogel gilt bei den Senufo als Symbol der Fruchtbarkeit. Der lange Schnabel, der bis auf den gewölbten Bauch reicht, symbolisiert das männliche Geschlechtsteil, der gewölbte Bauch des Vogels eine schwangere Frau. Die polychromierten Figuren dieses Vogels, die bis etwa 150 cm hoch sind, kamen erst in den fünfziger Jahren in größerer Zahl in europäische Sammlungen, als sich bei den Senufo der bilderstürmerische *massa*-Kult verbreitete. Bis dahin standen sie bei den Dörfern der Senufo in heiligen Hainen, welche die Nichtinitiierten nicht betreten durften.

Náprstek-Museum, Kat. Nr. A 4617   H. 42 cm

28 Gesichtsmaske *kpelie.* Senufo (Siena), Elfenbeinküste. Helles, leichtes Holz, braunschwarz gefärbt, auf der stilisierten Frisur Flekken eines rotbraunen Farbstoffes. Die flachen Hörner dieser Maske des Geheimbundes *lo* stellen die stilisierte Haartracht der Senufo-Frauen dar, die aus zwei Flechten gebildet wird. Bizarre Vorsprünge an den Rändern der Maske sind nach H. Himmelheber (1965) Darstellungen der Flügel, Schwanzfedern und Beine des heiligen Vogels *calao* (Nashornvogel), die gewölbte Stirn der Maske stellt seine Brust dar.
Náprstek-Museum, Kat. Nr. 39 156 H. 33,8 cm

ramik beschränkt. Wir kennen zum Beispiel von Frauen angefertigte Gefäße mit figürlicher Verzierung und keramische Figuren aus Nigeria. Diese Gegenstände beweisen, daß auch afrikanische Frauen jene außerordentliche Begabung für den plastischen künstlerischen Ausdruck besitzen, die für die Männer so bezeichnend ist.

Im Folgenden wollen wir uns mit der Schnitzerei als dem wichtigsten Teil der afrikanischen plastischen Kunst beschäftigen, über den wir auch am besten informiert sind. Die Schnitzerei ist die Kunst der afrikanischen Bauern. Es ist die Kunst für die Bauern und die Künstler selbst sind vorwiegend Bauern, die wenigstens zum Teil von dem Ertrag ihrer Felder abhängig sind. Falls sie sich ganz der Schnitzerei widmen, machen für sie alle Feldarbeiten ihre Frauen und Kinder, eventuell ihre Lehrlinge. An der Kalabar-Küste in Nigeria, wo die Bevölkerung auf kleinen, vom Wasser umgebenen Inseln inmitten eines tropischen Küstenniederwaldes lebt, ist natürlich die Hauptbeschäftigung der Schnitzer, wie auch aller anderen Bewohner, der Fischfang. Es ist ein Ausnahmefall, doch bestätigt er die Regel, daß sich der afrikanische Schnitzer in der traditionellen Gesellschaft nicht ausschließlich von seiner Kunst ernähren konnte. Bei einigen Stämmen im westlichen Sudan, die sich in professionelle Kasten teilen, die wahrscheinlich aus der ursprünglichen ethnischen Verschiedenartigkeit der Bevölkerung entstanden sind, ist auch der Beruf des Schnitzers durch die Zugehörigkeit zu der Kaste gegeben, in die er geboren wurde. Bei dem großen Stamm Bambara in der Republik Mali gehört die Schnitzerei zu den Pflichten der Kaste der Schmiede. Die Fähigkeit und Fertigkeit, Holz zu bearbeiten, ist bei den Schmieden der Bambara vorhanden, da sie Holzgriffe zu ihren eisernen Geräten anfertigen. Bei den südlichen Nachbarn der Bambara, den Senufo (Siena) im Norden der Elfenbeinküste, existiert eine selbständige Kaste der Schnitzer, genannt *kule,* die eigene Dörfer oder Viertel bewohnt. Diese Kaste existiert auch bei dem Bambara. In der sozialen Hierarchie dieses Stammes steht sie sogar niedriger als die Kaste der Schmiede, die selbst nicht sehr hochgestellt ist. Hans Himmelheber berichtet (1960) in diesem Zusammenhang über einen interessanten Ausspruch eines Bambara-Schmiedes, der behauptete, das Holz aus dem Busch komme selbst zu den *kule*—Schnitzern, um sich schnitzen zu lassen, den Schmieden aber komme es nie auf solche Weise entgegen. Bei den Yoruba in Nigeria ist die Schnitzerei gewöhnlich mit dem Beruf des Tischlers verbunden.

Wie wir sehen, nimmt der Schnitzer in der afrikanischen Gesellschaft keineswegs eine bevorzugte Stellung ein. Trotzdem wird seine Arbeit geschätzt. Davon zeugt auch die Tatsache, daß sich in manchen Fällen die höchsten Repräsentanten der Gesellschaft selbst der Schnitzerei widmeten. Bei den Bakuba in Zaire wird die Schnitzerei sogar für das ehrwürdigste Handwerk gehalten. Ein König der Bakuba zwang angeblich seinen Sohn, die Schnitzerei zu erlernen, und König Bobeken selbst schnitzte Holzdosen. Ein oberster Häuptling des Nachbarstammes Bashilele, der dem Stilgebiet der Bakuba-Kunst angehört, schnitzte die bekannten rituellen Palmweinbecher in der Form von Menschenköpfen und wurde vor allem als Schnitzer von Trommeln mit Relief-Verzierungen berühmt. Ein oberster Häuptling des Stammes Bangwa im nordwestlichen Kamerun schnitzte nach K. Nicklin (1979) Tanzmasken und bezog sie selbst mit Tierhaut usw.

29 Tiermaske in Form eines Helmes. Senufo (Siena), Elfenbeinküste. Helles Holz, schwarz gefärbt. Die Senufo haben eine Reihe von Tiermasken, die verschiedene rituelle Funktionen des Geheimbundes *lo,* oder, wie im Fall dieser Maske, des Bundes *korubla,* der die Hexerei bekämpft, erfüllen. Diese Maske stellt eine Hyäne (*kanamto* — nach B. Holas) dar. Verschiedene Quellen geben verschiedene ursprüngliche Namen dieser Tiermasken an, offenbar im Zusammenhang mit den Orten, wo sie gefunden wurden.
Náprstek-Museum, Kat. Nr. A 6464 H. 22,5 cm, L. 32 cm

Bei einigen Stämmen, wie z.B. bei den Dogon, erlernten alle Knaben während der sogenannten Schule im Busch, die der Initiation voranging, Grundlagen der Schnitzkunst, obwohl sich auch hier vor allem die Schmiede professionell mit der Schnitzerei beschäftigten. Überall dort, wo gesellschaftliche Begrenzungen nicht existieren, wird häufig der Beruf des Schnitzers vom Vater auf den Sohn vererbt. Es besteht jedoch kein Zwang und auch derjenige kann Schnitzer werden, in dessen Familie sich bisher niemand mit der Schnitzerei beschäftigte. Die Wahl dieses Berufs ist meistens ökonomisch motiviert, auch wenn Fälle belegt sind, in denen das innere Bedürfnis künstlerischer Selbstverwirklichung ausschlaggebend war.

Der Adept der Schnitzkunst, der aus einer Schnitzerfamilie stammt, lernt meistens bei seinem Vater oder bei seinem Onkel mütterlicherseits, weil für die Lehre sonst bezahlt werden muß, und außerdem verliert die Familie eine Arbeitskraft, wenn der Knabe das Vaterhaus verläßt. Die Lehrzeit ist verschieden, höchstens aber dauert sie drei Jahre. Der Lehrling, sei es der eigene Sohn oder ein Fremder, widmet dem eigentlichen Lernen kaum die Hälfte der Lehrzeit. Er muß nämlich auch verschiedene Feldarbeiten verrichten, was im Falle eines fremden Lehrlings zum Honorar des Meisters gehört. Manchmal wird die Lehrzeit in mehrere kürzere Zeitabschnitte eingeteilt, zwischen denen der Lehrling für einige Monate nach Hause geht und später wieder zu seinem Meister zurückkehrt. Das Honorar des Meisters ist verschieden und richtet sich nach örtlichen Gewohnheiten. Außer der erwähnten Arbeit im Haushalt des Meisters sind es z.B. ein paar Hühner oder eine Ziege, bei den Bakuba in Zaire gehört dem Meister der Lohn, den sein Lehrling für seine erste selbständig ausgeführte Schnitzerei erhält u.ä. Aber nicht jeder Schnitzer nimmt fremde Lehrlinge an. In manchen Gegenden ist die Schnitzkunst praktisch an die Schnitzerfamilien gebunden, die diese Kunst wie ein Produktionsgeheimnis hüten. Unter afrikanischen Schnitzern gibt es andererseits nicht wenige Fälle von Autodidakten, vor allem dort, wo rituelle Vorschriften den Schnitzer nicht zwingen, in Abgeschiedenheit von der Gemeinschaft zu arbeiten, und man also seine Methode ungehindert beobachten kann. Solche Autodidakten sind zum Beispiel manche spezialisierten Schnitzer anthropomorpher Löffel bei den Dan an der Elfenbeinküste, da diese Löffel öffentlich geschnitzt werden dürfen. Bei den Ijo an der Kalabar-Küste in Nigeria befragte Robin Horton acht Schnitzer und stellte fest, daß keiner von ihnen eine formale Lehre durchlaufen hatte und daß auch keiner von ihnen je einen anderen Schnitzer bei der Arbeit beobachten konnte. Zur Schnitzerei kamen sie meistens durch den Versuch, sich für den eigenen Tanzauftritt eine Kopie von einer Maske anzufertigen, die ein älteres Mitglied ihrer Familie hatte. Wenn die Maske gefiel, bestellten bei ihnen ihre Stammesgenossen weitere und später gab man bei ihnen vielleicht sogar eine Figur für ein Heiligtum in Auftrag.

Das Lernen führt von einfacheren zu komplizierteren Arbeiten. Zum Beispiel bei den Baule an der Elfenbeinküste, wo es H. Himmelheber gründlich studiert hat (1935), schnitzt der Lehrling zuerst Löffel, dann Webrollen, die mit kleinen Menschen- oder Tierköpfen verziert sind, und erst zuletzt geht er an das Schnitzen ganzer menschlicher Figuren. Nicht jeder Adept der Schnitzkunst bringt es fertig, sich alle diese Genres anzueignen. Auch fertige Meister widmen sich nicht immer allen Genres gleich intensiv, auch wenn sie sie beherrschen. Manchmal spezialisieren sie sich auf ein bestimmtes Genre, manchmal bevorzugen sie nur bestimmte Aufträge. In dem Gebiet des Bakuba-Stils in Zaire, wo die kulturelle Tradition eine künstlerische Verarbeitung auch bei vielen Gebrauchsgegenständen erforderte, waren acht aus zwölf Stämmen auf einen bestimmten Typ von Kunsterzeugnissen spezialisiert, die sie anderen Stämmen verkauften.

30 Webrollenhalter. Senufo (Siena), Elfenbeinküste. Helles Holz, schwarz gefärbt, mit glänzender, funktioneller Patina. Über den afrikanischen Webstühlen hängt ein hölzerner Bügel, der die Rolle trägt, über die eine Schnur mit zwei Kreuzschienen läuft, die die Kette zum Durchziehen des Schusses teilen. Bei den Dogon, Senufo und den Stämmen der östlichen Hälfte der Elfenbeinküste werden diese Rollenhalter mit kleinen Menschen- oder Tierköpfen verziert, die oft (nicht immer!) den Schutzgeist der Weber darstellen. Hier ist es ein Köpfchen mit der typischen Vogelfrisur der Senufo-Frauen.

Privatsammlung, Prag. H. 13 cm

Die afrikanischen Holzschnitzer arbeiteten meistens auf Bestellung, entweder von einem Einzelnen oder von Geheimbünden. Nur ausnahmsweise erzeugten sie Holzplastiken ohne Bestellung auf Vorrat. Zum Beispiel wurden bei den erwähnten Baule kleine profane Kunstgegenstände auf Vorrat angefertigt, oder auch individuell gestaltete repräsentative Unikate, die, nachdem sie der Kunde gekauft hatte, ihre endgültige Gestalt von dem Vergolder erhielten.

Das Grundmaterial der Schnitzerei in Afrika ist das Holz. Zu den seltener benutzten Materialien gehört das Elfenbein, das in einigen Gegenden ausschließlich für Schnitzereien für den königlichen Hof verwendet wurde und nur in der Schnitzerei der Bakongo im Gebiet des unteren Kongo und bei den Balega (Warega) in Ostzaire für Initiationszwecke in größerem Maße zur Verwendung kam. Weiter wurden Nilpferdzähne, Knochen, Stein — vor allem der leicht bearbeitbare Speckstein — von weniger edlen Materialien dann das Mark der Raphiapalmen verwendet.

Aus meiner langjährigen Museumspraxis weiß ich, daß es den Europäer oft interessiert, aus welchem Holz afrikanische Plastiken angefertigt werden, und daß er gewöhnlich glaubt — vielleicht deshalb, weil viele Figuren dunkelbraun bis schwarz sind — daß sie aus Ebenholz geschnitzt sind. Hinter dieser Annahme verbirgt sich vielleicht eine unbewußte, fast atavistische Sehnsucht nach einem wertvollen Material. In Wahrheit jedoch griff der traditionelle Schnitzer bei der Wahl seines Materials nie nach Ebenholz und ähnlichen edlen Holzarten. Das Ebenholz wählen erst die heutigen Afrikaner für ihre Erzeugnisse, zum Beispiel die bekannten Makonde-Schnitzer populärer moderner Skulpturen aus Tansania und Mozambique und die Hersteller künstlerisch meist wertloser Souvenirs in vielen anderen afrikanischen Ländern, weil sie begriffen haben, daß sich der normale europäische oder amerikanische Tourist im Grunde nicht für ihre Kunst, sondern für den exotischen und manchmal auch erotischen Beigeschmack des Themas interessiert. Die Bearbeitung so harter Holzarten wie Ebenholz ermöglichen nämlich erst die modernen importierten Werkzeuge aus Stahl, die den afrikanischen Schnitzern früher nicht zur Verfügung standen. Welches Holz benutzten also die afrikanischen Schnitzer? Die Antwort ist, es werden viele Holzarten benutzt. In manchen Gegenden schreibt die kultische Tradition eine bestimmte Art vor, anderswo wird die Holzart nach dem Typ der Schnitzerei gewählt, zu der sie benutzt werden soll. Meistens aber werden die weichen Arten bevorzugt, da sie leicht zu bearbeiten sind, für die härteren Arten entscheidet man sich in der Regel nur dann, wenn die Schnitzerei für längere Zeit dem

31 Stilisierte Frauenfigur. Bijogo, Guinea-Bissau, Insel Bubaque, Dorf Bijante. Helles Holz mit patinierter, glänzender Oberfläche. Die Oberfläche der Frisur ist durch eine Kruste aus zinnoberrotem Farbstoff hervorgehoben. Um den Hals eine Kette aus verschiedenfarbigen Glasperlen. Die Figur stammt aus der Sammlung von E. Hintz, Berlin. Zum erstenmal wurde sie von E. v. Sydow in seinem Handbuch (1930) veröffentlicht. Junge, unverheiratete Frauen trugen solche Puppen, die ihre Fruchtbarkeit sichern sollten, mit den gabelförmigen Beinen auf die Hüfte gestützt oder auf dem Rücken, wie Afrikanerinnen ihre Kinder tragen.
Náprstek-Museum, Kat. Nr. 26 554 H. 71,3 cm

32 Figur einer stehenden Frau. Bijogo, Guinea-Bissau. Helles Holz mit unbearbeiteter Oberfläche und ohne Patina, nur die Frisur und die Oberseite des runden Sokkels sind braunschwarz gefärbt. Die Figur war wahrscheinlich für einen Hausaltar der Ahnen bestimmt. Die rund um den Kopf gerade geschnittenen Haare bilden die typische traditionelle Frisur der Bijogo. Die schwarze Farbe auf den Haaren soll, wie der zinnoberrote Farbstoff auf der vorhergehenden Figur, die traditionelle Festigung der Frisur mit Kot wiedergeben.
Náprstek-Museum, Kat. Nr. 26 613 H. 31,5 cm

vorausgesetzen Ansturm der Termiten standhalten soll. Aus demselben Grund arbeitet der afrikanische Holzschnitzer — im Unterschied zu seinem europäischen Kollegen — mit frischem Holz eines gerade gefällten Baumes, auch wenn dies in kurzer Zeit zu Längssprüngen in den fertigen Erzeugnissen führt, die so oft das Aussehen der schönen Masken und Figuren in unseren Sammlungen verderben. Man muß jedoch bedenken, daß der afrikanische Schnitzer für den augenblicklichen rituellen Bedarf seiner Zeitgenossen und nicht für die ästhetischen Bedürfnisse zukünftiger Generationen von Museumsbesuchern arbeitet. Notfalls arbeitet er aber auch mit dem jahrhundertealten Holz toter, in trockenem Sand konservierter Stämme, wie es in den Dürregebieten von Mali vorkommt.

Die Werkzeuge afrikanischer Schnitzer sind sehr einfach. An erster Stelle ist es die Dechsel, eine Art von langem, leicht gebogenem Meißel, der quer, ungefähr im rechten Winkel auf einen längeren Stiel aufgesetzt ist. Der Schnitzer sitzt bei seiner Arbeit auf dem Boden, mit einer Hand, eventuell noch mit einem Fuß hält er den Holzblock fest, und mit regelmäßig geführten Schlägen mit seinem Instrument formt er aus dem Block die zukünftige Figur oder Maske. Mit einer größeren Dechsel verleiht er seinem Werk die Grundform, mit einer kleineren arbeitet er dann größere Details. Mit einem gewöhnlichen Messer gibt er schließlich der Figur die endgültige Gestalt, schnitzt feine Details, wie die Augen, den Mund, die Kerben, die das Haar darstellen, die ornamentalen Schmucknarben des Torsos und des Gesichts usw. Dort, wo die Tradition eine glatte Oberfläche der Holzskulptur ohne Spuren der Werkzeuge verlangt, benutzt er rauhe Blätter, mit denen er ebenso arbeitet wie der europäische Handwerker mit dem Sandpapier.

Die Oberfläche der Holzplastik wird gewöhnlich noch weiter behandelt. Sie wird mit verschiedenen Pflanzensäften gebeizt oder für einige Tage in den Flußschlamm getaucht, wodurch sie eine dunkle Färbung erhält, sie wird mit roten Palmöl getränkt und poliert oder mit verschiedenen, mit Kaolin vermischten Naturfarbstoffen, Erdfarben, eventuell importierten Ölfarben usw. polychromiert. In Kamerun wurde die ganze Oberfläche mancher Holzskulpturen mit farbigen Glasperlen, in Gabun mit Kupfer- und Messingblech bedeckt. Einigen Figuren und Masken werden in die Augen Glasperlen, Perlmuttknöpfe von europäischer Wäsche oder keramische Scherben eingesetzt, die Zähne werden aus Scherben, Blech oder Schilf gemacht, bei den Makonde in Mozambique wurden in die Kerben auf dem Scheitel Menschenhaare eingelegt usw. Nicht alle diese Arbeiten verrichtete immer der Schnitzer selbst. Bei den Ijo an der Kalabar-Küste wurde die bunte Bemalung der Maske dem Kunden überlassen. Bei den Akan-Stämmen in Ghana und an der Elfenbeinküste werden symbolische Holzskulpturen,

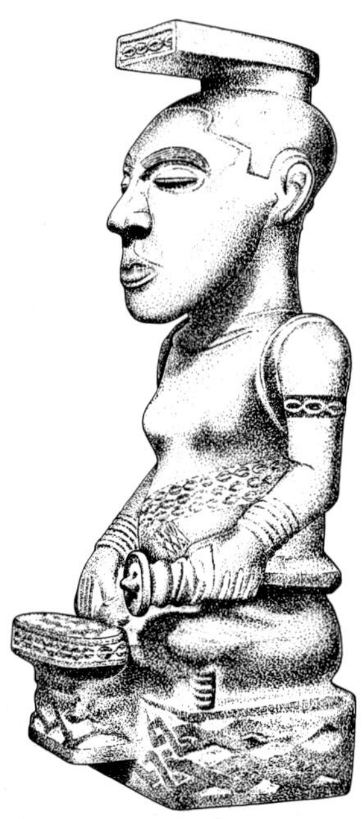

4 Porträtfigur des Königs Shamba Balongongo. Bushongo, Zaire
British Museum, London
H. 56 cm

die für politische Repräsentation bestimmt sind, von einem spezialisierten Handwerker mit Goldfolie bedeckt.

Bis auf Ausnahmen sind afrikanische Holzskulpturen nach der vertikalen Achse des Holzes orientiert und werden, zweifellos zur Erleichterung der Arbeit, aus seinem mittleren Teil geschnitzt. Deshalb können wir gewöhnlich in der Mitte des Scheitels der Figuren, zwischen ihren Beinen oder in der Mitte des Sockels eine Öffnung entdecken, die nach dem Zerfall des weichen Kerns des Stammes übriggeblieben ist. Die afrikanischen Holzskulpturen sind meistens monoxyl, das heißt, sie sind aus einem kompakten Stück geschnitzt und nur in seltenen Fällen hat der Schnitzer z.B. einen Arm der Figur aus einem anderen Stück Holz angefertigt oder sogar, wenn er nicht genug Holz hatte, den fehlenden Teil der Schnitzerei aus irgendeinem anderen Material hinzugefügt.

Der afrikanische Schnitzer, der Skulpturen schafft, die übernatürliche Wesen darstellen, begibt sich, vom rituellen Standpunkt gesehen, auf einen Boden, der sowohl für ihn als auch für die Gemeinschaft, in der er lebt und arbeitet, gefährlich ist. Da die umliegende Natur nach traditionellen afrikanischen Vorstellungen, die einst auch in Europa geläufig waren, von Geistern bewohnt ist, ist es vor allem unerläßlich, daß er den Geist des Baumes versöhnt, den er zu fällen gedenkt. Dies geschieht durch ein vorheriges Versöhnungsopfer, z.B. die Tötung eines Hahns. An das eigentliche Schnitzen muß er in ritueller Reinheit herangehen, die zum Beispiel durch sexuelle Enthaltsamkeit während einer vorgeschriebenen Zeit vor dem Beginn und im

33 Stehende männliche (?) Figur. Bijogo, Guinea-Bissau (?). Helles Holz mit ungefärbter Oberfläche, ohne Patina. Die Frisur geschwärzt durch Brennen. Nach der Form der Frisur, der ungefärbten Oberfläche und auch nach weiteren Stilmerkmalen stammt diese undokumentierte Figur wahrscheinlich auch von den Bijogo. Es ist nicht ganz klar, ob es

Verlauf der Arbeit erreicht wird. Diese Praktiken sind nach örtlichen Gewohnheiten und danach, welche rituelle Bedeutung den einzelnen Herstellungsphasen beigmessen wird, verschieden. In einigen Gegenden darf der Schnitzer bei der Arbeit nicht den Geist beleidigen, den die Skulptur darstellen soll, anderswo wird das Halbfabrikat, solange die Skulptur nicht fertig und beseelt ist, nur als ein totes Stück Holz angesehen. Bei den Guro an der Elfenbeinküste opfert manchmal der Schnitzer im Laufe der Arbeit an einer Maske ein Huhn, manchmal bringt dieses Opfer der Eigentümer der fertigen Maske. Erst dadurch wird die Maske beseelt, erst dann kann ihr Geist in sie hineintreten. In manchen Gegenden schreibt die Tradition dem Schnitzer vor, unbeobachtet, abseits von den anderen, im Busch oder am Rand des Dorfes zu arbeiten, anderswo können ihm andere Menschen bei der Arbeit zusehen, ohne daß dadurch irgendwelche rituelle Vorschriften verletzt werden. Die Schnitzer des Stammes Ekoi (Ejagham) am Oberlauf des Crossflusses in Ostnigeria konnten zum Beispiel bei der Erzeugung hölzerner Teile bekannter Aufsatzmasken in der Gestalt von Menschenköpfen öffentlich arbeiten, wenn dann aber die Maske mit Tierhaut bezogen wurden, mußte dies in Abgeschiedenheit geschehen. Alle diese Ritualpraktiken, die den schöpferischen Prozeß afrikanischer Künstler begleiten, sind sehr verschiedenartig und unterscheiden sich von Stamm zu Stamm. Sie stehen scheinbar in keinem Zusammenhang mit dem eigentlichen schöpferischen Prozeß, zweifellos aber verliehen sie den Schnitzern innere Kraft und die Überzeugung von einem höheren Sinn ihrer Arbeit und entfesselten ihre Phantasie.

DIE HISTORISCHE DIMENSION DER AFRIKANISCHEN KUNST

Die Auswahl der Fotografien, die durch den Umfang eines Buches notwendigerweise begrenzt ist, und der begleitende Text machen den Leser mit typischen Kunstwerken aus verschiedenen Teilen Afrikas bekannt, dabei wird aber nicht deutlich, daß es bei den einzelnen Stämmen auch Stilentwicklungen in dem geschichtlichen Ablauf gibt. Die Aussage eines europäischen Kunstwerks ist dem Leser gewöhnlich nicht fremd, er kann das Werk auch chronologisch in die Entwicklungslinie einordnen, er kennt seine historische Bedingtheit, seine Zugehörigkeit zu einer bestimmten Zeit, einem gesellschaftlichen Milieu, usw. Auch afrikanische Figuren, Masken oder geschnitzte rituelle Gegenstände sind Produkte einer historischen Entwicklung, nur mit dem Unterschied, daß wir diese Geschichte aus verschiedenen Gründen entweder überhaupt nicht oder nur sehr wenig kennen und daß sie einer uns fremden, unbekannten Kultur zugehören, was zur Folge hat, daß wir ihren Inhalt nicht erfassen.

Hinzu kommt, daß die Mehrzahl der Werke afrikanischer Stammeskunst in den letzten hundert bis hundertfünfzig Jahren entstanden ist und daß wir in vielen Regionen Afrikas Beispiele dieser Kunst nur aus einem kurzen Abschnitt dieser Zeitspanne kennen. Die einzelnen ethnischen Stile sind in sehr unterschiedlicher Anzahl dokumentiert. Während wir aus einigen Regionen Dutzende, ja Hunderte von Holzplastiken kennen, die im Laufe der letzten zwei Jahrhunderte erworben worden sind und die wir nun miteinander vergleichen und klassifizieren, deren chronologische Beziehungen wir konstruieren können, kennen wir aus anderen Gegenden nur einige wenige Exemplare eines bestimmten Typs von Masken, die man vor etlichen Jahrzehnten gefunden hat. Die Kenntnisse über ältere Entwicklungsphasen afrikanischer Kunst zu vertiefen ist daher ebenso wichtig wie die Suche nach ihren ältesten Zeugnissen.

Aus historischen Dokumenten erfahren wir, daß afrikanische Holzplastiken seit dem 15. Jahrhundert zum Bestand der damals entstehenden Kuriositätensammlungen gehörten, deren Gründer feudale Herren und reiche Kaufleute waren, die auch den Überseehandel

34 Figur eines Nilpferdes. Bijogo, Guinea-Bissau, Insel Orango. Hellbraunes Holz mit leicht patinierter, matt glänzender Oberfläche. Die Figur war wahrscheinlich ein Fetisch. Sie stammt aus der Sammlung von E. Hintz, Berlin.
Náprstek-Museum, Kat. Nr. 26555 L. 17 cm

sich um eine männliche oder weibliche Figur handelt, der kleine Vorsprung auf dem Bauch kann den betonten Nabel darstellen. Da in der traditionellen Gesellschaft der Bijogo Frauen eine entscheidende Rolle spilten, sind hier männliche Figuren selten.
Náprstek-Museum, Kat. Nr. 26612 H. 42 cm

betrieben. Da sich jedoch später, seit dem 17. Jahrhundert, im europäischen Bewußtsein die Geringschätzung für Afrika und seine Kunst verbreitete, ist von diesen Kunstwerken kaum etwas erhalten geblieben. Eine Ausnahme ist ein mit Reliefschnitzerei reich verziertes Holztäfelchen, das bei dem Yoruba-Orakel *ifa* benutzt wurde. Einige Stämme, die weiter westlich lebten, übernahmen dieses Orakel von den nigerianischen Yoruba. Das erhaltene Täfelchen stammt aus Ardra in der heutigen Republik Benin, jedoch kann man die ethnische Zugehörigkeit seines Schöpfers nicht mehr bestimmen. Dieses Täfelchen, das sich im Städtischen Museum in Ulm befindet und aus der berühmten Weickmann-Sammlung stammt, kam am Anfang des 17. Jahrhunderts nach Europa, also vor 350 Jahren, in seiner künstlerischen Konzeption ist es jedoch mit ähnlichen Yoruba-Täfelchen identisch, die bis zum heutigen Tag benutzt werden. Die figürlichen Details des Reliefs dagegen haben eine auffallende Ähnlichkeit mit Figuren des Stammes der Ewe, die im ersten Viertel unseres Jahrhunderts im heutigen Togo gefunden worden sind, worauf vor kurzem (1983) Ezio Bassani überzeugend hingewiesen hat.

Auch wenn wir heute keine genaue Vorstellung davon haben, welche und wie viele afrikanische Holzskulpturen frühere europäische Sammlungen enthielten, wissen wir mit Sicherheit, daß es nur wenige waren und daß sie als seltene exotische Kuriositäten dem damaligen europäischen Geschmack nicht entsprachen. Im Gegensatz zu den Holzschnitzereien kannten aber die adeligen und reichen Schichten Europas die afrikanischen Schnitzereien aus Elfenbein sehr gut. Das Elfenbein wurde seit dem Altertum in Europa als ein edles Material geschätzt. Deshalb bestellten portugiesische Kaufleute, nachdem sich ihnen der Seeweg zur westafrikanischen Küste geöffnet hatte und sie die Gewandtheit der dortigen Schnitzer kennengelernt hatten, bei diesen Künstlern verschiedene Elfenbeinerzeugnisse, die in Europa sehr gefragt waren. Vor allem

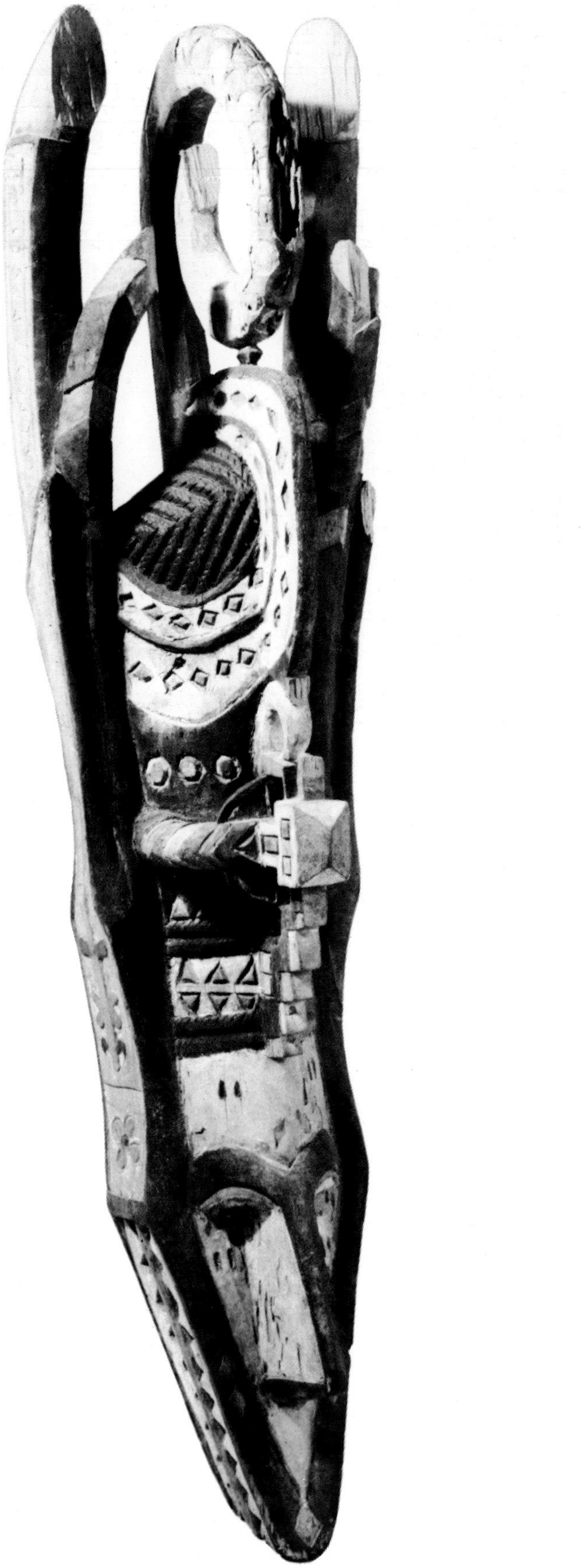

35 Anthropozoomorphe Maske *banda*. Nalu, Guinea-Bissau. Helles Holz mit reicher Polychromie. Diese Maske ist mit dem höchsten Rang des Geheimbundes *simo* verbunden, wenn sie ein Nichtinitiierter ansah, mußte er angeblich sterben. Undokumentierte Exemplare, wie dieses, werden den Nalu zugeschrieben, die Maske wurde aber auch bei anderen Stämmen dieser Region verwendet, vor allem bei den Baga und Landuman. In der Polychromie und dem geschnitzten Überbau über der Stirn sieht W. Fagg portugiesischen Einfluß. Über der Stirn dieses Exemplars ist ein Häuschen europäischer Bauart angeschnitzt. Die Maske war ursprünglich höher, die Spitzen ihrer Hörner sind nicht erhalten. Das Maul mit scharfen Zähnen ist von einem Krokodil oder einem Hai abgeleitet.
Náprstek-Museum, Kat. Nr. A 11 546 H. 128 cm

36 Tanzaufsatz *koni.* Nalu, Guinea-Bissau. Helles Holz mit Polychromie. Der Aufsatz stellt einen Vogel mit einer Schlange auf dem Rücken dar. Bei dem Fest zum Abschluß der Initiationsriten begleitet ein Tänzer mit dem *koni*-Aufsatz den Auftritt der großen Maske in Gestalt einer aufgerichteten Pythonschlange. Wie die *banda*-Maske kommt auch dieser Aufsatz bei den benachbarten Stämmen vor und seine ethnische Zuweisung ist nur hypothetisch.
Náprstek-Museum, Kat. Nr. A 11 594 H. 33,5 cm

37 Aufsatzmaske. Baga, Guinea. Helles Holz mit schwarz gefärbter Oberfläche. Die Augen sind aus gewölbten Nagelköpfen gebildet. Halskatte aus gelben Glasperlen. Diese Tanzmaske in Gestalt der Büste einer jungen, reifen Frau ist eine weniger bekannte Variante der mächtigen Maske der Fruchtbarkeitsgöttin Nimba. Die Mitglieder des Geheimbundes *simo* treten mit dieser Maske bei dem Erntefest auf. Die Büste ruht auf dem Kopf des Tänzers, die Öffnung unter den Brüsten ermöglicht ihm den Durchblick. Der Tänzer ist ganz mit Fransen aus Pflanzenfasern, die von den Rändern der Maske herabhängen, verhüllt. Mit Hilfe von zwei „Beinen" an der Vorderseite kontrolliert er die Bewegungen der Maske.
Náprstek-Museum, Kat. Nr. A 3982 H. 71 cm

waren es Jagdhörner aus Elefantenzähnen, sog. Olifante, Tafelgerät, besonders Löffel, Gabeln, Salzfässer und Pfefferdosen, die auf ihren hohen, vollen oder durchbrochenen Untersätzen und auf gewölbten Deckeln mit menschlichen Figuren oder auch ganzen Szenen verziert waren. Einen solchen Olifant und einen Löffel bringen wir auch in diesem Buch (Abb. 1, 3). Die Relief-Verzierung der Jagdhörner und das Design der Salzfässer waren zweifellos durch europäische Ansprüche und Vorlagen — wahrscheinlich waren es Holzschnitte in Büchern oder vielleicht auch Bilder auf Spielkarten — beeinflußt. Diese sogenannten Afroportugiesischen Elfenbeinschnitzereien, wie sie William Fagg, dem wir ihre Bestimmung verdanken, bezeichnete (1959), stammen aus zwei Regionen. Ein Teil dieser Gegenstände wurde im Königreich Benin angefertigt, ihr größter Teil jedoch stammt zweifellos von den Künstlern der Stämme Sherbro oder Bulom im heutigen Sierra Leone. Obwohl sie von europäischem Einfluß gezeichnet sind, haben sie eine große Bedeutung für die Erforschung der Geschichte afrikanischer Kunst. Die figürliche Verzierung dieser Gegenstände vor allem der von den Sherbro stammenden Salzfässer, trägt nämlich starke Spuren des lokalen traditionellen Stils. Einige dieser Figuren sind Darstellungen von Afrikanern. Der Stil dieser Figuren ist mit dem Stil der Steatitfiguren, der sog. *nomoli* (Abb. 5), identisch, die in Sierra Leone, in dem Gebiet, das einst die Stämme Sherbro und Temne bewohnt hatten, bevor sie von den Mandingo verdrängt wurden, bei Ausgrabungen gefunden werden. Die Stilistische Übereinstimmung macht

38 Figur einer stehenden Frau. Baga, Guinea. Holz mit schwarz gefärbter Oberfläche, Augen aus Eisenblech, Halsschmuck aus Raphiafasern geflochten. Nach den Stilmerkmalen, die mit der vorhergehenden Maske übereinstimmen, stammt diese undokumentierte Figur von den südlichen Baga. Ihre Funktion ist unbekannt. Den übergroßen Brüsten und dem gewölbten Bauch nach zu urteilen, war sie mit dem Fruchtbarkeitskult verbunden und vielleicht stellte sie die Göttin Nimba dar.
Náprstek-Museum, Kat. Nr. A 2067 H. 68,5 cm

es uns möglich, die Steatitfiguren (Speckstein) in das 16. Jahrhundert zu datieren.

Ältere Holzskulpturen sind auf afrikanischem Boden nur ausnahmsweise erhalten geblieben, weil das ungünstige Klima und die Termiten ihre Lebensdauer begrenzen. Die älteste dieser Skulpturen ist ein Tierkopf, der in Zentralangola ausgegraben und Anfang der siebziger Jahre publiziert wurde. Mit Hilfe der C14-Methode wurde er in das 8. Jahrhundert datiert. Dieser Fund steht bis jetzt einzig da und wir können ihn auch mit keinem bekannten späteren Kunstwerk dieser Region thematisch in Verbindung bringen.

Die erste große Gruppe relativ sehr alter Holzskulpturen, die in Afrika erhalten geblieben sind, bilden Figuren aus Gräbern, die in die Wände der Bandiagara-Riffe im Süden der Republik Mali gehauen sind, in dem Gebiet, das heute von dem Stamm der Dogon bewohnt wird. Die Dogon, die selbst eine sehr reiche Holzskulptur geschaffen haben, schreiben diese alten Figuren ihren mythischen Vorgängern, die sie Tellem nennen, zu. Mit Hilfe der C14-Methode wurden einige Figuren der angeblichen Tellem in das 13. bis 15. Jahrhundert datiert. Diese Datierung ist jedoch ebensowenig sicher wie die ethnische Zuschreibung dieser Figuren den mythischen Tellem. Die C14-Methode ermöglicht es, auf Grund der bekannten sog. Halbwertzeit des radioaktiven Kohlenstoffes, den alle Organismen während ihres Lebens in ihrem Körper speichern, zu bestimmen, wann ungefähr ein bestimmter Organismus aufgehört hat, den radioaktiven Kohlenstoff zu speichern. Bei Holzskulpturen kann man zwar mit dieser Methode bestimmen, wann der Baum abgestorben ist, aus dessen Holz sie geschnitzt sind, man kann aber nicht feststellen, wann die Skulpturen geschaffen worden sind. (Fagg in African Tribal Images, 1986). Bei den Figuren aus den Bandiagara-Gräbern besteht die Schwierigkeit darin, daß man in diesem Dürregebiet mit seinem Mangel an frischem Holz, das die afrikanischen Schnitzer gewöhnlich benutzen, manchmal abgestorbenes, beliebig lange in dem trockenen, lockeren Boden konserviertes Holz verwenden mußte. Die Datierung der „Tellem-Figuren" mit Hilfe der C14-Methode ist deshalb nur dann zuverlässig, wenn sie durch ein entsprechendes Ergebnis einer Analyse anderer organischer Überreste, die im Zusammenhang mit ihnen gefunden worden sind, erhärtet werden kann. Was die ethnische Zuschreibung der sog. Tellem-Figuren betrifft, besteht die Schwierigkeit darin, daß sowohl in der Thematik, die aus kosmogonischen Mythen schöpft, als auch im Stil die Schnitzereien der mythischen Tellem eine markante Verwandtschaft mit jenen der späteren Dogon aufweisen und daß man manchmal sogar an einer einzigen Figur die gleichzeitige Anwesenheit von Charakterzügen der Tellem- und Dogon-Kunst feststellen kann. Daher scheint es so zu sein, daß die sog. Tellemplastiken nichts anderes als eine ältere Entwicklungsphase der Dogon-Kunst sind. Chronologisch können wir diese ältere Phase in das 18. oder 17. Jahrhundert, in einigen Fällen vielleicht sogar noch weiter in die Vergangenheit einordnen. Im Hinblick auf das Studium der Entwicklung der Stammeskunst wäre diese Eventualität sogar interessanter, da sie einen völlig einzigartigen Fall darstellen würde, in dem wir die Entwicklung eines Stammesstils an Zeugnissen aus mehreren Jahrhunderten kontinuierlich verfolgen können.

Eine Gruppe von Kunstwerken, die in der ganzen afrikanischen Kunst eine außerordentliche Stellung

39 Figur eines stehenden Mannes. Baga, Guinea. Holz mit schwarz gefärbter Oberfläche. Diese Figuren im Stil der nördlichen Baga, die in der Gestaltung des Kopfes mit den großen Masken der Göttin Nimba übereinstimmen, dienten angeblich im *simo*-Bund als Fruchtbarkeitssymbole und Beschützer der Mutterschaft. Männliche Figuren wie diese wurden aber auch als Wächterfiguren an den Zugangswegen zum Dorf aufgestellt.
Náprstek-Museum, Kat. Nr. A 2071 H. 42 cm

40 Kultgegenstand *anok*. Nalu, Guinea-Bissau (?). Hartes, dunkelbraunes Holz mit matt glänzender Oberfläche. Die Augen sind aus gewölbten Köpfen von Messingzwecken gebildet. Auch dieser Gegenstand des *simo*-Bundes wird bei einer Reihe von Stämmen verwendet. *Anok* wird in einen niedrigen, zylindrischen Untersatz (bei diesem Exemplar ist er nicht erhalten) gestellt, aus dem er bei dem Tanz gehoben wird. Die Tänzer des *simo*-Bundes tanzen um den *anok* bei dem Erntefest. In die geometrischen Öffnungen im Kopf wurden Zaubermittel eingefügt.
Náprstek-Museum, Kat. Nr. A 6465 L. 50,5 cm

einnimmt, obwohl sie, was das genaue Alter betrifft, problematischer ist, bilden die Gedenkporträts der Bakuba-Könige aus dem heutigen Zentralzaire. Als erste sammelten der Ungar E. Torday und der Engländer T.A. Joyce diese Figuren bei den Bakuba im Jahre 1907; heute sind sie im Britischen Museum und im Museum von Zentralafrika in Tervuren. Torday und Joyce haben auch die Genealogie der 124 Herrscher des Königreichs der Bakuba aufgezeichnet, die durch mündliche Tradition überliefert ist. Eine herausragende Gestalt dieser Genealogie ist der 93. König, oder *nyimi,* namens Shamba Balongongo (nach J. Cornet Shyaam Mbula Ngoong), der in den Jahren 1600 bis 1620 herrschte und dem die Tradition die Einführung einiger technologischer und kultureller Neuerungen zuschreibt, wie z.B. jenes Spiel, das heute fast überall

41 Helmmaske *sowei (nöwo)*. Mende, Sierra Leone. Leichtes, helles Holz, auf der Oberfläche braun gefärbt. Der Hohlraum der Maske durch Brennen geschwärzt. Diese Helmmasken werden von Würdenträgerinnen des Frauengeheimbundes *bundu* oder *sande* auch bei anderen Stämmen in Sierra Leone und Liberia, wie den Vai, Gola oder Temne getragen. In ihrem rhombischen Gesicht nimmt die Stirn gewöhnlich den größeren Teil ein. Die Form des Gesichts ist fast konstant, meistens werden nur die Frisur und die zusätzlichen Verzierungen und Symbole verändert. Große Unterschiede bestehen auch in der künstlerischen Qualität einzelner Schnitzer. Die Vorsprünge an der hinteren Hälfte der Maske sind Hörnchen der *Ducker*-Antilope, denen magische Kraft zugeschrieben wird. Die Ringe am Hals der Maske werden als Fettfalten gedeutet, die angeblich Wohlstand symbolisieren und das Ideal reifer weiblicher Schönheit darstellen. Nach Frederick Lamp, der vor kurzem bei den Temne diese Masken untersuchte, sind diese Falten Darstellungen abdominaler Segmente der Puppe eines Schmetterlings.
Náprstek-Museum,
Kat. Nr. 39 109 H. 41 cm

auf dem afrikanischen Kontinent verbreitet und unter dem Namen *mankala* bekannt ist, vor allem aber die Einführung des Brauches, daß während des Lebens jedes Bakuba-Königs sein idealisiertes Gedenkporträt, genannt *ndop,* geschnitzt wird (Zeichnung S. 35). Diese Figuren stellen immer einen stattlichen Mann dar, der mit übergeschlagenen Beinen sitzt, mit einem verhältnismäßig großen Kopf, der ungefähr ein Drittel der Höhe der ganzen Skulptur ausmacht. Die 50 bis 70 cm hohen Figuren haben gewöhnlich an der linken Seite ein kurzes Schwert. Die Vorderseite des Sockels trägt meist ein geschnitztes Symbol, das den König kennzeichnet, den die Figur darstellt. Das Porträt des Shamba Balongongo hat am Sockel ein Spieltischchen für *mankala,* das an sein Verdienst um die Einführung dieses Spiels erinnert. König Mikope Mbula (nach J. Cornet Miko im Mbul) wurde durch seine Sozialreformen und dadurch, daß er eine Sklavin geheiratet hatte, berühmt, deswegen schmückt den Sockel seiner Porträtfigur eine kleine Frauengestalt, ein anderer *nyimi* war ein hervorragende Schmied und deshalb ist das Attribut seines Porträts ein Miniaturamboß. Wir kennen heute eine große Zahl neuer Repliken dieser Figuren, die zu einem gefragten Artikel auf dem Touristenmarkt geworden sind. Es gibt jedoch nur fünf bis sechs ursprüngliche Figuren, die Torday und Joyce erwarben, noch bevor die Bakuba mit der Kolonialherrschaft und den Europäern in Berührung kamen, und wenn noch weitere aus anderen Quellen hinzugerechnet werden, beträgt die Zahl der alten *ndop* höchstens achtzehn. Ungelöst bleibt die Frage, ob diese alten Figuren wirklich zu Lebzeiten der Könige, die sie darstellen, entstanden sind. Es scheint nämlich, daß einige dieser Figuren von einem Schnitzer stammen und deshalb die Möglichkeit besteht, daß es unter diesen Figuren Repliken älterer Vorlagen gibt, die erst später, sozusagen als eine genealogische Galerie der Bakuba-Herrscher, angefertigt wurden. Das würde jedoch ihren Wert als Beweise für das Alter dieser Kunst nicht wesentlich vermindern, da es nur wenige Zweifel angesichts der Tatsache gibt, daß diesen Brauch des Porträtierens tatsächlich Shamba Balongongo einführte und daß sich die kanonisierte Ikonographie im Laufe der Zeit nicht verändert hat. Der Tradition zufolge hatte Shamba Balongongo, bevor er die Herrschaft über seinen Stamm antrat, eine längere Zeit im benach-

42 Stehende Frauenfigur. Mende, Sierra Leone. Hellbraunes Holz mit grauschwarz gefärbter, glatter, glänzender Oberfläche. Der Kopf ist in gleicher Weise wie die Masken des *sande*-Bundes gestaltet. Diese Figuren heißen *minsereh,* und die Angehörigen des Frauengeheimbundes *yassi,* der sich mit Wahrsagerei und Heilkunst beschäftigt, verwenden sie bei ihren Praktiken.

Náprstek-Museum, Kat. Nr. 26574 H. 62 cm

43 Anthropomorphe Maske. Toma (Loma), Liberia. Helles Holz mit grauschwarz gefärbter Oberfläche und funktioneller Patina. Die Toma, die an der Grenze zwischen Liberia und Guinea wohnen, verwenden Masken, die zum Stilkomplex Dan-Ngere gehören, und flache, extrem stilisierte Masken dieses Typs, deren Prototyp die Vorfahren dieses Mande-Stammes einst aus ihrer ursprünglichen Heimat im westlichen Sudangebiet mitgebracht haben. Diese Maske wird waagerecht auf dem Kopf getragen, an ihre Ränder ist ein langes Gewand angebunden, das den Tänzer ganz verhüllt.
Náprstek-Museum, Kat. Nr. A 9013 H. 51 cm

44 Affenmaske *kaogle.* Dan, Elfenbeinküste. Braunes Holz mit dunkelbrauner funktioneller Patina. Affenfell und Tierzähne. Diese Maske hat die Funktion eines Clowns. Der Affenkopf ist hier durch zwei räumlich-geometrische Massen, Teile einer Kugelkappe und eines Kegelstumpfs, meisterhaft ausgedrückt. Ein ähnliches Exemplar, das E. Fischer und H. Himmelheber (1976) veröffentlichten, stammt aus Nordostliberia.
Náprstek-Museum, Kat. Nr. A 11 550 H. 23 cm

45 Anthropozoomorphe Maske *kaogle.* Dan-Ngere, Elfenbeinküste (?). Hellbraunes Holz mit einer starken Kruste aus braunschwarzer Patina auf der Außen- und Innenseite. Diese Maske von „kubistischer" Art stellt einen Schimpansen dar und gehört zu der eher extrovertierten, fast aggressiven Richtung, die in diesem Stilkomplex den Ngere zugeschrieben wird. Die Zuweisung zu einem Stamm ist problematisch, da dieser Maskentyp auch in Liberia vorkommt.
Náprstek-Museum, Kat. Nr. A 13 539 H. 23,6 cm

barten Ausland verbracht, wo damals das alte Königreich Kongo in seiner Blütezeit stand. Die neuen Errungenschaften der Zivilisation hat Shamba von dort gebracht. Und tatsächlich können wir in dem Gebiet des unteren Kongo Vorlagen für die Porträtfiguren der Bakuba-Könige finden. Es sind Holzfiguren von Männern und Frauen, die in gleicher Haltung wie die Bakuba-Porträts sitzen, vor allem sind es aber aus Speckstein geschnitzte sitzende Figuren, die sog. *ntadi,* welche nach europäischen Aufzeichnungen vielleicht schon im 15. Jahrhundert existierten. Sie dienten als Grabfiguren der Stammeshäuptlinge und ihrer Frauen oder Mütter, manchmal vielleicht auch als Symbole, die den Häuptling in seiner Abwesenheit vertraten. Diese Steinfiguren kommen am südlichen Ufer des unteren Kongo in Zaire und Nordangola vor, das Material für diese Figuren wurde aus den Felsen in der Nähe der Stadt Matadi gewonnen. Natürlich sind nicht alle *ntadi*-Figuren, die sich heute in verschiedenen Sammlungen befinden, von so hohem Alter.

Bis auf wenige Ausnahmen, die die in Afrika seltene Steinskulptur bildet, haben wir uns mit Schnitzereien aus wenig haltbarem organischem Material, welches das Holz und gewissermaßen auch das Elfenbein darstellt, befaßt. Bis auf einen einzigen isolierten Fall führten uns diese Denkmäler auf dem Weg in die Vergangenheit höchstens bis in das Mittelalter. Diesen Weg verfolgten wir an Denkmälern, die in alten europäischen Sammlungen erhalten geblieben sind oder in unserem Jahrhundert nach ethnographischer Methode in Afrika gesammelt wurden. Dank dem Fortschritt in der Wissenschaft kennen wir jedoch heute Belege großer afrikanischer Kunst, die mindestens um zweitausend Jahre älter sind. Diese Erkenntnisse verdanken wir vor allem der Archäologie. Hierzu muß aber betont werden, daß diese Erkenntnisse vorläufig sehr lückenhaft sind, da die Kulturschichten des afrikanischen

46 Anthropozoomorphe Maske *gägon.* Nördliche Dan, Elfenbeinküste. Braunes Holz mit einer Kruste aus funktioneller Patina auf der Stirn und der Innenseite. Auf den Wangen ist ein importierter roter Stoff aufgeklebt. Die Ränder der Maske und der bewegliche Unterkiefer sind mit Affenfell beklebt. Der eiserne Stachel über der Stirn der Maske ist ein Ausdruck des Glaubens an die magische Kraft des Eisens. Die *gägon*-Masken, die auch als Richtermasken bezeichnet werden, hatten nach einigen Autoren ursprünglich die Aufgabe, über die Ordnung in der Gesellschaft zu wachen. Heute dienen Auftritte dieser Maske allgemeiner profaner Unterhaltung.

Náprstek-Museum, Kat. Nr. A 9009 H. 31 cm

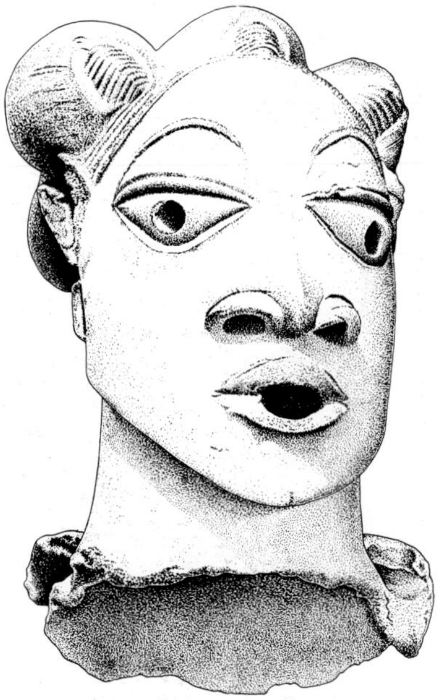

5 Kopf, Terrakotta. Nok, Nigeria
National Museum, Lagos H. 35 cm

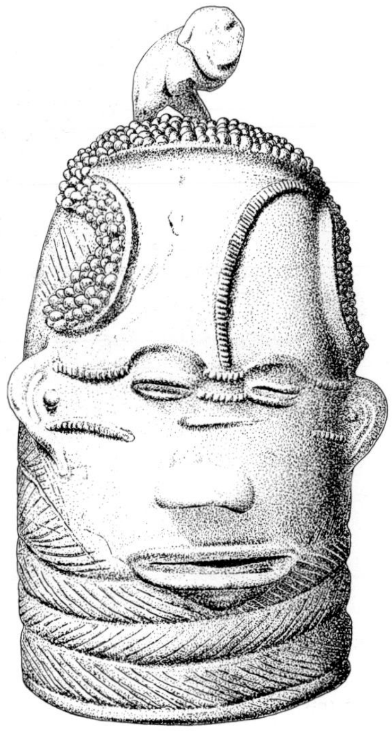

6 Kopf, Terrakotta. Lydenburg, Republik Südafrika
South African Museum, Kapstadt H. 38 cm

Bodens, mit Ausnahme von Ägypten, bis jetzt bei weitem nicht so gründlich untersucht sind, wie es in den anderen Kontinenten, von Europa ganz zu schweigen, der Fall ist. Meist handelte es sich um zufällige Funde, die bei Erdarbeiten gemacht wurden, ähnlich wie es bei den sog. Rettungsgrabungen in Europa zuweilen geschieht.

Die meisten und gleichzeitig ältesten Funde wurden in Nigeria gemacht, und so können wir vorläufig nur im Zusammenhang mit dieser Region mit einer gewissen Berechtigung von einer wirklichen Geschichte der afrikanischen Kunst sprechen. Auch hier sind für viele Kapitel dieser Geschichte noch keine materiellen Beweise gefunden worden. Der Wert aller bis jetzt gefundenen Denkmäler besteht vor allem darin, daß sie bereits heute keinen Zweifel mehr an der Tatsache zulassen, daß die afrikanische Kunst eine Geschichte hat, die weit in die Vergangenheit reicht, und, was ihr Alter betrifft, mit der Geschichte der Kunst anderer Kontinente vergleichbar ist, und daß es eine selbständige Kunst ist, auch wenn sie im Laufe ihrer Entwicklung, wie auch jede andere Kunst, fremde Impulse aufnahm, die sie auf ihre Art und nach ihren Bedürfnissen umwandelte.

Die erste Spur der vorläufig ältesten bekannten skulpturalen Kunst auf dem Boden Afrikas wurde durch Zufall im Jahre 1928 gefunden. Ein Miteigentümer von Minen in Nordostnigeria fand damals einen Terrakottakopf eines Affen, der mit nichts von all dem, was man bisher aus Afrika kannte, in Verbindung zu bringen war. Erst nach weiteren fünfzehn Jahren fand ungefähr 40 Meilen von dem Ort des ersten Fundes, in der Nähe des Dorfes Nok, ein Beamter der dortigen Zinnminen einen menschlichen Terrakottakopf, den er mit nach Hause nahm und als Vogelscheuche benutzte. Nach einem Jahr brachte der Minenmanager diesen Terrakottakopf nach Jos, wo ihn der britische Archäologe Bernard Fagg, der Bruder des bekannteren William Fagg, zu sehen bekam und seine Verwandschaft mit dem ersten Fund aus dem Jahre 1928 erkannte. Er gab der neuentdeckten Kultur den Namen Nok-Kultur, nach dem Ort, an dem der erste Fund dieser Art gemacht wurde.

So schildert Ekpo Eyo, der Direktor des Nationalmuseums in Lagos, diesen Fund in seiner Einleitung zu dem Katalog einer großen Ausstellung alter nigerianischer Kunst, die unter dem Namen „Treasures of Ancient Nigeria" zu Beginn der achtziger Jahre in mehreren Städten der Vereinigten Staaten und Europas gezeigt wurde. Seit 1943 wurden auf einem weiten Territorium zwischen den Flüssen Kaduna und Benuë, das etwa 480 km lang und 160 km breit ist, weitere rund 150 Denkmäler dieser Kultur, alles Fragmente von Terrakottaplastiken, gefunden. Es sind vorwiegend menschliche Köpfe (Zeichnung S. 46), der größte 35 cm hoch, die zu ganzen Figuren gehörten, deren Fragmente ebenfalls gefunden wurden. Aus zwei Fragmenten von einem Arm mit einer Hacke oder einem Beil kann man schließen, daß die Träger der Nok-Kultur Ackerbauern waren, und wir wissen, daß sie das Eisengießen beherrschten. Die Figuren waren lebensgroß und auch dann, wenn der Kopf bis zu einem Viertel der Höhe der

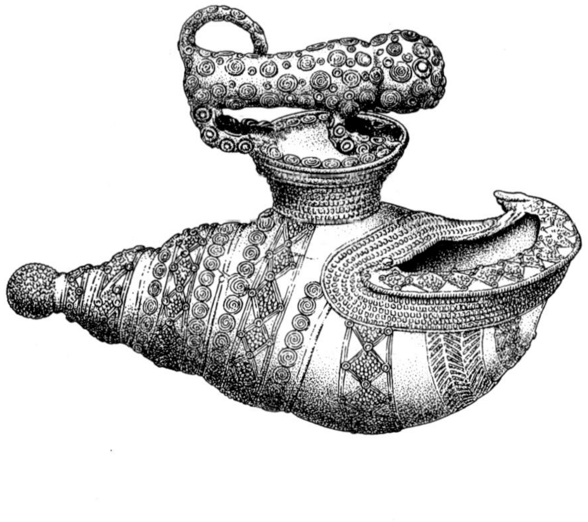

7 Anhänger in Gestalt eines menschlichen Kopfes, Bronze. Igbo-Ukwu, Nigeria
National Museum, Lagos H. 7,6 cm

8 Bronzegefäß in Gestalt eines Schneckengehäuses mit einem Vierfüßler. Igbo-Ukwu, Nigeria
National Museum, Lagos L. 20,6 cm

9 Bronzegefäß. Igbo-Ukwu, Nigeria
National Museum, Lagos H. 32,3 cm

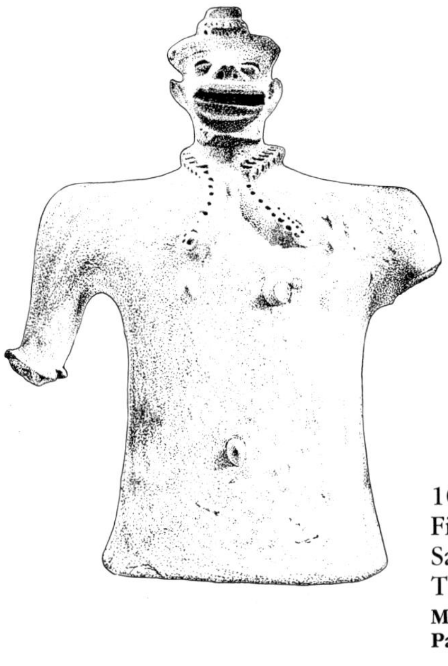

10 Menschliche Figur, Terrakotta. Sao, Republik Tschad
Musée de l'Homme, Paris H. 33 cm

11 Der *oni* von Ife im Krönungsgewand, Bronze.
Ita Yemo, Nigeria
Museum of Ife Antiquities, Ife
H. 48 cm

47 Gesichtsmaske *deangle.* Dan, Elfenbeinküste. Dunkelbraunes Holz mit braunschwarzer, funktioneller, glänzender Patina. Über der Stirn der Maske ist eine ausgestopfte Rolle aus steifem, heimischem Gewebe. Diese Maske, in der ein Mann auftritt, stellt ein Frauengesicht dar. In die ausgestopfte Rolle wurden Metallnadeln, die einst die hiesige traditionelle Haartracht der Frauen schmückten, eingesteckt, oder es wurden darauf Kaurimuscheln aufgenäht. Nach H. Himmelheber hat der Träger dieser Maske die Aufgabe die Verbindung zwischen dem Initiationslager der Knaben und dem Dorf zu halten, wo er z.B. von den Frauen das Essen für die Knaben erbittet. Nach anderen Autoren schlichtet diese Maske auch Streitfälle. Dies ist nur ein scheinbarer Widerspruch, da derselbe Maskentyp des Dan-Ngere Komplexes oft bereits im Nachbardorf eine andere Funktion und einen anderen Namen hat.
Náprstek-Museum, Kat. Nr. A 11 551 H. 25 cm

ganzen Figur einnahm, was in der afrikanischen Kunst häufig vorkommt, waren die Figuren mindestens 120 bis 130 cm groß. Das Brennen so großer Plastiken, sowohl im offenen Feuer als auch im Brennofen, ist technisch sehr schwierig und zeugt von dem hohen Entwicklungsstand dieser Kultur.

Wie in fast allen Fällen der Denkmäler alter afrikanischer Kunst ist auch im Falle der Nok-Kultur die Datierung nicht leicht. Die Nok-Plastiken werden nämlich nicht *in situ,* d.h. in der ursprünglichen Lage gefunden, in der sie benutzt und von ihren Besitzern hinterlassen wurden, bevor sie durch die Erdablagerungen bedeckt wurden, sondern in alluvialen Sedimenten, wohin sie vielleicht durch Überschwemmungen gebracht wurden. Pflanzenreste, die zusammen mit den Plastiken gefunden wurden und zu der Datierung mit Hilfe der C14-Methode dienten, müssen keineswegs in unmittelbarer zeitlicher Beziehung zu den Plastiken stehen, sie werden wahrscheinlich eher jünger als älter sein. Diese Datierung zeigt, daß die Plastiken in der Zeit von 500 v. Chr. bis etwa 200 entstanden sind — einige Schätzungen gehen bis zu 900 v. Chr. — und den später ausgegrabenen Belegen zufolge erhielt sich die Tradition der Nok-Terrakottaplastik in Nordnigeria in degenerierter Form durch das ganze 1. Jahrtausend am Leben.

Trotz einer Reihe gemeinsamer Züge können wir an den Nok-Plastiken verschiedene Stile beobachten, wie es der langen Existenz dieser Kultur und ihrer Verbreitung über ein weites geographisches Gebiet entspricht. Ein gemeinsamer Zug ist die geometrische Grundform: die Köpfe der Figuren werden in Formen wie Zylinder, Kegel oder einer Kugel dargestellt. Gemeinsam ist die Gestaltung der Augen als Dreieck oder Kreissegment, dem ein zweites Segment gegenüberliegt, das das obere Lid bildet. Die Pupillen, die Nasenlöcher und Ohrenöffnungen sind in die Tonwand der Plastiken eingestochen, die nach der additiven Methode erzeugt wurden. Der reife Stil der Nok-Plastiken zeigt, daß wir es hier mit einer fortgeschrittenen Phase einer längeren Entwicklung zu tun haben, auch wenn wir diese noch nicht kennen.

Obwohl die Nok-Plastiken von den späteren bekannten reifen Phasen der Entwicklung nigerianischer Kunst fast ein Jahrtausend trennt, scheint es, daß sich einige schöpferische Prinzipien und besonders die von den Nok-Künstlern entdeckten Stilisierungsprinzipien

48 Gesichtsmaske. Wobe, Elfenbeinküste. Pflanzenfasergeflecht, Schilfrohrmark und Stücke von Fell. Diese seltene geflochtene Maske ahmt die Form und die Stilelemente von Holzmasken der Ngere nach: die Röhrchenaugen, den hölzernen Bogen, der sich oberhalb der Stirn wölbt. Die kurzen Klötzchen aus Rohrmark, die auf der unteren Hälfte der Maske angebunden sind, ersetzen Hülsen von Patronen, mit denen Holzmasken dieses Typs oft verziert werden. Außer der Maske aus der Sammlung von Ch. Ratton, Paris und der Maske aus den Sammlungen des Museums in Abijan ist dies die dritte bekannte geflochtene Maske der Wobe. B. Holas (1966) führt zwei Deutungen dieser Masken an: entweder sind sie den Bergleuten vorbehalten, oder sie werden in Familien verwendet, für die aus irgendeinem Grund die Verwendung von Holzmasken tabuisiert ist.
Náprstek-Museum, Kat. Nr. A 6255 H. 26 cm

49

50

50 Gesichtsmaske. Ngere, Elfenbeinküste. Hellbraunes Holz mit graubraun bis schwarzbraun gefärbter Oberfläche und glänzender, funktioneller Patina. Zähne aus Aluminiumdraht. Auch bei dieser Maske ist die Zuweisung nicht ganz verläßlich. Für ihre Entstehung bei den Ngere sprechen die sog. Kastagnettenaugen und die charakteristischen Ziernarben auf den Wangen, die einen Bogen zwischen den Nasenlöchern und den Schläfen bilden. Das senkrechte Narbenkeloid auf der Stirn, das manchmal irrtümlicherweise nur denjenigen Masken, die eine Frau darstellen, zugeschrieben wird, ist auf Masken und Figuren vieler Stämme dieser Region zu finden; seine ethnische Herkunft ist unbekannt. Der waagerechte Streifen weißer Farbe in der Augenpartie ahmt die Gesichtsbemalung bei der Initiation nach. Statt magischer eiserner Nägel wurde an den Rändern der Maske modernes Material, Aluminiumdraht, verwendet.
Náprstek-Museum, Kat. Nr. A 13 507 H. 25 cm

49 Frei stehende männliche Figur. Dan, Elfenbeinküste. Helles Holz mit grauschwarz gefärbter, matt glänzender Oberfläche. Zähne aus Eisenblech. Diese menschlichen Figuren, die *lü mä* heißen, sind verhältnismäßig selten, besonders die männlichen Figuren dieser Art. Es sind Porträts lebender Menschen oder Porträts zum Andenken an Verstorbene, die jedoch nicht für den Ahnenkult bestimmt sind. Angeblich betonen sie ein charakteristisches Merkmal ihrer lebenden Vorlagen, z.B. eine große Nase, die Form der Brüste u.ä., das den Zeitgenossen ermöglichte, sie zu identifizieren.
Náprstek-Museum, Kat. Nr. A 13 543 H. 66 cm

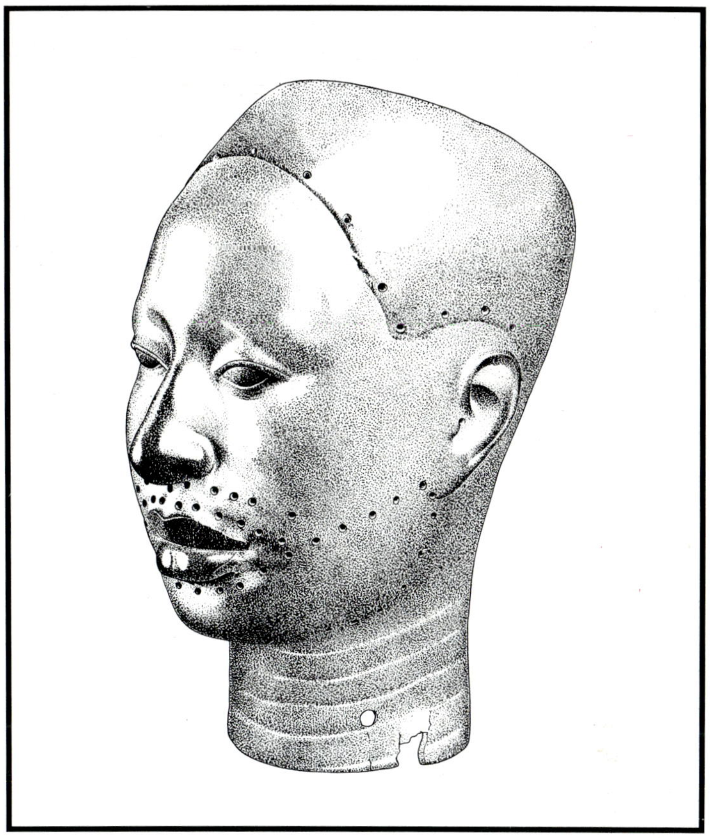

12 Kopf eines *oni,* Messing, Ife, Nigeria
Museum of Ife Antiquities, Ife H. 29,5 cm

bis in das Mittelalter und in einigen Fällen bis in die Gegenwart erhielten und so die Kontinuität der nigerianischen Kunst bilden. Der reiche Relief-Schmuck auf den Fragmenten der Nok-Skulpturen findet seine Analogie in dem reichen Schmuck der mittelalterlichen Skulpturen aus Ife, von denen wir später sprechen werden: die Konzeption der Augen an einigen Bronzeplastiken aus dem Flußgebiet am Unterlauf des Niger und vor allem an einigen *gelede*-Masken der Yoruba ist wahrscheinlich der Ausdruck einer ununterbrochenen Tradition, die bis zu der Konzeption der Augen an den Nok-Terrakotten reicht. Auch die Frisur auf einigen Nok-Köpfen, die zu kugelförmigen Gebilden geordnet ist, findet ihre Analogie auf einigen neuzeitlichen Holzfiguren derjenigen Stämme, die heute in dem Gebiet der alten Nok-Kultur leben.

Der zweitälteste Fund afrikanischer Terrakottaplastik führt uns nach Südafrika, wo in den letzten Jahrzehnten an verschiedenen Orten Fragmente von Menschen- und Tierfiguren gefunden wurden, über die jedoch vorläufig nur sehr wenig bekannt ist. Der bisher bemerkenswerteste Fund wurde Anfang der sechziger Jahre in Lydenburg im östlichen Transvaal gemacht. Es handelt sich um sieben Terrakottaköpfe, sechs davon sind menschliche Köpfe und einer stellt ein Tier, wahrscheinlich einen Hund dar. Mit Hilfe moderner physikalischer Methoden wurde ihre Entstehung in das 5. Jahrhundert datiert. Zwei der menschlichen Köpfe sind größer, einer ist 35 cm hoch (Zeichnung S. 46), bei dem zweiten läßt sich, da es nur ein Fragment ist, die ursprüngliche Höhe nicht genau feststellen. Die Größe der fünf restlichen Köpfe bewegt sich zwischen 20 und 24 cm. Alle sind in einem Stil geschaffen. Sie sind als hohle, oben abgerundete Zylinder konzipiert, an deren Mantelfläche nach der additiven Methode die Gesichtszüge modelliert sind: die Nase mit konkavem Rücken, die Augen in Form einer Kaurimuschel, der Mund mit parallelen Lippen und gerundeten Mundwinkeln, der bei den großen Köpfen schlitzartig eingeschnitten ist, ebenso wie die Augen, der durch Granulation angedeutete Haaransatz und horizontale Schmucknarben in der Höhe der Augen, zusammen mit asymmetrischen bogenförmigen Schmucknarben auf der Stirn. Beide großen Köpfe haben auf dem Scheitel eine kleine Figur eines nicht identifizierbaren Tieres. Den Hals bilden mehrere konvexe schraffierte Ringe. Die kleinen Köpfe haben am Hals je zwei Öffnungen, mit denen sie wahrscheinlich auf einem Pfahl oder als Aufsatzmasken am Maskenkostüm befestigt wurden, ähnlich wie einige Tanzaufsätze aus Ostnigeria. Die beiden größeren Köpfe sind groß genug, um als Helmmasken zu dienen. Auch die Spalten in ihren Augen und ihrem Mund deuten diese Funktion an. Sieht man diese großen Köpfe an, kann man sich der Assoziation mit den hölzernen Helmmasken des Frauengeheimbundes *bundu* bei einigen Stämmen in Liberia und Sierra Leone nicht erwehren, auch wenn die zeitliche und geographische Entfernung jede direkte Verbindung zwischen ihnen unwahrscheinlich erscheinen läßt. Doch die Ähnlichkeit, einschließlich jener Ringe am Hals, ist verblüffend. Der Fund dieser Köpfe in Südafrika, wie auch ihr kunsthistorischer Wert, sind derart bedeutend, daß wir sie hier nicht übergehen konnten, obwohl wir vorläufig weder über ihre Schöpfer, noch über die Verbreitung dieser Kunst in Raum und Zeit etwas Bestimmtes wissen.

51 Löffel *wunkirmian* mit figürlichem Griff. Dan, Elfenbeinküste. Helles Holz mit braunschwarz gefärbter Oberfläche. Diese großen Löffel oder Schöpflöffel mit einem Griff in Gestalt der unteren Hälfte eines weiblichen Körpers oder eines Frauen- oder Widderkopfes sind das Zeichen des gesellschaftlichen Ranges *wunkirle* der gastfreundlichsten Hausfrau des Dorfes oder eines Dorfviertels. Er wird zur zeremoniellen Verteilung von Speisen bei festlichen Anlässen verwendet. Die Schlinge, mit der die Beine der Figur zusammengebunden sind, diente zum Aufhängen des Löffels.
Privatsammlung, Prag **H. 55,5 cm**

Einem weiteren archäologischen Fund müssen wir zurück nach Westafrika folgen, und zwar wieder nach Nigeria. Zu dem Fund kam es durch Zufall im Jahre 1938, als ein Mann in dem Dorf Igbo Ukwu im östlichen Teil des Landes hinter seiner Hütte ein Regenwasserbecken grub. In der Tiefe von etwa 60 cm stieß er auf mehrere Gegenstände aus Bronze, vorwiegend Gefäße. Da er ihre Bedeutung nicht kannte, teilte er sie mit seinen Nachbarn und alle behielten sie entweder als Glücksbringer oder für praktische Zwecke. Nach einigen Monaten besuchte ein britischer Verwaltungsbeamter den Ort, erwarb von dem Finder einen Teil der Gegenstände, veröffentlichte über sie einen Bericht und widmete sie dem Federal Department of Antiquities. Ein anderer Beamter erwarb nach einiger Zeit auch jene Gegenstände, welche die Nachbarn des Finders besaßen, und schickte sie ebenfalls an die zuständige Behörde in Lagos. Obwohl sich alle Beteiligten, mit Ausnahme jener Dorfbewohner, von Anfang an der Bedeutung des Fundes bewußt waren, dauerte es weitere zwanzig Jahre, bis im Jahre 1958 Bernard Fagg, der sich schon um die Bewertung der Nok-Kultur verdient gemacht hatte, den britischen Archäologen Thurstan Shaw nach Nigeria einlud und ihn aufforderte, die Leitung der Ausgrabungen in Igbo Ukwu zu übernehmen. Diese Ausgrabungen fanden in den Jahren 1959 und 1960 und dann noch im Jahre 1964 statt, zuerst an dem Ort des ursprünglichen Fundes und danach auf den Grundstücken von zwei Brüdern des ersten Finders. Der erste Fundort brachte die reichste Ernte an Bronzeobjekten. Ursprünglich hatte hier eine kleine Hütte gestanden, entweder ein Heiligtum oder ein Lagerraum für rituelle Objekte, die auf einem viereckigen Fußboden aufgestellt waren. Als die Hütte einstürzte, wurden die gelagerten Gegenstände unter den Trümmern begraben, und mit der Zeit wurde die Stelle mit Erde bedeckt. Der zweite Fundort bot einen Einblick in das Leben der Träger dieser einzigartigen Kultur. Es war eine Gruft, wo einst der Leichnam eines bedeutenden Würdenträgers des Stammes bestattet worden war. Der Leichnam saß auf einem Schemel, sein Haupt war mit einer Krone geschmückt, an der Brust hatte er ein Pektorale, an den Armen Armreifen und in den Händen hielt er einen Fächer und einen Fliegenwedel. Zusammen mit dem Leichnam war neben weiteren Gegenständen auch ein Ritualstab mit einem bronzenen Knauf in Gestalt eines Leopardenschädels bestattet worden. Außer den Gegenständen aus Bronze wurden bei den Ausgrabungen auch Zehntausende von Glasperlen ans Licht gebracht, mit denen verschiedene Gegenstände verziert waren, vor allem das Gewand des bestatteten Würdenträgers. Die Glasperlen sind nicht heimischer Herkunft, sie wurden wahrscheinlich aus den islamischen Ländern oder vielleicht sogar aus Südeuropa importiert. Von den Handelsbeziehungen zu der weiten Welt zeugen auch die

13 Fragment einer Figur,
Terrakotta.
Owo, Nigeria
National Museum, Lagos
H. 25 cm

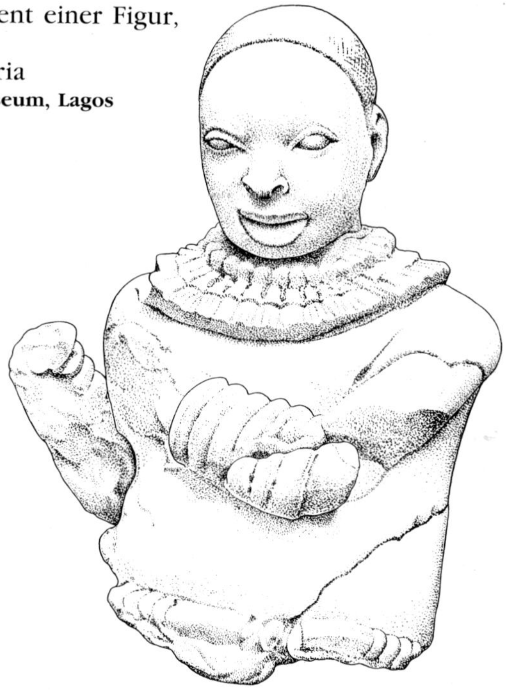

Bronzen selbst. Nirgendwo in der Nähe kann man den wichtigsten Rohstoff für ihre Erzeugung, das Kupfer, finden und auch die zweite Komponente der Bronze, das Zinn, kommt erst im Nordosten des Landes, in dem Gebiet der einstigen Nok-Kultur vor. Da es nirgendwo in Afrika eine Analogie zu der Thematik und dem Stil der gefundenen Gegenstände gibt und die Erzeugung von Bronze in dem Ort archäologisch nicht belegt ist, besteht die Möglichkeit, daß fertige Abgüsse eingeführt wurden. Die größte Bedeutung hat in diesem Zusammenhang jedoch der Zeitpunkt der Verlagerung dieser Gegenstände in die Erde, den die übereinstimmenden Ergebnisse von vier Untersuchungen mit Hilfe der C14-Methode ergaben: das 9. Jahrhundert, also lange bevor die Küste des Golfs von Biafra von den ersten Schiffen der Portugiesen erreicht wurde, die als Bronzelieferanten in Betracht kämen.

Die im Wachsausschmelzverfahren gegossenen Bronzen sind zweifellos das Werk eines afrikanischen Künstlers. Dies bezeugt die für Afrika charakteristische Art der Gestaltung der Menschen- und Tierfiguren. Es sind z.B. die kleine Figur eines Reiters, die den Abschluß des Griffs eines Insignien-Fliegenwedels bildete, und ein Anhänger in Gestalt eines menschlichen Kopfes (Zeichnung S. 47). Die Gesichter der beiden Bronzen sind auf den Wangen und auf der Stirn mit schräg verlaufenden parallelen Schmucknarben bedeckt. Auch der Stil der Anhänger in Form eines Widder- und Elefantenkopfes erinnert an die Art der Stili-

52 Stehende männliche Figur.
Bete, Elfenbeinküste.
Detail des Profils.

53 Stehende männliche Figur. Bete, Elfenbeinküste. Helles, hartes Holz mit dunkelbraun gefärbter, glänzender Oberfläche. Haare aus schwarzem Affenfell. Die Schlitze der Augen sind mit weißer Farbe, die Rillen unter den Augen mit roter Farbe ausgefüllt. Halskette aus roten Glasperlen. Diese Figur wurde zu Beginn der dreißiger Jahre erworben. Sie stammt aus dem Südosten des Stammesterritoriums der Bete. Im ganzen sind etwa fünfzehn solche meistens undokumentierte Figuren bekannt. Charakteristische Stilmerkmale der Figuren dieser Gruppe der Bete sind der kleine, eiförmige Kopf, der Hals und der Torso, die übermäßig lang sind, wahrscheinlich um dem komplizierten Narbenmuster genügend Platz zu bieten, die Lage der Arme, die nach vorn gewandten Handflächen und die Art, wie das Gesäß mit dem Torso verbunden ist. Die Funktion dieser Figuren ist unbekannt, vielleicht sind es Ahnenfiguren.
Náprstek-Museum, Kat. Nr. 7657 H. 87,5 cm

54 Webrollenhalter. Bete, Elfenbeinküste, Gagnoa-Gebiet. Helles Holz mit grauschwarz gefärbter, matter Oberfläche. Auch dieser Gegenstand stammt aus dem Anfang der dreißiger Jahre. Er wurde nie praktisch benutzt, da in der Gabel keine Löcher zum Befestigen der Rolle durchbohrt sind. Er wurde vielleicht für die benachbarten Guro hergestellt, da sich die Bete selbst — soweit wir wissen — nicht mit der Weberei beschäftigten. Im Laufe der letzten zehn Jahre wurden mindestens zwei weitere Webrollenhalter veröffentlicht, die zwar im Stil weniger „klassisch", jedoch zweifellos Werke eines Bete-Schnitzers sind.
Náprstek-Museum, Kat. Nr. 7635
H. 30,7 cm

sierung von Tierköpfen in der jüngeren nigerianischen Kunst. Den bedeutendsten Teil des Bronzeschatzes aus Igbo Ukwu bilden jedoch die Gefäße. Zu den bemerkenswertesten gehört eine Vase auf einem durchbrochenen Untersatz, die über 32 cm hoch und mit einem Netz aus bronzenen Schnüren umflochten ist (Zeichnung S. 47). Die Anfertigung dieses Gefäßes erforderte ein sehr kompliziertes Gußverfahren. Vollkommen einzigartig in Afrika sind auch zwei ungefähr 30 und 20 cm große Gefäße in der Form eines Schneckenhauses, wahrscheinlich eines Tritonhorns, die an der Oberfläche mit kleinen, zu geometrischen Ornamenten geordneten Granulaten, rhythmisch sich wiederholenden Reliefs von Grillen und Fliegen und an dem kleineren Gefäß mit einer Vierfüßlerfigur mit einem langen Schwanz, vielleicht einem Panther, geschmückt sind (Zeichnung S. 47). Trotz der zweifellos afrikanischen Provenienz von all diesen und weiteren Bronzegegenständen aus Igbo Ukwu ist ihre handwerkliche Ausführung so vollkommen, die Komposition einiger Stücke, wie z.B. eines Anhängers in der Form eines brütenden Vogels, so raffiniert und der Sinn für die sorgfältige Ausarbeitung der Details so entwikkelt, daß sie mit den Erzeugnissen der Goldschmiedekunst sogenannter Hochkulturen vergleichbar sind.

Wahrscheinlich nur um ein Jahrhundert später begann sich unweit der östlichen Grenze von Nigeria, im mittleren Tschad und im nördlichsten Teil von Kamerun eine andere selbständige Kultur zu entwickeln, die Sao-Kultur, die nach verschiedenen Ansichten bis in das 16., 17. oder 18. Jahrhundert hinein existierte. Zu dem Erbe dieser Kultur, um deren Erforschung sich der französische Archäologe Jean Lebeuf verdient machte, gehören wahrscheinlich Ahnen darstellende Terrakottafiguren (Zeichnung S. 47), die meistens auf den Kopf und einen breiten Torso reduziert sind und in Graburnen gestellt wurden, ferner kleine Terrakottaköpfe und Bronzeschmuck. Einige Figürchen werden für Darstellungen maskierter Tänzer gehalten, nach W. Fagg (1970) handelt es sich aber eher um ein Mischwesen, halb Mensch halb Tier, was eine in afrikanischen Vorstellungen und somit auch in der afrikanischen Kunst häufig aufretende Erscheinung ist. Im Hinblick auf die starke Stilisierung dieser Terrakotten aus dem Shari-Delta südlich vom Tschad-See ist jedoch ihre ikonographische Interpretation notwendigerweise nur hypothetisch.

Kehren wir aber nach Nigeria zurück. Im südwestlichen Teil des Landes, in dem Ort namens Ife, der seit der Zeit des europäischen Mittelalters der Sitz eines städtischen Königreichs ist und der als das religiöse Zentrum des großen Volkes der Yoruba gilt, begann sich vielleicht bereits im 9. Jahrhundert eine bedeutende Kultur zu entwickeln. Im 11. bis 15. Jahrhundert entstand hier eine einzigartige Kunst, die in ihrer realistischen, manchmal fast naturalistischen Konzeption und technischen Vollkommenheit der europäischen Antike in keinerlei Hinsicht nachsteht. Die moderne Welt erfuhr von ihrer Existenz zum erstenmal kurz vor dem ersten Weltkrieg. Im Jahre 1910 besuchte der berühmte deutsche Afrikaforscher Leo Frobenius Ife und entdeckte hier einen Bronzekopf, der wahrscheinlich den Meeresgott Olokun darstellte und dessen Original heute verschollen ist. Außerdem brachte er von hier acht Terrakottaköpfe nach Europa, die seit 1913 im Berliner Museum für Völkerkunde aufbewahrt werden. Weitere Zeugnisse über diese Kunst wurden erst im Jahre 1938 gefunden, als an einem Ort, auf dem bis zum 19. Jahrhundert der Palast des Königs, des sogenannten *oni* von Ife stand, Fundamente für ein Haus ausgegraben wurden. Es handelte sich dabei um achtzehn Bronzeplastiken. Seit dieser Zeit tauchte eine Reihe von Plastiken auf, teils durch Zufall, vor allem aber — seit 1949 — bei mehreren archäologischen Unternehmungen an verschiedenen Orten in Ife und seiner Umgebung. Diese Ausgrabungen leiteten die Brüder Bernard und William Fagg, später Frank Willet und nach ihm Ekpo Eyo — die beiden letztgenannten sind Autoren des Katalogs der erwähnten großen Ausstellung „Treasures of Ancient Nigeria" — und weitere Archäologen. Die vorläufig letzten Ausgrabungen fanden hier Anfang der siebziger Jahre statt.

Das Hauptthema der Ife-Kunst bildeten die Gestalten des Königs (Zeichnung S. 47), der Königin und wahrscheinlich auch der Höflinge, von denen einige aus anderen Gegenden der Yoruba kamen und in der Stadt Fremdlinge waren, was die realistisch ausgeführten Schmucknarben an ihren Wangen andeuten. Es sind hier aber auch Tierdarstellungen vorhanden, z.B. Köpfe von Nilpferden und Elefanten, die als Deckel von Gefäßen, wahrscheinlich Graburnen, dienten, und verschiedenes Kultgerät mit figürlichem Schmuck. Das

56

56 Gesichtsmaske mit Aufsatz. Bete, Elfenbeinküste. Helles Holz mit Polychromie. Diese Maske wurde bei dem Badie-Clan in dem Gagnoa-Gebiet gesammelt. Sie zeigt den Einfluß der benachbarten Guro sowohl in ihrem Stil, als auch in der Art, wie sie getragen wurde, nämlich mit Hilfe eines Querstabes in der Gesichtsaushöhlung der Maske, den der Tänzer mit den Zähnen hielt. Der realistisch gestaltete kleine Kopf am Aufsatz und die abstrakt aufgefaßte Maske, die in der Linie ihres Profils dem Stil der Guro verpflichtet ist, bezeugen, daß der traditionelle Schnitzer imstande ist, zwei verschiedene Stile zu beherrschen und sie in seiner Arbeit anzuwenden. In diesem Falle ist die Anwendung zweier Stile wahrscheinlich dadurch bedingt, daß der kleine Kopf einen Angehörigen eines fremden Stammes, oder die eigentliche Maske ein übernatürliches Wesen darstellen soll.
Náprstek-Museum, Kat. Nr. 7623 H. 70 cm

häufigere und gleichzeitig auch ältere Material ist Terrakotta, die gegossenen Plastiken sind offenbar etwas jünger. Die Legierung, aus der sie gegossen sind, wird gewöhnlich als Bronze bezeichnet, in Wirklichkeit handelt es sich aber um eine Legierung von Kupfer, Zink und Blei, also eher um Messing. Im Ganzen sind vorläufig etwa dreißig aus Metall gegossene Plastiken bekannt. Sieben davon, fünf Köpfe, eine Maske und eine sitzende menschliche Figur, die jedoch weit entfernt von Ife gefunden wurde, bilden eine interessante Ausnahme. Sie sind aus fast reinem Kupfer gegossen, was in metallurgisch-technologischer Hinsicht eine beachtliche Leistung ist, die beträchtliche Erfahrungen der Gießer erforderte. Auch in Ife, ähnlich wie in Igbo Ukwu, wurden Metalle und Glasperlen aus Nordafrika, dem Nahen Osten und vielleicht sogar aus Europa importiert. Seit dem 16. Jahrhundert, in dem die sogenannte postklassische Periode dieser Kunst beginnt, beschränkt sich die Plastik auf Terrakotten, die gegenüber der vorhergehenden Periode mehr stilisiert sind und Merkmale aufzuweisen beginnen, die für die Stammeskunst der Yoruba, wie wir sie aus dem 19. und 20. Jahrhundert kennen, charakteristisch sind. Zu dieser Veränderung kam es zweifellos im Zusammenhang mit dem Rückgang der politischen Bedeutung von Ife und dem Mangel an Mitteln für die Einfuhr des kostbaren Rohstoffes.

Wie aus dem bisher Gesagten folgt, diente die Ife-Kunst den Bedürfnissen des Staates und dem Prestige des Herrschers. Die gegossenen Köpfe (Zeichnung S. 51) wurden bei dem sogenannten Sekundärbegräbnis benutzt. Danach wurden sie in dem Tempel im königlichen Palast untergebracht. Einige dieser Köpfe sind so gestaltet, daß man darauf die Krone des verstorbenen Königs aufsetzen konnte. Die Terrakottaköpfe wurden entweder von ganzen Figuren abgebrochen oder sie wurden gesondert angefertigt, sie sollten entweder frei auf dem Altar aufgestellt oder vielleicht an einem Torso aus Holz befestigt werden, ähnlich wie einige gegossene Köpfe. Die realistische Darstellung der Köpfe, vor allem der Terrakottaköpfe, ist so vollkommen, daß man davon ausgehen kann, daß es sich um wirkliche, wenn auch einigermaßen idealisierte Porträts handelt.

55 Gesichtsmaske. Bete, Elfenbeinküste, Dorf Doudonkou, Gagnoa-Gebiet. Helles Holz mit graubraun gefärbter Oberfläche und künstlicher, glänzender Patina. Auch diese Maske, die dem Pacolo-Clan gehörte, wurde zu Beginn der dreißiger Jahre erworben. Für den Stil dieser Masken aus dem Südosten des Stammesterritoriums der Bete sind die im Flachrelief geschnitzten, gerundeten oberen Augenlider bezeichnend. Die Hörner dieser Maske sind wahrscheinlich eine Nachbildung der zwei Flechten der traditionellen Haartracht des Nachbarstammes Gagu.
Náprstek-Museum, Kat. Nr. 26 568 H. 44,5 cm

Die auffallendsten Stilisierungsmittel der Ife-Kunst sind das obere Lid, das in beiden Augenwinkeln über das untere gezogen ist, die parallel zu seinem Rand gezogene Rille im oberen Lid, die eingefallenen Mundwinkel und der scharf hervortretende Rand der vollen Lippen. Die auffallende Stilisierung der Nägel auf den Zehen zu Dreiecken oder Keilen ist vielleicht ein Erbe der Nok-Kultur und wahrscheinlich auch der Kunst des Yoruba-Stadtstaates Owo, mit dem Ife durch zahlreiche historische und kulturelle Beziehungen verbunden war.

Die Stadt Owo liegt ungefähr 120 km südöstlich von Ife, etwa in der halben Entfernung zwischen Ife und Benin. Anfang der siebziger Jahre führte hier Ekpo Eyo Ausgrabungen durch. Der Datierung der archäologischen Funde nach der C 14-Methode zufolge erreichte die hiesige Kunst ihre höchste Blüte im 15. Jahrhundert, also zu der Zeit, als in Ife die Epoche der klassischen Kunst zu Ende ging und die politische Macht von Benin sich voll entwickelte. Die Terrakottaplastiken, die hier ausgegraben wurden, haben viel Ähnlichkeit mit der Ife-Kunst, erwecken aber einen lebhafteren Eindruck (Zeichnung S. 53). Gleichzeitig macht sich an ihnen die Tendenz zu den Stilisierungsmethoden der Yoruba bemerkbar (hervorstehende Augen und Lippen und stark stilisierte Ohren). Der Yoruba--Charakter der Kunstwerke aus Owo tritt viel deutlicher in kunstgewerblichen Gegenständen hervor, vor allem in Elfenbeinschnitzereien, die aus Benin bekannt sind, wo wahrscheinlich Handwerker aus Owo arbeiteten. Der Einfluß dieses Königreichs, mit dem Owo

57 Anthropozoomorphe Maske *zamle*. Guro, Elfenbeinküste. Helles Holz mit schwarz gefärbter, glänzender Oberfläche und Polychromie. Die *zamle*-Masken, die Elemente eines menschlichen Gesichts, schraubenförmige Antilopenhörner und den Rachen eines Raubtieres miteinander verbinden, sind in einer stilistisch leicht veränderten, oder eher verschlechterten Form auch bei den benachbarten Baule populär. Den analog dokumentierten Masken nach stammt auch dieses Exemplar aus der Gegend zwischen Bouaflé und Zuénoula. Die charakteristische Umrißlinie der Stirn mit zwei Ausläufern in Form des umgekehrten Buchstabens „U", erscheint auch an einigen seltenen menschlichen Figuren der Guro. Die Maske wird vor dem Gesicht mit den Zähnen, mit Hilfe eines in die Seitenwände eingesetzten Querstabes gehalten.

Náprstek-Museum, Kat. Nr. A 11 592 H. 46,5 cm

58 Gesichtsmaske. Guro/Bete, Elfenbeinküste. Braunes Holz mit schwarz gefärbter Oberfläche. Mit heimischen Mineralfarben patiniert. Kopfhaar, Kinnbart und Wimpern (hier ohne Haar) aus Affenfell. Innen- und Außenseite mit funktioneller Patina. Diese Maske gehörte vor dem zweiten Weltkrieg zu der Sammlung des modernen tschechischen Malers Emil Filla. Sie ist eine der wenigen bekannten Masken dieses Typs in international bekannten Sammlungen, die den Guro zugeschrieben werden. Sie stammt offenbar aus einer Gegend, wo die Bete und Guro nebeneinander wohnen. Die Stilelemente der Bete-Kunst überwiegen, dem Stil der Guro ist die Maske in der Wahl der Farben, in der maßvollen Polychromie und der Art, wie sie mittels eines in die Gesichtsaushöhlung eingesetzten Querstabes vor dem Gesicht gehalten wird, verpflichtet.

Náprstek-Museum, Kat. Nr. A 2844 H. 29,5 cm

59

14 Platte mit der Figur eines Portugiesen, Bronze.
Benin, Nigeria
Museum of Mankind, London

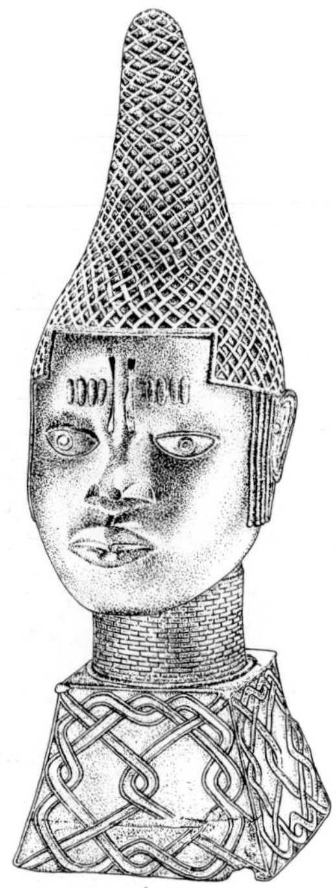

15 Kopf einer Königinmutter.
Bronze.
Benin, Nigeria
National Museum, Lagos
H. 51 cm

mehrmals auch politisch verbunden war, macht sich in der Owo-Kunst durch einige typische Motive bemerkbar, wie z.B. die Motive eines Welses, eines Leoparden oder eines menschlichen Gesichts, aus dessen Nasenlöchern zwei Schlangen kriechen. Was dieses letzte Motiv betrifft, dessen Bedeutung unbekannt ist, wäre es möglich, daß es aus einem anderen Zentrum stammt und in Benin ebenso wie in Owo übernommen wurde. Eine Besonderheit der Owo-Kunst ist das häufig auftretende Motiv der Opfergaben, zum Beispiel einer Henne, einer Frau, die einen Hahn als Opfergabe trägt, oder sogar eines Korbes mit abgeschlagenen menschlichen Köpfen. Eine Opferszene stellt wahrscheinlich auch die Figur eines sitzenden Leoparden dar, der in seinem Rachen ein menschliches Bein hält.

Die bekannteste alte Kunst Afrikas ist die Kunst des Königreichs Benin. Ihre Popularität hat diese Kunst nicht nur ihrem unbestreitbaren Wert zu verdanken, sondern auch der Art, wie sie bekannt wurde und der Überraschung, die sie hervorrief. Ende des vorigen Jahrhunderts, im Jahre 1897, geschah folgendes: Der britische Vizekonsul hatte sich bei dem *oba*, dem König von Benin, zu einen Besuch angesagt. Der *oba* wies den Besuch ab mit der Begründung, daß in der betreffenden Zeit in Benin die wichtigsten Zeremonien des Jahres stattfinden, in deren Verlauf der König als ein göttliches, unantastbares Wesen gilt und deshalb keinen Fremden empfangen kann. Der hochmütige Beamte trat trotzdem den Weg an. Seine Entscheidung mußte er, zusammen mit seinen zahlreichen Begleitern, einschließlich der Träger, teuer bezahlen. Mit Ausnahme von zwei Europäern und etwa 40 Trägern, denen die Flucht gelang, wurden alle — ohne Wissen des *oba* — getötet. Daraufhin wurde eine „Strafexpedition" nach Benin entsandt, die Stadt wurde erobert, der Königspalast geplündert und der *oba* selbst wurde in die Verbannung geschickt. Diese Begebenheit ist bezeichnend für die Begegnung zweier Kulturen und illustriert anschaulich, welche Folgen es hat, wenn bei solchen Begegnungen an die Stelle des toleranten Respekts und der Bemühung, den anderen zu begreifen, das Bewußtsein der Übermacht und brutale Gewalt treten.

Im Hinblick auf die afrikanische Kunst interessiert uns vor allem jene Beute aus dem königlichen Palast. Es waren mehr als zweitausend Kunstgegenstände, Bronzen, Schnitzereien aus Elfenbein und Holz. Sie wurden nach England gebracht, wo sie eine regelrechte Sensation erregten, so daß bereits im Verlauf der nächsten drei Jahre hier zwei große Werke erschienen, die diesen Denkmälern gewidmet waren. Es hat sich

59 Bronzeplatte. Benin, Nigeria. Im Relief ein Tor im Palast des *oba* mit zwei bewaffneten Wächtern und ihren Dienern. Auf dem Dach des Tores hängt eine Pythonschlange mit dem Kopf nach unten, an den seitlichen Säulen sind figürliche Reliefs befestigt. In dem Tor stehen zwei dressierte Panther.
Museum of Mankind, London **H. 53 cm, B. 35,5 cm**

16 Jäger mit einer Antilope, Bronze. Unterlauf des Niger, Nigeria
British Museum, London
H. 36 cm

nämlich zum erstenmal in der Neuzeit gezeigt, daß Schwarzafrika eine eigene alte und reiche kulturelle Tradition und eine Kunst hat, die sich mit den Werken der Kulturen anderer Kontinente messen kann. Im Jahre 1919 schrieb der berühmte deutsche Ethnograph und Direktor des Berliner Museums für Völkerkunde, Felix von Luschan, seinen bekannten, viele Male zitierten Satz über die Bronzen von Benin: „Benvenuto Cellini hätte sie nicht besser gießen können und niemand, weder vor ihm noch nach ihm, bis auf den heutigen Tag." Nachdem die Beute nach England gebracht worden war, bekam den kleineren Teil der Kunstgegenstände das Britische Museum, während der wesentlich größere Teil verkauft wurde, damit die Kosten der Strafexpedition wenigstens teilweise gedeckt werden konnten. Infolgedessen können wir Kollektionen von Kunstwerken aus Benin nicht nur im heutigen

60 Frei stehende weibliche Figur. Guro, Elfenbeinküste. Helles Holz mit schwarz gefärbter Oberfläche. Diese seltene Figur befand sich bereits vor dem zweiten Weltkrieg in der Tschechoslowakei, wahrscheinlich seit den zwanziger Jahren, möglicherweise noch früher. Die im Zickzack laufende Linie ist eine weitere Variante der traditionellen Abgrenzung der Stirn und des Kopfhaares an Figuren und Masken in diesem Stammesstil. Die Skarifikation auf der Stirn in Form von drei kernförmigen Keloiden ist das Stammesabzeichen der Guro.
Schloß Opočno, Kat. Nr. 1547   H. 49,3 cm

61 Webrollenhalter. Guro, Elfenbeinküste. Braunes Holz mit schwarz gefärbter, matter Oberfläche. Im Maul Reste eines roten Farbstoffes. Dieses Exemplar, das wahrscheinlich nie praktisch verwendet wurde, ist mit dem stilisierten Kopf einer Fledermaus geschmückt.
Náprstek-Museum, Kat. Nr. A 461 **H. 17 cm**

62 Webrolle. Guro, Elfenbeinküste. Braunes Holz mit schwarz gefärbter Oberfläche und einer Kruste aus funktioneller Patina.
Privatsammlung, Prag **H. 17 cm**

63 Webrolle. Guro, Elfenbeinküste. Braunes Holz mit schwarz gefärbter Oberfläche und glänzender, funktioneller Patina.
Privatsammlung, Prag **H. 25 cm**

Die mit kleinen Menschen- oder Tierköpfen geschmückten Webrollen der Guro sind zweifellos die schönsten Repräsentanten dieses Genres der Schnitzkunst, das bei einer Reihe von Stämmen verbreitet ist. Beide Exemplare geben die traditionelle Haartracht der Guro-Frauen wieder, das kleinere Exemplar zeigt den Brauch oder die Mode eine Haarsträhne durch einen „Ring" aus vier zusammengefügten Ledertäschen mit Amuletten durchzuziehen. Diese Mode wird auch auf den Masken der Guro oft festgehalten. Durch die Löcher, die quer durch beide Köpfchen gebohrt sind, wurde eine Schnur zum Aufhängen der Webrolle über dem Webstuhl durchgezogen.

Londoner Museum of Mankind finden, sondern auch in vielen anderen Museen, z.B. in Berlin, Leiden, Wien, Leningrad, Dresden und in vielen Privatsammlungen in der ganzen Welt. Nur ein kleiner Teil des Kulturerbes von Benin blieb in Nigeria erhalten oder wurde durch Einkäufe auf den Kunstmärkten der ganzen Welt zurückgewonnen. Zu den Folgen, welche die Strafexpedition für die Kunst hatte, gehört die Unterbrechung der fünfhundertjährigen Tradition der Benin-Kunst, auch wenn sie gegen Ende des 19. Jahrhunderts ihren Höhepunkt bereits längst hinter sich hatte. Die Bronzegießer waren hier, ähnlich wie die Elfenbeinschnitzer, in einer besonderen Zunft organisiert, die nur für den König arbeiten durfte, und als der König Benin verließ, verlor diese Zunft ihren Auftraggeber. Nach der Thronbesteigung des nächsten *oba* im Jahre 1914 kam es zwar zu einer gewissen Wiederbelebung dieser alten Kunst für den Bedarf der erneuerten Hofrituale, doch auf einem viel niedrigeren Niveau. Ihren Kundenkreis sollten von nun an hauptsächlich fremde Touristen bilden, mit all den negativen Konsequenzen, die daraus erfolgten.

Im Vergleich mit anderen Denkmälern alter afrikanischer Kunst, mit denen wir uns bisher befaßt haben, ist die Benin-Kunst in dem Volk, das sie geschaffen hat, nie in Vergessenheit geraten, bis zu der schicksalhaften „Strafexpedition" war sie Bestandteil einer lebendigen kulturellen Tradition. Man kann sie also nicht nach den üblichen archäologischen Methoden, nach stratigraphischen Zusammenhängen mit Anwendung der C14-Methode datieren. Dank der ununterbrochenen Tradi-

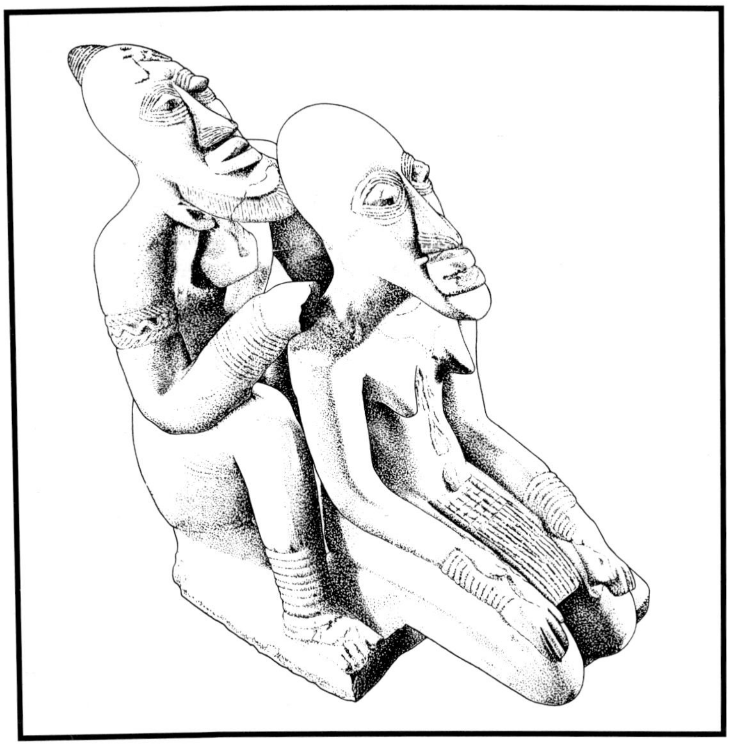

17 Menschliches Paar, Terrakotta. Djenné, Mali
Entwistle-Sammlung, London H. 24 cm

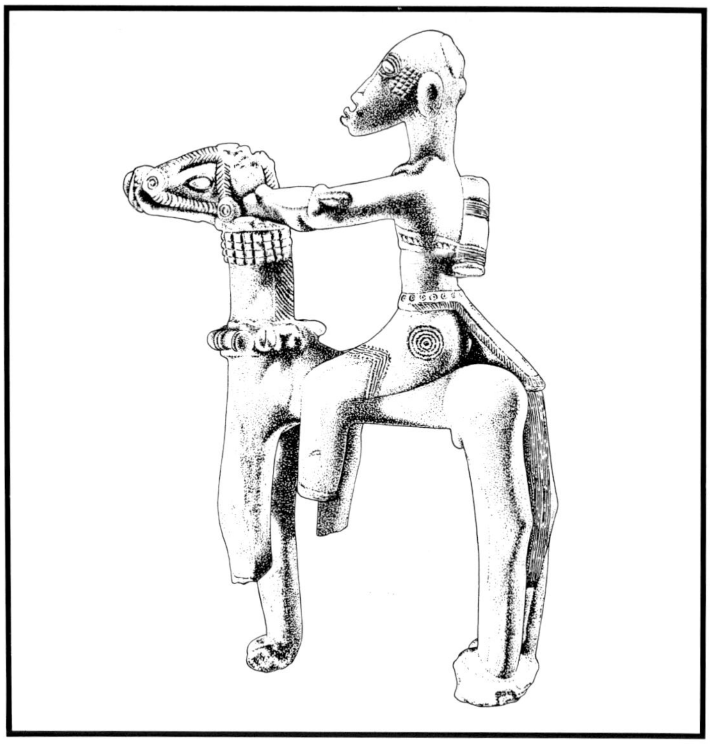

18 Reiter, Terrakotta. Djenné, Mali
Entwistle-Sammlung, London H. 64 cm

tion und der Aussagefähigkeit der Benin-Kunst war ihre historische Struktur von Anfang an im großen und ganzen klar. Vor allem hat sich in Benin durch mündliche höfische Tradition in groben Umrissen die Geschichte des Staates samt dem dynastischen Verzeichnis der Herrscher erhalten. Dieses Verzeichnis umfaßt bis heute neununddreißig *oba,* d.h. Könige, und reicht ungefähr bis ins 12. oder 13. Jahrhundert zurück, bis zu dem Zeitpunkt, als angeblich ein fremder Herrscher nach Benin berufen wurde, der erste dieser Dynastie. Es war ein königlicher Prinz, der Sohn des Gründers des Königreichs Ife, Oduduwa. Deshalb ist eine ganze Reihe der Beniner kulturellen und politisch-religiösen Traditionen aus Ife abgeleitet, unter anderem auch der Bronzeguß. Der sechste *oba,* namens Oguola, hatte nach der Überlieferung gegen Ende des 14. Jahrhunderts um die Entsendung eines Bronzegießers aus Ife nach Benin ersucht. Dieser Mann, dem die Tradition den Namen Igueghae zuschreibt, sollte die hiesigen Handwerker seine Kunst lehren, damit Benin nicht mehr auf die Lieferungen fertiger Bronzen aus Ife angewiesen war. In Benin hat es wahrscheinlich damals bereits die Kunst der Holzschnitzerei und vielleicht auch der Elfenbeinschnitzerei gegeben, da sich die ältesten bekannten Benin-Bronzen von denen aus Ife im Stil unterscheiden. Das wäre unmöglich, wenn der nach Benin übertragene Bronzeguß nicht an eine örtliche künstlerische Tradition hätte anknüpfen können. Demgegenüber bestätigt der Fund einer importierten Bronzestatue, die den *oni* von Ife in seinem charakteristischen Staatsgewand darstellt, die Überlieferung, derzufolge tatsächlich Bronzen aus Ife nach Benin gebracht wurden. Nach Frank Willet entspricht die Zusammensetzung der Legierungen bei einigen der ältesten Benin-Bronzen ungefähr der Zusammensetzung der Legierung aus Ife und es scheint deshalb, daß zu ihrer Anfertigung eingeschmolzene Bronzen aus Ife benützt wurden. Aus europäischen historischen Quellen erfahren wir, daß im Jahre 1485, also etwa hundert Jahre nach der Einführung des Bronzegusses in Benin, die ersten Portugiesen die Stadt besuchten, um mit Benin diplomatische Verbindungen und Handelsbeziehungen anzuknüpfen. Die Portugiesen erwarben hier Pfeffer, Elfenbein und auch Sklaven. Im Tausch dafür lieferten sie den begehrten Rohstoff Bronze in Form von offenen, hufeisenförmigen Armringen, den sogenannten *manila.* Es ist sicher kein Zufall, daß es zu dem größten Aufschwung der Beniner Bronzekunst im 16. und 17. Jahrhundert kam, als es hier den importierten Rohstoff in ausreichender Menge gab. Die Portugiesen in der für den Anfang des 16. Jahrhunderts charakteristischen Kleidung wurden dann selbst zu einem ikonographischen Motiv, das bei den Kunstgegenständen aus Benin, besonders

den Bronzen, häufig vorkommt (Zeichnung S. 60), aber auch an Schnitzereien aus Elfenbein zu finden ist. Diese Darstellungen verrieten auf den ersten Blick das beträchtliche Alter der Kunstwerke aus Benin und ihre annähernde chronologische Einordnung, obwohl, wie sich später herausgestellt hat, dieser Leitfaden nicht in allen Fällen zuverlässig ist. Die Gestalt des Portugiesen in der Kleidung aus dem 16. Jahrhundert wurde an den Benin-Objekten auch dann noch angewandt, als sie längst nicht mehr der Wirklichkeit entsprach.

Was den Reichtum an Themen betrifft, so hat die Beniner höfische Kunst in Afrika nicht ihresgleichen. Das älteste Thema ist der stilisierte Kopf des *oba,* was offensichtlich mit der Tradition zusammenhängt, nach welcher es in den ersten Zeiten des Königreichs zu dem staatlichen Begräbniszeremoniell für einen verstorbenen *oba* gehörte, daß man den Kopf von dem Leichnam trennte und ihn zur Beerdingung nach Ife sandte. Dort wunde ein Kopf aus Bronze angefertigt und zurück nach Benin geschickt, wo er auf dem Altar des toten Monarchen im königlichen Palast aufgestellt wurde. Alle heute bekannten Köpfe eines *oba* sind allerdings Werke von Künstlern aus Benin. Etwa seit der Mitte des 16. Jahrhunderts, als der Titel „Königinmutter" *(iyoba)* eingeführt worden war, wurde das Beniner ikonographische Register auch um ihren Kopf mit der charakteristischen kegelförmigen Krone bereichert (Zeichnung S. 60). Die Gestalt des Kopfes des *oba* veränderte sich im Laufe der Zeit im Einklang mit der Entwicklung des Stils der Benin-Kunst, aber auch mit der sich ändernden Mode der zeremoniellen Kleidung des Königs. Der letzte Typ mit einer aus Korallen zusammengesetzten Krone, die durch zwei aufgerichtete kleine Flügel an den Seiten gekennzeichnet ist und die auch der gegenwärtige *oba* von Benin bei festlichen Anlässen trägt, stammt erst aus der ersten Hälfte des 19. Jahrhunderts.

Eine einzigartige Erscheinung in der gesamten afrikanischen Kunst bilden gegossene Bronzeplatten in rechteckiger oder fast quadratischer Form von etwa 50 cm Seitenlänge. In den Ecken dieser Platten sind Löcher für Nägel, mit denen sie an den Säulen des königlichen Palastes befestigt waren. Die Platten sind mit Relief-Figuren von Afrikanern verziert, sehr oft wird in der sogenannten sozialen Perspektive der *oba* selbst dargestellt, den kleinere Gestalten begleiten oder stützen, wodurch die gesellschaftliche Bedeutung des *oba* betont wird. Auf den Platten wechseln höfische Szenen mit historischen Ereignissen, einzelne Höflinge und Kämpfer mit Figuren portugiesischer Geschäftsleute und Soldaten, manchmal befinden sich darauf nur Krokodilmasken, Fische u.ä. Im Ganzen sind etwa neunhundert dieser Platten erhalten geblieben, deren überwiegende Mehrheit im Laufe des 16. und 17. Jahrhunderts entstand, nach W. Fagg (1963) in der sogenannten mittleren Periode der Benin-Kunst. Diese Platten sind eine unersetzliche Erkenntnisqulle, nicht nur im Hinblick auf die Benin-Kunst, sondern auch auf Geschichte, Bräuche, das höfische Leben und religiöse Vorstellungen. Außer diesen Platten wurden auch andere architektonische Elemente aus Bronze hergestellt, zum Beispiel große Figuren von Ibissen, die den Dachfirst des Palastes schmückten, oder Köpfe und aus gegossenen Gliedern zusammengesetzte Körper großer Pythonschlangen, die mit dem Kopf nach unten an den steilen Dächern der Palasttürme befestigt waren. Über die einstige Anwendung von all diesen erhaltenen architektonischen Elementen informieren uns historische Zeugnisse von Europäern, die Benin besuchten, vor allem aber ein Bronzekasten aus Benin, der den Palast des *oba* mit allen erwähnten Details darstellt und schließlich auch zwei von jenen Reliefplatten, auf welchen das Tor des Palastes mit einem Turm dargestellt ist (Abb. 59).

Wir sollten aber, wenigstens ganz kurz, noch weitere Werke erwähnen. Vor allem sind es frei stehende Figuren, die den *oba,* die Höflinge und Portugiesen darstellen, und Figuren von Leoparden. Alle diese Figuren waren für die Palastaltäre bestimmt. Weiter sind es verschiedene Insignien des *oba,* der Höflinge und königlichen Boten, Menschen- und Tiermasken, die als Rangabzeichen am Gürtel der Festkleidung getragen wurden, Pektoralien, breite, durchbrochene Armringe mit figürlicher Verzierung, die zu der Festkleidung gehörten, einige Helmmasken usw.

Ebenso wie bei den Bronzen aus Ife, suchte man am Anfang den Ursprung der Bronzen aus Benin außerhalb von Afrika, vom antiken Mittelmeer bis nach Indien. Heute wird nicht mehr bezweifelt, daß sie von afrikanischen Künstlern geschaffen worden sind. Aber im Falle der Beniner Reliefplatten, deren Format in Afrika einmalig ist, kann man annehmen, daß sie vielleicht durch portugiesische Bücherillustrationen oder Holzschnitte inspiriert wurden. Diese Annahme unterstützen auch die sonst in Afrika seltenen Pflanzenmotive, deren Stilisierung eine auffallende Ähnlichkeit mit der Stilisierung der Pflanzenmotive auf einigen Afroportugiesischen Elfenbeinschnitzereien aufweist, die zweifellos durch europäische Vorlagen beeinflußt waren, was auch unsere Abbildung eines Jagdhorns bezeugt (Abb. 1).

Von den Elfenbeinschnitzereien aus Benin müssen an erster Stelle ganze Elefantenzähne erwähnt werden, deren Oberfläche mit Reliefschnitzerei bedeckt ist, die aus den in Benin üblichen figürlichen Motiven besteht. Ihr Stil wirkt im Vergleich mit den Bronzeplastiken rustikaler. Diese Elefantenzähne wurden in Öffnungen im Scheitel der Bronzeköpfe eingesetzt, die auf den Altären standen. Zu den bekanntesten Elfenbeinschnitzereien aus Benin gehören auch die Figuren stehender Leoparden, die heute im Londoner Museum of Mankind aufbewahrt werden, vor allem aber einige

menschliche Masken, von denen die zwei bekanntesten zu den Sammlungen des Museum of Mankind in London und des Metropolitan Museum of Art in New York gehören. Diese Masken, die der *oba* selbst an einer Schnur an der Brust als Abzeichen seiner Herrscherwürde trug, gehören zu den besten Kreationen der Benin-Kunst.

Relativ am wenigsten bekannt sind die Holzschnitzereien aus Benin. Ihr Großteil fiel damals der Feuersbrunst zum Opfer, die während der „Strafexpedition" in der Stadt ausbrach. Außer einigen Themen, die wir in besserer Ausführung in Bronze kennen, sind es vor allem geschnitzte Hocker, deren Dekoration in ihrem Stil an die Reliefs der Elefantenzähne von den Beniner Altären erinnert. Einige der Holzschnitzereien nähern sich in ihrem Stil der Stammeskunst der Bini, die den ethnischen Kern der Bevölkerung von Benin bilden.

Die Benin-Kunst ist in ihrem Charakter eine typische höfische Kunst, die der Verherrlichung der Person des Herrschers und seiner Ahnen, der Bewahrung des Andenkens an seine Taten und die für den Hof wichtigen Ereignisse und der Stärkung des Bewußtseins der Unnahbarkeit des Herrschers diente. Der Herrscher wird nicht realistisch, sondern als eine idealisierte Gestalt mit konstanten typischen Zügen dargestellt, er unterscheidet sich von seinen Höflingen und Kämpfern nicht durch sein Gesicht, sondern vor allem durch seine Insignien und seine zeremonielle Kleidung. In der Benin-Kunst gilt der Grundsatz, daß Kleider Leute machen. Die Beniner Künstler besaßen jedoch durchaus die Fähigkeit, die menschliche Gestalt realistisch darzustellen, was die Bronzefiguren von zwei Hofzwergen bezeugen, die sich heute in dem Wiener Museum für Völkerkunde befinden. Diese Hofzwerge hatten in Benin offenbar dieselbe Funktion wie die Hofnarren an den mittelalterlichen Höfen von Europa.

Mit der höfischen Kunst von Benin sind die heute bekannten Denkmäler alter nigerianischer Kunst keineswegs erschöpft. Wir kennen eine Reihe von Kunstwerken, Bronzen und Steinskulpturen, die aus verschiedenen, heute unbekannten Zentren stammen. Oft können wir ihren Stil identifizieren, die neuentdeckten Werke den bereits bekannten zuordnen, aber über ihre Herkunft und ihre Geschichte wissen wir praktisch nichts. Einige dieser Plastiken waren bei der „Strafexpedition" im Jahre 1897 direkt in Benin erbeutet worden. Als repräsentativ für diese Gruppe gilt die Figur eines Jägers mit einer getöteten Antilope auf den Schultern (Zeichnung S. 62). Nach dieser berühmten Figur wird diese Gruppe von Bronzen manchmal als Jägerstil bezeichnet. Ein bedeutender Teil dieser Gruppe weist eine thematische Abhängigkeit von der höfischen Kunst von Benin auf, im Stil ist er jedoch ganz verschieden. Es fehlt hier jene rigide Starrheit, die Schöpfer dieser Figuren bemühten sich mehr um die künstlerische Konzeption des ganzen Werkes als um das detaillierte Festhalten aller hierarchischer Symbole. Eine weitere wichtige Gruppe bilden Bronzefiguren von der Insel Jebba und dem nahen Dorf Tada am Niger im Norden des Landes. Zu ihnen gehören die drei größten bekannten Bronzefiguren aus Afrika, ein Krieger, ein Bogenschütze und eine Frau mit einem Fächer (seit Anfang der siebziger Jahre wird diese Figur vermißt). Einige stilistische Merkmale dieser Figuren deuten auf einen Zusammenhang mit der Ife-Kunst, der wahrscheinlich über Owo vermittelt wurde, andere Elemente weisen eher nach Benin. Nach der Überlieferung wurden diese Bronzen aus dem Südosten importiert. Irgendwann im 16. Jahrhundert brachte sie angeblich Tsoede, der Gründer des Königreichs Nupe, auf dessen Territorium Jebba und Tada liegen, aus der Stadt Idah am Unterlauf des Niger mit. Deshalb werden diese Figuren auch als die Bronzen des Tsoede bezeichnet.

Nigeria war nicht das einzige Land in Westafrika, wo vor Jahrhunderten die plastische Kunst blühte. Im Jahre 1940 wurden im Süden der heutigen Republik Mali, in dem sogenannten Binnendelta des Niger, Terrakottaplastiken gefunden. Bis zu den siebziger Jahren wurden etwa zwanzig Figuren dokumentiert, deren Fundort bekannt ist. Alle diese Orte befinden sich in dem Gebiet, das durch die Städte Djenné am Bani, Ke-Macina am Niger und Mopti an dem Zusammenfluß der beiden Flüsse abgegrenzt ist. Wissenschaftlich geleitete Ausgrabungen werden jedoch in dieser Gegend erst seit 1974 durchgeführt. Für die Erklärung der Funktion der Terrakotten und ihre Datierung sind vorläufig die Ausgrabungen, welche im Jenné-jeno im Jahre 1977 Roderick und Susan McIntosh leiteten, von größter Bedeutung. Einst stand hier eine Stadt mit Hunderten von Häusern aus getrockneten Ziegelsteinen, die mit Mauern befestigt war. Sie war ununterbrochen ungefähr tausend Jahre lang besiedelt und um das Jahr 1 500 wurde sie verlassen. In den Fundamenten eines Hauses wurde die erste Terrakottafigur dieses Typs in archäologischen Zusammenhängen, die ihre stratigraphische Datierung mittels der C14-Methode ermöglichten, gefunden. Die Figur entstand wahrscheinlich in der Mitte des 12. Jahrhunderts. Alle weiteren Figuren konnten

64 Elefantenmaske. Baule-Yaure, Elfenbeinküste. Helles Holz mit grauschwarz gefärbter Oberfläche und Resten von Polychromie. Die Maske trägt Spuren von Feuer. Auch bei dieser Tiermaske mit einer Vogelfigur auf dem Scheitel bilden die Attribute eines Elefanten — der Rüssel, die Stoßzähne und die großen Ohren — nur miniaturisierte Erkennungszeichen, die das schematische Gesicht ergänzen. Der zackige Streifen, der den Rand der Maske säumt, ist ein beliebtes dekoratives Element dieses Stils.
Náprstek-Museum, Kat. Nr. A 2901 H. 44,5 cm

67

65 Tiermaske *goli-goulin.* Baule, Elfenbeinküste. Helles Holz mit graubraun gefärbter Oberfläche. Diese Maske, die im Gebiet Daloa zu Beginn der dreißiger Jahre erworben wurde, stellt einen Büffeldämon dar. Der Tänzer, der in Raphiafransen eingehüllt ist, trägt diese Maske in fast horizontaler Lage auf dem Kopf.
Náprstek-Museum, Kat. Nr. 7671 H. 41,5 cm

nur mit Hilfe einer rein physikalischen Methode der sogenannten Thermolumineszenz, die auf der Messung der Menge von Radioaktivität beruht, die sich in dem Gegenstand seit seiner Herstellung angesammelt hat, datiert werden. Nach diesen Untersuchungen, deren Ergebnisse angesichts vieler Faktoren nicht genau sein können, sind diese Terrakotten aus Südmali in verschiedenen Zeitabschnitten zwischen den Jahren 1250 und 1700 entstanden. Im Hinblick auf die beträchtlichen Stilunterschiede muß man diese lange Zeit ihrer Entwicklung und eine größere Zahl von Werkstätten, in denen sie entstanden sind, in Betracht ziehen.

Die wichtigste und künstlerisch bedeutendste Gruppe bilden Plastiken, deren Stil Bernard de Grunne als den „Stil der mehrfach umrandeten Augenlider" bezeichnete. Die Stilisierung der Augen an diesen Figuren ist tatsächlich sehr auffallend und für ihre Klassifizierung wichtig. Für Terrakotten des Stils der mehrfach umrandeten Augenlider ist vor allem die langgezogene Kopfform charakteristisch. In der oberen Hälfte sind die Köpfe zylindrisch, der Scheitel ist eiförmig, die untere Hälfte ist leicht verflacht. Auf den Körper wird der Kopf in einem Winkel von ungefähr 45° aufgesetzt, was den Eindruck macht, als wäre er nach hinten gebeugt. Die Augen treten reliefartig aus der Gesichtsfläche hervor, sie sind mandelförmig und gewöhnlich in der Mitte horizontal gebrochen. Oft sind sie von mehreren parallelen Linien eingerahmt, was de Grunne zu der Wahl der Benennung dieses Stils veranlaßte. Daß es sich in Wirklichkeit nicht um mehrere Augenlider handelt, bezeugt der auf ähnliche Weise vervielfachte Viertelbogen, mit dem auf der dreieckigen Nase die Nasenlöcher angedeutet sind. Der Mund mit starken Lippen tritt aus der Gesichtsfläche vertikal hervor auf die gleiche Ebene mit der Nasenspitze.

Die Ikonographie dieser Terrakotten ist ungewöhnlich reich. Die häufigste Position der Figuren ist die kniende (Zeichnung S. 64), manche Figuren sitzen auf den Fersen mit Händen auf den Knien oder auf dem Kopf, oder die Arme sind vor der Brust gekreuzt und die Hände liegen auf den Schultern, wie auch bei der Figur, die die McIntosh in Djenné-jeno gefunden haben. Wir kennen aber auch Reiterfiguren (Zeichnung S. 64), liegende Figuren und Figuren, die in Paaren hintereinander oder gegeneinander sitzen usw. Ihre Größe bewegt sich zwischen 20 und etwa 65 cm. Vielleicht standen sie im Zusammenhang mit dem Ahnenkult, was sich aus der Tatsache schließen läßt, daß einige in Graburnen gefunden worden sind. Die Umstände des Fundes der Figur in Djenné-jeno schließen zwar diese Interpretation nicht aus, die Aufbewahrung der Figur in den Fundamenten des Hauses deutet aber auch die Möglichkeit an, daß diese Figuren eine magisch-beschützende Bedeutung halten. Einzelne auf den Fersen sitzende Figuren, vor allem diejenigen, deren Hände auf den Schultern liegen, können die Anbetung eines übernatürlichen Wesens oder auch den Ausdruck der Unterwerfung und Ehrfurcht einer weltlichen Autorität gegenüber darstellen. Die Figuren, die asymmetrisch sind oder sogar halb sitzen und halb liegen, wobei sie sich wie bei einem antiken Gastmahl bequem mit einem Ellbogen auf die Erde stützen, hatten wohl kaum eine religiöse Funktion. Demgegenüber kann man die kultische Bedeutung zahlreicher Terrakottafiguren, deren Körper mit sich windenden Schlangen bedeckt sind, nicht bezweifeln. De Grunne weist in diesem Zusammenhang auf die Rolle der Schlange in der Kosmogonie der Bevölkerung hin. Über die ethnische Zugehörigkeit der Schöpfer dieser Terrakotten wissen wir freilich nur wenig. Wahrscheinlich gehörten sie der Volksgruppe der Mande an, wie die heutige Stammesbevölkerung dieser Region. Die Terrakotten im Stil der mehrfach umrandeten Augenlider sind zu der Zeit entstanden, als dieses Gebiet einen Teil des mittelalterlichen Reiches Mali bildete. De Grunne deutet sogar die Möglichkeit einer Verbindung der Ikonographie einiger Figuren mit den Persönlichkeiten seiner Herrscherfamilie an.

Wir kennen heute Dutzende oder sogar Hunderte von Terrakotten aus Mali. Leider erscheinen auf den Kunstmärkten immer wieder thematisch neuartige Exemplare, die zwar in manchen Fällen zweifellos zu den Höhepunkten der afrikanischen Skulptur gehören, deren dokumentarischer Wert jedoch dadurch sehr vermindert ist, daß man nicht weiß, wie sie in der Erde lagen, weil sie aus illegalen Grabungen stammen, und so können wir die Fragen nach ihrer Herkunft, ihrem Alter und der Bedeutung, die sie für ihre Schöpfer hatten, nicht beantworten. Mit wilden Schatzsuchen verdient sich die Bevölkerung eine bescheidene Zulage zu ihrem Lebensunterhalt.

DIE GEBIETE AM OBERLAUF DES NIGER

Die ältesten Kulturzentren sind in Gebieten an großen Flüssen entstanden und Schwarzafrika bildet in dieser Hinsicht keine Ausnahme. Die Entstehung dieser Zentren wurde durch die Entwicklung der Landwirtschaft ermöglicht und in den an großen Flüssen liegenden Gebieten waren die Bedingungen für diesen Sprung in der Geschichte der Zivilisation gegeben. Bis zum 5. Jahrtausend v. Chr. war die einzige Art der Nahrungsbeschaffung die Jagd und das Sammeln, die sich bis heute nur bei den Pygmäen in einigen Teilen des Kongo-Urwaldes und bei den Buschmännern in der südafrikanischen Kalahari-Wüste erhalten haben.

Der Übergang zu der neuen, neolithischen Lebensform, zur Landwirtschaft, hat sich in keinem Kontinent auf einmal ereignet. In der ganzen Welt gab es nur vier Brennpunkte, aus denen sich die landwirtschaftliche Zivilisation allmählich in weitere Regionen verbreitete, und eines dieser Zentren lag in Afrika, das Flußgebiet des Oberlaufs des Niger, jenes Teils des Flusses, der den Süden der Republik Mali von der Grenze Guineas nordostwärts durchquert, bis er sich dann in einem weiten Bogen nach Süden wendet. In den Niger münden hier einige große Nebenflüsse, der Nigerstrom selbst teilt sich hier in zahlreiche Arme und bildet das sogenannte Binnendelta. Hier kommt es bei häufigen starken Niederschlägen im Süden zu Überschwemmungen. Dieses Gebiet, das eigentlich eine Steppe ist und das sich zwischen dem südlichen Rand der Sahara und der nordöstlichen Grenze der tropischen Regenwaldzone erstreckt, wurde zur Wiege der afrikanischen Landwirtschaft. Hier wurde eine Reihe von afrikanischen Agrarpflanzen kultiviert, die sich dann über den größten Teil des Kontinents verbreiteten.

Geographisch ist dieses Gebiet der westliche Teil der Sudanzone, der breite Gürtel, der sich quer zwischen Sahara und dem tropischen Regenwald erstreckt, die einzige Region Afrikas, über deren Vergangenheit bereits seit dem 11. Jahrhundert arabische Quellen berichteten. Auch ihr Name stammt von den Arabern. In arabischen Quellen wird sie als Bilād as Sūdān, das Land der Schwarzen bezeichnet. Seit dem Altertum führten durch diese Region Handelswege, die das Mittelmeer mit den westafrikanischen Ländern am Golf von Guinea verbanden, aus denen Gold und das kostbare Elfenbein nach Norden gebracht wurden. An den Handelswegen entstanden Marktstädte, wie zum Beispiel Djenné, das im vorhergehenden Kapitel erwähnt wurde. In der zweiten Hälfte des 1. Jahrtausends wurde die westliche Sudanzone zum Schauplatz wiederholter Bemühungen um eine Einigung der Region in größere Staatswesen, die bis zu der Ankunft europäischer Mächte im 19. Jahrhundert fortgesetzt wurden. Die bekanntesten dieser Staaten sind das Reich Ghana und nach ihm, seit dem 11. oder 12. Jahrhundert, das Reich Mali, deren Namen zwei moderne afrikanische Staaten übernommen haben. Die Träger der Staatsidee waren hier verschiedene Stämme der Sprachgruppe der Mande, aus denen bis heute die Bevölkerung besteht, vor allem die Stämme Soninke (das Reich Ghana), Malinke (das Reich Mali) und Bambara (die Staaten Segou und Kaarta). Seit dem 11. Jahrhundert war die westliche Sudanzone starker Islamisierung ausgesetzt, so daß einige der Städte, vor allem Timbuktu und Gao, zu berühmten Zentren islamischer Gelehrsamkeit wurden.

Die Staaten der westlichen Sudanzone waren zwar typische afrikanische Despotien, es entstand hier jedoch niemals eine höfische Kunst, wie wir sie zum Beispiel aus dem Königreich Benin kennen. Ein Grund dafür ist zweifellos der bilderfeindliche Islam, zu dem vor allem die herrschenden Schichten konvertierten. Andererseits brachten es die verhältnismäßig rasch wechselnden Staatsgebilde, die darüber hinaus immer wieder ihre Grenzen und damit auch ihre ethnische Struktur änderten, nicht zustande, die Gesellschaftsstruktur ihrer Stammesbevölkerung, ihre Wirtschaft, ihre Lebensweise und ihre Gewohnheiten wesentlich zu verändern. Auch der Islam vermochte nicht, die traditionellen kosmogonischen Vorstellungen und den Ahnenkult — die Hauptquellen der Inspiration der Stammeskunst — aus dem Bewußtsein des Volkes ganz zu verdrängen. Und trotz des immer mehr zunehmenden islamischen Einflusses ist die Kunst an Orten, wo wir längst ihren Untergang vermuteten, immer noch am Leben. In einigen islamischen Gemeinschaften treten immer noch maskierte Tänzer auf, sogar bei großen moslemischen Festen. Und traditionelle Schnitzer, die sich heutzutage zum Islam bekennen, stellen weiter Masken und Figuren für ihre ungläubigen Stammesgenossen oder auch für europäische Touristen her.

Mit dem Gebiet, das die Mande-Stämme bewohnen, hängt die im Osten unmittelbar angrenzende Region kulturell eng zusammen. Diese Region liegt innerhalb des großen Nigerbogens, überschreitet in südlicher Richtung die Wasserscheide und erstreckt sich bis auf das Territorium, das durch den Schwarzen und Weißen Volta in der Republik Ghana begrenzt ist. In dieser Richtung verbreiteten sich die Entdeckungen afrikanischer Bauern, die den Vorfahren der Mande-Stämme zugeschrieben werden, die hier bis heute unter der Bevölkerung, die der sogenannten Volta-Sprachgruppe angehört, in Gruppen leben. Damit erklären wir uns die kulturelle Verwandschaft dieser Region mit dem Flußgebiet des Niger. Dank der erschwerten Zugänglichkeit einiger Regionen konnte sich der Einfluß des Islams nicht so intensiv durchsetzen, und so hat sich hier die traditionelle Stammeskunst in ihrem ganzen Reichtum erhalten. Obwohl auch hier, im nördlichen Teil dieser Region, Grenzen der Stämme überschreitende Staatswesen entstanden waren, gelang es ihnen nicht, vor allem auf kulturellem Gebiet, die Zersplitterung und Verschiedenartigkeit der Stammesbevölkerung zu überwinden. Auch die geographischen Unterschiede trugen dazu bei.

Die traditionelle Stammeskunst dieses Kulturgebietes ist eine treue Widerspiegelung dieser historischen und ethnographischen Situation. Sie hat einige Charakterzüge, die der ganzen Region gemeinsam sind, wobei für den westlichen Mande-Teil eine größere stilistische Einheit und für den östlichen Volta-Teil, seiner ethnischen Vielfalt entsprechend, ein größerer Reichtum an Stilen bezeichnend ist. Der Hauptträger der künstlerischen Tradition der Mande-Stämme ist der große Bauernstamm Bambara oder Bamana, der in der Gegend um Bamako lebt. Das vielseitige Repertoire seiner Schnitzer bilden Menschen- und Tiermasken, Tanzaufsätze in Gestalt stilisierter Antilopen, Ahnenfiguren und verhältnismäßig wenig bekannte Figuren, die mit dem Kult verstorbener Zwillinge verbunden sind, Marionetten, mit Figuren geschmückte Türschlösser und Hocker mit menschlichen Karyatiden. Im Hinblick auf die zahlenmäßige Stärke des Stammes und die Größe seines Gebietes ist es nicht überraschend, daß man in seiner Schnitzkunst viele regionale und persönliche Stile unterscheiden kann. Die anderen Mande-Stämme wurden in einem größeren Maße islamisiert und ihre Kunst ist von wesentlich geringerer Bedeutung. Obwohl sich ihr Schaffen durch einige Besonderheiten auszeichnet und verhältnismäßig leicht identifizierbar ist, kann man es sozusagen für eine Dialekt-Variante des Bambara-Stils halten. Dies gilt vor allem für Gesichtsmasken der verstreut lebenden Stammesgruppe Marka, die dem Stamm Soninke angehört, und für Masken und seltene Figuren des islamisierten Stammes Malinke. Im Stil etwas selbständiger sind die bunt bemalten Tiermasken des Fischerstammes Bozo, der an den Ufern des Niger und des Bani lebt, vor allem an ihrem Zusammenfluß in der Nähe der Stadt Mopti.

Die Volta-Stämme dieses Kulturgebietes bilden, was die stilistische und thematische Verwandtschaft der traditionellen Schnitzkunst betrifft, zwei Gruppen. Zu der ersten gehören Stämme, die südlich der Flüsse Bani und Niger auf dem Territorium der Republik Mali an der Grenze zu Burkina Faso (dem früheren Obervol-

66, 67 Januskopf. Baule-Yaure, Elfenbeinküste. Helles Holz, die Gesichter im rötlichen Ton gefärbt, die kahnförmigen Ohren und der Sockel in der ursprünglichen Farbe des Holzes, die Frisur und der Streifen unter dem Hals braunschwarz gefärbt. Ein Kultgegenstand, dessen Funktion nicht dokumentiert ist. Die Schnitzerei weist den charakteristischen Stil dieses Unterstammes auf: das ovale, gewölbte, stilisierte Gesicht mit dem typischen Haaransatz, die geglättete Oberfläche. Die ikonographische Bedeutung der kahnförmigen Ohren, die auch an einigen Masken erscheinen (B. Holas, Vevey 1979, S. 61) ist ebenfalls unbekannt. Dieser Typ von Kultgegenständen ist aus den westlichen Regionen der Elfenbeinküste bekannt. Der abgebildete Kopf stammt vom östlichen Rand dieser Gegend.
Náprstek-Museum, Kat. Nr. A 13585 H. 21,5 cm

71

72

ta) leben, und Stämme, die den nördlichen und mittleren Teil der Republik Burkina Faso bewohnen. Die zweite Gruppe bilden Stämme, die den Norden der Elfenbeinküste und den Landstrich jenseits ihrer Grenze im Süden von Mali, im Südwesten von Burkina Faso und an der Westgrenze von Ghana bevölkern. Das künstlerisch produktivste und gleichzeitig bekannteste Ethnikum der ersten Gruppe ist der Stamm der Dogon, der in der älteren Literatur über die afrikanische Kunst mit dem Namen Habe bezeichnet wird, den ihm die Fulbe geben. Die Kultur dieses Stammes liefert uns die wahrscheinlich anschaulichste Vorstellung davon, wie ungefähr die Kultur dieses Gebietes ausgesehen hatte, bevor sie der Islamisierung ausgesetzt war. Ihr relativ unversehrter Charakter ist dank der schwer zugänglichen Lage der Dörfer der Dogon am Fuß der Felswände von Bandiagara erhalten geblieben. Die Dörfer der Dogon-Bauern haften wie Schwalbennester an steilen, felsigen Wänden hoch über den kleinen, steinigen Feldern. Um die Erforschung der Dogon-Kunst und der Kultur dieses Stammes haben sich französische Forscher verdient gemacht, die hier in den dreißiger Jahren unter der Leitung des berühmten Marcel Griaule arbeiteten. Holländische Expeditionen haben nach dem zweiten Weltkrieg die Gräber der Dogon untersucht, die hoch in den Felswänden angeblich von den Tellem, den mythischen Vorgängern der heutigen Dogon, errichtet worden waren. Besonders verschiedene Film-Teams, die von der dramatischen Naturszenerie und den bunten Tanzfesten mit Masken hierhergelockt worden waren, haben zum Bekanntwerden der Dogon wesentlich beigetragen.

Die Schnitzkunst der Dogon ist thematisch sehr reich und ihre Tradition reicht weit in die Vergangenheit zurück. Unabhängig davon, ob die Holzschnitzereien in den Felsgräbern wirklich von den mythischen Tellem geschaffen worden sind, wie die Dogon glauben, oder ob sie das Werk der Vorfahren der Dogon sind, bilden die aus dem Gebiet der Dogon stammenden Schnitzereien ein stilistisch und inhaltlich homogenes Schaffen, dessen Entwicklung in einer Linie verlief. Die ikonographisch verschiedenartigen figürlichen Schnitzereien stellen in einigen Fällen zweifellos mythische Ahnen dar, ein häufiges Thema ist ein Urelternpaar. Hinsichtlich der Bedeutung vieler Figuren, vor allem der älteren, die wir dem Stil nach als Tellem bezeichnen, sind wir auf Vermutungen angewiesen. Zum Beispiel stellen die Figuren, welche *nommo* genannt werden, mit emporgestreckten Armen, deren eine Hand manchmal geöffnet und die andere geschlossen ist, mythische Ahnen und Heroen dar. Manchmal werden sie jedoch als Regenbeschwörer gedeutet. Andere Figuren, z.B. ein Reiter oder eine Frau am Stampf-Mörser erinnern so stark an Terrakotten aus dem Binnendelta des Niger, daß einige Forscher ihre Schöpfer für Vorfahren der Dogon halten. Ein bekanntes Genre der Dogon-Schnitzerei sind die mit figürlichen Reliefs geschmückten Türen von Getreidespeichern. Diese Reliefs bilden entweder hori-

68 Gesichtsmaske *mbolo*. Baule, Elfenbeinküste. Helles Holz, gefärbt und polychromiert. Die Auffassung der Masken der Baule bewegt sich in einem breiten Spektrum zwischen einem abstrahierenden Schematismus, wie in diesem Fall, und einem idealisierenden Realismus, ohne dabei den Rahmen des kanonisierten traditionellen Stils zu überschreiten. Der Schnitzer bemühte sich meistens um eine treue Wiedergabe der Frisur. Bei dieser Maske wandte er ebensoviel Mühe für die treue Nachbildung der Ohrringe auf. Die rote Farbe des Gesichts deutet eine helle Hautfarbe an. Diese Maske stellt eine schöne Frau dar. Sie tritt bei festlichen Anlässen auf, wie z.B. bei der Einführung eines neuen Häuptlings.
Náprstek-Museum, Kat. Nr. A 11 564 H. 23 cm

69 Mit Reliefschnitzerei geschmückte Trommel. Baule, Elfenbeinküste. Hellbraunes Holz mit schwarz gefärbter Oberfläche. Die Ledermembrane ist mit Hilfe von fünf Pflöcken gespannt. Der Resonanzkörper der Trommel ist mit fünf fast gleichen, im Relief geschnitzten Gesichtsmasken, die sich durch Frisuren unterscheiden, geschmückt. Zur Reihe der Masken treten noch Figuren einer Schlange und einer Eidechse hinzu. Dieses Musikinstrument begleitete wahrscheinlich die Auftritte der darauf abgebildeten Masken.
Náprstek-Museum, Kat. Nr. 26 572 H. 41,5 cm

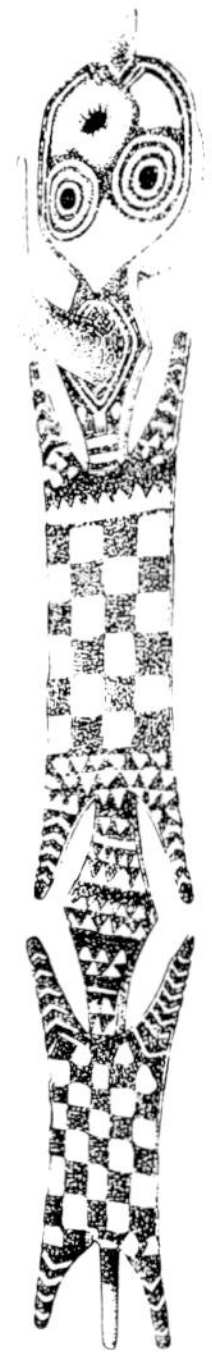

19 Maske mit Aufsatz.
Mossi oder Kurumba Nioniosi,
Burkina Faso
Sammlung Pierre Vérité, Paris
H. 155 cm

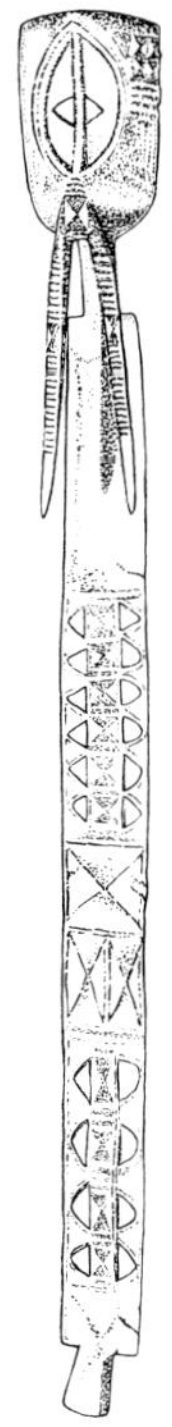

20 Maske des Schutzgeistes
Do. Bwa, Burkina Faso
Metropolitan Museum of Art,
New York H. 186 cm

zontale Reihen stilisierter weiblicher Gestalten oder die Figur eines Krokodils, das in der Mythologie der Dogon eine besondere Stellung einnimmt. Das Krokodil hatte angeblich einst den Dogon geholfen, den Fluß zu überqueren, der ein Hindernis auf dem Weg in ihre heutige Heimat bildete. Mit ähnlichen Reliefs werden auch Trommeln und verschiedene Ritualgefäße der Dogon verziert. Wir finden hier ebenfalls figürlich konzipierte Türschlösser.

Besondere Aufmerksamkeit verdienen die Masken der Dogon. Dank der umfangreichen Monographie von Griaule (1938) waren es bis vor kurzem die am gründlichsten durchforschten Masken der ganzen afrikanischen Maskenproduktion. Die eigentliche Maske ist keineswegs bemerkenswert. Es ist ein senkrechtes Rechteck, das durch zwei breite senkrechte Vertiefungen gegliedert ist, in denen dreieckige oder viereckige Augen liegen. Manchmal ist unter der dazwischenliegenden senkrechten Trennungsleiste durch einen horizontalen Einschnitt der Mund angedeutet oder es befindet sich darauf die im flachen Relief geschnitzte pfeilförmige Nase. Der Aufbau ist dermaßen streng geometrisch, daß er W. Fagg (1970) auf die Idee brachte, er sei wahrscheinlich von der ähnlich gegliederten Architektur einiger Moscheen im Sudangebiet abgeleitet. Trotz dieser Einfachheit zeichnen sich die Dogon-Masken durch eine reiche Ikonographie aus. Das unterscheidende ikonographische Merkmal bilden verschiedene Attribute, die der Grundform beigefügt werden. Eine Maske mit abgerundetem Scheitel stellt zu Beispiel den Schwarzen Affen, ein Paar Hörnchen eine Antilope, größere gabelförmige Hörner einen Büffel dar. Einige Masken tragen auf dem Scheitel die Figur einer stehenden oder sitzenden Frau mit ausgebreiteten Armen, andere eine stilisierte Figur eines sitzenden Affen. Die bekanntesten dieser Masken heißen *kanaga*. Sie haben einen hohen flachen Aufsatz mit zwei Querbalken, an deren Enden im rechten Winkel kurze Vorsprünge befestigt sind. Diese Aufsätze, die an ein Lothringer Kreuz erinnern, symbolisieren Krokodile. Zu erwähnen ist noch die sogenannte Große Maske, deren flacher, geometrisch durchbrochener, geschnitzter Aufsatz bis zu sechs Meter lang sein kann. Es ist die größte bekannte afrikanische Maske überhaupt.

Diese flachen Aufsätze der Dogon-Masken repräsentieren eine Tendenz, die für die Kunst beider Gruppen der Volta-Stämme charakteristisch, bei der östlichen Gruppe jedoch dominierend ist. Wir begegnen ihr sonst nirgendwo in Afrika. Es ist die Tendenz zum flächenhaften Ausdruck des ideellen Inhalts der Maske

70 Figur eines sitzenden Mannes. Baule, Elfenbeinküste. Helles Holz mit grauschwarz gefärbter, matt glänzender Oberfläche. Nach dem analogen Exemplar, das H. Himmelheber (1935) veröffentlichte, zu urteilen, könnte diese Figur das posthume Porträt eines Häuptlings sein. Man kann an ihr die Baule-Konvention der flächenhaften Darstellung des Gesichts, die der frontalen Ansicht entspricht, deutlich erkennen, während bei den Figuren der Guro die Linie des Profils betont wird.
Náprstek-Museum, Kat. Nr. 12 932 H. 49 cm

mittels ihrer Aufsätze. Die Träger der Semantik dieser Masken sind geschnitzte geometrische und figürliche Konturen der Aufsätze und ihre monochrome oder polychrome ornamentale Bemalung.

Der zweite bedeutende Stamm dieser Gruppe sind die Bobo, die in dem Raum zwischen den Städten Djenné und Bobo Diulasso wohnen. In der Literatur werden sie auch als Bobo-Fing oder die Schwarzen Bobo bezeichnet. Ihre oft bunt polychromierten Masken stehen stilistisch der geometrisierenden Auffassung des menschlichen Gesichts der Bambara nahe, den Scheitel einiger dieser Masken schmückt ein hoher, flacher, durch geometrische Schnitzereien gegliederter Aufsatz. Die Tiermasken weisen demgegenüber eine Tendenz zum Realismus auf, die in der Kunst des westlichen Sudangebietes überrascht. Bei dem eng verwandten Stamm der Bwa, die auch Bobo-Ule oder die Roten Bobo genannt werden und in dem Gebiet, das von dem Bogen des Schwarzen Volta begrenzt ist, leben, begegnen wir einer ganzen Palette von Tiermasken (Krokodil, Chamäleon, Stier, Schmetterling, Eule), bei denen die Tendenz zur flächenhaften Darstellung in höchstem Maße zur Geltung kommt. Den gemeinsamen Kern dieser Masken bildet ein anthropomorphes Gesicht in Form einer flachen runden Scheibe mit aus mehreren konzentrischen Kreisen zusammengesetzten Augen. Aus der runden Fläche des Gesichts tritt plastisch nur der runde oder rhombische Mund hervor. Die meisten dieser Masken haben entweder einen vertikalen flachen Aufsatz (Zeichnung S. 75) oder zwei horizontale Aufsätze, die zu beiden Seiten hin heraus-

71 Figur einer stehenden Frau. Baule, Elfenbeinküste, Gegend der Stadt Daloa. Hellbraunes Holz mit schwarz gefärbter, matter Oberfläche. Es handelt sich anscheinend um ein Porträt einer lebenden jungen Frau, das wegen ihrer Schönheit angefertigt wurde. Dieser Ansicht entspricht die Gestaltung der Figur, die auf die Betrachtung von allen Seiten berechnet ist. Während das Gesicht sowie die rhythmische Verteilung der Massen der Vorderseite des weiblichen Torsos die frontale Ansicht voraussetzt, rechnet die Profillinie der Gestalt, vor allem die Stilisierung des Gesäßes, das die Masse des Bauches ausgleicht, zweifellos mit der Seitenansicht.

Náprstek-Museum, Kat. Nr. 7629 H. 46,5 cm

72 Figur einer stehenden Frau. Baule, Elfenbeinküste. Helles Holz mit braunschwarz gefärbter, glänzender Oberfläche und einer Kruste aus Patina in den Rillen. Bei dieser Figur war der Schnitzer mehr auf die sorgfältige Ausarbeitung der Details als auf die Verteilung der Massen und ihre gegenseitigen Abhängigkeiten konzentriert. Der Kopf macht ein Drittel der Gesamthöhe der Figur aus und es scheint, daß sich gerade an ihm die ganze schöpferische Potenz des Autors erschöpfte.

Náprstek-Museum, Kat. Nr. 6751 H. 45 cm

77

ragen wie Flügel (Eule, Schmetterling). Es gibt hier auch Masken, deren Scheitel an Stelle von flachen Aufsätzen mit menschlichen Figuren geschmückt sind. Die ganzen Masken sind wieder polychromiert. Die Polychromie, in der die weiße Farbe dominiert, bildet auf den Aufsätzen ein geometrisches Ornament. Die Bwa haben auch helmartige Tiermasken ohne Aufsätze, meistens Büffelmasken, deren Augen ebenfalls aus konzentrischen Kreisen bestehen, und deren Maul zu einem dreiseitigen Prisma stilisiert ist.

Masken mit hohen flachen Aufsätzen existierten auch bei den östlichen Nachbarn der Bwa, den Gurunsi, in dem Gebiet zwischen dem Schwarzen und dem Roten Volta. Von den Bwa-Masken sind sie manchmal schwer zu unterscheiden und nach einigen Autoritäten (J. Delange) haben vielleicht sogar die Bwa sie von den Gurunsi übernommen. Wie es scheint, gab es bei den Gurunsi in seltenen Fällen auch figürliche Skulpturen. Nach neuesten Forschungen wurde hier auch der Kult verstorbener Zwillinge, den wir in seiner am weitesten entwickelten Form bei den nigerianischen Yoruba finden, zu skulpturalem Ausdruck gebracht.

Die Aufzählung der schnitzenden Stämme dieser Gruppe schließen die Mossi ab, die in der Zeit zwischen dem 10. und 15. Jahrhundert im Nordosten der heutigen Republik Burkina Faso drei Staatswesen gebildet haben. Den Mossi wird unrichtigerweise auch das Schaffen der ursprünglich ethnisch uneinheitlichen Bevölkerung, die die Untertanen dieser Staaten bildete und heute unter dem gemeinsamen Namen Kurumba bekannt ist, zugeschrieben. Um die Erkenntnis nicht nur der Kunst, sondern überhaupt der ganzen Kultur der Kurumba hat sich die österreichische Forscherin Annemarie Schweeger-Hefel verdient gemacht. Besonders ihre Monographie über die Masken der Kurumba (1980) gehört zu den umfangreichsten Werken dieser Art in der afrikanistischen Literatur. In der reichen Maskenproduktion dieser Region kann man mindestens fünf Unterstile unterscheiden, die A. Schweeger-Hefel verschiedenen gesellschaftlichen Gruppen der Kurumba zuschreibt. Auch wenn eine parallele Existenz zweier verschiedener Stile bei einem afrikanischen Stamm kein Ausnahmefall ist, scheint es, daß die verschiedenen Unterstile der Kurumba die Fortsetzung der Stile verschiedener ursprünglicher

73 Stilisierte Figur eines Pavians *(mbotumbo)*. Baule, Elfenbeinküste. Hellbraunes Holz mit Krusten ritueller Patina aus dem Blut von geopferten Hühnern. Lendenschurz aus afrikanischem Gewebe. Diese rituelle Skulptur wird bei dem großen Fest nach der Ernte der ersten Yamsknollen verwendet. In die Schale, die der Pavian hält, werden Opfergaben gelegt.

Náprstek-Museum, Kat. Nr. A 2695 H. 64 cm

74, 75 Figur einer stehenden Frau. Baule, Elfenbeinküste. Helles Holz mit braunschwarz gefärbter Oberfläche und graubrauner bis schwarzer, teilweise glänzender Patina. Eine Kette aus knöchernen Perlen, ein kleines Stück von einem afrikanischen Gewebe. Die vorhergehenden zwei Figuren, zusammen mit dieser dritten Variante der Verarbeitung desselben Themas deuten die breiten Möglichkeiten an, die sich den künstlerischen Individualitäten der Schnitzer im Rahmen eines traditionellen Stilkanons bieten. Der Schnitzer dieser kleinen, zweifellos alten Figur hat den Details keine große Beachtung geschenkt, was aber keinesfalls ein Beweis dafür ist, daß es ihm an Geschicklichkeit mangelte. Der lebendige Ausdruck, den er dem kleinen Gesicht verliehen hat, beweist ganz überzeugend, daß er die Schnitzkunst beherrschte. Auch die flächenhafte Gestaltung des Rückens ist kein Ausdruck seiner Nachlässigkeit, sondern das Ergebnis einer absichtlichen Ausnützung des Spiels von Licht und Schatten in einem System gerader und schräger geometrischer Flächen. Die Masse der Figur, vor allem ihr großer Kopf, ist durch die mächtigen Wadenmuskeln, die so lang sind wie der Kopf, ausgeglichen.
Privatsammlung, Prag H. 26 cm

Ethnien bilden, welche von den Mossi-Eroberern, die wahrscheinlich ursprünglich keine eigene Schnitzkunst gehabt hatten, unterworfen wurden.

Die ersten Masken, die nach Europa kamen, hatte am Anfang unseres Jahrhunderts Leo Frobenius in der Gegend von Yatenga gesammelt. Die Masken dieses Unterstils werden meistens den Mossi zugeschrieben und obwohl sie ursprünglich von der Kurumba-Gruppe der Nioniosi stammen (Zeichnung S. 75), scheint es, daß einige der Schnitzereien in diesem Unterstil (außer den Masken sind es auch Ahnenfiguren) tatsächlich das Werk der Mossi sind. Das Gesicht dieser Masken ist auf eine senkrechte Ellipse reduziert, die von einem senkrechten Grat halbiert wird, zu dessen beiden Seiten die Augen eingeschnitzt sind. Über der Stirn befinden sich gewöhnlich gabelförmige Hörnchen oder eine stehende menschliche Figur. Aus dem Scheitel der Maske erhebt sich ein bis über zwei Meter hoher, flacher, geometrisch durchbrochen geschnitzer und polychromierter Aufsatz, der eine Analogie zu den Maskenaufsätzen der Bwa, Gurunsi und in einigen Fällen der Dogon bildet. Die Form dieser Aufsätze führte zu der Bezeichnung „klingenförmige Masken".

Auch die Masken des zweiten Unterstils sind seit Frobenius' Zeiten bekannt. Es sind eigentlich Tanzaufsätze in Gestalt einer kleinen liegenden Antilope mit bogenförmigen Hörnern, die an einer runden geflochtenen Kappe befestigt sind, von deren Rand lange Franse herabhängen, die den Kopf des Tänzers bedecken. Die Figur der Antilope ist flach, es ist eigentlich eine Kontur, die nur in der Seitenansicht identifizierbar ist. Sowohl durch sein Thema als auch durch die Art, wie er auf dem Kopf des Tänzers befestigt ist, ähnelt dieser Tanzaufsatz, der *sa-saidu* genannt wird, den Tanzaufsätzten *tyi-wara* der Bambara. Nach A. Schweeger-Hefel sind es Masken der Kurumba-Schmiede.

Seit den sechziger Jahren sind unter den Sammlern Tanzaufsätze, die *numtiri* genannt werden und den dritten Kurumba-Unterstil bilden, sehr populär. Es sind stilisierte Köpfe der Pferdeantilope mit einem langen Hals (Abb. 19), deren Oberfläche ganz mit polychromem geometrischen Ornament bemalt ist, das

aus mehreren Reihen gleichschenkeliger Dreiecke gebildet ist und kosmologische Symbolik ausdrückt. Auf den Köpfen der Tänzer werden sie in ähnlicher Weise wie die Aufsätze *sa-saidu* befestigt. Diese Aufsätze, die aus Gabelästen großer Kapokbäume geschnitzt werden, stammen aus dem Nordosten des Kurumba-Gebiets.

Seit den siebziger Jahren erscheinen in der Literatur und auf Kunstmärkten weitere, stilistisch verschiedene Masken, die meistens den Mossi zugeschrieben werden. Nach der Aussage von A. Schweeger-Hefel stammen jedoch diese Masken von der Kurumba-Gemeinschaft der Sikomse. Es sind niedrige Holzhelme in Gestalt eines streng stilisierten Antilopenkopfes mit bogenförmigen Hörnern und schmalem Maul, das eher an einen Vogelschnabel erinnert. In der Seitenansicht erweckt die ganze Maske überhaupt eher den Eindruck eines Vogelkopfes als den eines Antilopenkopfes, da die gebogenen Hörner zusammen mit dem schnabelartigen Maul wie eine Federhaube aussehen.

Den fünften Kurumba-Unterstil repräsentieren Masken, die aus der Umgebung von Mengao stammen. Wir kennen sie vor allem aus dem Werk von A. Schweeger-Hefel und aus den Austellungen ihrer Sammlung im Museum für Völkerkunde in Wien. Es sind Helmmasken mit stark schematisierten menschlichen Gesichtern, mit zwei stilisierten Hörnern über der Stirn und mit einem klingenförmigen Aufsatz, der oben gewöhnlich gabelförmig gespalten ist. Nach A. Schweeger-Hefel entspricht die gegliederte Kontur dieser Aufsätze bis ins Detail dem Umriß von Grabstelen der Kurumba. Diese Masken werden angeblich zum Andenken an einzelne Verstorbene hersgestellt und nehmen sozusagen in den Familien ihre Stelle ein.

Alle diese stilistisch verschiedenartigen Äußerungen der Kurumba-Schnitzkunst bezeichnen wir hier als Unterstile und nicht als Stile und zwar wegen ihres einheitlichen ethnischen Ursprungs, da zum Beispiel zwischen den *numtiri*-Aufsätzen in Form von großen Antilopenköpfen und den Tanzaufsätzen der Kurumba-Schmiede ein viel größerer Stilunterschied besteht als zwischen manchen Schnitzereien zweier vollkommen fremder und weit entfernt voneinander lebender Stämme.

76 Webrollenhalter. Baule, Elfenbeinküste. Helles Holz mit braunschwarz gefärbter, glänzender Oberfläche, eine Raphiaschnur zum Aufhängen. Das Gesicht des Köpfchens ist für die Frontalansicht flächenhaft geschnitzt. Der Schnitzer hat mit raffinierter Absicht das ausgefranste Ende der Raphiaschnur zur Darstellung eines männlichen Kinnbarts ausgenützt, der auf den männlichen Figuren der Baule oft durch Schnitzerei dargestellt wird.
Privatsammlung, Prag H. 15,5 cm

77 Fliegenwedel, Baule, Elfenbeinküste. Helles Holz mit braun gefärbter, glänzender Oberfläche. Pflanzenfasern. Der Griff ist in der Form einer Zange geschnitzt. Auf beiden Seiten ihrer Backen ist eine kleine Figur einer Schildkröte, am anderen Ende sind zwei kleine Gesichtsmasken. Der Fliegenwedel ist das Abzeichen eines Häuptlings oder eines höfischen Würdenträgers, was die am Ende des Griffs angeschnitzte kleine Figur eines sitzenden Panthers bezeugt. Der Panther symbolisierte die Macht des Häuptlings.
Náprstek-Museum, Kat. Nr. A 6006 L. des Griffs 24,6 cm

Die zweite, südwestliche Gruppe der Volta-Stämme hat in der Kunst einen Mischstil. Ihr bedeutendster Repräsentant ist der Stamm Siena, der gewöhnlich mit dem fremden Namen Senufo bezeichnet wird, an den auch wir uns halten werden. Die Senufo bewohnen den nördlichen Teil der Elfenbeinküste und kleinere Gruppen der Senufo leben auch weiter nördlich, in Mali und Burkina Faso. Einige formale und thematische Elemente verbinden ihre Kunst mit der Kunst südlicher Gebiete an der westlichen Hälfte des Golfs von Guinea, wobei die Kunst der Senufo jedoch ihren Grundcharakter als Kunst des westlichen Sudangebietes nicht verliert. Die anderen Stämme dieser Gruppe sind einerseits mehr oder weniger von der Senufo-Kunst abhängig, was sich vor allem in der Übernahme oder Nachahmung der Senufo-Gesichtsmasken äußert, andererseits bewahren sie konservativ die Volta-Tradition der flächenhaften Darstellung. Diese Tradition äußert sich am deutlichsten in den Masken des kleinen Stammes Nafana (vielleicht ein Unterstamm der Senufo), der unweit der Grenze zwischen der Elfenbeinküste und Ghana in der Gegend von Bondoukou lebt. Das Gesicht dieser Masken bildet ein flacher Schild mit drei kleinen Öffnungen, die zu einem Dreieck gruppiert sind und Augen und den Mund oder vielleicht die Nase darstellen. Aus dem oberen Teil des Gesichtsschildes ragen zwei oder drei kleine Säulen vertikal auf, die einen flachen symbolischen Aufsatz tragen (Abb. 23). Nach B. Holas (Paris-Abijan, 1969) werden Masken dieses Typs auch bei den Kulango im Nordosten der Elfenbeinküste und bei einigen weiteren Stämmen in Burkina Faso und Ghana (den Abron) benutzt.

Eines der markantesten Beispiele der flächenhaft-geometrischen Darstellung sind die wenig bekannten Tiermasken des kleinen Stammes der Tusia im Südwesten von Burkina Faso. Große Publizität erlangte sie durch die New-Yorker Ausstellung „Primitivism in 20th Century Art", wo eine solche Tusia-Maske einer ähnlich konzipierten Bronzeplastik von Max Ernst gegenübergestellt wurde. Diese Masken sind rechteckige, fast quadratische Platten, die durch Diagonalen graphisch in vier Dreiecke geteilt sind. In dem oberen Dreieck befinden sich runde Augenhöhlen. An den Seitenrändern und am unteren Rand sind Fransen angebunden, in der Mitte der oberen Kante ist ein kleines Symbol des Tieres, das die Maske darstellen soll, z. B. die Hörner eines Büffels. Diese flächenhafte Darstellung eines Tierkopfes wird auch auf dreidimensionale Tierplastiken übertragen, was aus dem hier abgebildeten Bronzeanhänger in Gestalt eines Büffels ersichtlich ist. (Abb. 20). Ein Büffel mit einem solchen flachen quadratischen Kopf erscheint auch auf den sehr seltenen kleinen helmartigen Tanzaufsätzen der Tusia. Kennzeichnend für die komplizierte Verflechtung gegenseitiger Einflüsse in der Kunst der Stämme dieser Region ist die Tatsache, daß wir in ihrer fast architektonischen Konstruktion vollkommen identische Tanzaufsätze, die allerdings von der Morphologie des örtlichen Stils beeinflußt sind, auch bei den Senufo finden.

Eine isolierte Kunst-Enklave ohne jede sichtbare formale oder inhaltliche Beziehung zu dem künstlerischen Schaffen anderer Ethnien des Volta-Gebiets, die unter dem Einfluß der Senufo-Kunst stehen, ist die Schnitzkunst der Lobi, eines Stammes, der an der südwestlichen Grenze von Burkina Faso und zum Teil auch in den angrenzenden Gebieten der Elfenbeinküste und Ghanas lebt. Das läßt sich dadurch erklären, daß die Lobi erst gegen Ende des 18. Jahrhunderts aus Ghana in ihre heutige Heimat kamen. Dieser Stamm hat keine beständigen Wohnstätten, da er den sogenannten beweglichen Ackerbau praktiziert. Nach der Erschöpfung des Bodens ziehen die Familien an einen anderen Ort, der auch mehrere hundert Kilometer entfernt sein kann. Außerdem stammen nicht alle Schnitzereien, die den Lobi zugeschrieben werden,

78, 79 Griff eines Fliegenwedels. Baule, Elfenbeinküste. Helles Holz mit gebeizter Oberfläche und Polychromie. Auch dieser Griff war wahrscheinlich für einen hierarchischen Fliegenwedel eines Häuptlings oder eines hohen Würdenträgers bestimmt, da er mit einer kleinen Figur eines Elefanten, der ebenfalls die höchste politische Macht symbolisierte, abgeschlossen ist. Der Schaft des Griffs ist in Form von zwei großen, doppelten Gliedern einer Kette geschnitzt. Über dem Dorn zum Anbinden des Wedels sind zwei gegenüberliegende Gesichtsmasken, deren Ohren von zwei Figuren brütender Vögel gebildet sind. Nach dem Bericht von H. Himmelheber waren diese Fliegenwedel manchmal nur ein Luxusgegenstand im persönlichen Eigentum, den ein Angeklagter dem Kläger vor dem Beginn einer Gerichtsverhandlung als Pfand geben konnte. Ihre ursprüngliche Funktion bezeugt der unverzierte Dorn zum Anbinden des Wedels.
Privatsammlung, Prag L. 33 cm

wirklich von ihnen, da die Bevölkerung mit anderen kleinen Stämmen vermischt ist. In dem Zeitraum zwischen den beiden Weltkriegen waren in den europäischen Sammlungen nur einige seltene Exemplare von Holzschnitzereien der Lobi bekannt. Erst seit den sechziger Jahren erscheinen sie auf den Kunstmärkten in größerer Zahl. Die Kenntnis der Kunst dieses Stammes und seiner künstlerischen Motivation verdanken wir der Feldforschung von Piet Meyer, der im Jahre 1981 die Ergebnisse seiner Arbeit in einem umfangreichen Katalog für die Austellung der Kunst der Lobi im Rietberg-Museum in Zürich veröffentlichte.

Die zahlreichen, nur undeutlich sexuell differenzierten männlichen und weiblichen Figuren der Lobi sind eigentlich Fetische, die magischen Zwecken dienen, wie der Abwendung des unheilbringenden Einflusses von Hexen, dem Schutz des Eigentümers vor Krankheit, der Unterstützung des Eigentümers bei einem Gerichtsverfahren u. ä. Auch das verhältnismäßig häufige Thema der Kunst der Lobi, ein koitierendes Menschenpaar, hat eine magische Funktion. Der Fetisch soll seinem Eigentümer helfen, eine Partnerin zu finden. Es scheint aber, daß einige Figuren tatsächlich verstorbene Ahnen darstellen, wie man früher annahm, jedoch sind es nur die zwei letzten Generationen der Vorfahren, also eigentlich die Eltern und die Großeltern. Zwischen den Figuren mit magischer Bestimmung und den Figuren der Ahnen war wahrscheinlich kein formaler Unterschied.

Außer menschlichen Figuren erzeugen die Schnitzer der Lobi auch Tanzstäbe mit figürlicher Verzierung, die man auf der Schulter eingehakt trägt, und dreibeinige Hocker, die an einem Ende mit einem menschlichen Köpfchen geschmückt sind. Die Männer nahmen diese Hocker angeblich überall mit und benutzten sie bei Bedarf auch als Waffe.

80 Maske mit dem kleinen Kopf eines Vogels. Tussian, Burkina Faso. Holz und Fransen aus angebundenen Schnüren. Die Konturen der Augen und die Diagonalen, die die Fläche der Maske in vier Dreiecke teilen, waren mit Paternostererbsen (Abrus precatorius) beklebt.
Musée Barbier-Müller, Genf H. 67 cm

81 Schlegel zum eisernen Gong *dawle.* Baule, Elfenbeinküste. Helles Holz mit braunschwarz gefärbter und patinierter Oberfläche. Polsterchen aus Baumwolle. Der Klang des kelchförmigen, eisernen Gongs *dawle* begleitet den Auftritt der Maske des Büffeldämons. Die Miniatur dieser Maske auf dem Schlegel weist darauf hin, daß es sich um ein Requisit des Auftritts dieser Maske handelt.
Náprstek-Museum, Kat. Nr. A 13 536 L. 25 cm

Auch wenn die Figuren der Lobi einige gemeinsame Züge und Grundsätze aufweisen, wie z.B. die meist natürlichen Körperproportionen, die wenig betonten Geschlechtsmerkmale einschließlich der flachen dreieckigen Brüste bei weiblichen Figuren, oder die getreue Wiedergabe der Frisuren, gibt es zwischen ihnen beträchtliche Unterschiede im Stil und in künstlerischer Meisterschaft. Diese Tatsache kann man unter anderem damit erklären, daß die Schnitzer der Lobi Autodidakten sind, die keine professionelle Schulung durchlaufen, und daß die hervorragende künstlerische Qualität einiger Figuren deshalb das Ergebnis einer außerordentlichen Begabung einzelner Schnitzer ist (Abb. 22). Im Hinblick auf die magische Wirksamkeit der Figur ist letzten Endes ihr künstlerischer Wert belanglos.

82 Griff eines Fliegenwedels. Baule, Elfenbeinküste. Helles, braun gefärbtes Holz mit glänzender, patinierter Oberfläche. Auch dieser Gegenstand begleitet den Auftritt der Maske des Büffeldämons. Der Fliegenwedel ist in Afrika ein Symbol der Erhabenheit und der Macht, das zweifellos zu dieser Maske gehört. Auch die Doppelschleife auf dem Griff, der sog. „Weisheitsknoten", ist bei den Akan-Stämmen ein Symbol der Macht. Über dem Dorn zum Anbinden des Wedels sind zwei Krabben im Flachrelief geschnitzt, unter der Büffelmaske zwei Eidechsen.
Náprstek-Museum, Kat. Nr. A 11 593 L. 30,8 cm

83 Griff eines Fliegenwedels. Baule-Atutu, Elfenbeinküste. Hellbraunes Holz. Einige Insignien der Akan-Würdenträger werden mit Blattgold vergoldet, das in feine, ornamental gestaltete und mit Harz ausgefüllte Rillen an der Oberfläche eingedrückt wird. In dem Baule-Bereich wurde diese Technik nur bei dem Unterstamm Atutu angewendet, zur größten Blüte gelangte sie bei den verwandten Asante. Auch dieser mit Masken und stilisierten Kauris verzierte Griff sollte später vergoldet werden.
Privatsammlung, Prag L. 27 cm

84 Gong *dawle* mit Schlegel (Miniatur). Baule-Atutu, Elfenbeinküste. Helles Holz mit braun gefärbter Oberfläche. Hölzerne, funktionslose Miniaturkopien von Gebrauchsgegenständen sind ein in Afrika seltener Fall von Kunst als Selbstzweck. Sie dienten zwar dem sozialen Prestige des Eigentümers, es scheint aber, daß ihre primäre Aufgabe eine ästhetische war, daß sie mit ihrer präzisen Ausarbeitung und Schönheit erfreuen sollten. Auch diese Gegenstände sollten später mit Blattgold bedeckt werden.
Privatsammlung, Prag H. 16,1 cm und 17,6 cm

Kehren wir nun zu dem künstlerisch produktivsten Stamm des ganzen westlichen Sudangebietes, der in beträchtlichem Maße das künstlerische Schaffen der benachbarten Ethnien beeinflußte, zu den Senufo zurück. Seit den Zeiten, in denen man die afrikanische Kunst zu sammeln begonnen hatte, hat es kaum eine Sammlung gegeben, in der eine Senufo-Schnitzerei gefehlt hätte. Wer sich nie für afrikanische Kunst interessiert hatte, sah in der Schnitzerei der Senufo direkt ein Symbol, das die Kunst des ganzen Schwarzen Erdteils repräsentierte. Die Schnitzer der Senufo brachten es nämlich fertig — wahrscheinlich dank der Existenz einer profesionellen Kaste der Schnitzer — sich wie kein anderer afrikanischer Stamm der gesellschaftlichen und ökonomischen Situation der modernen Welt anzupassen und von dem individuellen künstlerischen und handwerklichen Schaffen für die traditionellen Stammesinstitutionen und die einzelnen Auftraggeber der eigenen Gesellschaft zu einer Massenproduktion, die die Aufträge der neuzeitlichen Konsumgesellschaft erfüllt, überzugehen. Diese neuen, größtenteils wertlosen Kreationen, die die traditionellen Themen der Senufo, ob Masken oder Figuren, nachahmen, werden heute in großen Serien hergestellt.

Aber auch ohne diese moderne pseudokünstlerische Überproduktion war die traditionelle Schnitzkunst der Senufo sehr produktiv und weder Senufo-Masken noch Senufo-Figuren gehörten jemals zu den Seltenheiten. Das Territorium der Senufo ist längst relativ zugänglich, und im Laufe der Jahrzehnte besuchten es viele Forscher, die die Künstler der Senufo bei der Arbeit beobachteten und an Ort und Stelle die Funktion der Kunst im religiösen und gesellschaftlichen Leben der Senufo studierten. Wir haben deshalb in diesem Bereich viele konkrete Kenntnisse, die aber fragmentarisch und oft widersprüchlich sind. Es gibt noch immer keine große Monographie, die alle diese Erkenntnisse kritisch bewerten und systematisch klassifizieren würde. Die Meinungen seriöser Autoritäten über eine und dieselbe Erscheinung in der Gesellschaft und Kunst der Senufo gehen oft diametral auseinander, und manchmal finden wir solche Widersprüche auch in dem Werk eines einzigen Autors. Es besteht zum Beispiel keine Übereinstimmung in der Frage, welche ethnischen Gruppen als selbständige Volta-Stämme, deren Kunst von derjenigen der Senufo beeinflußt ist, und welche nur als Unterstämme, deren Kunst nur eine lokale Variante der Senufo-Kunst ist (Kulango, Nafana, Ligbe), betrachtet werden sollen. Im Falle der Ligbe bestehen große Meinungsverschiedenheiten darüber, ob es sich hier um einen Unterstamm der Senufo, einen selbständigen Volta-Stamm oder um einen der Mande-Stämme handelt. Von allen Senuf-Masken wird behauptet, daß die verschiedenen rituellen Funktionen des Geheimbundes *lo,* der dem westafrikanischen Geheimbund *poro* ähnlich ist, dienen und daß nur die Bauern und Schmiede der Senufo ihren eigenen Geheimbund *lo* haben. Gleich darauf erfahren wir aber von demselben Autor, daß die bekannteste Senufo-Maske, die *kpelie* heißt und in dem Geheimbound *lo* benutzt wird, ein Typ ist, welcher der Kaste der Weber vorbehalten ist, die nach dem Autor keinen Geheimbund *lo* haben. Von diesem Geheimbund wissen wir, daß er Altersklassen hat und daß der Übergang von einer niedrigeren Klasse in eine höhere ritualisiert ist, wobei Masken des Typs, welcher der betreffenden Klasse entspricht, auftreten. Aber darüber, welcher Altersklasse welcher Typ entspricht, sagen die Autoren entweder überhaupt nichts oder sie vertreten verschiedene Meinungen. Es ist ebenfalls bekannt, daß bei den Senufo auch ein weiblicher Geheimbund *lo* existiert, wir wissen aber nur sehr wenig über ihn und vor allem über die Rolle der Holzschnitzereien in seinen Riten. Dieser weibliche Geheimbund benutzt Tierskulpturen, wie die eines brütenden Perlhuhns oder eines männlichen Warzenschweins, wegen seiner symbolischen Virilität, als anschauliche Lehrmittel, aber genauere Informationen darüber haben wir nicht.

Die Kunst der Senufo stellt einen riesigen Fonds lokaler und persönlicher Stile dar, die sich oft durch eine sehr originelle künstlerische Konzeption auszeichnen und außerordentlich reich an Themen sind, die aus der Mythologie schöpfen und einem komplizierten rituellen System dienen. Diese Stile können wir aber nur annähernd und nur in einigen Fällen lokalisieren und die künstlerische Originalität verliert sich in völliger Anonymität. Wie es scheint, stammt der Großteil der Erkenntnisse über diese Stile aus dem Zentrum

85 Zwei Messer in gemeinsamer Scheide (Miniatur). Baule-Atutu, Elfenbeinküste. Braunes Holz mit Naturpatina. Eine andere Probe des Baule-Kunsthandwerks, die vergoldet werde sollte, ist die Kopie einer Scheide mit zwei Messern. Die mit Kegeln abgeschlossenen Griffe haben die traditionelle Form der Baule-Messer. Auch die Scheide ist eine getreue Kopie der Ausrüstung eines Baule-Kriegers. Der gewölbte Schild ist eine Stilisierung einer bestimmten roten Meermuschel und der hufeisenförmige Gegenstand darunter stellt eine Kriegstrophäe dar, den Unterkiefer eines getöteten Feindes.

Privatsammlung, Prag H. 19,2 cm

86 Stehende männliche Figur. Atie, Elfenbeinküste (?). Hellbraunes Holz mit schwarzbraun gefärbter, glänzender Oberfläche. Augen aus eingesetzten hellblauen Glasperlen, die Halskette aus Glasperlen von gleicher Farbe. Die ethnische Zuweisung dieser Figur ist hypothetisch. Auf die Herkunft von einem der kleinen Akan-Stämme aus der Region zwischen dem Baule-Gebiet und der Küste weist die starre Haltung der aufgerichteten Figur hin, die trotz der betonten Abrundung aller anatomischen Komponenten eckig wirkt, die Art der Verbindung des Gesäßes mit dem Torso und die im Kniegelenk abgeschnürten Beine. Für die Zugehörigkeit zu einem der Akan-Stämme spricht auch die Stilisierung des Gesichts.

Náprstek-Museum, Kat. Nr. 39 105 H. 64 cm

87

87 Stehende geschlechtslose Figur. Ebrie, Elfenbeinküste. Fast weißes, graubraun gefärbtes Holz mit Patinakruste. Die stilistische Parallele, die B. Holas veröffentlichte (Arts, 1966, Abb. 181), ermöglicht die Zuweisung dieser Figur zum kleinen Stamm Ebrie aus der Lagunengegend der Elfenbeinküste. Beide Figuren haben die runden, gewölbten Augen, die Frisur und die Ringe am Hals gemeinsam. Dieses letztgenannte Element kommt jedoch auch bei Figuren der Asante oft vor. Für die Akan sind auch die bogenförmigen Augenbrauen typisch, die in einem Punkt mit der Wurzel der schmalen Nase verbunden sind. Die Frage nach der Ikonographie dieser Figur können wir zwar nicht mit Sicherheit beantworten, da die Enden der Füße abgebrochen sind, trotzdem aber scheint es, daß sie eine Entsprechung des übernatürlichen Wesens darstellt, das die Asante *mmoatia* nennen, eines Waldkobolds mit nach hinten gewendeten Füßen. Für diese Auslegung spricht das, was wie verlängerte Fersen aussieht, sowie die Form der Beine, deren Waden vorn angedeutet sind. Die *mmoatia*-Figuren der Asante, die R.S. Rattray (1927) veröffentlichte, haben jedoch monströse Gesichter. Andererseits ist die Vorstellung von der Existenz übernatürlicher Wesen in Menschengestalt mit umgekehrten Füßen auch bei den Bete belegt (Holas, L'image, 1968). Für den übernatürlichen Charakter dieser Figur spricht vielleicht auch ihre Geschlechtslosigkeit.
Náprstek-Museum, Kat. Nr. A 13 550 H. 30,7 cm

des Senufo-Gebietes, der Region um die Stadt Korhogo, während andere große Gebiete, besonders diejenigen der sogenannten Unterstämme, wie zum Beispiel der Kulango, bis auf einzelne dokumentierte Schnitzereien mehr oder weniger unbekannt blieben, obwohl gerade sie wahrscheinlich von den Einflüssen der modernen Welt am wenigsten berührt sind. Die Senufo-Kunst wartet noch immer auf ihren W. Fagg oder ihre A. Schweeger-Hefel. Es besteht jedoch die Frage, ob sie nicht vergeblich warten wird.

Wir wollen hier wenigstens in aller Kürze eine Themenliste der Senufo-Schnitzerei anführen. Vor allem ist es ein breites Spektrum von Ritualmasken, von den bereits erwähnten (manchmal verdoppelten) Gesichtsmasken, den sog. *kpelie,* mit seltsam gezacktem Rand, über helmartige Tiermaken, die eine Antilope mit langen Hörnern, eine Hyäne oder ein phantastisches Tier darstellen, das aus Komponenten verschiedener Tierarten zusammengestellt ist, über seltene topfförmige Masken mit einer viereckigen Öffnung für die Augen, die oben eine kleine Säule von zackiger Kontur haben, die mit einem Miniaturköpfchen (vielleicht eines Tausendfüßlers) endet, bis zu den Tanzaufsätzen in Form einer figürlich durchgeschnitzten großen rechteckigen Platte, die quer an einer kleinen, geflochtenen Kappe befestigt ist. Diese Tanzaufsätze, die als Masken bei dem ritualisierten Übergang in eine der höheren Altersklassen des Geheimbundes *lo* benutzt werden, zeigen einen Zusammenhang auf mit der erwähnten Tendenz der Volta-Stämme zum flächenhaften künstlerischen Ausdruck. Einige der Tiermasken, vor allem diejenigen, die die Form eines Januskopfes haben, stellen keine konkreten Tiere, sondern übernatürliche Wesen dar.

Das Hauptthema der Figuren der Senufo bildet eine stehende oder sitzende Gestalt einer jungen, reifen Frau, die auf die Erfüllung ihrer Reproduktionsfunktion vorbereitet ist. Eine Variante dieses Themas bildet die Gestalt einer stillenden Mutter, die auf einem vierbeinigen Hocker sitzt. Ein weiteres häufiges Thema bilden mythologische Gestalten, ein Urelternpaar oder verschiedene übernatürliche Wesen, die aus einem menschlichen Körper und einem phantastischen zoomorphen Kopf zusammengesetzt sind.

88 Menschlicher Kopf. Terrakotta. Anyi, Elfenbeinküste. Ein Fragment, das von einer der Figuren abgebrochen ist, die in dem alten Königreich Krinjabo auf Gräbern aufgestellt wurden. Einige dieser Figuren sind wahrscheinlich zweihundert oder noch mehr Jahre alt. Ihre schematischen Körper sind zylindrisch, hohl, meistens ohne Beine, die Arme sind kurz. Sie sind einigen Grabterrakotten der Asante ähnlich. Die Ringe am Hals, die bogenförmigen Augenbrauen und der nach hinten gebeugte Kopf bilden die stilistische Verbindung dieser Terrakotten mit der Skulptur der Asante.
Privatsammlung, Prag H. 15 cm

Dazu treten von Figuren gekrönte Insignienstäbe, von Figuren getragene Hocker der Häuptlinge, Gefäße für verschiedene Kosmetika und rituelle Salben mit figürlich verzierten Deckeln, Figuren fliegender Vögel, die angeblich bei dem Bearbeiten eines Feldes um die Wette die schnellsten Arbeiter als Belohnung erhalten, stehende Figuren eines Nashornvogels, der wegen seiner Rolle in der Mythologie und der Sexualsymbolik seines Körpers verehrt wird, große, mit Reliefs geschmückte Trommeln, die von einer auf einem Hocker sitzenden Frauenfigur getragen werden, und nicht zuletzt die mit symbolischer Reliefschnitzerei geschmückten Türen von Heiligtümern und anscheinend auch von Häusern der Würdenträger kultischer Organisationen.

DIE WESTKÜSTE DES GOLFS VON GUINEA

Es ist sehr schwierig, eine genaue Definition der Kunstprovinzen des afrikanischen Kontinents zu geben. Jahrhundertelang kam es hier zu Wanderungen ganzer Ethnien und zu ihrer Vermischung. Dabei wurden kulturelle Impulse übernommen und mit ihnen auch Ideen, die zum künstlerischen Ausdruck sowie zu der Art ihrer Gestaltung führten. Dieser Prozeß führte zu der Entstehung von Kunstprovinzen, deren Zusammenhalt auf Gemeinsamkeiten des künstlerischen Ausdrucks, auf gemeinsamen Grundzügen der künstlerischen Stile und gleicher oder ähnlicher Funktion der künstlerisch gestalteten Gegenstände beruht. Die Verbreitung der Ideen führt aber zum ständigen Überschreiten aller Provinzgrenzen, die nur eine theoretische Konstruktion sind, die zur Klassifizierung der Fülle des Materials und zum Studium der Entwicklungstendenzen dient.

Dieses Überschreiten kommt in keiner Kunstprovinz von Afrika so deutlich zum Ausdruck wie bei der Westküste des Golfs von Guinea und in der daran angrenzenden breiten Zone des ehemaligen Regenwaldes (der heute zum größten Teil kultiviert und in Plantagen verwandelt ist), die in die Zone feuchter Savannen übergeht. In der Terminologie der politischen Geographie ausgedrückt ist es das Gebiet, das sich von Guinea-Bissau im Westen über die Republik Guinea, Sierra Leone, Liberia, die Elfenbeinküste, Ghana und Togo erstreckt und im Osten noch in das Territorium der Republik Benin (des früheren Dahome) eingreift, wo bereits die thematisch und formell unterschiedliche Kunstprovinz der Ostküste des Golfs von Guinea überwiegt. Im Norden grenzt dieses Gebiet an das westsudanische Gebiet. Auch diese Grenze ist aber fließend. Zu beiden Seiten finden wir Elemente, die aus der benachbarten Provinz übernommen worden sind. Eberhard Fischer, der sich (1981) mit der theoretischen Definition der Provinz von Westguinea und mit ihrer inneren Gliederung in Kunstregionen befaßte, hat hier aus guten Gründen die Kunst der Senufo, die wir nach einigen Kriterien dem westsudanischen Gebiet zugeordnet haben, als eine selbständige Region eingeordnet. Natürlich schließen wir dabei weder die Möglichkeit aus, daß die Senufo z. B. die Idee der Gesichtsmasken aus dem Süden übernommen haben, noch die Tatsache, daß die südlichen Nachbarn der Senufo das Thema dieser Senufo-Masken, die stilisierte Form eines Vogels, als ein dekoratives Element für einige ihrer Gesichtsmasken übernommen haben. Auch die Aufhebung der natürlichen Proportionen der menschlichen Figur und die Schaffung neuer Proportionen, die dem ästhetischen Vorhaben des Künstlers

89 Hocker mit einer menschlichen Karyatide. Fante, Ghana. Helles Holz, der Hocker blauschwarz gefärbt, dunkle Flächen an der Figur (Haare, Augen, Ringe am Hals, Brustwarzen und Geschlechtsteil) mit einer Harzmasse geschwärzt. W. Fagg schrieb (1964) über einen etwas kleineren Hocker mit zwei Karyatiden, der sich im Britischen Museum befindet, daß er seiner außerordentlichen Größe nach der Hocker eines Häuptlings oder Königs der Fante, der Sitz eines Teils seiner Seele sein mußte. Um so eher können wir das von dem Prager Exemplar sagen, das zu Beginn dieses Jahrhunderts erworben wurde. Die schwarze Färbung des Hockers bedeutet, daß sein Eigentümer zu dem Zeitpunkt, als der Hocker erworben wurde, bereits tot war und der Hocker zum Kultgegenstand, zum Sitz seiner Seele geworden ist. Die Kunst der Fante, die thematisch durch die Kunst des großen nördlichen Nachbarstammes der Asante inspiriert ist, stellt ihre „rustikalisierte“ Form dar. Ihr Stil ist abstrakter, mit einer Tendenz zur Geometrisierung der Formen. Dies ist eine Erscheinung, die wir in Afrika an der Peripherie des Einflusses eines großen Stilbrennpunktes oft beobachten können.
Náprstek-Museum, Kat. Nr. 23 524
H. 86 cm (Figur 57 cm)

entsprechen, wie wir es z. B. bei der Senufo-Reiterfigur sehen, ist eine Tendenz, die eher für die Provinz der Westküste des Golfs von Guinea charakteristisch ist. Doch die vielfältigen Tiermasken der Senufo und vielleicht auch die allerdings nur noch schwache Tendenz zur flächenhaften Darstellung weisen dagegen zweifellos in das westliche Sudangebiet.

Ursprünglich bewohnten zahlreiche Stämme und Unterstämme dreier Sprachgruppen aus der großen Familie der nigerianischen Sprachen diese Provinz. Noch bevor das mittelalterliche Reich Mali entstand, waren aus dem westlichen Sudangebiet viele Stämme der vierten Sprachgruppe, die Mande-Stämme, nach hier eingedrungen, die durch die Entwicklung der Landwirtschaft im Flußgebiet des Niger in Bewegung gesetzt worden waren. Dieses bunte linguistisch-ethnische Mosaik kommt aber in der Kunst der Provinz kaum zum Ausdruck. Es gibt hier zwar noch mehr künstlerische Stile als ethnische Einheiten, aber die Grenzen größerer Stilregionen werden nicht durch die ethnische oder sprachliche Zugehörigkeit bestimmt, sondern eher durch die ökonomische Struktur, die in beträchtlichem Maße von den geographischen Bedingungen abhängig ist, durch religiöse und kulturelle Verbindungen zwischen verschiedenen Ethnien und durch die Herrschaftsformen. Alle diese Faktoren haben sich auf die Entstehung des künstlerischen Stils dieser Provinz ausgewirkt und haben ihrer Kunst, trotz ihrer ethnischen und sprachlichen Zersplitterung, einen ziemlich einheitlichen Charakter gegeben.

Hinsichtlich der politischen Ordnung wird diese Kunstprovinz in einen westlichen und einen östlichen Teil eingeteilt. Diese politische Teilung kam in der Sphäre der Kunst vor allem durch Unterschiede in der Thematik, aber auch durch einige Stilisierungsprinzipien, die Wahl des Materials und im Zusammenhang damit auch der Techniken zum Ausdruck. Die Grenze zwischen der westlichen und östlichen Region verläuft entlang der Wasserscheide zwischen den Flüssen Bandama und Nzi an der Elfenbeinküste. Was jedoch die Unterschiede in der künstlerischen Thematik und den Stilisierungsmethoden betrifft, ist diese Grenze sehr durchlässig.

Bei den Stämmen im Westen überschreitet die politische Autorität meist nicht die Grenzen des Dorfes, das eine geschlossene Verwaltungseinheit bildet. Diese Autorität wird hier von dem Ältestenrat, beziehungsweise dem Häuptling verkörpert, dessen Kompetenz ziemlich beschränkt ist. Funktionen einer höheren gesellschaftlichen Autorität, die den ganzen Stamm oder sogar mehrere Stämme umfaßt, werden hier von den Geheimbünden übernommen, in denen sich das kultische und religiöse Leben der Bevölkerung konzentriert. Gleichzeitig, wie wir bereits in anderen Zusammenhängen sagten, erfüllen die Geheimbünde auch Funktionen, die sich auf die gesellschaftliche Kontrolle und die Gerichtsbarkeit beziehen. Dieser Situation entspricht auch die Thematik der Schnitzkunst. Es überwiegen hier Masken, die für verschiedene Anlässe in dem ritualisierten Leben des Geheimbundes und für seine Würdenträger bestimmt sind.

90 Kamm. Asante, Ghana, Kumasi. Hellbraunes Holz. Die Lokalität der Entstehung dieses Kammes ist bekannt. Die zwei kleinen Kreuze, die zusammen mit den Ösen zum Aufhängen an einer Halskette ausgeführt sind, deuten an, daß dieser Kamm wahrscheinlich im Einflußbereich einer christlichen Mission entstanden ist. Das Köpfchen zwischen den Kreuzen stellt eine kleine *akuaba* dar, eine Puppe, die ein Spielzeug war und gleichzeitig die Fruchtbarkeit der Asante-Mädchen sichern sollte. Diese geschnitzten Kämme, die manchmal mit ganzen Figuren verziert wurden, waren eher Schmuckstücke als Gebrauchsgegenstände. Ein anderes Exemplar, zweifellos ein Werk desselben Schnitzers, gelangte in das Berliner Museum für Völkerkunde bereits im Jahre 1905 (K. Krieger, II., Abb. 45, 1969), also zu der Zeit, in der die Sammlung von A. Sachse entstand, aus der dieser Kamm stammt.
Náprstek-Museum, Kat. Nr. 26 902
H. 27,5 cm

Wir wollen uns hier mit der Einteilung dieser westlichen Hälfte der Provinz in drei Kunstregionen begnügen. Die westlichste von ihnen umfaßt die Stämme von Guinea-Bissau und der angrenzenden Küste der Republik Guinea, die Bijogo, Nalú, Landuman und Baga. Zu dieser Kunstregion gehört auch das historische Schaffen der Bulom und Sherbro, dem hier einst die ersten portugiesischen Besucher dieses Teils von Afrika begegneten. Unter den Masken von fast monumentaler Größe überwiegen hier Tiermasken. Das breite Spektrum ihres Stils reicht von realistischen bis naturalistischen Masken der Inselbewohner Bijogo, die Köpfe von Kühen und Haien sowie Sägefische darstellen, über realistisch stilisierte Tanzaufsätze in Gestalt von Vögeln (Nalú — Abb. 36) und von aufgerichteten Kobras (Baga), bis zu abstrahiert-schematischen Masken *numbe* der Nalú und Landuman, die Tierköpfe mit Hörnern, vielleicht Antilopen, darstellen. Zu diesen vorwiegend monumentalen Masken gehören auch die ikonographisch synkretistische Initiationsmaske *banda* der Nalú (Abb. 35) und die berühmte Maske der Baga, eine gewaltige weibliche Büste, die die Göttin

91 Stehende Figur einer jungen Frau. Asante, Ghana. Helles Holz. Die Frisur, der runde Sockel, die Konturen der Augen, die Tätowierung, die Brustwarzen und das Geschlechtsteil sind schwarz gefärbt. Der in der Querrichtung abgeflachte Kopf und die Ringe am Hals dieser undokumentierten, vor dem ersten Weltkrieg erworbenen Figur deuten an, daß es sich um ein Werk eines Asante-Schnitzers handelt. Nach den senkrechten Öffnungen, die durch die Finger beider Hände gebohrt sind, zu urteilen, hielt die Figur ursprünglich einen Gegenstand, der mit Bolzen befestigt war. Die bunte Auswahl der Glasperlen der Halskette und der Schnüre um die Taille und die Knöchel (hier sind es sogar Rosenkranzperlen mit kleinen Kreuzen im Relief) stammt wahrscheinlich aus dem Warenangebot der Filiale des Exporteurs gläserner Bijouterie aus Jablonec (Gablonz), A. Sachs, in Accra. Die Figur gehörte ursprünglich zu seiner Sammlung.
Náprstek-Museum, Kat. Nr. 23 535 H. 45,5 cm

der Fruchtbarkeit Nimba darstellt. Die Figuren (stehende und sitzende menschliche Figuren, Halbfiguren, Tierfiguren) spielen die größte Rolle in der Kunst der Bijogo (Ahnenfiguren, Fetische, Puppen, die die Fruchtbarkeit der Frauen sichern sollen). Bei diesem in der Schnitzerei einst sehr kreativen Stamm erscheinen Figuren auch als Verzierungen von geschnitzten Löffeln oder auf Deckeln von Gefäßen. Die Schnitzerei der Bijogo bewältigte auch Figurengruppen.

Die zweite Region in der Klassifizierung von Eberhard Fischer unterscheidet weitere drei Gruppen. Sie umfaßt eine große Zahl von Stämmen in Sierra Leone, Liberia, im Südosten der Republik Guinea und im Westen der Elfenbeinküste, ungefähr bis zu dem Fluß Sassandra. Es ist die klassische Region der Gesichtsmasken, die größtenteils mit dem Geheimbund *poro* im Zusammenhang stehen, aber auch bei Stämmen, die diesen Geheimbund nicht haben (Dan), gibt es diese Masken in einer reichen thematischen Skala. Stilistisch dominieren hier Masken des sog. Dan-Ngere Komplexes, in deren Konzeption sich zwei Tendenzen mischen, von denen die eine, die wir als die idealistisch-realistische bezeichnen könnten, den Dan zugeschrieben wird (Abb. 47), während man die andere, die phantastische bis surrealistische, den Ngere zuschreibt (Abb. 43). Das Zentrum dieses Stilkomplexes ist das Grenzgebiet zwischen der Elfenbeinküste und Liberia, das zweite liegt an ihrer entgegengesetzten, westlichen Peripherie, in Sierra Leone. Es ist ein eher realistischer Stil, dessen Hauptthema die Helmmasken des weiblichen Geheimbundes *bundu* (Abb. 41) bilden. Diesen Stil verbindet man mit den Mende. Die Masken dieser beiden Stilzentren erscheinen natürlich, jedoch durch örtliche Kunsttraditionen modifiziert. Die Verbreitung der Gesichtsmasken des Komplexes Dan-Ngere geht darüber hinaus. Eberhard Fischer sieht in den Helmmasken *bundu* eigentlich nur eine Variante von Gesichtsmasken, die aus ursprünglichen Gesichtsmasken, die an einer glockenförmigen, aus Reisern geflochteten Konstruktion befestigt wurden, entstand. Das dritte Stilzentrum dieser Region bildet das Grenzgebiet zwischen Guinea im Norden und Sierra Leone und Liberia im Süden. Sein typisches Thema ist eine Maske, die ein extrem stilisiertes, meistens flaches und oft in die Länge gezogenes menschliches Gesicht mit verschiedenartig geformten Hörnern auf einem niedrigen Scheitel darstellt. Diese Masken werden in einer schrägen Lage auf dem Kopf getragen. Ihre typische Repräsentantin in diesem Buch ist eine Maske der Toma/Loma (Abb. 43), man findet sie aber in modifizierter Form auch bei weiteren Stämmen (Kpelle, Kono).

Diese drei Stilzentren entsprechen im Grunde genommen den drei Kunstregionen der detaillierten Klassifizierung von Fischer: Zentraler Urwald, Westlicher Urwald, Westliche Savanne und das Hochland.

92 Nackenstütze. Asante, Ghana (?). Hartes, braunes Holz mit starker Schicht einer fetten, funktionellen Patina auf der oberen Fläche. Auch dieser Gegenstand stammt aus der Sammlung von A. Sachse. Wahrscheinlich handelt es sich um eine der zwei afrikanischen Nackenstützen, die der Sammler um das Jahr 1900 von der Amsterdamer Firma J.P. Oppers kaufte. Es scheint, daß die Karyatide in Gestalt einer brütenden Henne das Werk eines Asante-Meisters ist, der ein Spezialist für ähnliche figürliche Aufsätze von Insignien war.
Náprstek-Museum, Kat. Nr. 23 501 H. 17 cm

Die dritte Kunstregion der westlichen Hälfte dieser Provinz, von Fischer nach dem Naturzustand vor der Einführung moderner intensiver Landwirtschaft „Region der östlichen Urwälder" benannt, umfaßt das Schaffen der Bete und Guro. Es ist gewissermaßen eine Übergangszone. Ihre Kunst zeichnet sich einerseits durch Originalität aus, andererseits trägt sie heute Spuren der Einflüsse aller Nachbarregionen. Im Westen macht sich der stilistische Einfluß des Dan-Ngere Komplexes bemerkbar, so daß W. Fagg (1965) sogar die Bete diesem Komplex zugeordnet hat, obwohl nur ihr westliches Gebiet unter diesem Einfluß steht. Aus dem Norden kam der Einfluß der Senufo-Vorbilder, der sich auch in einigen Masken der Guro bemerkbar macht. Und von Südosten wirkte der Einfluß der Akan-Stämme, vor allem der in der Schnitzkunst außerordentlich fruchtbaren Baule. Darüber hinaus kam es auch zwischen den Guro und Bete zur gegenseitigen Beeinflussung.

Das Schaffen der Bete ist von allen Stammesstilen dieser Provinz am wenigsten bekannt. Die erste Figur eines Menschen wurde erst Anfang der sechziger Jahre von W. Fagg publiziert. Die Feldforschungen auf dem Gebiet der Bete beschäftigten sich bis auf eine einzige, zwar wertvolle, aber doch nur kurzfristige Ausnahme

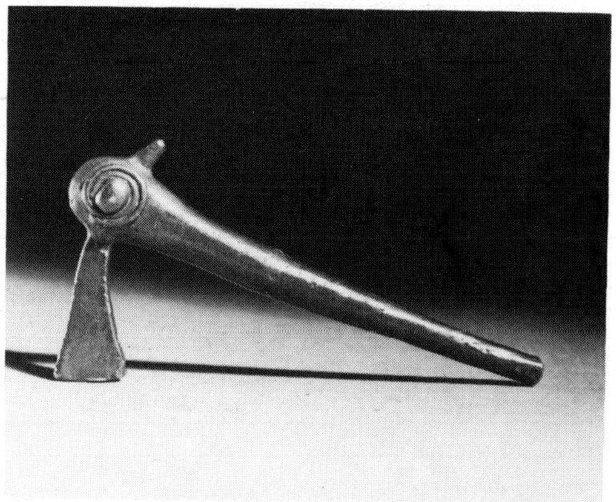
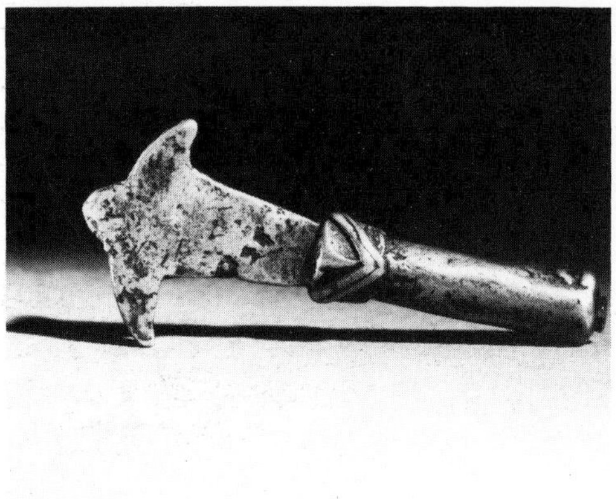
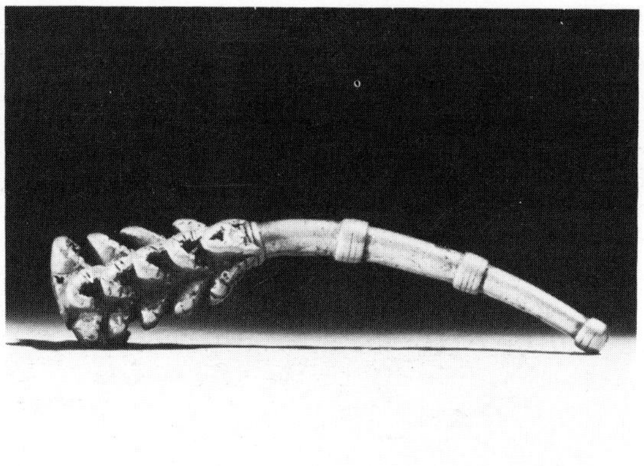

nicht mit der künstlerischen Problematik und alle behandelten das nordwestliche Territorium dieses Stammes in der Umgebung der Stadt Daloa, das unter dem Einfluß des Stilkomplexes der Dan-Ngere, besonders seiner phantastischen Komponente, steht. Die Mehrheit der Bete-Masken, die in den letzten zwei Jahrzehnten publiziert wurden, stammt aus dieser Gegend. Die seltenen Figuren von reinstem Stil (Abb. 53) und Masken in Gestalt von Menschenköpfen mit hoher gewölbter Stirn und introvertiertem Gesichtsausdruck stammen aus der Umgebung der Stadt Gagnoa im Südosten des Stammesterritoriums. Im Nordosten hat sich ein gemischter Stil ausgebildet, in dem der stilistische und konstruktive Einfluß der Guro-Masken erkennbar ist. Was die Funktion der Holzschnitzerei der Bete betrifft, gibt es außer einer amerikanischen Studie über Tanzauftritte der Masken in der Gegend von Daloa und einigen einander widersprechenden Bemerkungen bei Denis Paulme (1962) und B. Holas (1966, 1968) keine genauen Informationen.

Wesentlich reichhaltiger sind unsere Informationen über die Schnitzereien der Guro. Darum hat sich vor allem H. Himmelheber verdient gemacht (1935), der diesem Stamm und vor allem den benachbarten Baule bereits vor über fünfzig Jahren seine bahnbrechende Feldforschung widmete, die sich zum erstenmal überhaupt speziell auf die Problematik der traditionellen

93—107 Die Goldgewichte (*mrammo,* Sing. *abrammo*) werden mit den Asante in Verbindung gebracht, tatsächlich verwendeten und erzeugten sie aber auch andere Akan-Stämme, besonders die Baule an der Elfenbeinküste. Ihre ethnische Herkunft zu bestimmen ist sehr schwierig, in vielen Fällen unmöglich. Diese profane Kunst entstand im 15. Jahrhundert. Nach der Schätzung von T. F. Garrard (1979) wurden seit ihrer Entstehung bis zum Jahr 1900 etwa drei Millionen Stück dieser Akan-Gewichte gegossen.

Die ältesten Gewichte haben geometrische Formen und oft ein abstraktes Dekor, dem eine symbolische Bedeutung zugeschreiben wird. Seit dem 17. Jahrhundert, in dem das Asante-Königreich entstand, begann man Gewichte in Gestalt von verschiedenen Lebewesen der westafrikanischen Natur herzustellen, z.B. von Fischen, Reptilien, Vögeln, Vierfüßlern und Insekten, aber auch in Gestalt von Blüten, Samen und Früchten, sowie als Miniaturen von Werkzeugen, Waffen, Musikinstrumenten u.ä. Ein häufiges Thema sind Requisiten des höfischen Lebens. Gewichte von höheren Gewichtswerten wurden als Genrefiguren oder Figurengruppen gestaltet. Einige kleine Naturalien, z.B. Samenkerne, Krebsscheren oder Käfer wurden manchmal „nach der Natur" und nicht nach Wachsmodellen gegossen. Mit ihrer unendlichen Vielfalt der Themen und ihrem Ideenreichtum erinnern die Akan-Goldgewichte an ein anderes beliebtes Objekt der europäischen Sammler, die japanischen *netsuke.* Zum Unterschied von den neuen, bis heute für den Touristenmarkt erzeugten Exemplaren zeichnen sich die älteren Stücke dadurch aus, daß die plastischen Details ihrer Oberfläche oft durch lange Benutzung verwischt sind.

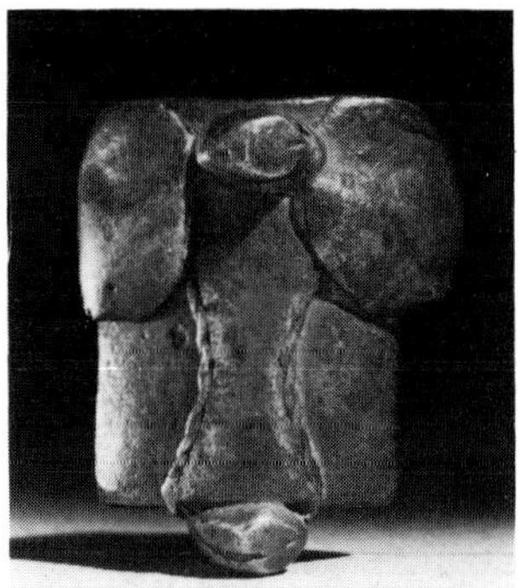

Goldgewichte der Akan-Stämme.

93 Gewicht mit abstraktem Muster (4 Spiralen).
Privatsammlung, Prag 1,9×1,4 cm

94 Gewicht mit abstraktem Muster.
Privatsammlung, Prag 3×2,3 cm

95 Gewicht mit geometrischem Muster. Ein kleines hinzugefügtes Stück Kupferdraht hilft die beabsichtigte Gewichtseinheit zu erreichen.
Náprstek-Museum, Kat. Nr. A 6 263 1,6×1,5 cm

96 Beil.
Privatsammlung, Prag L. 6,2 cm

97 Prunkmesser. Baule, Elfenbeinküste. (Vgl. M. Kecskési, 1982, Kat. Nr. 60).
Privatsammlung, Prag L. 4,8 cm

98 Signalhorn aus einem Elefantenstoßzahn mit daran befestigten Unterkiefern getöteter Feinde.
Náprstek-Museum, Kat. Nr. 26 684 L. 6,3 cm

99 Hahn.
Privatsammlung, Prag H. 3,2 cm

100 Sprichwortgewicht in Gestalt eines Panthers mit einem Hahn.
Náprstek-Museum, Kat. Nr. 25 551 L. 6 cm

101 Antilope.
Privatsammlung, Prag L. 5,6 cm

102 Prunkschild. (Vgl. die zwei Schilde auf dem *kuduo*-Deckel aus der ehemaligen Sammlung Jay C. Leff. Auktionskatalog Parke-Bernet, 22. April, New York, 1967).
Privatsammlung, Prag 4,2×3,4 cm

103 Hocker.
Náprstek-Museum, Kat. Nr. 26 678 L. 3,1 cm

104 Weisheitsknoten.
Náprstek-Museum, Kat. Nr. A 9 327 L. 3,8 cm

105 Geflochtener Prunkschild.
Privatsammlung, Prag 3,5×2,5 cm

106 Häuptling mit Prunkschwert und Prunkschild auf dem *asipim*-Stuhl der Würdenträger sitzend.
Náprstek-Museum, Kat. Nr. 6 260 H. 6,2 cm

107 Reiterfigur eines Würdenträgers mit zwei Trommlern.
Náprstek-Museum, Kat. Nr. 25 552 H. 7 cm, L. 10,1 cm

108 Pfeifenkopf in Gestalt eines Vierfüßlers, der einen Fisch oder ein kleineres Tier frißt. Erworben an der damaligen Goldküste in den Jahren 1885 bis 1889. Terrakotta.
Náprstek-Museum, Kat. Nr. 5 347 H. 6 cm

109 Pfeifenkopf in Gestalt eines Chamäleons. Terrakotta.
Náprstek-Museum, Kat. Nr. 23 543 H. 7,5 cm

110 Pfeifenkopf, an dem eine stehende männliche Figur mit den Händen auf dem Bauch lehnt. Terrakotta.
Náprstek-Museum, Kat. Nr. 23 544 H. 9,2 cm

111 Pfeifenkopf, an dem eine sitzende männliche Figur lehnt. Terrakotta.
Náprstek-Museum, Kat. Nr. 23 540 H. 7 cm

Die Pfeifen Nr. 109—111 wurden im ersten Jahrzehnt dieses Jahrhunderts erworben. Die letzte davon stammt wahrscheinlich aus derselben Werkstatt wie die Pfeifen, die R.S. Rattray in seinem klassischen Werk „Religion and Art in Ashanti" (1927) veröffentlichte. Dieser Autor studierte die Keramik der Asante in dem Töpferdorf Taffo, es ist jedoch nicht sicher, ob auch die von ihm veröffentlichten Pfeifen von dort stammen. Die grauschwarze Farbe des Scherben wurde durch Schwärzen im Rauch vor der Beendigung des Brennprozesses erreicht.

afrikanischen Stammeskunst konzentrierte. Das häufigste Thema bilden hier Masken, die ein etwas idealisiertes menschliches Gesicht darstellen, extrem stilisierte Büffelmasken, deren Stil auf die Zugehörigkeit zum Westsudangebiet hinweist, und die populären *zamle*-Masken (Abb. 57) mit kurzen spiralenförmigen Antilopenhörnern und dem Rachen eines Raubtiers. Über die Bedeutung dieser Figuren der Guro gibt es nur Vermutungen. H. Himmelheber (1960), der diesen Stamm einst recht genau kennenlernte, hat noch vor fünfundzwanzig Jahren ihre Existenz bestritten. Freifiguren sind selten und im Stil sehr verschieden. Nur wenige von ihnen (Abb. 60) entsprechen dem ausgeprägten Guro-Stil, wie wir ihn von den Masken und vor allem von den fein geschnitzten Mädchenköpfen, die die Webrollenhalter zieren (Abb. 62, 63), kennen. Charakteristisch für diesen Stammesstil sind weiche Konturen, S-förmiges Profil der Gesichter, eine glatte, schwarz gefärbte Oberfläche, die oft noch mit roter und weißer Farberde bemalt wird. Neuere Masken sind oft bunt bemalt. Auf den Gesichtsmasken ist oft ein stehendes Menschenpaar angeschnitzt, für dessen stilistische Verschiedenartigkeit dasselbe gilt, was wir über die Freifiguren gesagt haben. Außer ihrem Stilkanon bezeugt nur die charakteristische Randlinie der Frisur über der Stirn die Provenienz dieser Masken von den Guro.

Den entscheidenden Faktor in der östlichen Hälfte dieser Kunstprovinz bilden die dort existierenden Staatswesen mit einem autokratischen König an der Spitze, der von höfischen Würdenträgern umgeben ist. Die Macht des Königs stützt sich auf ein hierarchisches System von örtlichen Häuptlingen, die als „verlängerter Arm des Königs" fungieren. Den Schwerpunkt des religiösen Lebens bilden Staatskulte mit professionellen Priestern.

Bei den Baule-Stämmen der Elfenbeinküste beschränkt sich der Ahnenkult auf die Verstorbenen der unmittelbar vorhergehenden Generation. Die Holzfiguren, die für diese Ahnen bestimmt sind, werden nicht nur aus Ehrfurcht vor ihnen angefertigt, sondern vielmehr aus Angst vor der frei umherirrenden Seele des Verstorbenen, die nach dem Verslust ihres vergänglichen Körpers in der Figur einen neuen Zufluchtsort sucht. Dieselbe Aufgabe erfüllen wahrscheinlich auch die verhältnismäßig seltenen Figuren der kleinen Akan-Stämme und der mit ihnen verwandten Stämme in der Lagunenregion und dem angrenzenden Festland der Elfenbeinküste an der Grenze zu Ghana, z.B. der Attie (Abb. 86), Adioukrou, Alagya und Ebrie (Abb. 87). Die Kunst dieser Stämme, die auch der Repräsentation der Häuptlinge diente, ist verhältnismäßig wenig bekannt. In ihrer stilistisch und thematisch bunten Struktur kann man neben originellen heimischen Elementen auch Spuren der Kunst der nördlichen Bete und Baule erkennen.

112 Figur einer stehenden Frau. Ewe, Togo. Helles Holz. Haare mit blauem, Ziernarben mit schwarzem, glänzendem Farbstoff gefärbt. Um die Taille eine dreifache, aus einem Raphiastrick geflochtene, mit Harz bestrichene Schnur. Eine von fünf, sechs bekannten Figuren dieser Art. Die Arme laufen in keilförmige Vorsprünge aus, auf denen vermutlich die Hände mit einer Schale aufgesetzt waren. Die anderen gleichartigen Figuren halten die Schale auf dem Kopf. Sie dienten dem *abiku*-Kult, der mit dem Tod eines Zwillings verbunden war. In die Schalen wurden Gaben gelegt. Der nach hinten gebeugte Kopf und die bogenförmige, nicht unterbrochene Linie der Augenbrauen sind wahrscheinlich die östlichen Anklänge an das Akan-Stilzentrum. Die ziemlich seltenen figürlichen Schnitzereien der Ewe stehen sonst überwiegend unter dem Einfluß der Yoruba-Kunst. Ezio Bassani (1983) hat auf den Zusammenhang der Schmucknarben auf dem Bauch dieser Figuren in Form von Reihen gleichschenkliger Dreiecke mit ähnlichen Schmucknarben auf den Relieffiguren der berühmten Orakeltafel von Ardra aus dem 16. Jahrhundert, die sich als Teil der Wieckmann-Sammlung im Städtischen Museum Ulm befindet, hingewiesen.

Náprstek Museum,
Kat. Nr. A 3636
H. 55,5 cm

113 Figur einer sitzenden Frau mit zwei Kindern. Yoruba, Nigeria. Helles Holz mit matt glänzender Oberfläche, in den Vertiefungen der Frisur ein blauer Farbstoff. Es ist eine Darstellung der Göttin-Mutter oder einer Yoruba-Frau, Mutter von Zwillingen, einer Anbeterin des Donnersgottes Shango. Auf diese zweite Bedeutung weist die Frisur hin, die an die Flügel eines Schmetterlings erinnert, tatsächlich wohl von der Doppelaxt, dem Donnersymbol des Gottes, abgeleitet ist. In der Gegend von Oyo gilt der Gott Shango als Beschützer der *ibeji*. Die Figur schmückte wahrscheinlich ein Heiligtum des Gottes Shango.
Náprstek-Museum, Kat. Nr. A 4605 H. 53 cm

Die Schnitzkunst der Unterstämme der Baule im Osten der Elfenbeinküste ist die produktivste dieser ganzen Kunstprovinz, sowohl was die Zahl der Schnitzereien, als auch die Vielfalt der Genres betrifft. Der Grund dafür ist zweifellos die Grenzlage des Stammesgebietes, das an die westliche, in der Motivation andersartige Hälfte der Provinz anknüpft und gleichzeitig im Norden auch mit dem westsudanischen Gebiet in Berührung kommt. Infolgedessen kommen bei den Baule-Unterstämmen verschiedenartige kulturelle Einflüsse zur Geltung. Bei den Baule-Unterstämmen finden wir eine Vielfalt von Maskentypen, die stilistisch von dem sehr ausgeprägten Baule-Stilkanon abweichen, während es in der ganzen östlichen Hälfte der Kunstprovinz der Westküste von Guinea bis auf einige bedeutungslose Ausnahmen keine Masken gibt. Heute fassen wir den Stil dieser Masken als einen integralen Bestandteil des Baule-Stils auf, aber wenn wir diese Masken mit denjenigen der westlichen und nördlichen Nachbarn vergleichen, kommen wir zu dem Schluß, daß ihre Prototypen von dort stammen müssen. Die Akan-Baule, die in ihre gegenwärtigen Wohngebiete an der Elfenbeinküste erst im 18. Jahrhundert aus dem heutigen Ghana gekommen sind, haben vielleicht einige dieser Motive von der Urbevölkerung dieses Gebietes, andere wahrscheinlich später, in der Folge intertribaler Beziehungen, übernommen. Am auffälligsten kommt der Gegensatz zwischen dem naiv-realistischen Baule-Stil, der gerundete Formen liebt, und der kantigen, abstrahierenden Strenge des Stils der westsudanischen Gebiete in den flachen, diskusförmigen Baule-Masken *kple-kple* zum Ausdruck, die einen Urwald-Dämon darstellen und wie runde Versionen der viereckigen flachen Tiermasken der Tussian aus Burkina Faso aussehen. Das soll aber nicht bedeuten, daß zwischen ihnen ein direkter Zusammenhang besteht.

Wir haben bereits die Figuren der Baule erwähnt. Außer den Figuren, die für den Ahnenkult bestimmt sind und die wir passender als Begräbnisfiguren bezeichnen könnten, stellen viele der zahlreichen menschlichen Figuren der Baule-Schnitzer Fetische dar, andere sind einfach nur idealisierte Porträtfiguren lebender Zeitgenossen oder Puppen zum Spielen. Formale Unterschiede zwischen diesen drei Kategorien gibt es offenbar nicht.

Zu den Genres der Baule-Schnitzerei, die das Schaffen dieses Stammes eher mit dem Westen und Norden verbinden, gehören die Webrollenhalter der Webstühle, die, ähnlich wie bei den Guro, mit menschlichen Köpfchen (aber zum Unterschied von denjenigen der Guro sind es meist kleine männliche Köpfe — Abb. 76), mit kleinen Figuren von Vögeln oder Miniaturen von Baule-Tiermasken geschmückt sind. Die Webrollen der Baule erreichen gewöhnlich nicht die künstlerisch meisterhafte Ausführung der Guro-Webrollen, wahrscheinlich deshalb, weil, nach der Aussage von

114 Genregruppe. Ein Jäger, der sein Gewehr gegen einen Löwen richtet. Fon, Benin. Die Figuren wurden gesondert gegossen und auf den Untersatz aus Messingblech aufgenietet. Messing, Guß in verlorener Form. Diese kleine Figurengruppe wurde vor dem ersten Weltkrieg erworben. Sie ist ein Beispiel der frühen Souvenirs, welche von den Bronzegießern, die einst ausschließlich für den Hof der Fon-Herrscher gearbeitet hatten, angefertigt wurden. Später haben sich daraus die bekannten kleinen Genrefiguren mit langen, dünnen Gliedern entwickelt, die bis heute für den Touristenmarkt hergestellt werden. Die Figur des Löwen ist noch in dem alten höfischen Stil der Tierplastiken modelliert.
Náprstek-Museum, Kat. Nr. 26 807 H. 11,4 cm

Himmelheber, die Anfertigung der Webrollen den Lehrlingen anvertraut wird und einige weniger begabte Schnitzer auch nach Beendigung der Lehre die anspruchsvolleren Genres nicht beherrschen. Die hölzernen Türen von Hütten und Heiligtümern, die mit geschnitzten Reliefen von Tieren, Fischen oder Genreszenen geschmückt sind, erinnern in ihrer Komposition sehr stark an die Türen der Senufo. Auch dieses Genre haben die Baule wahrscheinlich erst nach ihrer Ankunft in ihren heutigen Wohnsitzen kennengelernt.

Das sonstige Schaffen der Baule wird eher von den Akan inspiriert. Es ist durch das Bedürfnis nach Repräsentation und Stärkung des sozialen Prestiges bestimmt und ist vorwiegend weltlicher Natur. Ein typisches Beispiel bilden die Griffe der Fliegenwedel (Abb. 77 und 78), die mit einer großen thematischen

und kompositorischen Erfindungskraft, die nicht durch den religiösen ikonographischen Kanon beengt ist, geschnitzt sind. Es sind Insignien einer gesellschaftlichen Stellung, manchmal auch eines rituellen Auftrags, oft aber — nach Himmelheber — sind es nur Luxusgegenstände. Dies bezeugen Griffe, die offenbar nie ihrem ursprünglichen Zweck dienen sollten. Die Vorliebe der Baule für schöne Gegenstände, die der Repräsentation ihres Eigentümers dienen, aber zweifellos auch seine ästhetischen Bedürfnisse und Ansprüche befriedigen sollen, kommt in ganz präzis geschnitzten, verkleinerten, funktionslosen Kopien funktioneller Gegenstände, einer gewissen afrikanischen Analogie zu europäischen Nippes deutlich zum Ausdruck (Abb. 84 und 85).

115 Figuren verstorbener Zwillinge *ere ibeji*. Yoruba, Nigeria. Braunes Holz mit glänzender Patina und Krusten aus rotem, kosmetischem Puder. Die Pupillen aus Aluminiumdraht. Nach den von M. und G. Stoll veröffentlichten analogen Exemplaren stammt dieses Paar aus Ibadan.
Privatsammlung, Prag H. 23,5 cm

116 Figuren verstorbener Zwillinge *ere ibeji.* Yoruba, Nigeria. Braunes Holz mit glänzender, patinierter Oberfläche. Die Frisur, bzw. die Kopfbedeckung, mit Indigo gefärbt, in den Vertiefungen Krusten aus kosmetischem Puder. Die Frisur der weiblichen Figur und die Stammesabzeichen auf den Wangen der männlichen Figur bezeugen ihre Herkunft aus der Region Ilorin.
Náprstek-Museum, Kat. Nr. A 13558 und A 13559 H. 25,5 cm

Die künstlerische Form der gesellschaftlichen Repräsentation gipfelt bei den Baule in der Vergoldung von Gegenständen, besonders von Rangabzeichen, mit Blattgold, das in feine, in die Oberfläche der Schnitzerei eingeschnittene Rillen eingedrückt wird. Die beste Gelegenheit zur Anwendung dieser Technik bot die verzweigte Hierarchie höfischer Würdenträger und Häuptlinge des Königreichs der Asante im benachbarten Ghana.

Die Kunst der Asante, von denen sich die Baule im 18. Jahrhundert getrennt hatten, hat vorwiegend den

117 Weibliche Figur *ere ibeji* im Kostüm eines Priesters des Gottes Shango. Yoruba, Nigeria. Braunes, patiniertes Holz mit Resten von rotem, kosmetischem Puder. Die Pupillen aus eingeschlagenen Nägeln. Das Kostüm aus mehreren Schichten eines mit Kauri-Muscheln und Glasperlen bestickten Stoffes. Nach einem ähnlichen von R. F. Thompson (1975) veröffentlichten Exemplar stammt die Figur aus Ibadan und ihr Autor ist der Schnitzer Amos Lafia. Die auf dem Kostüm aus Glasperlen gebildeten Ornamente symbolisieren wieder die Doppelaxt des Gotes Shango.
Náprstek-Museum, Kat. Nr. A 13549 a b
H. 27 cm, B. des Kostüms 17 cm

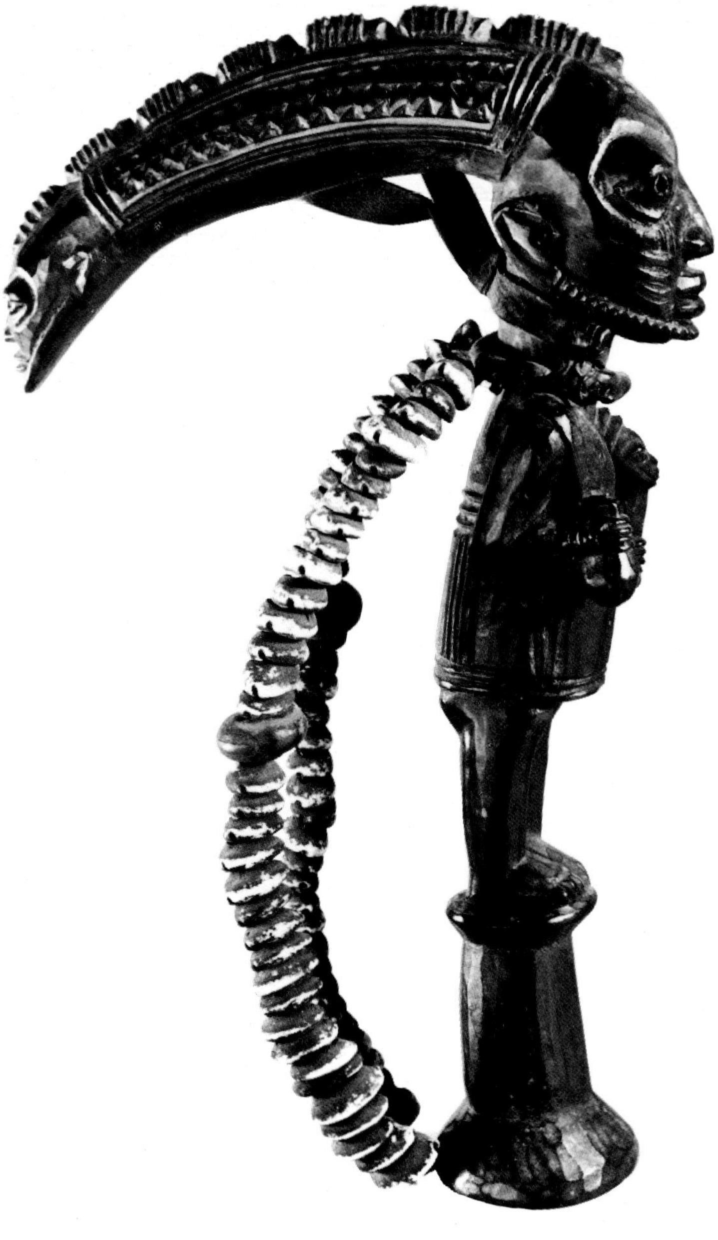

118 Tanzstab *ogo elegba.* Yoruba, Nigeria. Leichtes Holz mit dunkel gefärbter Oberfläche, Riemen mit Kauri-Muscheln. Diese Stäbe dienen dem Kult des Gottes Eshu (Elegba). Die Frisur mit phallischer Symbolik ist das ikonographische Kennzeichen dieser Gottheit. Bei einem Auftritt hängt der Stab mit seiner hakenförmigen Frisur auf der rechten Schulter des Tänzers.
Náprstek-Museum, Kat. Nr. A 4613 H. 36 cm

Charakter einer höfischen Kunst, die der Repräsentation des Hofes und staatlich-kultischen Zwecken dient. Es glänzen hier vergoldete, figürlich geschmückte Stäbe und Griffe von Sonnenschirmen mit Genreszenen, die als Insignien verschiedener Würdenträger und höfischer Zeremonienmeister dienen. Ähnlich wie im alten Orient haben hier die Sonnenschirme die Funktion eines Abzeichens politischer Souveränität. Die Entstehung der Technik der Vergoldung gerade hier ist kein Zufall, denn das Land der Asante ist reich an Gold. Deshalb war einst dieses Land das Ziel der Handelswege, die die Sahara durchquerten und denen die Städte der westlichen Sudanregion ihre Blütezeit verdanken. Aus diesem Land stammte das „Guinea"-Gold, aus dem die englischen Goldmünzen geprägt wurden, die man deshalb „Guineen" nannte. Der Goldstaub wurde bei den Asante und auch bei anderen Akan-Stämmen zum Zahlungsmittel, was ein in Afrika völlig einzigartiges künstlerisches Genre ins Leben rief. Es ist die Erzeugung künstlerisch geformter Messinggewichte zum Wiegen des Goldes und von Messinggefäßen *kuduo* mit Deckeln, die mit figürlichen Genreszenen geschmückt sind, zu seiner Aufbewahrung. Diese Gefäße wurden manchmal zusammen mit anderen Gegenständen aus dem Besitz des Verstorbenen in sein Grab gelegt.

Die Goldgewichte sind Miniaturkunstwerke, die aus Messing im Wachsausschmelzverfahren gegossen werden. Diese Messingminiaturen der Akan-Stämme zeichnen sich durch ihren thematischen Reichtum aus, der fast unerschöpflich ist: von einfachen geometrischen Figuren mit fast graphisch chiffrierter Symbolik auf ihrer Oberfläche, über verschiedene Werkzeuge, Waffen, Früchte und Tieren des Asante-Landes, bis zu einzelnen menschlichen Figuren und Genreszenen (Abb. 93—107).

Viele dieser Themen sind durch ihren inneren Gehalt mit verschiedenen Genres der Asante-Schnitzkunst verbunden. Die Sprache der Asante ist außerordentlich reich an Sprichwörtern und viele Themen der Goldgewichte und der Holzschnitzereien wecken, neben ihrer sichtbaren primären Mitteilung, daß dies zum Beispiel ein Skorpion ist, bei dem heimischen Benutzer gleichzeitig eine Reihe von Assoziationen im Zusammenhang mit den Sprichwörtern, in denen ein Skorpion vorkommt. Und der Asante-Künstler rechnet bei der Wahl des Themas mit diesen Assoziationen. Gerade durch diesen Mitteilungscharakter der Asante-Kunst wird ihre Vorliebe für Genreszenen erklärt, ob an Gewichten, an den Deckeln *kuduo,* an den Griffen der Sonnenschirme oder an den Stielen ritueller Schöpflöffel zum Verabreichen zerkleinerter Yamsknollen. Es sind Darstellungen allgemein bekannter Sprichwörter, die ein lebendiger Bestandteil der Sprache und ein Ausdruck der metaphorischen Denkweise der Asante sind.

Ein anderes spezifisches Genre der Akan-Schnitzerei ist die Herstellung von Hockern. Wie die meisten anderen Kunstgegenstände der Akan, werden auch diese Hocker von spezialisierten Handwerkern hergestellt. Bei den Asante war früher die Herstellung von Hokkern in dem Dorf Afwia unweit von Kumasi, dem Sitz des Königs der Asante *(asantehene)* konzentriert. Diese Hocker, die aus einem Stück Holz geschnitzt sind, haben eine besondere Form. Ihre rechteckige Basis ist mit der geschwungenen rechteckigen Sitzfläche durch einen geschnitzten und durchbrochenen Fuß in Form einer komplizierten geometrischen Figur, eines sozusagen dreidimensionalen Ornaments, oder durch eine menschliche oder tierische Karyatide verbunden. Manchmal drücken diese Füße auch ein Sprichwort aus. Außer konventionalisierten Mustern, die ihre eigenen Namen haben und früher traditionell dem König, dem Häuptling, einem bestimmten höfischen Würdenträger, der Königin-Mutter u.ä. vorbehalten waren, entstehen neue originelle Lösungen, die alte Motive variieren oder auch neue Motive mit alten kombinieren.

Fast jeder Asante, sei es ein Mann, eine Frau oder ein Kind, hat seinen eigenen Hocker von dieser Art und in der Regel nicht nur diesen einen. Als ein Gegenstand, der unmittelbar mit der Persönlichkeit seines Eigentümers verbunden ist und ihn manchmal durch sein ganzes Leben begleitet, hat der Akan-Hocker auch eine religiös-rituelle Funktion. In dem Augenblick, in dem ein Mann König oder Häuptling wird, wird er zu einer sakralen, göttlichen Persönlichkeit und ein Teil seiner Seele tritt in seinen Hocker ein. Dieser wird deshalb zum Sinnbild der Regierungsgewalt, in ähnlicher Weise wie der europäische Thron, aber mit einem viel bedeutenderen geistigen Gehalt. Nach dem Tod eines Würdenträgers, auf den die ganze Sippe stolz ist und dessen Name nicht in Vergessenheit geraten darf, wird einer von seinen Hockern zum ständigen Sitz der Seele des Verstorbenen. Es wird dazu meistens derjenige ausgesucht, auf dem er sein Amt verrichtete oder auf dem er sich zu waschen pflegte, da das herabfließende Wasser einen Teil seiner Persönlichkeit in den Hocker spülte. Der ausgesuchte Hocker wird schwarz gefärbt und in einem besonderen Heiligtum im Haus des Oberhauptes der Sippe aufbewahrt, wo man ihm Opfer bringt. Die Heiligtümer einiger Sippen, aus denen mehrere bedeutende Persönlichkeiten des politischen Lebens des Stammes hervorgegangen sind, werden so zu eigenartigen Ahnengalerien.

Dieser besonderen From des Ahnenkults kann man nicht nur bei den Asante, sondern auch bei weiteren Akan-Stämmen, wie den Baule, Abron, Fanti usw. begegnen.

Den Holzfiguren der Asante ist bisher verhältnismäßig wenig Aufmerksamkeit gewidmet worden. Die bekanntesten Figuren sind kleine, extrem stilisierte Puppen, die *akuaba* (Plural *akuamma*) heißen, mit flachem, leicht nach hinten gelehntem Kopf, der auf ei-

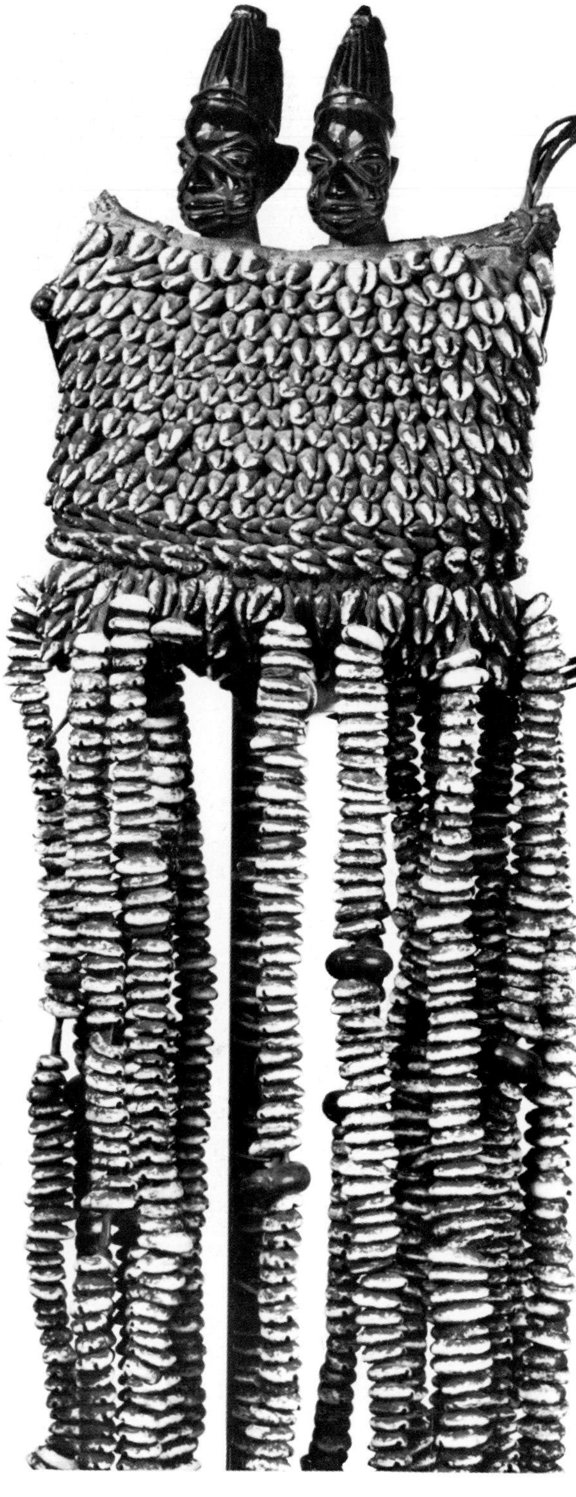

119 Tanzrequisit *ogo elegba.* Yoruba, Nigeria. Männliche und weibliche Figur aus hellem Holz mit schwarz gefärbter, glänzender Oberfläche, die in einer mit Kauri-Muscheln bedeckten Ledertasche eingenäht sind. Die Verehrer des Gottes Eshu, des Götterboten und Schelmen, tragen bei seinem jährlich stattfindenden Fest diesen Gegenstand auf der linken Schulter.

Náprstek-Museum, Kat. Nr. A 11 545 H. 29,5 cm (ohne Anhänger)

120 Schale für Palmkerne *agere ifa.* Helles, schweres Holz mit Polychromie. Yoruba, Nigeria oder Benin. Diese Schalen mit Karyatiden gehören zu den künstlerisch verarbeiteten Requisiten des jeden Morgen angerufenen Orakels *ifa.* Die Szene auf dem Sockel der Schale stellt den Ablauf des Orakels dar. Die Karyatide der Schale ist die Figur des Priesters *babalawo,* der das Orakel befragt, die anderen Figuren sind Angehörige der Familie, für die das Orakel bestimmt ist. Bei dem Orakel wirft der *babalawo* mit der rechten Hand sechzehn Palmkerne in die Luft und fängt sie mit der linken auf.
Náprstek-Museum, Kat. Nr. 39 131 a b
H. 36 cm

nem kleinen zylindrischen Körper mit ausgebreiteten, seltsam verkürzten Armen sitzt. Die kleinen Mädchen trugen sie im Hüfttuch auf dem Rücken, so wie die Asante-Mütter ihre kleinen Kinder tragen. Die *akuaba* war ein Spielzeug, aber gleichzeitig auch ein magisches Mittel, das die Fruchtbarkeit der zukünftigen Frau sichern sollte. Bei dem Akan-Küstenstamm Fanti gab es ähnliche Puppen, deren Köpfe die Form eines hohen schmalen Rechtecks hatten.

Andere Holzfiguren der Asante sind mehr realistisch, aber auch sie bringen die Grundtendenz des Stammesstils der Asante, das Verflachen des nach hinten gelehnten Kopfes, zum Ausdruck. Über ihre Funktion wissen wir eigentlich nur, daß Figuren, die eine

121 Orakelbrett *opon ifa.* Holz mit braunschwarz gefärbter Oberfläche. Yoruba, Nigeria. Auf dem Brett vermerkt der *babalawo* das Ergebnis des Wurfes, d. h. ob er eine gerade oder ungerade Zahl von Kernen fängt. Der Wurf wird mehrmals wiederholt. Aus allen vermerkten Ergebnissen, mit denen komplizierte mathematische Operationen durchgeführt werden, wobei die Multiplikation der Zahlen vier und sechzehn eine wichtige Rolle spielt, schließt man auf die zukünftigen Ereignisse. Der Rand des Orakelbretts wird mit einer komplizierten Reliefschnitzerei geschmückt, in der ein bis vier Gesichter vorkommen. Eines dieser Gesichter stellt immer den Gott Eshu dar.

Náprstek-Museum, Kat. Nr. A 9393
⌀ 29 cm

junge Frau darstellen, Spielzeuge für kleine Mädchen waren. Genrefiguren, wie zum Beispiel ein Henker mit einem menschlichen Kopf in der Hand, sollten vielleicht als Aufsätze für eine Insignie des Trägers dieses einst unentbehrlichen Amtes der Asante-Despotie dienen.

Für den künstlerisch bedeutendsten Ausdruck der Asante-Skulptur werden mit Recht die Grabplastiken aus Ton gehalten. Auf den Gräbern wichtiger Persönlichkeiten wurden idealisierte Porträtköpfe oder ganze, fast lebensgroße menschliche Figuren (die bis jetzt nur in Fragmenten belegt sind) mit Insignien aufgestellt. Diese Praxis, die bis zum Anfang des 20. Jahrhunderts dauerte, ist vorläufig bis in das 18. Jahrhundert belegt, man kann jedoch voraussetzen, daß künftige archäologische Forschungen diese Zeit weiter zurück verschieben werden. Die Asante-Terrakotten — wie im Grunde genommen die afrikanische Keramik überhaupt — ist erst in jüngster Zeit Gegenstand systematischer Forschung. Die meisten der Asante-Terrakottaköpfe auf dem Kunstmarkt stammen von afrikanischen Zwischenhändlern, die sie aus wilden Ausgrabungen erwerben. Die vielen stilistischen Varianten dieser Köpfe zeigen, daß es viele keramische Werkstätten gegeben haben muß. Einige dieser Köpfe sind von dem Stil der Asante-Holzschnitzereien beeinflußt. Nach festgehaltenen Aussagen von Augenzeugen sind diese Grabplastiken von Frauen geschaffen worden, während die Erzeugung figürlicher Tabakspfeifenköpfe (Abb. 108—111), die noch am Anfang unseres Jahrhunderts blühte, streng den Männern vorbehalten war. Die Frauen durften nur einfache schmucklose Tabakspfeifen herstellen. Es war also nicht die Herstellung der Pfeife als solcher für Frauen tabuisiert, sondern nur die Herstellung einer Pfeife in der Gestalt eines Menschen oder eines Tieres. Diesen Widerspruch erklärt die Vermutung von M. McLeod (1981), daß dieses Tabu nicht Frauen nach der Menopause betraf. Offenbar sind unsere Informationen noch unvollständig.

122 Hasenmaske des *egungun*-Bundes. Yoruba, Nigeria. Hellbraunes Holz mit Polychromie. Diese Maske stammt von der bekannten Schnitzerfamilie Adugbologe aus der Stadt Abeokuta. Im Nacken der Maske ist die stilisierte Figur eines Hasen angeschnitzt. Der Gegenstand in Form einer Sanduhr, der zwischen den langen Hasenohren der Maske zu sehen ist, stellt die kleine *gangan*-Trommel der Yoruba dar, die unter dem Arm gehalten wird und deren Tonhöhe durch Druck auf die Spannschnüre geändert wird.
Náprstek-Museum, Kat. Nr. A 9417 **H. 50 cm**

123 Menschliches Köpfchen *ikin ifa*. Yoruba, Nigeria. Knochenschnitzerei. Das Köpfchen stellt den Gott Eshu dar, der nach der Mythologie der Yoruba den Menschen das *ifa*-Orakel gebracht hat. Es wird neben das Orakelbrett *opon ifa* gestellt, damit Eshu den Verlauf des Orakels beaufsichtigen kann.
Náprstek-Museum, Kat. Nr. A 11 569
H. 7,2 cm

Die Kultur der Asante, einschließlich der Asante-Kunst, war bereits am Anfang unseres Jahrhunderts Gegenstand gründlicher Forschung und in letzter Zeit widmen ihr die Forscher von neuem ihre Aufmerksamkeit, da es auf diesem Gebiet noch viele ungeklärte Fragen gibt. Dies gilt besonders für die Kunst kleinerer Akan-Stämme, sowohl an der Küste als auch im Binnenland. Besonders interessant wäre eine gründliche Durchforschung der Kunst der nördlichen Nachbarn der Asante, der Abron, deren Wohnsitze bis zur Elfenbeinküste reichen. Nach der Vermutung von W. Fagg (1965) haben die Asante diesem Stamm viele kulturelle Impulse zu verdanken. Und dennoch ist von den Kunstwerken dieses Stammes außer einigen Bronzemasken, die einen eigenartigen Stil zeigen und angeblich aus nicht dokumentierten Ausgrabungen stammen, praktisch nichts bekannt.

DIE OSTKÜSTE DES GOLFS VON GUINEA

Diese Provinz der traditionellen afrikanischen Kunst umfaßt die heutige Republik Benin (das frühere Dahome), Nigeria bis ungefähr zum 10. Grad südlicher Breite und den Nordwesten von Kamerun bis zum Fluß Sanaga. In ihrer Vielfalt an Sprachen und Ethnien übertrifft sie alle anderen Kunstprovinzen Afrikas. In den westlichen Teil der Provinz, in die Republik Benin greifen Stämme der sprachlichen Unterfamilie Twi (Ewe, Fon) ein. Den östlichen Teil der Republik Benin und den Südwesten des Territoriums von Nigeria bewohnen viele Stämme, die zu mehreren selbständigen Zweigen der sprachlichen Unterfamilie Kwa gehören. In Südostnigeria gehört zu dieser Unterfamilie auch der große Stamm der Ibo mit seinen zahlreichen Unterstämmen. Die Sprachen dieser Unterfamilie sind aber auch innerhalb eines ihrer Zweige voneinander sehr verschieden. Der Stamm Ijo, der einst in das von Bächen und Flüssen durchzogene und mit Mangroven bewachsene Nigerdelta verdrängt worden war, bildet eine selbständige Unterfamilie der großen Familie der Nigersprachen, zu der auch die anderen sprachlichen Unterfamilien von Westafrika gehören. Die Stämme in dem Gebiet am Crossfluß sowie die Stämme, die das Kameruner Grasland am östlichen Ende dieser Provinz bewohnen, gehören zu der bantoiden Unterfamilie, die den sprachlichen Übergang zu der Bantu-Bevölkerung von ganz Zentral- und Südafrika bildet. Zu derselben bantoiden Unterfamilie gehören auch einige Stämme, die an beiden Ufern des Flusses Benuë leben (Jukun, Tiv, Kantana, Jaba, Mambila). In dem Flußgebiet des Benuë leben außerdem noch Stämme, die zwei anderen Sprachgruppen angehören, und von den einige für ihre Schnitzkunst bekannt sind. Von der Gruppe der Tschad-Stämme sind es besonders die Goemai und Wurkun, von der Gruppe der ostnigerianischen Stämme sind es die Chamba, Mumuye und Namohi.

Dieser bunten sprachlich-ethnischen Mischung entspricht auch die überaus reiche Palette künstlerischer Stile und Themen, die jedoch nicht immer die sprachlich-ethnischen Grenzen respektiert. Ihre Verteilung richtet sich nach der politischen Abhängigkeit einiger Stämme von den Machtzentren oder nach der kulturellen Abhängigkeit, die oft nur aus der einfachen Tatsache der geographischen Nachbarschaft entstanden ist, ohne jeden Bezug auf die Zugehörigkeit des einen oder anderen Stammes zu einer Sprachgruppe oder auf den Entwicklungsstand der politischen Organisation der gegebenen Stammesgesellschaft. Dieses komplizierte Gewirr von historisch-politischen Beziehungen und kulturellen Abhängigkeiten, die sich in der visuellen Kunst widerspiegeln, macht aber dieses weite Gebiet zu einer Kunstprovinz. In der fast unübersehbaren Menge von Stilen, von denjenigen realistischer bis naturalistischer Färbung bis zu den abstraktesten, die die afrikanische Kunst geschaffen hat, kann man hier fast immer ein formales oder thematisches Element oder eine identische Motivation entdecken, die den gegebenen ethnischen Stil mit dem Schaffen eines anderen Stammes verbinden, der sprachlich ganz verschieden sein kann und dessen Stil oft am entgegengesetzten Ende des Spektrums des Stilisierungsmöglichkeiten steht.

124 Maske des *gelede*-Bundes. Yoruba, Nigeria oder Benin. Helles Holz mit Polychromie. Die *gelede*-Masken in Gestalt von zwei identischen menschlichen Köpfen stammen aus dem Südwesten des Yoruba-Gebietes. Ihre ikonographische Bedeutung ist nicht genau bekannt. Nach M. Drewal werden sie „Mütter von vielen Kindern“ genannt. Dieses Exemplar wurde vor dem ersten Weltkrieg erworben.
Náprstek-Museum, Kat. Nr. 23 467 H. 37 cm, B. 27 cm

109

125 Tanzaufsatz *ilari* des *egungun*-Bundes. Yoruba, Nigeria. Helles Holz mit Polychromie. Der Aufsatz, der aus dem Nordwesten des Territoriums der Yoruba stammt, besteht aus einem Januskopf und zwei Affenköpfen auf einem runden Untersatz. Die menschlichen Gesichter sind Darstellungen der Ahnen einer Familie, der königliche Boten entstammten.
Náprstek-Museum, Kat. Nr. A 4612 H. 26 cm, ∅ 44,5 cm

126 Maske des *gelede*-Bundes. Yoruba, Benin. Helles Holz mit Polychromie. Die figürlichen Aufsätze einiger *gelede*-Masken sind offenbar Karikaturen, wie dieser Ausländer, der auf einem zusammenlegbaren Gartenstuhl sitzt. Die *gelede*-Masken werden in identischen Paaren geschnitzt und treten auch paarweise auf. Das Gegenstück dieses Exemplars aus der Region Meko im Westen des Yoruba-Gebietes ist im Musée de l'Homme in Paris.
Náprstek-Museum, Kat. Nr. A 5348 H. 48 cm

Die Kunstprovinz der Ostküste des Golfs von Guinea hat vier große Stilregionen, die einander über ihre gemeinsamen Grenzen hinweg durchdringen.

DIE REPUBLIK BENIN UND WESTNIGERIA

Die bedeutendste Region ist das Gebiet, das der Südwesten von Nigeria zusammen mit dem angrenzenden Territorium der Republik Benin bildet. Den entscheidenden Faktor in dieser Region bildet die Stiltradition der Yoruba. Wie aus dem Kapitel über die Geschichte der afrikanischen Kunst hervorgeht, sind die ersten Spuren dieser Tradition in der Nok-Kunst zu erkennen, die vor mehr als zwei Jahrtausenden jenseits der nordöstlichen Grenze dieser Region blühte. Nach einer Unterbrechung von etwa eintausend Jahren, für die wir vorläufig keine archäologischen Belege einer fortdauernden künstlerischen Tradition der Yoruba haben, erreichte sie einen ihrer Höhepunkte in der höfischen Kunst des Yoruba-Königreichs Ife, die von dem nahen Benin übernommen wurde. Der Träger der Staatsidee des Königreichs Benin war der Stamm Bini, der zum Unterschied von den Yoruba zu der Sprachgruppe Edo gehört. Der künstlerischen Tradition der Yoruba entsproß in diesem Königreich zwar ein mächtiger, aber doch nur aufgepfropfter Zweig; die Kunst diente hier nur den höfischen Bedürfnissen des sakralen Staates, während sich seine Stammesbevölkerung ihre eigenen künstlerischen Traditionen bewahrte, die von dem Stil der offiziellen Kunst des Hofes von Benin nur wenig beeinflußt waren. Dank der machtpolitischen Stellung des Königreichs Benin machten sich aber Rückwirkungen seiner Kunst auf die Kunst des Yoruba-Königreichs Owo bemerkbar, das im 15. Jahrhundert die führende politische Stellung in der Welt der Yoruba von Ife übernahm. Ife hörte aber niemals auf, das wichtigste religiöse Zentrum der Yoruba zu sein. An zweiter Stelle, was die religiöse Bedeutung anbelangt, stand das Stadtkönigreich Oyo, das im 13. oder 14. Jahrhundert entstanden war und am Anfang des 19. Jahrhunderts den Angriffen der mohammedanischen Fulbe aus dem Norden zum Opfer fiel. Die Einwohner seiner Residenzstadt Oyo-Ile, des sogenannten alten Oyo, verließen die Stadt und später wurde weiter südlich das neue Oyo aufgebaut. Die Herrscher vieler weiterer Stadtstaaten der Yoruba leiteten ihre Abstammung entweder von Ife oder von Oyo ab.

Die Yoruba nehmen in Afrika in vielerlei Hinsicht eine ganz besondere Stellung ein. Die Qualität ihrer Schnitzarbeiten gehört zum allerbesten der afrikanischen Kunst und das trifft auch für die Vielfalt ihrer Themen zu. Außer der Holzschnitzerei erreichten auch der Bronzeguß, geschmiedete Eisenplastik, Keramik, das Polychromieren zeremonieller Gegenstände mit einer zusammenhängenden Schicht angenähter farbiger Glasperlen usw. bei den Yoruba ein hohes künstlerisches Niveau. Grundlage hierfür waren die kulturellen Traditionen sowie auch die traditionelle Organisation der Gesellschaft der Yoruba. Die Yoruba sind heute ein Volk von mehr als zehn Millionen Menschen, das eine Schriftsprache und Literatur besitzt. Dieses Volk entstand aus einer Reihe von Stämmen mit eigenen örtlichen kulturellen Traditionen, die teils bis heute ihre regionale oder lokale Bedeutung haben, teils zum gemeinsamen Kulturgut des ganzen Volkes der Yoruba wurden. Zu dieser Integration vieler örtlicher Stammestraditionen hat der Druck der muslimischen Stämme aus dem Norden beigetragen. Dieser Druck zerstörte das politische Gleichgewicht zwischen den Staaten und Kleinstaaten der Yoruba, was zu zahlreichen Kriegen zwischen ihnen und zur Wanderung und Vermischung der von den Kriegen betroffenen Bevölkerung führte. Zu den Besonderheiten der Traditionen der Yoruba gehört auch die Tendenz, eine städtische Gesellschaft und Kultur zu bilden. Die Yoruba sind das einzige Volk Afrikas, das in seiner vorliterarischen Epoche eine bedeutende städtische Zivilisation hervorgebracht hat. Jeder Staat der Yoruba hatte seine Hauptstadt mit der Residenz des Herrschers. Im Territorium des Staates gab es Dörfer, die sein landwirtschaftliches Hinterland bildeten, und kleine Städte, die zu der Hauptstadt in einem abhängigen Verhältnis standen. Auch diese kleinen Städte hatten ihre Paläste und ihre Herrscher oder Gouverneure, die

127 Schachtel in Gestalt einer Ente. Yoruba, Nigeria. Helles Holz mit Polychromie. Schachteln in Gestalt verschiedener Tiere, die meistens Gaben für angesehene Gäste enthielten, sind ein häufiges Thema der Yoruba-Schnitzerei.
Náprstek-Museum, Kat. Nr. A 5649 a b   L. 36 cm, H. 19 cm

gewöhnlich Verwandte des Herrschers in der Hauptstadt waren. Der Herrscher, der *oba,* hatte einen traditionellen Titel. Der Titel des Herrschers von Ife lautete zum Beispiel *oni,* der Herrscher des Stadtstaates Owo hieß *olowo,* der Herrscher von Oyo *alafin,* der Herrscher der Stadt Ede wurde *timi* genannt.

Die Macht des Herrschers war jedoch beschränkt. Sein Gegengewicht bildete der Geheimbund *ogboni.* Die Ältesten dieses Geheimbundes wachten darüber, daß die Gesellschaftsordnung und traditionelle ethische Prinzipien eingehalten wurden, entschieden in

128 Maske des *gelede*-Bundes. Yomba, Benin, Region Meko. Helles Holz mit Polychromie.
Náprstek-Museum, Kat. Nr. 39 108 H. 32,5 cm

Gerichtsfragen einschließlich der Kriminalfälle und gleichzeitig nahmen sie am politischen Leben teil. Dieser Dualismus der Macht kommt auch in der Yoruba-Kunst zum Ausdruck. Ein Teil dieser Kunst dient der Repräsentation des Herrschers. Diese „Hofkunst" können wir genauer als „Palastkunst" bezeichnen. Von den Werken der Schnitzkunst gehören dazu vor allem Elemente der Palastarchitektur, figürliche Pfeiler schattiger Veranden und Türen mit Reliefschnitzereien, die Szenen aus dem Leben im Palast und manchmal auch historische Ereignisse darstellen. Von anderen Genres, die mit der Person des Herrschers im Zusammenhang stehen, sind es Gegenstände aus Glasperlen, wie Kronen mit figürlichen Aufsätzen, Scheiden zeremonieller Schwerter und andere Regalien. Dem Geheimbund *ogboni* dient vor allem die Bronzekunst der Yoruba, welche die symbolischen Requisiten liefert, die der Geheimbund bei der Ausübung seiner Macht verwendet, besonders die menschlichen Doppelfiguren, die *edan* heißen (Abb. 133), und zeremonielle Trommeln, die mit Reliefs verziert sind.

Für die traditionelle Kunst der Yoruba waren jedoch die indirekten Auswirkungen dieses Dualismus der Macht viel wichtiger. Diesem ist es wahrscheinlich zu verdanken, daß das kulturelle Leben nicht restlos verstaatlicht wurde, wie wir es bei einigen Akan-Stämmen, besonders bei den Asante sehen konnten, und sich im Gegenteil in allen Schichten der Gesellschaft entwickelte. Die überwiegende Mehrheit des künstlerischen Schaffens der Yoruba hat einen religiös-rituellen Charakter. Die Yoruba-Masken, die zu den bekanntesten Werken der traditionellen afrikanischen Kunst gehören, dienen vor allem dem Geheimbund *gelede* der westlichen Yoruba, die an der Grenze zwischen Nigeria und der Republik Benin und im Südwesten von Nigeria leben (Abb. 124, 126, 128). Die Tanzauftritte dieses Geheimbundes stehen im Zusammenhang mit Bauernkulten. Sie sind zeitlich an wichtige Ereignisse des Jahreszyklus, wie Saat oder Ernte, gebunden und ihre Aufgabe besteht darin, daß sie durch religiösmagische Mittel eine gute Ernte und allgemeinen Wohlstand sichern sollen. Ähnliche Masken sowie auch thematisch sehr verschiedenartige Tanzaufsätze sind mit dem Kult *egungun* verbunden, der dem Andenken an verstorbene Ahnen geweiht ist (Abb. 122, 125). Die *egungun*-Tanzfeste sollen die Ahnen bewegen, der Familie zu helfen und sie vor Krankheit, Mißernte und anderen Schicksalsschlägen zu beschützen. Dieser Kult, der gegen Ende des 16. Jahrhunderts im Norden, in Oyo-Ile entstanden war, verbreitete sich in der Mitte des vorigen Jahrhunderts als Folge der Verschiebung des Machtzentrums des alten Königreichs Oyo nach Süden auch in weiteren südlichen Regionen der Yoruba (Ibadan, Ijebu usw.). Eine ähnliche Aufgabe wie die Tanzauftritte des Geheimbundes *gelede* im Westen erfüllen in den nordöstlichen Regionen Ekiti und Igbomina die Tanzfeste *epa* (oder *elefon*) mit gewaltigen Helmmasken, die hohe figürliche Aufsätze tragen.

Geheim- und Tanzbünde finden wir bei vielen afrikanischen Stämmen. Zu den Besonderheiten der Yoruba-Kultur gehört aber die Tatsache, daß sie auch ein kom-

129 Tür mit Schnitzerei im Flachrelief, aus einem Brett geschnitzt. Yoruba, Nigeria, Ilorin (?). Mit Reliefs verzierte Türen kommen bei vielen Stämmen in Westafrika vor. Die Figur eines Reiters ist ein häufiges Thema, vor allem bei den nördlichen Yoruba. Die Darstellungen einer schwangeren Frau und einer trächtigen Stute in der unteren Hälfte der Tür sowie weitere Symbole deuten an, daß die Tür wahrscheinlich zu einem Heiligtum, das der Fruchtbarkeit geweiht war, gehörte.

Náprstek-Museum, Kat. Nr. A 13515 H. 130 cm, B. 65 cm

130 Verschließbares Futteral für einen Spiegel. Yoruba, Nigeria. Helles Holz mit braun gefärbter Oberfläche, durch lange Benutzung stark patiniert. Die Yoruba-Schnitzerei, die zweifellos die produktivste von Afrika ist, dient nicht nur den religiös-ideologischen und repräsentativen, sondern auch weltlichen, ästhetischen Zwecken. Das Relief einer stilisierten Antilope ist ein häufiges westafrikanisches Thema.
Náprstek-Museum, Kat. Nr. A 11581
H. 31,5 cm, B 15,5 cm

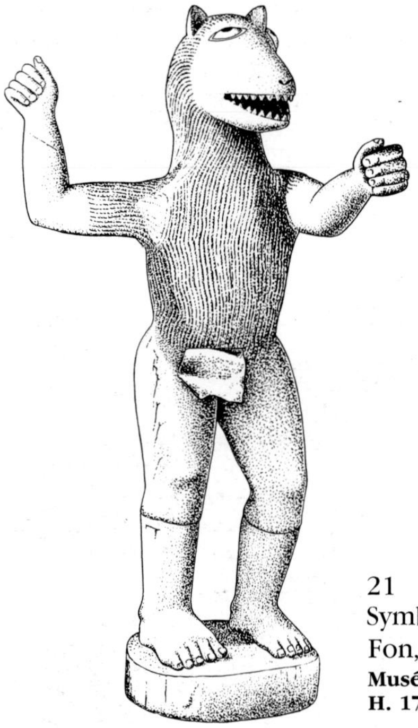

21 König Glele.
Symbolische Porträtfigur.
Fon, Benin
Musée de l'Homme, Paris
H. 170 cm

22 Männliche
Ahnenfigur.
Urhobo, Nigeria
Eigentümer unbekannt
H. 121,5 cm

pliziertes Pantheon von Gottheiten, den sog. *orisha,* hervorbrachte, das der Götterwelt, die wir aus der europäischen Antike kennen, nicht unähnlich ist. Die Zahl dieser Gottheiten wird gewöhnlich mit etwa vierhundert angegeben. Diese Angabe ist ungenau und die absolute Zahl ist wahrscheinlich viel höher, da es viele Gottheiten von rein lokaler Bedeutung gibt. Auch wenn jede der wichtigsten Gottheiten, wie z.B. Ifa (oder Orunmila) — eine wahrsagende Gottheit, Olokun — der Meeresgott, Shango — der Gott des Donners, Ogun — der Gott des Eisens und des Krieges, usw. für einen bestimmten Bereich zuständig ist und diese ihre Funktion von allen Yoruba anerkannt wird, waren wahrscheinlich auch diese Gottheiten ursprünglich an einen Ort oder Stamm gebunden und erhielten erst im Laufe der Zeit durch Betonung eines ihrer Aspekte nationale Bedeutung. (Übrigens entstand auch das klassische griechische Pantheon auf diese Weise.) Diese Annahme wird durch die religiöse Praxis der Yoruba bestätigt. Jeder Yoruba, der sich zu der traditionellen Stammesreligion bekennt (das sind heute nur etwa 20 % aller Yoruba), verehrt nur einen *orisha,* und zwar nicht nur in der Funktion, die ihm im Rahmen der Götterwelt der Yoruba zugewiesen wird, sondern er erwartet, daß er ihm auch die Wünsche erfüllt, die — streng genommen — in die Kompetenz eines seiner göttlichen Kollegen gehören.

Das Pantheon der Yoruba inspirierte die Kunst in einer anderen Weise, als wir auf Grund unserer Kenntnis der Beziehung zwischen visueller Kunst und dem Pantheon in anderen Kulturen, sei es in der altägyptischen griechisch-römischen, hinduistischen oder mexikanischen, annehmen würden. Die Gottheiten der Yoruba selbst wurden nämlich nur selten zum Thema der Skulptur. Sehr oft sind es aber ihre Anhänger, die durch das Symbol der betreffenden Gottheit, z.B. die Doppelaxt, d.h. den Donnerkeil, der das Symbol des Donnergottes Shango ist, gekennzeichnet sind. Von den Gottheiten wird eigentlich nur der Gott Eshu (oder auch Elegba) oft dargestellt, der als Bote zwischen Menschen, Göttern und Dämonen wirkt und ein Zauberer ist, der seine Gestalt beliebig verändern und schädliche Einflüsse der Dämonen abwenden kann. Er überwacht auch die richtige Einhaltung der Regeln des rituellen Lebens. Eshu ist auch die einzige Gottheit, für die die Kunst der Yoruba eine ikonographische Erkennungschiffre geschaffen hat, eine phallische Frisur und eine Flöte, die seine Aufgabe als göttlicher Bote symbolisiert. Von den anderen Gottheiten war es der Gott der Wahrsagerei, Ifa, der die Schnitzerei der Yoruba inspirierte, allerdings nur indirekt. Diese Gottheit wird selbst nie dargestellt, doch die zahlreichen rituellen Gegenstände, die bei dem nach ihr benannten Orakel verwendet wurden, boten den Yoruba-Schnitzern ein weites Gebiet, auf dem sie ihre thematische und kompositorische Phantasie zur Geltung bringen konnten. Dies betrifft besonders die Karyatiden der Schalen *agere ifa* für Palmkerne (Abb. 120), die bei dem Orakel benutzt werden und die in ihrer Vielfalt mit den Maskenaufsätzen des Bundes *gelede* wetteifern.

131 Altar *opa osanyin* für die Anbetung der Gottheit der Heilkunst und der Lebenskraft Osanyin. Geschmiedetes Eisen. Die Figuren stilisierter Vögel hängen entweder mit dem Schöpfungsmythos der Yoruba oder mit der Vorstellung, daß der Zauber, vor dem Osanyin schützt, von Vögeln übertragen wird, zusammen. Die Zahl der Vögel, sechzehn, ist nicht zufällig, sechzehn ist die Grundzahl des Zahlensystems der Yoruba.
Náprstek-Museum, Kat. Nr. A 6389 H. 85,5 cm

Den quantitativen Schwerpunkt der figürlichen Schnitzerei der Yoruba bilden männliche und weibliche Figuren, die etwa 25—40 cm hoch sind und *ere ibeji* heißen (Abb. 115—117). Diese Figuren zählen, da sie sehr häufig vorkommen und verhältnismäßig leicht zu erwerben sind, zu den bekanntesten Werken afrikanischer Kunst, die gewöhnlich in keiner Sammlung fehlen. Sie hängen mit dem Kult verstorbener Zwillinge zusammen und es ist kein Zufall, daß sich dieser Kult gerade bei den Yoruba am weitesten entwickelt hat. Die internationalen Statistiken weisen nämlich bei diesem westafrikanischen Volk die höchste Rate der Zwillingsgeburten in der ganzen Welt aus.

Durch diese Aufzählung ist natürlich die Themenliste der Yoruba-Schnitzkunst nicht erschöpft. Sie umfaßt auch Gebrauchsgegenstände wie Hocker mit Karyatiden, Spieltischchen für das beliebte afrikanische Spiel, das unter dem arabischen Namen *mankala* bekannt ist, kultische Tanzstäbe und Insignien (Abb. 118, 119), Etuis für Spiegel (Abb. 130) usw.

Die jahrhundertelange Tradition der Verbundenheit der Yoruba-Stämme durch religiös-feudale Beziehungen zwischen den vielen großen und kleinen Stadtstaaten und das komplizierte System ihrer mythologischen, politischen und religiösen Abhängigkeiten waren die Grundlage, auf der sich nicht nur das Pantheon der Yoruba, sondern auch die gemeinsamen Stilisierungsprinzipien ihrer Kunst, vor allem der Schnitzerei in Holz sowie in Elfenbein, entwickelten. Größere Stilunterschiede gibt es nur im Bronzeguß und beson-

118

ders in den schmiedeeisernen Plastiken (Abb. 131), die mehr als die Schnitzereien der Yoruba an ähnliche Werke der Schmiede der Bambara oder Senufo aus dem westlichen Sudangebiet erinnern.

Das wesentliche Merkmal der Yoruba-Schnitzerei ist ein gewisser naiver Naturalismus, in dem sie einigen Ausdrucksformen der europäischen Volkskunst ähnelt. Dieser Eindruck wird auch durch die bunte Polychromie verstärkt, die besonders in den westlichen Yoruba-Regionen beliebt ist. Auffallend ist auch die Vorliebe für gerundete Formen. Die Masken der Yoruba sind nur in sehr seltenen Fällen bloße Reliefs des Gesichts. In überwiegender Mehrheit haben sie die Form etwas verkleinerter kugelförmiger Köpfe, in denen eine hohe Stirn dominiert. Die Augen sind meist gesenkt und mit gewölbten Oberlidern bedeckt (vor allem bei Masken), oder sie sind weit aufgerissen und hervortretend. Die Nase ist breit, flach, mit gewölbten Nasenlöchern. Die Lippen sind voll, parallel, meistens ohne Krümmung und oft ohne Mundwinkel. Bei den Figuren nimmt der Kopf ein Fünftel bis ein Drittel der Gesamthöhe ein, die Beine sind gegenüber den natürlichen Körperproportionen stark verkürzt. Die Frisuren sind meistens Reproduktionen lebender Vorlagen, ebenso wie die charakteristischen Schmucknarben auf den Wangen und der Stirn von Figuren und Masken. Die Brüste der Frauenfiguren sind voll und schwer im Einklang mit der Vorliebe des Yoruba-Stils für gerundete Formen sowie mit der Bedeutung der mütterlichen Funktion der Frau.

Diese einigenden Prinzipien bedeuten aber nicht, daß die Schnitzkunst der Yoruba uniform ist. Der Rahmen dieser Prinzipien ist weit genug, um die Entstehung und Bewahrung einer Reihe von örtlichen und persönlichen Stilen zu ermöglichen, die sowohl für ganze Regionen als auch für einzelne Schnitzer (Abb. 122), beziehungsweise Werkstätten von mehreren Generationen einer Schnitzerfamilie charakteristisch sind. Dank zahlreicher Werke vieler Forscher, die sich dem Studium der Yoruba-Kunst widmeten, vor allem denjenigen von W. Fagg (1982), W. R. Bascom (1969), U. Beier, M. T. und H. J. Drewal (1983), R. F. Thompson (1971) und J. Pemberton (1982), ist die Kunst der Yoruba aus ihrer Anonymität herausgetreten und gehört heute zu den am gründlichsten erforschten Gebieten der afrikanischen Kunst.

132 Figur eines sitzenden Mannes mit Tropenhelm und geöffnetem Buch (?). Yoruba, Nigeria. Figuren von Afrikanern in europäischer Kleidung oder von Europäern fertigten die Yoruba-Schnitzer bereits seit Anfang des 20. Jahrhunderts. Dieses Exemplar wurde wahrscheinlich in den zwanziger Jahren erworben.
Schloß Opočno, Kat. Nr. 1543 H. 26,8 cm

133 Figurenpaar *ogboni edan.* Guß in verlorener Form. Messing auf eisernen Stäben, die den Kern bilden und mit deren Hilfe die Figuren in den Boden gesteckt werden. Diese Figuren eines Mannes und einer Frau, die gewöhnlich mit einer Kette verbunden sind, sind das Symbol des Geheimbundes *ogboni,* der in der traditionellen Gesellschaft der Yoruba mit der Rechtspflege beauftragt war.
Náprstek-Museum, Kat. Nr. A 13 976 H. 20 cm

An der westlichen Peripherie des Yoruba-Stilgebiets, in der heutigen Republik Benin, gründete im 17. Jahrhundert der Stamm der Fon ein Königreich, das im Jahre 1894 nach einer französischen militärischen Intervention und der nachfolgenden Deportation seines letzten Königs Gbehanzin zusammenbrach. Der traditionelle Hauptfeind dieses Königreichs, das durch den Sklavenhandel reich wurde, war der Stamm der Yoruba. Dabei ist aber die Kunst der Fon nur eine stilistische und thematische Variante der Yoruba-Kunst. Von einem selbständigen Stil der Fon kann man nur mit gewissen Vorbehalten im Zusammenhang mit der Palastkunst des königlichen Hofes von Abomey sprechen.

Fast alle bekannten Werke der Hofkunst der Fon wurden von den Franzosen in dem Palast von Gbehan-

120

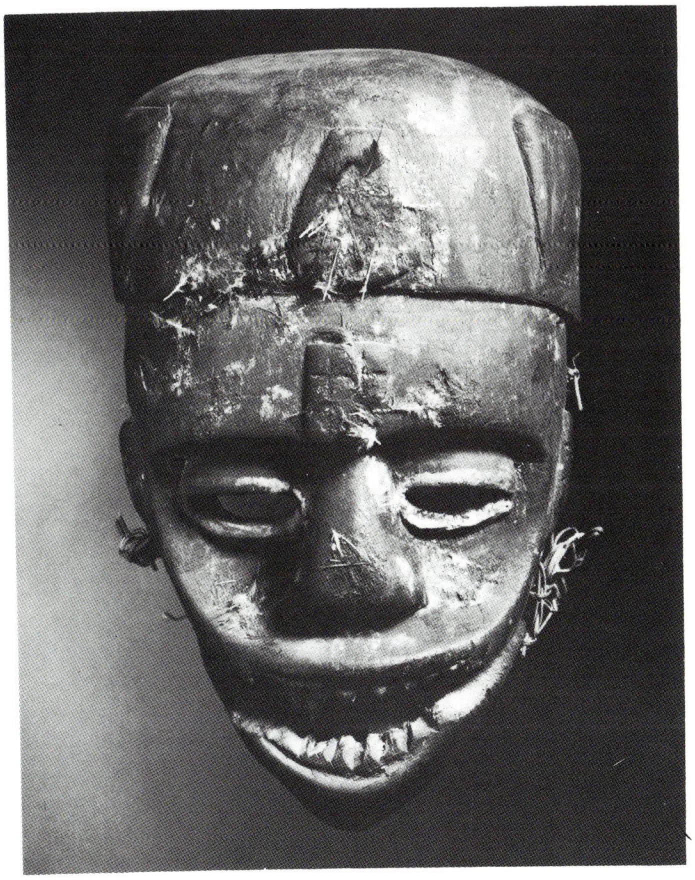

23 Maske eines Wassergeistes.
Ijo, Nigeria
Sammlung Webster Plass im Museum of Mankind, London H. 35,5 cm

135 Gesichtsmaske mit beweglichem Unterkiefer, die im Geheimbund *ekpo* verwendet wurde. Ibibio, Nigeria. Helles Holz mit schwarz gefärbter Oberfläche, mit Resten eines rosa Farbstoffes. Im Mund ist eine aus dem Schlauch eines Autos ausgeschnittene Klappe befestigt. In der Höhe des Oberkiefers befindet sich ein Querstab aus pflanzlichen Spänen zum Halten der Maske mit den Zähnen. Reste von Federn eines geopferten Huhns. Diese Maske wurde in den siebziger Jahren erworben.
Náprstek-Museum, Kat. Nr. A 13 570 H. 33 cm, B. 20,8 cm

134 Gesichtsmaske. Bini, Nigeria. Helles Holz mit Polychromie. Die Maske stellt wahrscheinlich einen Polizisten dar, eine von den sieben Gestalten der Tanzvorstellung der Masken des Geheimbundes *ekpo,* der die Aufgabe hat, die Gemeinschaft vor Krankheiten und anderem Übel zu schützen.
Náprstek-Museum, Kat. Nr. A 4619 H. 27 cm

zin erbeutet. Dieser Schatz ergibt aber kein vollständiges Bild über die Entwicklung der Kunst durch die Jahrhunderte. Es ist eine Sammlung einmaliger Metallplastiken und Holzskulpturen, die zur Verherrlichung der Person des Herrschers dienten und in ihrem Stil nur sehr wenig miteinander übereinstimmen. Die meisten dieser Unikate befinden sich heute in dem Pariser Musée de l'Homme. Von den Holzskulpturen sind es zwei monströse Figuren, symbolische Porträts der zwei letzten Herrscher von Abomey, des Königs Gbehanzin und seines Vorgängers Glele. Man nimmt an, daß sie das Werk eines einzigen Künstlers sind, sie müssen zwischen den Jahren 1889 und 1894 entstanden sein, d.h. in der Zeit zwischen Gbehanzins Thronbesteigung und seiner Absetzung. Das Porträt von Gbehanzin ist eine stehende Figur, deren untere Körperhälfte menschlich ist, während die obere Hälfte der Figur ein Fischtorso mit menschlichen Händen ist, das einen Haifisch darstellen soll. Die obere Hälfte der Porträtfigur des Glele ist ein Löwentorso (Zeichnung S. 116). Diese symbolischen Porträtfiguren sind visualisierte prahlerische Metaphern, die diese beiden Despoten auf sich selbst bezogen. Würden wir ihre Herkunft nicht kennen, würden wir sie kaum in Afrika suchen, eher für Produkte der Volkskunst aus einem indischen Dorf halten, die zwei bekannte Inkarnationen des Gottes Wischnu darstellen. Die berühmtesten Stücke der Beute aus dem Königspalast in Abomey sind zwei Metallplastiken, die eine aus geschmiedetem Eisen und die andere aus zusammengenieteten Messinglatten. Beide sind Darstellungen des Gottes Gu, der, ebenso wie der Yoruba-Gott Ogun. Herr des Krieges und Eisens ist. Es handelt sich hier wahrscheinlich gleichfalls um allegorische Statuen, die dem Herrscher von Abomey die Macht und Kraft der furchterregenden Gottheit zusprechen sollten. Auch für diese Statuen,

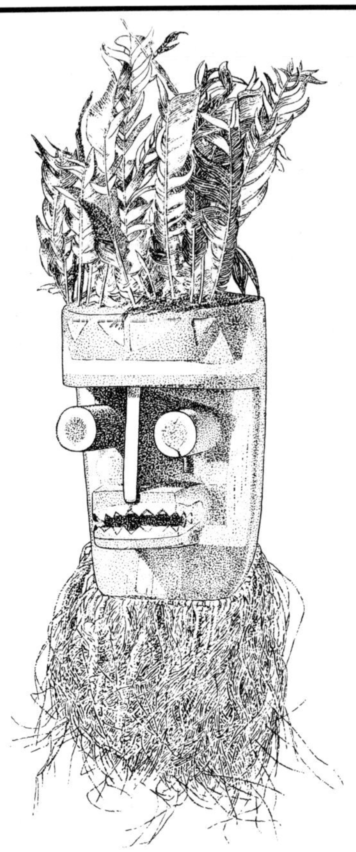

24 Gesichtsmaske.
Grebo,
Elfenbeinküste
Musée de l'Homme, Paris H. 28 cm

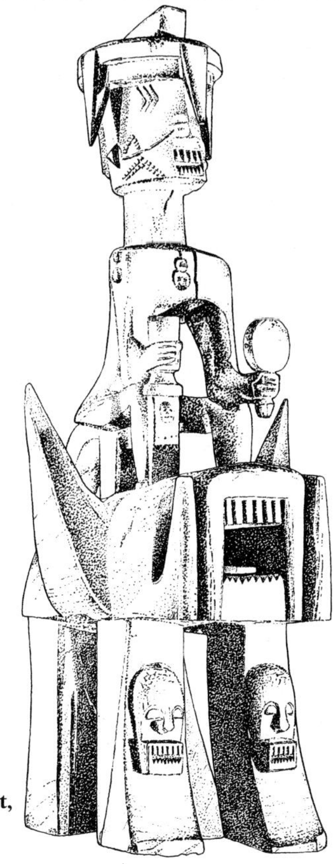

25 Altar *ejiri.*
Ijo, Nigeria
Metropolitan Museum of Art, New York H. 63,5 cm

zwischen denen überhaupt keine Ähnlichkeit besteht, gibt es in der afrikanischen Kunst keine Entsprechung und wir kennen auch keine frühere Entwicklungsstufe. Es sind sozusagen zwei geniale Supernovae, die plötzlich auf dem Himmel afrikanischer Kunst erstrahlten, ohne eine Spur in dem Stil des gewöhnlichen Schaffens der Schmiede und Bronzegießer der Fon zu hinterlassen.

Einen einheitlicheren Stil weisen dagegen die seltenen Tierplastiken der Fon auf, Metallplastiken, die aus zusammengenieteten Teilen bestehen, und Holzplastiken, die mit Silberfolie bedeckt sind (Perlhuhn, Elefant, Löwe, Büffel) und die allegorischen Reliefs, die in quadratische Nischen in den Lehmmauern des königlichen Palastes in Abome eingelassen sind. Es sind allegorische Piktogramme, die Aussprüche der Könige von Abomey wiedergeben und wichtige Ereignisse aus der Geschichte des Staates festhalten. Auch wenn der Stil dieser Reliefs zweifellos von heimischer Herkunft ist, stellt sich die Frage, ob der Gedanke, die Palastmauern mit Reliefs zu schmücken, nicht von den mit Bronzereliefs bedeckten Pfeilern des Palastes in Benin inspiriert war. Die Bronzereliefs in Benin wurden allerdings bereits gegen Ende des 17. Jahrhunderts abgenommen und im Lagerraum des Palastes aufbewahrt.

Den östlichen Ausläufer des Yoruba-Stilgebietes bildet das Territorium, das die Stämme der Sprachgruppe Edo bewohnen. Der bedeutendste Repräsentant dieser Sprachgruppe ist der Stamm der Bini, die das Staatsvolk des Königreichs Benin und die Schöpfer seiner Hofkunst waren. Der Kult der Ahnen des Herrschers von Benin, dessen Ausdruck die Menschenköpfe aus Bronze waren, die auf den Altären der Ahnen im Palast standen, fand seine Analogie in den Häusern der Häuptlinge von Dörfern und kleineren Edo-Stämmen, die unter der Oberherrschaft von Benin standen. Die Funktion der Beniner Menschenköpfe aus Bronze übernahmen hier auf den Altären männlicher Ahnen hölzerne Widder- und Antilopenköpfe und erst ungefähr seit der Mitte des vorigen Jahrhunderts durften diese örtlichen Würdenträger zu diesem Zweck auch Menschenköpfe aus Holz verwenden, deren Stil in gewisser Hinsicht eine volkstümliche Kopie des höfi-

136 Aufsatzmaske des Geheimbundes *ekkpe.* Ekoi (Ejagham), Nigeria, Crossfluß. Holz mit Antilopenhaut überzogen. Obwohl diese Maske bereits vor dem ersten Weltkrieg erworben wurde, war sie wahrscheinlich für den Verkauf an Ausländer bestimmt. Dies bezeugt die Tatsache, daß es in den Sammlungen mehrerer großer Museen fast identische Exemplare gibt, die rituell nie benutzt wurden und offenbar von einem Schnitzer serienweise hergestellt wurden.
Náprstek-Museum, Kat. Nr. 23527 H. 61 cm

schen Stils ist. Auf dem Altar der Mutter des Häuptlings stand die Holzfigur eines Hahns, ein Gegenstück der Bronzefigur, die in Benin den Altar der Königin-Mutter schmückte. Den ursprünglichen Stammesstil der Bini repräsentieren wahrscheinlich die Gesichtsmasken des Geheimbundes *ekpo* (Abb. 134).

In einigen der berühmten Sammlungen befinden sich auch die sehr seltenen Holzmasken dieses Stammes, die zu der Beute der erwähnten Strafexpedition gehörten. Sie stammen aus einem einzigen Ort, dem Beniner Hafen Ughoton, wo sie erbeutet worden waren und wo — nach dem Bericht von W. Fagg — später ihre Kopien angefertigt wurden. Sie sind in ihrem Stil und Typ sowohl von der Hofkunst von Benin, als auch von der Stammeskunst der Bini verschieden. Ihre Vorlagen stammen offensichtlich aus dem Nigerdelta und zu den Bini gelangten diese Masken, die in einem lokalen Kult verwendet werden, durch Vermittlung der südlichen Yoruba. Der kubistisch-eckige Stil der Küstenstämme übte auch auf den selbständigen Stil eines anderen Edo-Stammes, der Urhobo, der südlichen Nachbarn der Bini, seinen Einfluß aus. Die wenig bekannten und in den Sammlungen nur selten vertretenen menschlichen Holzfiguren der Urhobo wirken dank ihres robusten Stils eher als monumentale, aus Stein gehauene Statuen.

Die detaillierten Informationen über die Kunst der Urhobo verdanken wir Perkins Foss, der sie zu Anfang der siebziger Jahre *in situ* studierte. Die männlichen und weiblichen Figuren, die bis etwa 150 cm hoch sind, verkörpern verschiedene Geister oder Ahnen. Sie werden mit der kriegerischen Tradition des Stammes und seinen Ahnen verbunden, die das Territorium des Stammes eroberten und seine heutigen Dörfer und Städte gründeten. Diese kämpferische Tradition ist wahrscheinlich die Quelle einiger typischer Züge des Urhobo-Stils und erklärt auch die kriegerischen Attribute der männlichen Figuren: verschiedene Waffen, Messer, Schwerter, Speere u.ä. Der Kopf und der Hals dieser Figuren bilden eine mächtige Säule, aus der nur an der Vorderseite das Gesicht mit einem energischen Kinn hervortritt (Zeichnung S. 116). Die hohe, leicht gewölbte Stirn zieren vier senkrechte, breite Furchen der Schmucknarben mit einer fünften schmalen Furche in der Mitte, die sich nach unten bis auf den Nasenrücken zieht. Diese Schmucknarben erhöhen die Wirkung der sich drohend erhebenden monumentalen Figur. Bei weiblichen Figuren sind manchmal die breiten senkrechten Furchen durch vier kleine Quadrate ersetzt, die mit senkrechten und horizontalen Einschnitten in neun kleine Sektionen aufgeteilt sind. Die Schultern der Figuren sind breit, der Torso ist aufgerichtet und die obere Hälfte des Brustkorbes ist gewölbt wie bei einem tiefen Atemzug. Diese Figuren erinnern ein wenig an die typische Silhouette eines amerikanischen Football-Spielers in seinem gepolsterten Schutzanzug. Die Figuren nehmen eine halb stehende, halb sitzende Haltung ein, was in Verbindung mit den erwähnten Stilelementen den Eindruck von Kraft und innerer Spannung erweckt. Die Oberfläche der Figuren ist gewöhnlich mit einer Kreideschicht bedeckt, die immer wieder erneuert wird. Die künstlerisch wertvolleren Masken dieses Stammes ähneln in ihrem Stil den Gesichtern der großen Figuren. Sie stellen Wassergeister dar und nach der Überlieferung wurden sie aus dem Land der südlichen Nachbarn, der Ijo, hierhergebracht. Auch diese Überlieferung bestätigt also den Einfluß des dortigen kubistischen Stils auf den Stil der Urhobo.

Von den Edo-Stämmen, die an der Peripherie der Macht des Königreichs Benin leben, sind die nordöstlichen Nachbarn der Bini, die Ishan, zu erwähnen. Von den stilistisch und thematisch selbständigen Schnitzereien dieses Stammes kennen wir am besten die Gesichtsmasken, deren Typ die Yoruba aus Owo für ihre Auftritte *egungun* übernommen haben. Sie haben große Sehlöcher, die nicht wie bei den Masken der Bini unter den Augen liegen, sondern das Auge ersetzen und seine ganze Fläche einnehmen. Charakteristisch ist ihre schräge Lage mit höher gelegenen inneren Augenwinkeln, die an tragische Masken des antiken Dramas erinnert. Der offene Mund dieser Masken mit gefletschten Zähnen nimmt die ganze Breite des Gesichts ein, auf dem Kinn ist ein Bart angedeutet.

Die Kunst der nördlichen kleinen Edo-Stämme, die unter dem gemeinsamen abfälligen Namen Kukuruku bekannt sind, wurde bis jetzt nicht systematisch behandelt. Die veröffentlichten Proben sind eine Mischung aus fremden Vorbildern und Einflüssen der Nachbarn, was für ein Gebiet typisch ist, das in dem Schnittpunkt von drei großen Stilregionen liegt.

SÜDOSTNIGERIA

Die zweite große Stilregion dieser Kunstprovinz liegt in Südostnigeria. Ihr Territorium ist im Westen durch den Unterlauf des Niger begrenzt und schließt sein Delta ein, im Norden wird es durch den linken Nebenfluß des Niger, den Benuë, begrenzt und im Osten entspricht seine Grenze der heutigen Staatsgrenze zu Kamerun. Ebenso wie im Falle anderer großer Stilprovinzen und Regionen sind auch hier diese Grenzlinien sehr durchlässig. Es ist nur eine Abgrenzung, welche die Klassifizierung der großen Zahl von Schnitzereien vieler Stämme ermöglicht, deren historisch entstandene politische, kulturelle und wirtschaftliche gegenseitige Bindungen die Vermischung stilbildender Prinzipien und die Übernahme von Themen über die Grenzen hinweg unterstützen. Und dieser Grundsatz, der nach außen gilt, hat um so mehr Gültigkeit innerhalb der Region.

137 Ahnenschrein *duen fobara.*
Kalabari Ijo, Nigeria. Polychromiertes Holz, den Hintergrund bildet ein hölzerner, mit Rohr ausgefüllter Rahmen.
Museum of Mankind, London **H. 97 cm**

Südostnigeria hat vier ursprüngliche Stilzentren. Das erste befindet sich im Nigerdelta, das zweite in dem Gebiet, das sich entlang des Crossflusses bis zu der Grenze von Kamerun erstreckt, das dritte liegt zwischen dem Unterlauf des Crossflusses und dem Delta und das vierte nördlich von hier in dem Dreieck, das die Flüsse Niger und Benuë bilden. Die ethnisch-politische und künstlerische Situation erinnert ein wenig an die Situation im Westen der Elfenbeinküste, in Liberia und den angrenzenden Gebieten von Guinea, wo der sog. Dan-Nigere-Komplex ein dominierender Faktor ist. In Südostnigeria ist aber die Situation in jeder Hinsicht viel komplizierter.

Während sich im Westen an der Entstehung des Stilkomplexes zwei gegensätzliche stilistische Haupttendenzen, die durch zwei Stämme vertreten waren, beteiligten, sind es hier vier Stiltendenzen von ähnlicher Bedeutung, die aus den erwähnten vier Stilzentren hervorgegangen sind. An einigen Orten dieser Region, vor allem zwischen dem Unterlauf des Crossflusses und dem Delta, treten manchmal die Stile all dieser vier Zentren gleichzeitig auf. Mit der vergleichbaren Region Westafrikas hat Südostnigeria noch eins gemeinsam — den Mangel an höherer politischer Autorität. Diese Autorität überschreitet hier gewöhnlich nicht die Grenzen des Dorfes und mit Ausnahme der Ibibio existiert hier auch kein Geheimbund, der eine einigende kulturelle Kraft darstellen würde. In der Vergangenheit gab es zwar Geheimbünde bei den Ibo, aber ihr politischer Einfluß wurde bereits im 19. Jahrhundert von der Kolonialverwaltung stark eingeschränkt. Dieser Situation ist es aber zu verdanken, daß die hiesige Kunst stilistisch so verschiedenartig ist.

In dem Küstengebiet des Nigerdeltas, wo das erste Stilzentrum liegt, leben der sprachlich isolierte Stamm der Ijo und im Osten die mit ihm verwandten Kalabari, an deren Ethnogenese sich auch Angehörige anderer Stämme beteiligten, die als Kriegsgefangene oder Flüchtlinge in diese Gegend geraten waren. Die Umwelt — kleine Flächen des Festlandes, die von Mangroven bewachsen und von zahlreichen Wasserläufen durchzogen sind — bestimmte die Lebensweise der hiesigen Bevölkerung. Die Grundlage der Wirtschaft bildete der Fischfang. Ein Teil des Fanges wurde bei Stämmen, die weiter landeinwärts an dem örtlichen Bach oder Fluß lebten, gegen andere notwendige Güter eingetauscht. Die Küstenlage des Stammesgebietes hat früh zu Kontakten mit europäischen Seefahrern geführt, die der einheimischen Bevölkerung die Gelegenheit boten, sich im Zwischenhandel zu betätigen. Sklaven waren hier die meistgefragte Ware, später war es das Palmöl.

Diese Tatsachen werden auch in den Themen der traditionellen Kunst erkennbar. Die Abhängigkeit der Menschen vom Wasser rief Vorstellungen von der Existenz mächtiger Wassergeister hervor, von deren Gunst das menschliche Schicksal abhängt. Masken, die diese Geister darstellten, waren Requisiten der Feste des Geheimbundes *sekiapu* und der halbgeheimen Tanzbünde *ekine*. Sie stellen stilisierte Köpfe von Wassertieren, Fischen oder Monstren dar, die durch Kombination einzelner Elemente verschiedener Wassertiere entstanden (Zeichnung S. 121). Wenn diese Masken das menschliche Gesicht zum Thema haben, sind diese Gesichter schmal, in die Länge gezogen und kahnförmig gebogen. Alle diese Masken wurden waagerecht auf dem Kopf getragen, wobei der Körper in ein Maskenkostüm eingehüllt war. Bei einigen Festen stiegen die maskierten Tänzer aus dem Wasser, und wahrscheinlich war es dieser Brauch, der zum Tragen der Masken in waagerechter Lage führte.

Ein eigenartiges Thema, das auch die Urhobo übernommen haben, ist eine Art von Altären, die *ejiri* heißen (Zeichnung S. 123). Es sind Figuren eines Fabeltieres, die angeblich einen Elefanten (ohne Rüssel!) darstellen, der jedoch deutliche Merkmale eines Raubtieres hat. Auf seinem Kopf ist das sitzende Haupt der Familie angeschnitzt, manchmal mit zwei Begleitern. Dieses Monstrum ist die Darstellung des Schutzgeistes der Familie.

Den Stil der Schnitzkunst im Nigerdelta kann man als kubistisch bezeichnen. Gesichter, Köpfe und ganze menschliche und tierische Körper werden in anatomische Komponenten zerlegt und diese zu räumlich-geometrischen Grundformen umgewandelt, welche dann wieder zu einer neuen organischen Einheit zusammengefügt werden. Dabei überwiegen das vierseitige Prisma und der Zylinder, aber auch der Kegel, die Pyramide, die Halbkugel u.ä. kommen zur Geltung. Robin Horton (1965), der in den sechziger Jahren diese Kunst bei den Kalabari studierte, hat die Beobachtung gemacht, daß die dortigen Schnitzer der Skulptur nicht mit einer Dechsel, wie es in ganz Afrika üblich ist, sondern mit einem Buschmesser, das für die rechtwinklige oder diagonale Verbindung der Flächen besser geeignet ist, ihre Grundform verleihen. In diesem Zusammenhang äußert er die Vermutung, daß vielleicht gerade die Verwendung dieses Werkzeuges zu der Entstehung des hiesigen Stils beigetragen hat. Er kommt dann aber zu dem wahrscheinlich richtigen Schluß, daß vielmehr die traditionelle „kubistische“

138 Ein Schneider an einer Singer-Nähmaschine. Ibibio, Nigeria, Ikot Ekpene. Helles Holz mit modernen, importierten Farben polychromiert. Diese „moderne“ Schnitzerei, die in den sechziger Jahren entstanden ist, sollte vielleicht als ein scherzhafter Aufsatz für eine profane Maske zur Belustigung der Zuschauer dienen. Die asymmetrische europäische Frisur kommt auf den Masken dieses Stammes bereits seit den zwanziger Jahren vor.

Náprstek-Museum, Kat. Nr. A 9451 H. 45 cm

SINGER

Tendenz die hiesigen Schnitzer zu der Wahl dieses Werkzeuges veranlaßt hat. Wenn man diesen auffälligen Stil betrachtet, kommt man unausweichlich auf den Gedanken, daß die Existenz eines ähnlichen Stils an der Grenze zwischen der Elfenbeinküste und Liberia bei dem Küstenstamm Kru und bei dem Stamm der Grebo (Zeichnung S. 123), die an der Mündung des Flusses Cavally leben, kein Zufall ist. Es werden dort Masken in einem ähnlichen Stil geschnitzt, die thematisch von den monströsen Masken des bereits bekannten Stilkomplexes Dan-Ngere ausgehen. Im Hinblick auf die Tatsache, daß die Männer des Stammes Kru oft als Matrosen für Schiffe angeheuert wurden, die den Verkehr vor der westafrikanischen Küste besorgten, ist die Übertragung dieses Stils in der einen oder anderen Richtung nicht ausgeschlossen.

Es wurde bereits erwähnt, daß der hiesige Stil zu den gestaltenden Faktoren im Stil des Edo-Stammes Urhobo im Nordwesten gehörte. Mit viel größerer Kraft macht sich jedoch sein Einfluß bei den Nachbarn im Nordosten bemerkbar. Dieser Stil wurde von den südlichen Ibo, die der Gruppe Ekpahia angehören, übernommen und übte einen starken Einfluß auf die traditionelle Kunst der Ibibio, die an der Mündung des Crossflusses leben, aus. Im Falle des Ibibio-Stammes wirkte der Einfluß auch in der entgegengesetzten Richtung. Die Tanzaufsätze in Gestalt von Menschenköpfen auf einer Unterlage, die einen von den zwei Grundtypen der Masken bei den Stämmen aus dem Gebiet des Crossflusses bilden, dienten offensichtlich bereits in früheren Zeiten als Vorlage für ähnliche Aufsätze des Küstenstammes der Ijo. In der Neuzeit — wie R. Horton berichtet — beziehen die Kalabari für ihre Tanzbünde *ekine* von den Schnitzern aus Ikot Ekpene fertige, in keiner Weise stilistisch adaptierte Masken der Ibibio, die zu der Gruppe Anang gehören.

Bevor wir dieses Küstengebiet verlassen, möchten wir noch eine Besonderheit der hiesigen Schnitzerei erwähnen, und zwar die Begräbnisplatten *duen fobara.* Diese wurden zum Andenken an verstorbene Leiter der Handelshäuser der Kalabari-Städte, die durch den

139 Frei stehende Figur einer Frau. Wurkun (?), Nigeria. Hartes, braunes Holz mit schwarzgrau gefärbter, glänzender Oberfläche. Der ursprüngliche Eigentümer kaufte diese Figur in Paris im Jahre 1932, wobei als ihr Ursprungsland Belgisch-Kongo angegeben wurde. Der säulenförmige Hals über der Ebene der Schultern und die im Relief am zylindrischen Torso geschnitzten Arme ermöglichen es, die Figur hypothetisch einem der Stämme aus dem Gebiet nördlich des Benuë zuzuordnen. Die in fünf kugelförmige Gebilde, die in kurze (im Nacken abgebrochene) Vorsprünge auslaufen, geteilte Frisur erinnert an die Frisur der berühmten Terrakotta-Figur aus Nok (s. Zeichnung Nr. 1).
Náprstek-Museum, Kat. Nr. 26605 H. 39,8 cm

Handel mit fremden Leuten reich geworden waren, angefertigt (Abb. 137). Sie sind heute wahrscheinlich nur in Museen zu finden. Es sind rechteckige zusammengesetzte Rahmen aus Holz, die mit waagerecht gelegtem Schilfrohr ausgefüllt sind. An diesem Hintergrund sind Figuren befestigt, die in dem hiesigen kubistischen Stil geschnitzt sind. Die Hände und Beine der Figuren wurden getrennt geschnitzt und an den Figuren so befestigt, daß sie in einem falschen Hochrelief in den Raum ragen. Die zentrale Figur, die den Verstorbenen darstellt, zu dessen Andenken die Platte angefertigt wurde, ist durch den sorgfältig ausgeführten Tanzaufsatz des Bundes *ekine* individualisiert, der demjenigen, den der Tote zu seiner Lebenszeit benutzte, genau entspricht. An beiden Seiten der Zentralfigur stehen gewöhnlich zwei Figuren als Begleiter, die in der sogenannten sozialen Perspektive verkleinert sind, in ähnlicher Weise wie auf den Bronzeplatten aus Benin, die den *oba* mit den Höflingen oder einen Krieger mit seinen Knappen darstellen. Das Format dieser Platten, die Anwendung der sozialen Perspektive und die Übereinstimmung in einigen Details der Komposition lassen kaum die Möglichkeit zu, daß sie ohne Kenntnis des erwähnten Prototyps aus dem Umkreis der Beniner Hofkunst entstanden sind. Die Technik des Zusammenbauens der Platten und Figuren aus einzelnen Teilen, die in Afrika einmalig ist, wird darauf zurückgeführt, daß die hiesigen Schnitzer die Gelegenheit hatten, die Schreiner und Zimmerleute auf den Schiffen bei der Arbeit zu beobachten.

Den stilistischen Gegenpol zu der kubistischen Holzschnitzerei aus dem Nigerdelta bildet das Stilzentrum am Oberlauf des Crossflusses. Einige der hiesigen Aufsatzmasken in Gestalt von Menschenköpfen, die auf runden geflochtenen Unterlagen befestigt sind, erreichen wahrscheinlich das höchste Maß an Realismus, zu dem die afrikanische Kunst je gelangt ist. Dies trifft vor allem für die Tanzaufsätze der am Nordufer des Crossflusses in Kamerun lebenden Anyang zu. Die besten Exemplare dieser Masken aus der Zeit vor dem ersten Weltkrieg kann man heute in einigen deutschen Museen sehen. Die realistischen Masken der Anyang, die den Eindruck naturgetreuer Porträts machen, sind allerdings nur ein Extremfall in der allgemeinen Tendenz dieses Stilzentrums. Die meisten Schnitzereien der ganzen Gruppe miteinander verwandter bantoider Stämme weisen ein mehr oder weniger großes Maß an Stilisierung auf, die bei der Gestaltung gleicher Themen — auch wenn es widersinnig zu sein scheint — bis ins kubistische Extrem geht. Dies trifft sowohl auf Masken als auch auf einige seltene Figuren in deutschen Sammlungen zu. Die Masken der Widekum, der nördlichen Nachbarn der Anyang, weisen z.B. ein hohes Maß an Stilisierung mit geometrisierender Tendenz auf, also im regionalen Maßstab dieselbe stilistische Vermischung wie in Südostnigeria.

Als der bedeutendste Repräsentant der Schnitzkunst dieses Stilzentrum gilt der Stamm der Ekoi (Ejagham), der südlich vom Crossfluß lebt. Diesem Stamm werden gewöhnlich auch andere, nichtdokumentierte Schnitzereien in diesem Stil zugeschrieben, besonders Masken, die in Wirklichkeit von einem der vielen verwandten Nachbarstämme stammen. Außer den bereits erwähnten Stämmen sind es z.B. der kleine Stamm der Keaka, der am südlichen Ufer des Crossflusses östlich von den Ekoi wohnt, und der Stamm der Bokyi, der nördlich von den Ekoi, zwischen dem Crossfluß und dem Territorium der Tiv lebt und der zwar auch bantoid ist, dessen Kunst aber nicht durch den hiesigen Stil gekennzeichnet ist. Einigen typischen Themen des Crossfluß-Stilzentrums, die in Varianten des hiesigen Stils verarbeitet sind, kann man sowohl im Osten bei dem Stamm der Bangwa, der aber bereits eher zu dem kulturell verschiedenen Gebiet des Kameruner Graslandes gehört, als auch im Westen bei einigen Gruppen der Ibo und Ibio begegnen. Ihre Verbreitung in beiden Richtungen verdanken diese Themen und Stile offenbar den Ekoi, deren Territorium der Handelsweg durchquerte, der das Grasland mit der Kalabarküste verband.

Das wichtige und gleichzeitig bekannteste Produkt dieser Schnitzerei sind zwei Maskentypen. Zum ersten Typ gehören die bereits erwähnten Aufsätze in Gestalt von Menschenköpfen auf geflochtenen Unterlagen, die auf dem Kopf des Tänzers festgebunden werden. Oft sind es Darstellungen von Frauenköpfen mit auffallenden Frisuren in Form von hohen spiralförmigen Flechten (Abb. 136). Bei den Bokyi kommen diese Aufsätze mit zwei nebeneinanderstehenden Gesichtern vor. Bei den meisten bleibt die natürliche Größe des menschlichen Kopfes erhalten, einige sind jedoch verkleinert. Wir kennen auch Aufsätze in Gestalt eines Fabeltieres mit einem breiten, schnabelförmigen Maul, die wahrscheinlich einen Affen darstellen. Zu dem zweiten Typ gehören Helmmasken. Sie sind zylindrisch oder glokkenförmig und ruhen mit ihrem Gewicht auf den Schultern des Tänzers. Auf ihrer Oberfläche sind gewöhnlich im Relief zwei Gesichter ausgeführt, die in entgegengesetzte Richtungen blicken (Januskopf), manchmal sind es drei bis vier. Eines dieser Gesichter, das männliche, hat Augenlöcher und ist schwarz, die hellen weiblichen Gesichter sind „blind". In Löcher im Scheitel dieser Helme werden Federn oder Stacheln des Stachelschweins gesteckt, auf einigen sind ein oder zwei kleine menschliche Köpfe angeschnitzt. Die verschiedenen Typen dieser Masken und einige von ihren ikonographischen Details entsprechen den verschiedenen Rangklassen in der Hierarchie des Geheimbundes *ekkpe*.

Ein Überzug aus ockerbrauner Antilopenhaut, die mit kleinen Holzpflöcken gespannt und befestigt ist, steigert das realistische Aussehen dieser Masken. Diese

140 Pfeifenkopf in Gestalt eines sitzenden Mannes mit einer Elefantenmaske. Terrakotta von braungrauer Farbe. Bali (?), Kamerun.
Náprstek-Museum, Kat. Nr. 56408
H. 17,4 cm

141 Anthropomorphe Pfeifenköpfe. Braungrauer Ton, das zweite Exemplar mit ziegelroter Oberfläche. Beide Objekte wurden vor 1890 erworben. Bali (?), Kamerun.
Náprstek-Museum, Kat. Nr. 49 291 und 6593 H. 12 cm u. 9,4 cm

Technik findet man sonst nirgendwo innerhalb oder außerhalb von Afrika. In der Fachliteratur liest man gewöhnlich die Bemerkung, daß zu diesem Zweck früher Menschenhaut benutzt wurde, es scheint jedoch, daß es für diese Vermutung keine Belege gibt. Sie entstand wahrscheinlich auf Grund des einstigen Brauches, mit dem erbeuteten Kopf eines Feindes, der auf dem Kopf des Tänzers befestigt war, zu tanzen. Solche Trophäen aus der Zeit deutscher Kolonialherrschaft in Kamerun haben sich in den Sammlungen deutscher Museen erhalten.

Es gibt bei den Ekoi auch Tanzaufsätze in Gestalt kleiner sitzender menschlicher Figuren, die auf einer geflochtenen Kappe befestigt sind. Diese figürlichen Aufsätze sind ebenfalls mit Tierhaut bezogen und haben bewegliche Arme.

Das dritte Stilzentrum von Südostnigeria liegt zwischen dem Unterlauf des Crossflusses und dem Nigerdelta. Dieses Gebiet wird von vielen stilistisch ziemlich selbständigen Gruppen des großen Stammes der Ibibio sowie von den mit ihnen verwandten Kana bewohnt (die gewöhnlich mit dem Namen Ogoni, den ihnen die Ibo gegeben haben, bezeichnet werden). Es kommen hier gleichzeitig zwei Stile zum Ausdruck: einerseits der kubistische Stil des Deltas und andererseits der Stil des Oberlaufs des Crossflusses. Die berühmten Grabfiguren der Ahnen des Clans der Oron aus dem Stamm der Ibibio von der Kalabarküste (heute sind sie größtenteils im Museum in Orom aufbewahrt) sind in einem einzigartigen, unverwechselbaren lokalen Stil geschnitzt, der von kubistischen Grundsätzen ausgeht. Dasselbe trifft auch für bizarre Tanzaufsätze, die aus mehreren kugelförmigen Menschenköpfen zusammengestellt sind, und menschliche Figuren zu, die außer der kubistischen Tendenz auch die in ihrem Wesen unafrikanische Technik der Zusammensetzung eines Kunstwerkes aus selbständig geschnitzten Teilen aufweisen, die in ihrem Endergebnis den monolithischen Rahmen sprengt. Es wäre möglich, daß die Idee der beweglichen Arme der figürlichen Tanzaufsätze der Ekoi von hier übernommen wurde. Auch diese Technik — wie wir bei den Platten *duen fobara* der Ijo gesehen haben — stammt offenbar aus dem Gebiet des Deltas. Der Einfluß des nahen Zentrums, wo es seit langem zu Begegnungen mit Europäern kam, wird auch darin erkennbar, daß einige Figuren der Ibibio, auch diejenigen, die bestimmt älter sind, europäische Kleidungsstücke tragen (Hut, Mantel u.ä.).

Die Einwirkung von zwei fremden, stilistisch gegensätzlichen Einflüssen und die Verwendung fremder Maskentypen zusammen mit den eigenen, die Variabilität des heimischen Stils und die offensichtliche Vorliebe für ikonographische Neuerungen, das alles sind Faktoren, durch die die Konturen der traditionellen autochthonen Wesenszüge dieses Stilzentrums beträchtlich vernebelt werden. Im Hinblick auf den konservativen Traditionalismus ähnlicher Institutionen kann man annehmen, daß diese Wesenszüge am deutlichsten in den Masken des Geheimbundes *ekpo* (Abb. 135) zum Ausdruck kommen. Aus ihrem breiten ikonographischen Register sind für die Suche nach diesen Wesenszügen Masken in Gestalt eines einfachen menschlichen Gesichts am besten geeignet, die nicht mit ikonographischen Besonderheiten belastet sind. Der Prototyp dieser Masken ist das oft publizierte Exemplar aus den Sammlungen des Lindenmuseums in Stuttgart

142 Pfeifenkopf in Gestalt eines menschlichen Kopfes, auf dem eine Halbfigur mit drei Gesichtern steht. Bamum, Kamerun. Messing, Guß in verlorener Form.
Nationalgalerie, Prag **H. 28,7 cm**

(Abb. 144), man kann aber Stücke von gleicher Qualität auch in anderen alten Sammlungen finden, z.B. im Horniman-Museum in London und auch anderswo. Diese Maske hat, wie die meisten Masken der Ibibio und Kana (Ogoni), einen beweglichen Unterkiefer. Ihr Umriß ist im Grunde genommen quadratisch und diese Form wird nur ein wenig durch das kleine Kinn auf dem angebundenen Unterkiefer gestört. Der quadratische Eindruck wird durch drei Horizontalen verstärkt, die hier das wichtigste Stilisierungsmittel sind. Die erste Horizontale bildet der untere Rand der gewölbten Oberlider, die zweite der untere Rand der Nase, an den die Kante der Wangen anknüpft, und die dritte der untere Rand der Oberlippe, der die ganze Breite der Maske einnimmt. Den Kontrapunkt zu diesen Horizontalen bildet die Vertikale des scharfen Nasenrückens, der sich oben nur allmählich in der Wölbung der Stirn verliert, und der Furche unter der Nasenscheidwand, die in einer Spitze in der Mitte der in zwei Wellenlinien elegant geschnittenen Oberlippe endet. Mit den geraden Linien der Vorderansicht kontrastieren im Profil die Kurven der gewölbten Stirn, der Augenlider, der Wangen, der Nasenflügel und der Oberlippe. Der Sinn dieser Kurven liegt allerdings nicht in einem formalistischen Kontrast zu der linearen Gliederung der Vorderansicht; sie sind ein Mittel, das der Modellierung des Gesichts durch das Licht dient und diesem Gesicht eine übernatürliche Lebendigkeit verleiht.

Mit der formalen Analyse dieser einzigen Maske haben wir uns deshalb etwas länger beschäftigt, weil man die einzelnen stilistischen Elemente, die hier in einer kristallisierten klassichen Form vorkommen, an den meisten Holzschnitzereien der Ibibio findet. Die lokalen Unterstile sind eigentlich nur durch das Maß gegeben, in dem die Stilisierung von dieser klassischen Norm abweicht, oder eventuell durch ihre Bereicherung um eine neue Stilisierungsmethode oder um ein neues, originelles oder übernommenes ikonographisches Element. Wenn wir die Kunst der Ibibio aus dieser Perspektive betrachten, werden wir die stilistischen Zusammenhänge begreifen können, die z.B. zwischen den Figuren der südlichen Ibibio mit offensichtlicher Vorliebe für kontrastierende schwarze und weiße Flächen und manchmal auch für fremde technische Verfahren und den schwarzen Tanzaufsätzen bestehen, die bei dem Fest nach dem Abschluß der Yamsernte in dem nördlichen Gebiet zwischen den Städten Umuabia und Ikot-Ekpene verwendet werden.

Wir haben bereits gesagt, daß die Masken des Geheimbundes *ekpo* ikonographisch sehr verschiedenartig sind. Außer gewöhnlichen menschlichen Gesichtern kommen bei ihnen oft Gesichter vor, die durch die hier verbreitete Krankheit *gangosa* (Rhinopharyngitis), die Nase und Gaumen befällt, verstümmelt sind, einige dieser Masken stellen wahrscheinlich in stilisierter Form ein fortgeschrittenes Stadium der Lepra dar. Über der Stirn einiger Masken ist ein kleiner menschlicher Schädel angeschnitzt. Die Masken des Unterstammes Anang aus Ikot-Ekpene sind realistischer. Sie sind nur wenig stilisiert und neigen eher zu einer gewissen idealisierten Verjüngung des menschlichen Gesichts. Eigentlich sind es ziemlich stereotype Knaben- und Mädchengesichter. Die männlichen Masken ziert eine sorgfältig durchgeführte europäische Frisur mit einem Scheitel auf der einen und einer Stirnlocke auf der anderen Seite, die Haarflechten der weiblichen Masken imitieren wahrscheinlich modische Frisuren der britischen Damen aus viktorianischer Zeit. Die Masken aus Ikot-Ekpene haben nicht jenen beweglichen Unterkiefer, den wir an den übrigen Masken der Ibibio kennengelernt haben. In den letzten Jahrzehnten werden diese Masken mit importierten synthetischen und Ölfarben bunt bemalt und zum Unterschied von den traditionell beliebten mattierten Oberflächen ist ihre Oberfläche auf Glanz poliert. Dank der hohen Produktivität der Schnitzer aus Ikot-Ekpene, die in genossenschaftlichen Manufakturen arbeiten, und ihrer

Geschäftstüchtigkeit werden heute diese Masken auch in entfernten Gegenden Nigerias benutzt. Im heimischen Milieu der Ibibio werden diese Masken von nichtinitiierten Knaben getragen.

Die Masken der Kana (Ogoni) sind zum Teil eine verkleinerte Version von Grundtypen der Ibibio-Masken mit beweglichem Unterkiefer. Im Verhältnis zu ihrer Höhe sind sie oft schmal, demgegenüber sind die Zähne meist vergrößert. Ihre Gesichter sind meistens weiß und die Frisuren braunschwarz. Außer diesen Masken, deren Typ wahrscheinlich von außen übernommen wurde, hat dieser Stamm auch seine eigenen, stark stilisierten bis schematisierten Tiermasken (Elefant, Wildschwein, Antilope), die bei akrobatischen Tänzen *karikpo* während des Erntefestes getragen werden.

Das letzte Zentrum traditioneller Kunst in Südostnigeria unterscheidet sich in seinem Charakter wesentlich von den drei übrigen. In seiner reichen Schnitzkunst ist keine gemeinsame Stiltendenz erkennbar. Das grundlegende ethnische Element bildet hier der Stamm der Ibo, heute das zweitgrößte Volk Nigerias, der in einige Dutzend Unterstämme gegliedert ist. Obwohl die Ibo für ihre Intelligenz und ihren Fleiß bekannt sind, hat die Entwicklung ihrer gesellschaftlichen und kultischen Organisation in der vorkolonialen Epoche nie die Grenzen des Dorfes überschritten. Das Ergebnis dieser politischen Zersplitterung ist die große Vielfalt rein lokaler künstlerischer Stile. Die meisten Ibo sind Bauern, doch viele von ihnen sind ambulante Händler und Handwerker, die oft weit von ihrer Heimat entfernt in fremder ethnischer Umgebung unterwegs sind. Und eben dieser Unternehmungslust verdankt die Kunst der Ibo viele formelle und thematische Impulse.

Aus dem großen Reichtum an Stilen und Themen können wir nur einige der wichtigsten behandeln. Von den Figuren sind es polychromierte, manchmal überlebensgroße Ahnenfiguren, die aus der Umgebung der Stadt Onitscha stammen. Ihren Stil kann man mit einigen Vorbehalten als realistisch bezeichnen, wobei wir hier einer Tendenz begegnen, die das Gegenteil der verbreiteten afrikanischen Tendenz zur Vergrößerung der Köpfe im Verhältnis zum Körper darstellt. Die Köpfe dieser Figuren sind relativ klein, manchmal sitzen sie auf einem säulenartigen Hals, und auch die Beine sind etwas verlängert. Diese Figuren, die wahrscheinlich eher für den öffentlichen Kult des ganzen Dorfes als für den privaten Kult einzelner Haushalte bestimmt waren, kamen in größerer Zahl in europäische und amerikanische Sammlungen erst infolge der bewegten Ereignisse in Ostnigeria während des Bürgerkrieges in der zweiten Hälfte der sechziger Jahre. Bemerkenswert an diesen Figuren ist die genaue Wiedergabe der traditionellen Schmucknarben *itchi* der Ibo, die auf der Stirn eine dichte Schraffierung bilden. Es sind Schmucknarben in Form von dicht nebeneinanderliegenden schrägen Strichen, die wir bereits an den seltenen kleinen Bronzeköpfen (Zeichnung S. 47) aus dem 9. Jahrhundert, die in Igbo Ukwu ausgegraben wurde, gesehen haben.

Die Schmucknarben *itchi* werden oft auch auf den berühmten Masken des Geheimbundes *mmwo* (Zeichnung S. 138) aus derselben Gegend reproduziert. Diese Masken mit länglichen weißen, seltener auch schwarzen Gesichtern mit feinen Zügen sind Darstellungen von Geistern verstorbener junger Frauen. Auf ihrem helmartigen Scheitel tragen sie Phantasiefrisu-

144 Gesichtsmaske mit beweglichem Unterkiefer. Ibibio, Nigeria. Schwarzgrau gefärbtes Holz und Raphiafasern.
Lindenmuseum, Stuttgart H. 35,5 cm

143 Gesichtsmaske. Bamum, Kamerun. Hellbraunes, schweres Holz mit grauschwarz gefärbter Oberfläche und funktioneller Patina. Das Haar und der Bart bilden ein Polster aus Schnüren, in die menschliche Haare eingeflochten sind.
Náprstek-Museum, Kat. Nr. 26 583 H. 41 cm

145 Helmmaske.
Bekom oder Babanki, Kamerun.
Schweres, Helles Holz mit braun gefärbter Oberfläche. Die tiefen Einschnitte haben die ursprüngliche, kontrastierende Farbe des Holzes behalten.
Náprstek-Museum, Kat. Nr. A 843 H. 38,5 cm

146 Büffelmaske. Bamileke (?), Kamerun. Hellbraunes Holz mit braun gefärbter Oberfläche. Die tiefen Einschnitte sind mit weißer Mineralfarbe ausgefüllt. Diese Maske wird auf dem Kopf in horizontaler Lage getragen.
Náprstek-Museum, Kat. Nr. A 13 511 H. 43,5 cm

ren mit Schmuckkämmen und manchmal noch mit einem figürlichen Überbau. Die Tänzer, die in diesen Masken auftreten, tragen enganliegende gestrickte Kostüme, an denen kleine Brüste befestigt sind. Außer diesen Mädchenmasken verwendet der Bund *mmwo* auch einen ganz anderen Maskentyp, dessen stilistische Affinitäten einen Nichteingeweihten dazu verleitet würden, ihre Provenienz eher bei den Ibibio zu suchen. Es sind männliche Gesichtsmasken mit Hörnern, die sich in einer steilen Kurve erheben. Nach W. Fagg (1963) symbolisiert diese Kurve in der afrikanischen Kunst oft das Prinzip der Kraft, des Wachstums und der Fruchtbarkeit.

Einen ähnlichen Fall von zwei gänzlich verschiedenen Stilen bei einer ethnischen Gruppe der Ibo finden wir im Nordosten des Ibo-Gebiets bei dem Unterstamm Afikpo. Einerseits gibt es hier Masken, die angeblich nach der Holzart, aus der sie geschnitzt sind, *mba* heißen. Es sind konvexe Gesichtsmasken, deren Umriß ein regelmäßiges, schmales Oval bildet. Das stilisierte weiße Antlitz, das ein hübsches junges Mädchen darstellt, hat zwei mandelförmige Augen mit Augenlöchern und eine schmale, scharf geschnittene Nase. Die bogenförmigen Augenbrauen und die Schmucknarben auf den Wangen und Schläfen sind schwarz, wie der gerundete Scheitel des Maske, der die Haare darstellt. Diesen Scheitel ziert eine kleine stehende oder sitzende menschliche Figur oder manchmal nur ein klingenförmiger, geometrisch durchbrochener Aufsatz, wie bei einigen Masken der Stämme des westsudanischen Gebietes. Diese Masken treten in identischen Paaren bei Festlichkeiten im Rahmen des Jahreszyklus auf. Bei ihrem Tanz ahmen sie die Mimik und die Bewegungen junger Mädchen nach. Andererseits haben aber die Afikpo eine Maske geschaffen, die zu den Höhepunkten der Abstraktion in der afrikanischen Kunst gehört. Diese Maske ist rund, konvex, verhältnismäßig klein, so daß sie nicht das ganze Gesicht bedeckt, vor dem sie angebunden ist. Von ihrer Stirn erhebt sich ein klingenförmiges Gebilde, das nach hinten gebogen ist und an das Horn eines Nashorns erinnert, das aber auf beiden Seiten flach ist. Dieses Horn stellt das Messer dar, das bei dem Ernten von Yamswurzeln verwendet wird. In der halben Höhe der Maske sind zwei waagerechte schlitzartige Öffnungen für die Augen. In der vertikalen Achse der Maske ragen unter jener Klinge drei bis vier zylindrische Vorsprünge nach vorn, die die Ibo als Zähne deuten, man kann jedoch annehmen, daß sie durch Stilisierung von Nase, Mund und Kinn entstanden sind. Diese Masken, die *maji* heißen, werden bei der Initiation der Knaben und bei dem Fest nach dem Abschluß der Yamsernte benutzt. Ähnlich konzipierte Masken, die offenbar eine abstrakte Darstellung eines Tierkopfes, vielleicht eines Antilopenkopfes sind, gibt es bei den nordwestlichen Ibo in der Gegend der Stadt Nsukka. Nordöstlich des Territoriums der Afikpo, in der Gegend um die Stadt Abakaliki, gibt es sehr bemerkenswerte Elefantenmasken *ogbodo enyi* (Zeichnung S. 138), in einem ausgesprochen kubistischen Stil, der sich von allen Kunstäußerungen dieser Region dermaßen unterscheidet, daß man die Provenienz dieser Masken lange in großer Entfernung von hier, im Nordosten von Nigeria suchte.

Zu den besten Kunstwerken der Ibo gehören rituelle Schnitzereien, die *ikenga* heißen und dem sogenannten Kult der rechten Hand ihres Eigentümers, d.h. des

147 Zylindrischer Hocker. Bamileke (?), Kamerun. Helles Holz mit braun gefärbter Oberfläche. Der durchbrochene Zylindermantel ist aus stilisierten Tierköpfen, vielleicht denen eines Schakals, gleichsam zusammengesetzt. Auch dieser Hocker stammt aus dem Palast eines Herrschers.
Náprstek-Museum, Kat. Nr. A 2072 H. 39,5 cm, ⌀ 33 cm

Herrn des Hauses, dienen. Es ist eine Menschenfigur oder nur ein Torso, manchmal aber auch eine ganze Figurengruppe, aus der gewöhnlich zwei krumme Hörner als Symbole der Kraft in die Höhe ragen. Die gleiche symbolische Bedeutung haben auch verschiedene Attribute, vor allem Waffen, die diese Figuren manchmal in den Händen halten. Dieses Schnitzwerk, eigentlich ein persönlicher Altar, auf dem man Opfer darbringt und den man in verschiedenen schwierigen Lebenslagen um geistige Unterstützung und Lebenskraft bittet, wird bei der Gründung eines neuen Haushaltes angeschafft und nach dem Tode seines Herrn vernichtet. Der Kult der rechten Hand und die Altäre, die diesem Kult dienen, sind bei vielen weiteren Stämmen am unteren Niger verbreitet. Sie existieren zum Beispiel bei den Bini, wo Altäre dieses Kults, die *ikebo-*

148 Hocker. Duala, Kamerun. Helles Holz mit unbearbeiteter Oberfläche.
Náprstek-Museum, Kat. Nr.22 662
L. 44 cm, H. 28 cm

go genannt werden, die Form von niedrigen Zylindren haben, die an ihrer ganzen Oberfläche mit flachen Figurenreliefs geschmückt sind. Aus ihrer runden Deckfläche ragt eine exzentrisch angebrachte Spitze in die Höhe.

In dieser sehr kurzen vereinfachten Übersicht der Kunst von Südostnigeria konnten wir nur die grundlegenden stilistischen Tendenzen, die Zentren, von denen sie ausgegangen sind, und einige repräsentative ikonographische Typen von Masken und Figuren behandeln. Offenbar kam es hier bereits lange vor der Kolonialzeit zu einer Vermischung der Stile, zur Übernahme einzelner Formelemente und ganzer ikonographischen Modelle, wobei oft große Entfernungen überbrückt wurden. Die ältere Kunst der Stämme, die am Crossfluß leben, welche scheinbar in ihrem Stil so rein und isoliert ist, enthält Elemente aus dem Milieu der Tiv, die im Norden, am südlichen Ufer des Flusses Benuë leben. Es sind die ornamentalen Narbenmuster dieses Stammes, die auf einigen Schnitzereien aus dem Gebiet des Crossflusses erscheinen. Nach K. Nicklin haben die hiesigen Schnitzer sie einst von den Körpern der Tiv-Sklaven abgeschaut. Das Verbot von Kriegshandlungen in Südostnigeria während der Kolonialzeit und vor allem die moderne Lebensweise haben eine viel freiere Bewegung von Menschen und Ideen ermöglicht. Deshalb überrascht es nicht, wenn wir bei den Igala und Idoma, den nördlichen Nachbarn der Ibo am südlichen Ufer des Benuë, thematische und stilistische Analogien nicht nur zu der Kunst ihrer Nachbarn, der nördlichen Ibo, sondern auch zu der Kunst der südlichen Ibo, der Ibibio und der Stämme, die am Oberlauf des Crossflusses leben, vorfinden. Auch hier arbeiten manchmal die Schnitzer im Auftrag für einen fremden Stamm, wie wir es an der Elfenbeinküste gesehen haben. Dieser Prozeß intensiviert sich immer mehr. Den letzten großen Impuls gab ihm der Bürgerkrieg in Nigeria in der zweiten Hälfte der sechziger Jahre. Während dieses Krieges wurden hier ganze Regionen auch in künstlerischer Hinsicht verwüstet. Viele Masken und Figuren verbrannten, wurden gestohlen oder ambulanten Händlern verkauft, da man Geld brauchte, um zu überleben. Nachdem der Frieden wieder in das Land zurückgekehrt war, begann die Bevölkerung sich für die verlorenen zeremoniellen Requisiten im traditionellen Stil Ersatz zu verschaffen. Bei der Herstellung neuer Schnitzereien greifen die Künstler oft zu fremden Vorbildern, bei deren Wahl sie sich nach der Mode richten, sie arbeiten mit grellen importierten Farben und schaffen neue, in sich abgeschlossene Kollektionen von Masken, die aus eklektisch ausgewählten Typen aus verschiedenen Regionen zusammengestellt sind.

Bis in die sechziger Jahre war nur wenig über die Kunst von Südostnigeria bekannt. Die Kenntnis dieser Kunst beschränkte sich mehr oder weniger auf Kunstwerke aus den Gegenden des Nigerdeltas, der Kalabarküste und des Oberlaufs des Crossflusses an der Grenze zu Kamerun, die vor dem ersten Weltkrig A. Mansfeld (1908) und P. A. Talbor (1912) gesammelt haben, jene zwei außergewöhnlichen Persönlichkeiten der deutschen und britischen Kolonialverwaltung, die mit großer Hingabe das Leben und die Kultur der einheimischen Bevölkerung erforschten. Es ist eine traurige

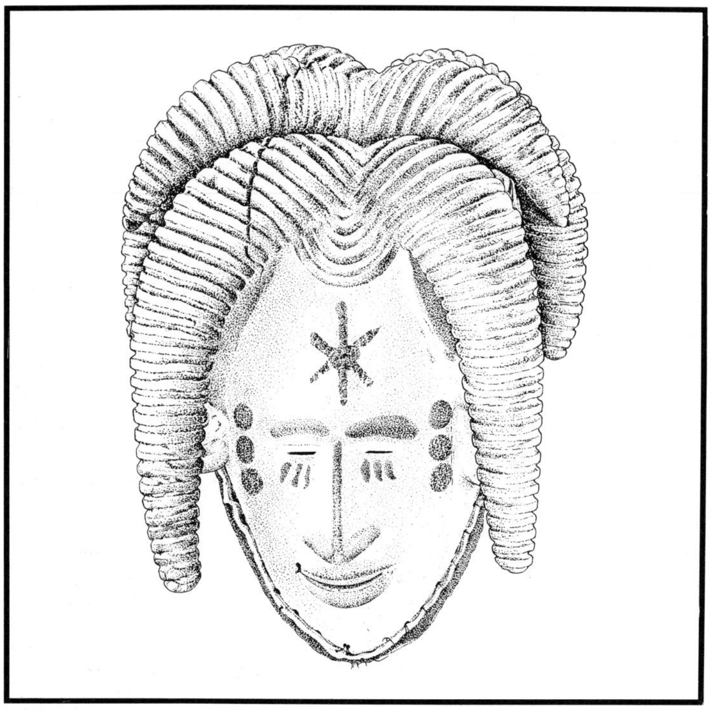

26 Maske des *mmwo*-Bundes, die den Geist eines Mädchens darstellt. Ibo, Nigeria
Metropolitan Museum of Art, New York H. 33 cm

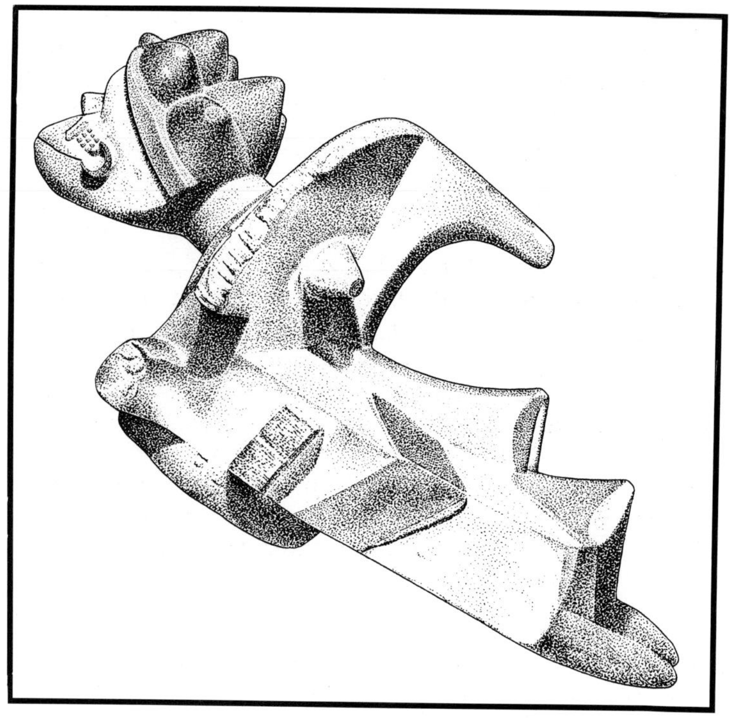

27 Elefantenmaske *ogbodo enyi*. Afikpo Ibo, Region Abakaliki, Nigeria
Der jetzige Eigentümer unbekannt L. 61 cm

Ironie der Geschichte, daß eigentlich erst der Bürgerkrieg mit seinen verheerenden Folgen für die hiesige Kultur zu einer tieferen Kenntnis der Kunst dieser Region außerhalb von Nigeria beigetragen hat. Im Zusammenhang mit diesem Krieg kam eine große Zahl von Kunstwerken auf die internationalen Kunstmärkte und in viele private und öffentliche Sammlungen. In den letzten Jahren wurde eine Reihe von Studien über Ergebnise von Feldforschungen veröffentlicht, die zu einer gründlichen wissenschaftlichen Erkenntnis dieses komplizierten Stilkomplexes beigetragen haben. Ihre Autoren sind G. J. Jones (1984), Keith Nicklin, H. M. Cole (1982), J. S. Boston (1977) u.a.

DAS FLUSSGEBIET DES BENUË

Die dritte Region der Kunstprovinz von Ostguinea liegt im Flußgebiet des Benuë. Außer mehreren Kunstgegenständen, die Leo Frobenius hier zu Anfang dieses Jahrhunderts erworben hatte, und einigen weiteren Objekten in britischen historischen Sammlungen war noch vor kurzer Zeit aus dieser Region eigentlich nichts bekannt; manche hiesige Stämme erschienen auf der künstlerischen Karte von Afrika erst nach dem zweiten Weltkrieg und weitere erst vor einigen Jahren. Und das, obwohl im Herzen dieser Region die älteste bis jetzt bekannte afrikanische Kultur, die eine plastische Kunst geschaffen hat, die Nok-Kultur, entdeckt wurde. Die Kunst der heutigen Bewohner der Region ist aber keinesfalls ihre Fortsetzung; wie wir gesehen haben, lebte die Nok-Kultur in den Stilen der Hofkunst fort, die in Südwestnigeria in den alten Königreichen der Yoruba und dem Reich Benin entstand.

Das Südufer des unteren Benuë ist eine Übergangszone, wo der thematische und stilistische Einfluß der südöstlichen Region noch spürbar ist. Zum künstlerischen Inventar der Igala, die am Zusammenfluß des Benuë und des Niger leben, gehören zum Beispiel die Altäre der Hand *okega*, die eine Variante der Altäre *ikenga* ihrer südlichen Nachbarn, der nördlichen Ibo, sind. Noch stärker macht sich dieser Einfluß bei den Idoma, den östlichen Nachbarn der Igala, bemerkbar. Einige ihrer Masken weisen eine auffallende Ähnlichkeit mit den Masken aus Ikot Ekpene auf, ihre Tanzaufsätze, die aus mehreren menschlichen Köpfen gebildet sind, erinnern in ihrer Komposition, Polychromie und im Stil der Schnitzerei an Schnitzereien der Ibibio von der Mündung des Crossflusses und der Region Umuahia. Gleichzeitig spürt man hier aber auch die künstlerische Atmosphäre der Westsudanischen Region. Während die Tiermasken der Igala wie eine sehr vereinfachte und geometrisierte Abart der Senufo-Masken *kpeliugo* aussehen, könnten uns die mit Reliefschnitzereien geschmückten Türen dieses Stammes durch ihren Stil und eine Reihe von fast identischen

Tiermotiven dazu verleiten, ihre Herkunft irrtümlicherweise irgendwo an der Grenze zwischen Mali und der Elfenbeinküste zu suchen. Trotz dieser formellen Übereinstimmungen und entfernten Anklängen haben diese beiden Stämme viele originelle Typen von Masken, Figuren und anderen Schnitzereien geschaffen, die künstlerisch sehr wirksam und stilistisch unabhängig sind. Bei den Igala sind es z.B. die Masken *amdo* mit geometrisch gegliederten Frisuren und einem kleinen niedrigen Aufsatz, mit breiten Bögen der reliefartig hervortretenden Augenbrauen und schrägen Linien der Schmucknarben auf den Wangen, oder kleine, trotzdem aber monumental wirkende Figuren, die die Familie beschützen, deren konkave Gesichter — die auch bei einigen Masken vorkommen — ihren Ursprung eindeutig in dieser selbständigen Region haben. Bei den Idoma finden wir originelle Ritualschüsseln mit Deckeln, die mit einem kleinen menschlichen Kopf und Köpfen des Nashornvogels mit langen Hälsen geschmückt sind, oder ganz abstrakte Tanzaufsätze in Form von architektonischen, turmartigen Gebilden. Das wichtigste Zentrum der Schnitzerei dieses Stammes ist die Stadt Otobi.

Wenn wir unseren Weg auf demselben Ufer des Benuë stromaufwärts fortsetzen, kommen wir in das Gebiet der Tiv, das im Hinblick auf künstlerische Traditionen nur sehr wenig erforscht ist. Bis jetzt wurden nur einige Holzfiguren, meistens Frauenfiguren, veröffentlicht, die nach Größe (48—120 cm), Stil, Frisuren usw. sehr verschieden sind. Gemeinsam haben sie wahrscheinlich nur den runden Kopf mit einer senkrechten wulstigen Schmucknarbe in der Mitte der Stirn und besonders das Narbenmuster in Form von mehreren konzentrischen Kreisen um den Nabel (nur an Frauenfiguren). Einige dieser Figuren weisen stilistische Elemente auf, die auch für die Figuren weiterer Stämme dieser Region bezeichnend sind, wie z.B. den säulenförmigen Hals auf der geraden Fläche der Schultern, die mit einer scharfen Kante in die senkrechten Körperpartien übergeht. Die locker hängenden Arme stehen nur wenig vom Torso ab und die Hände liegen an den Hüften. Die Frauenfiguren werden angeblich vor dem Haus der ältesten Frau eines Mannes (F. Willet 1971) als magischer Schutz aufgestellt. Die stilistische Variationsbreite der Tiv-Schnitzereien ist vielleicht da-

149 Zoomorpher Behälter für Speisen mit flachem Deckel. Bamileke (?), Kamerun. Helles, leichtes Holz mit braun gefärbter Oberfläche. Tiefe Einschnitte in der natürlichen Farbe des Holzes. Der Behälter, der wahrscheinlich zur luxuriösen Einrichtung eines Palastes gehörte, stellt einen stilisierten Panther, ein Symbol der Macht des Herrschers, dar.
Náprstek-Museum, Kat. Nr. 26 582 **L. 70 cm, H. 35 cm**

150 Löffel mit figürlichem Griff. Fang, Gabun. Hellbraunes Holz, Augen aus Glasperlen, Verzierungen aus Messingdraht. Der Griff ist eine verkleinerte Nachbildung der bekannten großen Reliquiarfiguren *bieri*.
Náprstek-Museum, Kat. Nr. 39429 H. des Löffels 13,5 cm, H. der Figur 7,3 cm

151 Löffel mit figürlichem Griff, Detail. Fang. Gabun.

durch verursacht, daß es bei den Tiv, wie bei den Lobi in Burkina Faso, keine professionellen Schnitzer gibt.

Die östlichen Nachbarn der Tiv sind die Jukun, ein kleiner Stamm, der als einziger (außer den Igala) in dieser Region ein Staatswesen vom Typ eines sakralen Königreichs mit der Hauptstadt Wukari geschaffen hat. Der König wurde für die Zeit von höchstens sieben Jahren gewählt und nach Ablauf dieser Frist wurde er erwürgt. Falls seine Körperkraft nachließ oder das Land von einer Mißernte heimgesucht wurde, konnte dies auch früher geschehen. Bei bestimmten Anlässen mußte sein Antlitz verhüllt sein. Vielleicht war es diese religiös-rituelle Vorschrift, die die Ikonographie der Jukun-Masken *aku-onu* (Zeichnung S. 143) inspirierte, die wir aus den Funden von Frobenius kennen (bei C. K. Meeck heißt diese Maske *aku-maga*). In verschiedenen Büchern über afrikanische Kunst wird immer wieder behauptet, daß diese Masken zu den abstraktesten Schöpfungen afrikanischer Kunst gehören. Wenn wir sie uns aber nicht von der Seite, die gewöhnlich publiziert wird, sondern von der anderen Seite ansehen, erscheint uns statt einer Abstraktion ein schematisches Negativ eines menschlichen Gesichts, mit einer langen, kegelförmigen Nase, eher einem Schnabel, auf dem ein stilisiertes Blatt aufgespießt ist, das in seinem Umriß und seiner Größe dem Gesicht der Maske entspricht, das es bedeckt. Es ist wahrscheinlich kein Zufall, daß in dem Namen der Maske das Wort *aku* erscheint, das in der Sprache der Jukun (anders ausgesprochen) „König" bedeutet. Die nördlichen Nachbarn der Jukun, die Goemai, haben die Maske *aku-onu* übernommen und nennen sie *mongop*. Zu der offensichtlich falschen Interpretation dieser Maske führte wahrscheinlich die Tatsache, daß sie waagerecht auf dem Kopf getragen wurde, wobei das mit dem Blatt bedeckte Gesicht nach oben blickte. Auf diese Art werden jedoch in Westafrika viele Gesichtsmasken getragen, „Gesichtsmaske" hier selbstverständlich im ikonographischen und nicht im funktionellen Sinn. Falls diese Interpretation zutrifft, handelt es sich um einen einzigartigen Fall eines Pflanzenmotivs in der traditionellen afrikanischen Skulptur.

Im Laufe der letzten zwanzig Jahre tauchten auf den Kunstmärkten und in der Fachliteratur auch holzgeschnitzte menschliche Figuren, angeblich Ahnenfiguren auf, die etwa 70 cm hoch sind und den Jukun zugeschrieben werden (Abb. 156). Zu ihren charakteristischen Merkmalen gehört eine hohe kegelförmige

152 Löffel. Fang, Gabun. Helles Holz mit glänzender, patinierter Oberfläche. Der Griff ahmt die Form eines europäischen Dolchs, oder vielmehr des traditionellen Fang-Messers nach.
Náprstek-Museum, Kat. Nr. 54164 H. 15,2 cm

153 Kleiner Kopf, dessen Gesicht als ein konkaves Herz stilisiert ist. Fang, Gabun. Die charakteristische Frisur ist in drei Flechten geteilt, die bis zum Nacken reichen. Verzierung einer Harfe.
Náprstek-Museum, Kat. Nr. A 6458 H. des Resonanzkörpers 53 cm

Kopfbedeckung und ein Gesicht, das längs der vertikalen Achse wie ein Sektor eines Zylindermantels oder eher eines Kegelmantes gewölbt ist, auf dem in einem sehr flachen Relief nur die Nase und der Mund angedeutet sind. Ausdrucksvoll sind aber die kleinen runden Augen. Der starke, säulenförmige Hals sitzt auf einem Torso, der oben eine waagerechte Fläche bildet, wie bei einigen Tiv-Figuren. Der eigentliche Torso ist ein schmaler Zylinder, dessen Durchmesser dem des hohen Halses entspricht. Die äußere Seite der von dem Torso abstehenden Arme bewahrt die glatte, ungegliederte Form der gerundeten Oberfläche des Blocks, aus dem die Figur geschnitzt ist, so daß der Torso und die Arme wie zwei Zylinder wirken, von denen der schmalere, d.h. der Torso, in dem breiteren steckt, von dem allerdings nur die starken Arme übriggeblieben sind, die den Torso wie breite Bänder umwinden. Die relativ kurzen und geraden Beine sind durch diagonale Einschnitte kubistisch in räumlich-geometrische Formen — Pyramiden und Prismen — gegliedert, als ob sie aus diesen Formen zusammengesetzt wären.

Diese Stilisierungsmethoden sind das charakteristische Merkmal der Kunstwerke aus dem Flußgebiet des Benuë. Man findet sie zusammen mit weiteren Stilelementen an den Schnitzereien verschiedener Stämme dieser Region. Auch die Figuren der Wurkun und Mambila haben den säulenförmigen Hals, der sich von der horizontalen Fläche der Schultern erhebt, und die kubistisch gegliederten Beine sind für die Figuren der Montol, Mumuye und Mambila kennzeichnend. Den Torso, der mit den Armen sozusagen zwei ineinandergeschobene Zylinder bildet, finden wir nicht nur an den wenigen erwähnten Figuren, die den Jukun zugeschrieben werden, sondern vor allem an einigen

154 Torso einer weiblichen Figur *bwete.* Mitsogho, Gabun. Helles Holz. Die Oberfläche mit einem pflanzlichen Farbstoff rot, die Frisur schwarz gefärbt, die Linie am Haaransatz mit einer weißen Mineralfarbe gezeichnet. Der Kopf wurde vom Torso getrennt und mit Klemmen aus Draht (?) wieder darauf befestigt. Der Torso diente wahrscheinlich als Reliquiar oder als Behälter für Zaubermittel. Die Figur hielt ursprünglich einen Gegenstand, vielleicht ein Gefäß, das an den Händen mit Bolzen befestigt war, was die Öffnungen in den Händen beweisen. Die abgebrochenen Beine sind nicht erhalten, offenbar waren sie zu einer hockenden Stellung gebeugt, wie bei einigen *bieri*-Figuren der Fang. Die *bwete*-Figuren hatten die gleiche Funktion, auch sie sollten die Gebeine eines bedeutenden Ahnen bewachen. Diese Figur aus der Sammlung des Schriftstellers Karel Čapek wurde in Paris gegen Ende der zwanziger Jahre gekauft.
Privatsammlung, Prag
H. 37,5 cm

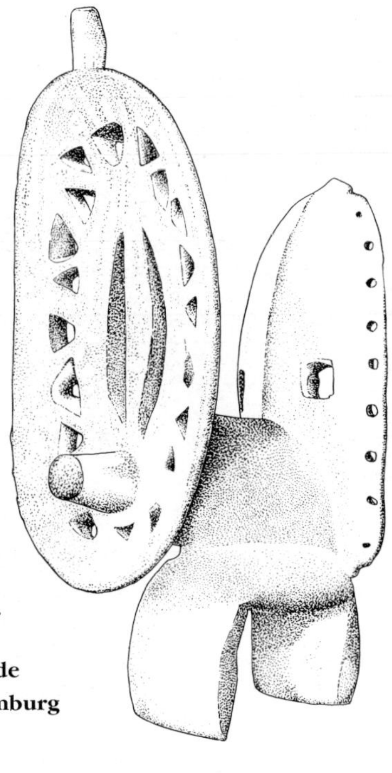

28 *Aku-onu*-Maske.
Jukun, Nigeria
Museum für Völkerkunde und Vorgeschichte, Hamburg
H. 34,5 cm

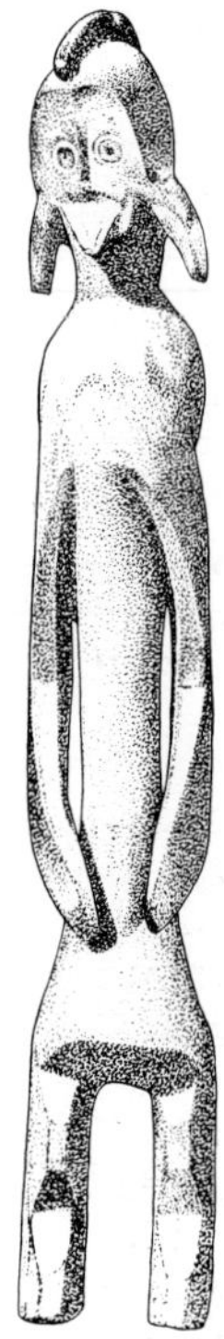

29 Stehende weibliche Figur.
Mumuye, Nigeria
Dallas Museum of Fine Arts
H. 98,5 cm

hundert Figuren der Mumuye (Zeichnung S. 143), die erst in den sechziger Jahren in europäische und amerikanische Sammlungen gelangt sind.

Wenn wir die Figuren dieser beiden Stämme vergleichen, stellen wir fest, daß sie noch ein weiteres wichtiges gemeinsames Merkmal haben, nämlich seltsame klappenartige Gebilde an beiden Seiten des Kopfes, unter denen sich bei den Figuren der Mumuye das kleine Gesicht manchmal fast verliert. Nach der Studie, die Ph. Fry diesen Masken gewidmet hat, sollen diese Klappen in stilisierter Form die traditionelle Haartracht der Mumuye wiedergeben. Inwieweit diese auffallende Übereinstimmung eine durch die ehemalige Abhängigkeit der Stämme aus dem Benuë-Gebiet von dem Jukun-Reich Kororofa verursachte Verwandschaft dieser Figuren, oder vielmehr die Unzuverlässigkeit der Zuweisung der beschriebenen Figuren zu den Jukun richtig ist, kann derzeit nicht beantwortet werden. Ich bezweifle nämlich, daß auch nur eine der bekannten Jukun-Figuren vollständig dokumentiert ist.

Die östlichen Nachbarn der Jukun sind die Chamba, die für zwei stilistisch verschiedene Produkte ihrer Schnitzerei bekannt sind: Büffelmasken, die mit der Verehrung der Buschgeister im Zusammenhang stehen und in deren Thematik und Stilisierung sich ein Stil bemerkbar macht, den wir als sudanischen Oberstil bezeichnen könnten. Ferner menschliche Figuren, die in Paaren geschnitzt und durch einen Sockel verbunden sind. Manchmal sind es nur zwei Halbfiguren, auf ein breites Prisma gesetzt, das unten nur zwei Beine hat. Diese seltenen Schnitzereien hängen entweder mit dem Ahnenkult zusammen, oder sie bilden eine der vielen Varianten des westafrikanischen Zwillingskultes. Da einige dieser Paare von gleichem Geschlecht sind, scheint die zweite Deutung wahrscheinlich zu sein. Die Haartracht auf den kleinen kugelförmigen Köpfen dieser Figuren hat die Form eines hohen, schmalen, nach der Längsachse orientierten Kammes. Diese Haartracht kommt auch bei einigen Tiv-Figuren vor. Das wichtigste Stilisierungsmerkmal sind hier die leicht gebeugten Arme, die locker herunterhängen und im Flachrelief auf dem Torso einen länglichen Rhombus bilden oder in gleicher Stellung nur wenig von dem Torso abstehen. Die Brüste der weiblichen Figuren bilden ein umgekehrtes V innerhalb der oberen Hälfte dieses Rhombus.

Wir haben uns bereits mit den stilistischen Aspekten der Figuren der Mumuye befaßt, zu denen wir gelangen, wenn wir unseren Weg entlang des Südufers des Benuë in östlicher Richtung fortsetzen. Diese Figuren dienten offenbar mehreren Zwecken. Man verwendete sie zur Heilung von Krankheiten und zur Regenmacherei. Ihre magische Wirkung haben sie dadurch erhalten, daß sie der Regenbeschwörer, der sie betreute und ihnen Opfer brachte, für einige Zeit neben die Schädel der Ahnen stellte.

Südlich von dem Territorium der Chamba und Mumuye an der Grenze Kameruns leben die Mambila, die

144

vor allem für ihre in Afrika einzigartigen Figuren von Menschen, Tieren und Vögeln bekannt sind. Diese Figuren sind aus dem Mark verschiedener Gehölze, das in Klötzen zu einer Fläche zusammengestellt und -gebunden wird, aus der die Kontur der Figur geschnitzt ist. Die Vorderseite ist durch flache Reliefschnitzerei schematisch modelliert. In künstlerischer Hinsicht viel bedeutender sind jedoch Holzschnitzereien der Mambila, vor allem helmartige polychromierte Tiermasken, die so extrem stilisiert sind, daß man nicht genau feststellen kann, welches Tier sie darstellen. Ihre stilistische Eigentümlichkeit ist vor allem an Masken mit Hörnern bemerkbar, die einen Büffel oder eine Antilope darstellen (Zeichnung S. 146). Die horizontale Orientierung dieser Masken ist durch mehrere aufeinanderfolgende vertikale Flächen gegliedert: durch die Vorderseite des offenen Mauls, die Seiten der aufgerichteten Pyramiden der Ohren und besonders durch die vertikalen scheibenartigen Flächen hinter dem Maul, aus denen kegelförmige Augen hervorragen. Eine ähnliche Stilisierung der Augen kommt auch bei den Ahnenfiguren der Mambila vor. Das Gesicht der seltenen menschlichen Helmmasken ist oft zu einem konkaven herzförmigen Gebilde stilisiert. Dieses Stilisierungsverfahren findet man in ganz Zentralafrika und auch in Westafrika, und sein häufiges Vorkommen auch im Flußgebiet des Benuë ist kein Zufall. Nach Douglas Fraser (1962) handelt es sich dabei um eine altertümliche afrikanische Art der Stilisierung des menschlichen Gesichts, die noch vor der Zeit allgemein verbreitet war, als die Bantu-Stämme zu ihrer Wanderung nach Zentral- und Südafrika aufbrachen und diese Stilisierungsart als einen Teil des Kulturerbes aus ihrer alten Heimat mitnahmen, die in dem Teil des Kontinents lag, mit dem wir uns jetzt befassen. Die Verbreitung dieser Stilisierungskonzeption bei den Stämmen auf dem Nordufer des Benuë wurde durch die Rückwanderung einiger Bantu-Stämme aus Zentralafrika in diese Region bewirkt.

In dem Gebiet, das nördlich des Benuë liegt, leben die künstlerischen Traditionen bei kleinen, sogenannten heidnischen Stämmen fort. Als heidnisch werden diese Stämme von den Muslims angesehen, denen es nicht gelang, sie in der gebirgigen Gegend zu unter-

155 Gesichtsmaske. Mitsogho oder Bavuvi, Gabun. Helles Holz mit Resten der Polychromie. Die Form der Augen ahmt wahrscheinlich die Form von Kauri-Muscheln nach, die bei einigen Stämmen dieser Region den Figuren statt der Augen eingesetzt wurden.
Náprstek-Museum, Kat. Nr. 12 146 H. 33,5 cm

156 Stehende männliche Figur. Jukun, Nigeria. Holz, die Augen sind aus Köpfen von Nägeln gebildet.
Néprajzimúzeum, Budapest H. 62 cm

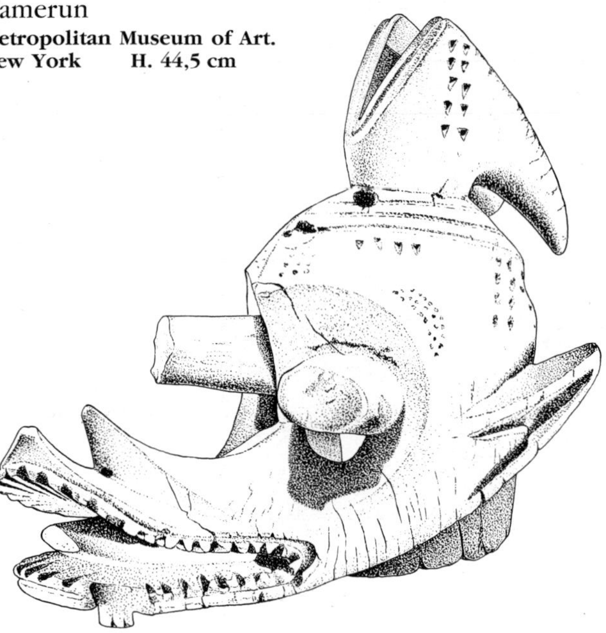

30 Tiermaske. Mambila. Kamerun
Metropolitan Museum of Art. New York H. 44,5 cm

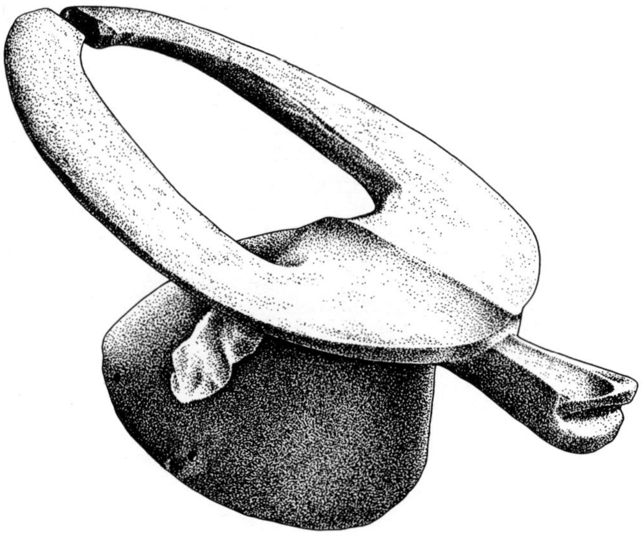

31 Büffelmaske. Kantana, Nigeria
Sammlung Charles Ratton, Paris H. 36 cm

werfen und zu islamisieren. Ihre Kunst ist verhältnismäßig wenig bekannt und nur unsystematisch erforscht. Deshalb muß man die Zuweisung vieler Schnitzereien an einzelne Stämme als provisorisch betrachten, wobei es sein kann, daß die Wissenschaft den Wettlauf mit der Zeit, beziehungsweise mit den Zwischenhändlern nicht verliert, die diese Region in künstlerischer Hinsicht ausplündern, bevor die Wissenschaft die Mittel und Möglichkeiten für ihre Forschungen erhält. Dies trifft allerdings für viele traditionelle Kulturen nicht nur in Afrika zu. Es scheint, daß es auf der Welt keine Kraft gibt, die den Zauberkreis durchbrechen könnte, den der Hunger der Schöpfer dieser Kulturen und die Nachfrage auf den internationalen Kunstmärkten, die von allen proklamierte Notwendigkeit ihres Schutzes und die geringen Mittel bilden, welche die Verkünder dieser Prinzipien für so unpraktische Zwecke wie die Erforschung und den Schutz traditioneller Kulturen auszugeben bereit sind.

Doch kehren wir nach Nordostnigeria, auf das Nordufer des Benuë zurück. Wenn wir nun die entgegengesetzte Richtung einschlagen, d.h. vom Osten nach Westen gehen, kommen wir zu den Wurkun, dem ersten Stamm dieser Gegend, von dem wir einige Holzfiguren kennen (Abb. 139). Die Wurkun gehören zu den Stämmen, die erst in den siebziger Jahren auf der künstlerischen Karte Afrikas erschienen sind. Die Figuren, die den Wurkum zugeschrieben werden und angeblich Ahnen darstellen, sind typische Pfahlplastiken. Die Arme, die das markanteste Stilmerkmal dieser Figuren bilden, sind ähnlich wie die Arme der Doppelfiguren der Chamba konzipiert. Gleichzeitig weisen diese Figuren Stilmerkmale auf, die wir aus dem Schaffen anderer Stämme dieser Region kennen, wie die Haartracht in Form eines Kammes und Augen wie bei den Figuren, die den Jukun zugeschrieben werden. Einzigartig ist die Stilisierung des Kopfes einer männlichen Figur aus der ehemaligen Tara-Sammlung, die W. Gillon (1979) publizierte. Wahrscheinlich ist dieses Stilisierungsverfahren für die Kunst der Wurkun typisch, doch wegen des Mangels an Dokumentation und Vergleichsmaterial ist es unmöglich, aus diesem meines Wissens einzigen Fall allgemeingültige Schlüsse zu ziehen. Die Wurkun sind auch die Schöpfer jener Jochmasken, die irrtümlicherweise den Waja zugeschrieben werden.

Im Zusammenhang mit den Masken der Jukun haben wir bereits die Goemai erwähnt, die westlich von den Wurkum leben. Ihre Masken, die denen der Jukun ähnlich sind, hat Roy Sieber bei seiner Feldforschung erfaßt und beschrieben (1961). Bekannt wurde dieser Stamm durch die Terrakottafiguren der Töpferin Azume, die um das Jahr 1950 gestorben ist.

Aus dem Kunstschaffen der Montol, die nördlich der Goemai leben, sind menschliche Figuren, *komtin,* bekannt, die hauptsächlich Roy Sieber in den fünfziger Jahren erwarb. Diese Figuren wurden zum Heilen von Krankheiten oder zum Wahrsagen benutzt, einige da-

157 Gesichtsmaske. Ashira-Bapunu, Gabun. Helles Holz mit schwarz gefärbter, glänzender, patinierter Oberfläche. Eine schwarze Variante der sog. „weißen“ Masken aus Gabun. Die kultische Bedeutung dieser schwarzen Masken ist nicht bekannt.

Náprstek-Museum, Kat. Nr. 26602 H. 21 cm

158 Gesichtsmaske. Ashira-Bapunu, Gabun. Helles Holz mit Polychromie. Diese „weißen“ Masken stellen Geister verstorbener Mädchen dar.
Náprstek-Museum, Kat. Nr. A 13533 H. 27 cm

von sind angeblich Ahnenfiguren. Durch diese verschiedenen Funktionen könnte vielleicht die stilistische Verschiedenartigkeit dieser Figuren bedingt sein. Es scheint aber, daß es sich eher um Werke nichtprofessioneller Autodidakten handelt, die uns mehr dadurch, daß in ihnen die individuelle Begabung ihrer Schöpfer zum Ausdruck kommt, als durch ihren aus jahrhundertelanger Tradition hervorgegangenen Stil fesseln, obwohl auch sie einzelne für diese Region charakteristische Stilelemente aufweisen. Einigen hiesigen Schnitzern gelang es, mit einer Beugung der Figur oder mit der Verstärkung der oberen Hälfte ihres Torsos ihrem Werk eine besondere innere Spannung und den Ausdruck ungewöhnlicher Stärke zu verleihen.

Westlich von den Montol wohnen die Kantana, die irrtümlicherweise Mama genannt werden. Dieser Stamm wurde durch seine stark stilisierten Büffelmasken berühmt (Zeichnung S. 146), die bei den kultischen Tänzen *mangam* verwendet werden. Die hiesigen Schnitzer liefern sie angeblich auch an die benachbarten Stämme. Diese Masken sind niedrige Holzhelme, die die Tänzer auf dem Kopf tragen. Aus diesem Helm ragen waagerecht große flache Hörner, die einen fast geschlossenen ovalen Kranz bilden, auf der anderen Seite des Helms ist ein kurzes und im Verhältnis zu den Hörnern sehr kleines stilisiertes Maul. Die symbolische Bedeutung und spirituelle Kraft dieser Maske ist zweifellos in der kühnen Kurve der Hörner konzentriert, und deshalb konnte die künstlerische Stammestradition die Größe des eigentlichen tierischen Kopfes auf ein Minimum reduzieren.

In der Umgebung der Stadt Jos, in der Gegend, wo zum erstenmal die Nok-Kultur entdeckt worden ist, leben die Ham, die auch unter dem Namen Jaba bekannt sind. Diesem Stamm werden menschliche Figuren *gbene* von sehr unterschiedlicher Größe zugeschrieben, aus deren schüsselartig ausgehöhltem Bauch bei rituellen Handlungen Palmwein getrunken wird. Der Stil dieser Figuren, ihre Haartracht, die eckigen Schultern, die Art, wie der Hals mit dem Torso verbunden ist usw. entsprechen den allgemeinen Stilisierungstendenzen dieser Region. Die Schnitzer aus dem Nachbarstamm der Koro werden als Schöpfer dieser Figuren angesehen. Solche interethnischen Beziehungen auf dem Gebiet der Kunst existieren auch anderswo in Afrika, ebenso z.B. in Indien. Daß es in diesem Fall tatsächlich so ist, scheint der vollkommen andersartige abstrakte Stil der Tanzaufsätze der Ham (Abb. 161) zu bezeugen. Sie sind flach, zweidimensional, und ihre Stilisierung geht manchmal so weit, daß man ihre ursprüngliche anthropomorphisierende Absicht nicht mehr erkennen kann. Zu ihrer Polychromie werden häufig die kleinen roten Früchte der sudanischen Bohne *Abrus precatorius* verwendet, die mittels einer Wachsschicht fixiert werden. Diese Verzierungstechnik ist bei vielen Stämmen der ganzen Kunstregion beliebt, besonders bei der Verzierung von Masken. Etwas seltener kann man ihr auch in der Region des Westsudan begegnen.

159 Gesichtsmaske. Bavuvi, Gabun. Helles Holz mit Polychromie. Während die vorhergehende Maske von demselben Typ eine Verwandtschaft mit Figuren und Reliefs der benachbarten Mitsogho zeigt, weist diese Maske zweifellos die Stilmerkmale der Bavuvi auf: die doppelte, weniger gewölbte Linie der Augenbrauen, die nahe beieinander in der Mitte der Maske liegenden kleinen Augen und die pyramidenförmige Nase.
Privatsammlung, Prag H. 30 cm

Dem kleinen Stamm der Afo, der in dem Gebiet zwischen der Stadt Nasarawa und dem Benuë lebt, werden vier bemerkenswerte, thematisch verschiedene Frauenfiguren zugeschrieben, die aus dem 19. Jahrhundert stammen. Ihre Herkunft aus dem Gebiet dieses Stammes ist jedoch nur bei einer dieser Figuren zweifelsfrei belegt, die anderen wurden anderswo erworben, eine von ihnen sogar in der Jukun-Hauptstadt Wukari. Dies ist aber dadurch erklärbar, daß die Schnitzer der Afo auch für die Nachbarstämme, besonders für die Jukun arbeiteten, deren Macht in der Vergangenheit weit

nach Westen reichte. Diese Figuren, die in ihrem Stil miteinander übereinstimmen, sind wahrscheinlich in einer einzigen Werkstatt entstanden, es ist sogar möglich, daß sie das Werk eines einzigen Schnitzers sind. Sie verdienen es, besonders erwähnt zu werden, da sie zu den besten Werken der traditionellen afrikanischen Schnitzkunst gehören. Die bekannteste von ihnen ist die etwa 50 cm hohe sitzende Figur einer stillenden Mutter, die sich in der Sammlung des Horniman Museum in London befindet. Dieses Thema kommt im Nordosten des Territoriums der Yoruba häufig vor. An einige Yoruba-Schnitzereien erinnern auch die Schmucknarben auf den Wangen in Form von parallelen gebrochenen Linien, die schräge Lage der gewölbten Augen, wobei die äußeren Augenwinkel niedriger als die inneren liegen, und schließlich auch die großen kegelförmigen Brüste. Alle diese Elemente kann man auch an den Schnitzereien der Yoruba finden. Trotzdem hat der Stil dieser Figuren viele wesentliche spezifische Merkmale, die sie unverwechselbar machen. Unter den schräg liegenden Augen sind große Tränensäkke, der kleine, schmale Mund über dem fliehenden Kinn ist vorgeschoben, und die schweren Brüste, die mit einem Narbenmuster aus parallelen Einschnitten bedeckt sind, ragen schräg nach unten, so daß sie keilförmig auseinandertreten. Zwischen den Brüsten ist ein großer senkrechter Vorsprung zu sehen, der wie ein verlängertes, übergroßes Brustbein aussieht. Wahrscheinlich handelt es sich aber um eine übertriebene Darstellung eines Nabelbruchs, die an afrikanischen Figuren häufig vorkommt. Andere Figuren, die Mütter mit Kindern darstellen und den Afo zugeschrieben werden, die aber nicht aus dieser Werkstatt stammen, erreichen bei weitem nicht die künstlerische Überzeugungskraft der vier klassischen Exemplare. Während diese weiblichen Figuren eher mit den künstlerischen Konzeptionen von Südwestnigeria übereinstimmen, fallen die Tanzhelme der Afo eindeutig in den thematischen und stilistischen Rahmen der nord-

160 Stehende männliche Figur. Ashira-Bapunu, Gabun. Helles Holz mit Polychromie, der Lendenschurz aus feinen Raphiafasern gewebt. Der Kopf ist eine verkleinerte Replik der „weißen" Masken. Mit dem präzis geschnitzten Kopf kontrastieren der schematisch geschnitzte Torso und die Glieder, die Beine ohne Füße wachsen direkt aus dem Sokkel. Der Hals ist übermäßig dick. Diese Widersprüche sind vielleicht damit zu erklären, daß die Figur wahrscheinlich als eine „Wächterfigur" für ein Bündel mit magischen Mitteln, aus dem nur ihr Kopf herausragen sollte, gedacht war.
Náprstek-Museum, Kat. Nr. A 13 529 H. 47 cm

161 Tanzaufsatz. Ham, Nigeria. Polychromiertes Holz, geflochtene, helmartige Kappe, die mit Paternostererbsen (Abrus precatorius) bedeckt ist.
Koninklijk Museum voor Midden-Afrika, Tervuren H. 60,4 cm

151

32 Gesichtsmaske
Nupe, Nigeria
Museum of Mankind, London H. 65,5 cm

162 Figur einer knienden Frau (?). Ashira-Bapunu, Gabun. Braunes Holz mit glänzender, patinierter Oberfläche, auf der Brust ist die Scherbe eines Spiegels aufgeklebt. Obwohl der Kopf der Figur alle Stilmerkmale der Schnitzereien des Stammeskomplexes Ashira-Bapunu aufweist, handelt es sich offenbar um einen sog. Spiegelfetisch, ein Thema, das aus dem Gebiet des unteren Kongo, wo es häufig vorkommt, übernommen ist.
Náprstek-Museum, Kat. Nr. 26 606 H. 12,2 cm

163 Reliquiarfigur *mbulu-ngulu.* Bakota-Mindasa, Gabun. Braunes Holz, an der Vorderseite mit Messingblech beschlagen, an der Rückseite stark patiniert. Diese Figuren wurden mit ihrem viereckigen „Bein" in Körbe mit den Gebeinen bedeutender Ahnen gesteckt.
Náprstek-Museum, Kat. Nr. 4808 H. 59 cm

östlichen Region. Sie erinnern ein wenig an die Antilopen-Tanzaufsätze *tyi-wara* der Bambara. Es sind kleine Holzhelme mit einem hohen durchbrochenen Kamm, der aus einer Reihe gekrümmter Hörner zusammengesetzt, ist, auf deren Spitzen die Figur eines Chamäleons sitzt. Auch diese Helme werden wie die Tanzaufsätze der Ham mit angeklebten roten Früchten des *Abrus precatorius* reich verziert.

Damit sind wir zum Ausgangspunkt unserer Rundreise durch die Kunstregion des Flußgebiets des Benuë, zum Zusammenfluß des Benuë und des Niger, zurückgekehrt. Nördlich von hier leben die kleinen Stämme Basa-Nge und Basa Komo, von denen wir nur einzelne, aber doch interessante Exemplare von Figuren und Masken kennen. Auf dem rechten Nigerufer am Zusammenfluß mit dem Benuë leben die Igbira, deren vorläufig ziemlich unsystematisch dokumentierte Masken ein Gemisch verschiedener Stile und ikonographischer Anleihen aus der umliegenden Gegend sind.

Die Übersicht der künstlerischen Stile und Themen dieser Region können wir mit den Masken der islamisierten Nupe, die am Nordufer des Niger über dem Zusammenfluß mit dem Benuë leben, abschließen. Es sind konvexe, eiförmige Gesichtsmasken, in deren Antlitz, das fast ungegliedert ist, runde Augenlöcher dominieren. Diese Masken haben verschiedenartig geformte Vorsprünge und Aufsätze, durch die sich die einzelnen Gestalten der Tanzauftritte unterscheiden. Leo Frobenius hat im Jahre 1911 etwa sieben von diesen Masken in der Stadt Mokwa erworben. Bis auf eine einzige Ausnahme, die sich im Britischen Museum befindet (Zeichnung S. 152), sind sie heute in mehreren deutschen Museen verstreut. Da dieser Stamm im Jahre 1830 mit Gewalt islamisiert worden war, nahm man ein halbes Jahrhundert lang an, daß sonst nichts von der Kunst der Nupe übriggeblieben ist. In den

sechziger Jahren wurde aber in Mokwa eine weitere Kollektion dieser Masken, die noch immer benutzt wurden, entdeckt. Ihre Funktion hat sich jedoch verändert. Die ehemaligen Requisiten des Stammesrituals wurden zum Gegenstand allgemeiner Belustigung, sogar anläßlich moslemischer Feste. Diese Masken sind die einzigen Überreste der traditionellen Schnitzkunst, die einst in den islamisierten Gebieten von Nordnigeria existierte.

KAMERUNER GRASLAND

Die letzte Region dieser Kunstprovinz liegt auf dem Territorium von Kamerun zwischen der Grenze Nigerias und dem Fluß Sanaga. Den Schwerpunkt des Kunstschaffens bildet hier das sogenannte Kameruner Grasland, eine wellige, grasbewachsene Hochebene, die über 1 000 Meter hoch liegt und von bewaldeten Bergen umrahmt ist. Die vielen Stämme verschiedener ethnischer Herkunft, die diese Gegend bewohnen, sind erst im 17. bis 18. Jahrhundert aus dem Nordosten in ihre heutige Heimat gekommen, als sie durch Wanderungen der Stämme im Gebiet des Tschad-Sees aus ihren Wohnsitzen gedrängt worden sind. Zur allgemein verbreiteten Form der Gesellschaftsordnung wurde hier wie in Westafrika das sogenannte sakrale Königtum. Es entstanden aber keine großen zentralisierten Staaten mit einem autokratischen Monarchen an der Spitze, sondern viele kleine Staatswesen, deren militärische Stärke oft nicht über die einer Palastgarde hinausging. Man konnte sie als Dorfkönigreiche oder Häuptlingssitze bezeichnen, die ein kleines Hinterland haben. Diese Herrscher hatten vor allem eine religiös-rituelle Funktion und ihre Macht wurde von vielen Geheimbünden kontrolliert und beschränkt. Zur Zeit der Kolonialherrschaft und in der heutigen Republik Kamerun ist diesen Herrschern nur noch die Funktion geblieben, die der Erhaltung kultureller Kontinuität und Identität dienen soll. Obwohl manche Eigenschaften dieser Gesellschaftsordnung an die Verhältnisse in

164 Reliquiafigur *bwiiti*. Mahongwe, Gabun, Holz, Messingblech und -draht. Diese Figuren, welche dieselbe Funktion wie die *mbulu-ngulu* der Bakota haben, wurden früher irrtümlicherweise den Ossyeba zugewiesen.
Náprstek-Museum, Kat. Nr. A 2068 H. 62,5 cm

165 Figur einer stehenden Frau. Bwaka (Ngbaka), Zaire. Hellbraunes, schweres Holz mit schwarz gefärbter Oberfläche. In dieser seltenen Figur aus Nordzaire kommt das für ein größeres Gebiet charakteristische Stilelement, das zu einer herzförmigen, konkaven Fläche stilisierte Gesicht, in reiner Form zum Ausdruck.
Náprstek-Museum, Kat. Nr. 39 073 H. 54,5 cm

167 Anthropomorphes Wassergefäß. Mangbetu, Zaire. Terrakotta, grauweißer Scherben. Bei der Gestaltung des schrägen Ausgusses nützte der Schöpfer dieses Krugs die traditionelle künstliche Deformierung des Schädels aus, wie sie die Mangbetu durch Umwickeln des kindlichen Kopfes mit einem Band erzielen.
Náprstek-Museum, Kat. Nr. 4871 H. 28,5 cm

den Staaten der Yoruba in Westnigeria erinnern, haben sich zwischen den hiesigen Königreichen nicht jene religiös-politischen Bindungen wie bei den Yoruba entwickelt, und so konnten auch keine anerkannten Zentren religiöser Autorität entstehen, wie es Ife oder das alte Oyo bei den Yoruba sind. Doch die Kultur- und Handelsbeziehungen zwischen ihnen waren so intensiv, daß hier trotz ihres unterschiedlichen ethnischen

166 Gefäß mit einem menschlichen Kopf auf dem Deckel. Mangbetu, Zaire. Das Gefäß ist aus einem Streifen Baumrinde zusammengenäht, der Kopf und der Sockel sind aus hellem Holz. Der Kopf auf der Oberfläche glänzend, braun, der Sockel schwarz gefärbt. Diese Gefäße dienten angeblich zur Aufbewahrung von Honig der Waldbienen, der Zustand der Exemplare in den Sammlungen scheint jedoch zu beweisen, daß sie vielseitig verwendet wurden.
Náprstek-Museum, Kat. Nr. 26600 a b
H. 50 cm (H. des Kopfes 18,5 cm)

Ursprungs eine mehr oder weniger einheitliche autonome Kultur entstand, die nur für diese verhältnismäßig kleine Region Afrikas charakteristisch ist. Wie man in einer solchen Situation erwarten kann, hat hier das reiche Kunstschaffen einen rein höfischen Charakter. Nicht nur die Holz- und Elfenbeinschnitzerei, sondern auch der Bronzeguß, die Keramik und das Besetzen von Holzschnitzerei und rituellen oder Luxusgegenständen mit kostbaren Glasperlen dienten hier der Repräsentation des Herrschers und der höfischen Würdenträger, dem Staatskult, den Ahnen des Herrschers oder den Bedürfnissen der Geheimbünde, die mit den Machthabern eng verbunden waren. Die Kunstgegenstände sind die Arbeiten professioneller Handwerker, die auf Bestellung tätig wurden. Dem Herrscher wird ein Kunstwerk nicht verkauft, sondern stets geschenkt, wobei man eines Gegengeschenkes sicher sein kann.

Die Bestimmung der ethnischen und örtlichen Herkunft der Kunstgegenstände aus dem Kameruner Grasland ist oft sehr schwierig oder überhaupt unmöglich. Manchmal nutzt auch eine genaue Dokumentation des Ortes nicht viel. Die Herrscher der einzelnen Kleinstaaten tauschten nämlich miteinander Geschenke in Form von Kunstwerken aus, berühmte Schnitzer wurden zu entfernten Höfen eingeladen, manche Schnitzer mußten für einen fremden Herrscher als Sklaven arbeiten u. ä. All dies hat zur Entstehung eines ziemlich einheitlichen und unwiederholbaren künstlerischen Stils beigetragen. Im Hinblick auf die politische Zersplitterung dieser Region ist es auch manchmal nicht ganz klar, ob man eine ethnische Gruppe als einen selbständigen Stamm betrachten soll. Deshalb wird für den praktischen Gebrauch bei der Klassifikation der Kunstwerke die Bevölkerung gewöhnlich in drei große ethnische Gruppen eingeteilt, von denen jede mehrere Stämme oder kleinere Königreiche umfaßt. Die Kunst dieser drei Gruppen hat viele gemeinsame Merkmale, trotzdem aber kann man einige stilistische und thematische Besonderheiten immer mit einer von diesen Gruppen in Zusammenhang bringen.

Den Südwesten des Graslandes bewohnt die Gruppe Bamileke. Ihr bedeutendster Repräsentant ist der Stamm der Bangwa, den wir bereits im Zusammenhang mit der Kunst des Gebiets am oberen Crossfluß erwähnt haben. Bis zu diesem Stamm gibt es die mit Tierhaut bezogenen Masken. Die Figuren der Bangwa zeichnen sich durch außerordentliche Dynamik aus. Durch das Verletzen des anderswo üblichen Symmetrie, durch eine Drehung des Torsos, eine Neigung des Kopfes oder durch das Spreizen der Beine stellen sie oft Bewegung dar. Den Norden und Osten bewohnt die Gruppe Tikan. Durch ihre figürliche Kunst wurden hier vor allem die Bekom berühmt, deren wichtigste Schnitzwerke die symbolischen Throne der Herrscherpaare des Königreichs Kom sind. Ihre Rückenlehnen bilden starr stehende lebensgroße Porträtfiguren des Königs und seiner ersten Frau. Vier solche Throne, die im Jahre 1904 von deutschen Kolonialsoldaten im Palast des *fon* von Kom beschlagnahmt wurden, gehören zu den wertvollsten Denkmälern alter afrikanischer Kultur (Abb. 170). Ursprünglich befanden sich alle vier in den Sammlungen des Museums für Völkerkunde in Berlin. Bis heute sind dort nur zwei geblieben, einer davon ist im Städtischen Museum für Völkerkunde in Frankfurt a.M. und der vierte gelangte in eine Privatsammlung in den Vereinigten Staaten. Zu „Weltruhm“ kam jedoch der fünfte, aus kunsthistorischer Sicht eigentlich unbedeutendste Thron, der unter unklaren Umständen gegen Ende der sechziger Jahre aus dem königlichen Palast gestohlen wurde und im Jahre 1973 in einer privaten amerikanischen Galerie auftauchte. Nach längeren diplomatischen und juristischen Verhandlungen, über die die Weltpresse ausführlich berichtete, kehrte er an seinen angestammten Platz zurück.

Die dritte Gruppe bildet das Kunstschaffen des Stammes und Königreichs Bamum, das in der Mitte des Kameruner Graslandes liegt. Dieses Königreich mit der Hauptstadt Fumban ist von allen hiesigen Kleinstaaten am besten bekannt. Diese Popularität verdankt das Königreich Bamum einer Reihe von historischen Ereignissen. Um das Jahr 1890 bestieg hier ein minderjähriger Herrscher, König Njoya, den Thron. Mit der Zeit zeigte es sich, daß er in vielerlei Hinsicht eine außergewöhnliche Persönlichkeit war. Sein politisches Schicksal stellte ihn immer wieder vor schwierige Probleme, die er durch Kompromisse zu lösen gezwungen war. Zuerst mußte er dem Druck der Muslims aus dem Norden standhalten. Der deutsche Kolonialismus rückte von der anderen Seite vor. Njoya wurde sich rechtzeitig seiner Machtlosigkeit gegenüber einer modernen europäischen Armee bewußt und unterwarf sich. In seinen Zugeständnissen ging er so weit, daß er sogar in deutscher Uniform auftrat. Diese Politik zahlte sich aus; im Jahre 1902 hat ihn der deutsche Kaiser als den „Sultan von ganz Grasland“ anerkannt. Mit seiner politischen Nachgiebigkeit verschaffte sich der König den Spielraum, den er für wichtige Taten auf kulturellem Gebiet brauchte, aber nach dem ersten Weltkrig, als sich die Franzosen der Herrschaft über diesen Teil Kameruns bemächtigten, wurde sie ihm zum Verhängnis. In den Augen der neuen Kolonialherren war er nun durch seine Zusammenarbeit mit dem deutschen Reich kompromittiert. Als die Franzosen ihre Konzeption der sogenannten direkten Kolonialherrschaft zu verwirklichen begannen, stand er der Verwaltung im Wege, und 1930 wurde er in die Stadt Yaunde im Süden des Landes deportiert, wo er drei Jahre später im Exil starb.

Njoya war eine außergewöhnliche Persönlichkeit. Er förderte die heimischen künstlerischen Traditionen und die Volksbildung, gründete in Fumban ein kleines

Museum und um das Jahr 1910 hob er einige Beschränkungen auf, die das Recht des Volkes auf Benutzung von Kunstgegenständen betrafen. Seine wahrscheinlich bedeutendste Tat war seine Erfindung einer Schrift, die weder von der lateinischen noch von der arabischen Schrift abhängig war. In der Geschichte der afrikanischen Kunst sicherte er sich einen wichtigen Platz durch sein königliches Geschenk an den deutschen Kaiser, einen großen, mit Figurengruppen geschmückten und mit Perlenbesatz polychromierten Thron, der heute zu den wertvollsten Exponaten des Berliner Museums für Völkerkunde gehört. Njoyas Unterstützung der traditionellen Kultur führte indirekt zu ihrer Belebung auch in den benachbarten Gebieten.

Überall in dieser Region wurde die Schnitzkunst zur Ausschmückung der Paläste eingesetzt. Diese Paläste sind prunkvolle Holzhäuser, die einen quadratischen Grundriß und ein hohes, kegelförmiges Dach haben. Die Pfeiler und Türeinfassungen der Paläste sind mit figürlicher Schnitzerei im Hochrelief bedeckt. Die Themen dieser Schnitzerei sind Totemtiere oder Tiere, die die Macht des Herrschers symbolisieren, kriegerische Szenen, wie Gestalten von Kämpfern oder die Gestalt des Herrschers mit einer Kriegstrophäe, meistens mit dem abgeschlagenen Kopf des besiegten Feindes, und Hinrichtungsszenen, die ein abschreckendes Beispiel für alle potentiellen Übeltäter sein sollen. Motive wie Figuren gebärender Frauen sind Fruchtbarkeitssymbole. Einen noch größeren Themenreichtum entfaltet die Schnitzerei bei der Inneneinrichtung der Paläste. Es handelt sich dabei vor allem um die bereits erwähnten Throne, weiter gibt es hier Hocker, die unmittelbar mit der Repräsentation der Machthierarchie zusammenhängen. Diese runden Hocker sind aus gewaltigen Blöcken geschnitzt, menschliche oder tierische Stützfiguren tragen die Sitzfläche — besonders beliebt ist die Figur eines Panthers, der zu den Symbolen der königlichen Macht gehört — oder der Hocker hat die Form eines hohlen Zylinders, mit einem durchbrochenen Mantel. Seine Ornamentik besteht aus einer Reihe von menschlichen Figuren, ineinander verflochteten Schlangen, aus mehreren Reihen von übereinanderstehenden Totemtieren oder ihren Köpfen (Abb. 147), Reihen von menschlichen Köpfen, oder nur aus einem einfachen diagonalen Gitterwerk, das Reihen von stilisierten Spinnen darstellt. Spinnen wurden in Kamerun bei einem Orakel verwendet und außerdem war die Spinne ursprünglich ein königliches Symbol. Nach dem Muster dieser Hocker wurden ähnlich geformte große rechteckige Ruhelager und runde Tische angefertigt. Zu der luxuriösen Einrichtung des Palastes gehören weiter geschnitzte Schüsseln auf figürlichen Karyatiden und Gefäße in Form von stilisierten Tieren (Abb. 149) zum Servieren und Aufbewahren von Speisen. Auf Schüsseln mit sitzenden menschlichen Stützfiguren werden den Geistern Opfergaben dargebracht.

Zu der künstlerischen Ausstattung des Palastes gehören auch Holzfiguren, die bei festlichen Gelegenheiten an den äußeren Mauern des Palastes unter dem vorspringendem Dach ausgestellt werden. Sie bilden eine Art Galerie von Porträtfiguren des Herrschers und seiner Ahnen und Vorgänger im höchsten Amt und sollen die ununterbrochene Existenz des Staates und seinen Wohlstand symbolisieren. Bei der Gruppe der Bamileke sind auch Figuren von Eltern von Zwillingen mit ihren Kindern und Figuren stillender Frauen als Symbole der Fruchtbarkeit und des Wohlstandes beliebt. Figuren schwangerer Frauen werden als ein Mittel zur Erleichterung der Entbindung betrachtet.

Außergewöhnlich reich ist die Ikonographie der Tanzmasken der Geheimbünde. Oft kommen Masken vor, die ein menschliches Gesicht (Abb. 143) oder den ganzen Kopf (Abb. 145) darstellen. Sie haben gewöhnlich keine Sehlöcher und im Vergleich mit anderen afrikanischen Masken sind sie relativ schwer. Sie werden nicht vor dem Gesicht, sondern in schräger Lage über der Stirn oder auf dem Kopf getragen und der Tänzer kann durch das Maskenkostüm oder durch die an den Rand der Maske angebundenen Fransen aus Raphiabast hindurchsehen. In diesen menschlichen Masken wird die breite Skala der Stilisierungsvarianten der Kunst des Graslandes vielleicht am besten erkennbar. Die seltenen hölzernen Elefantenmasken sind extrem stilisiert, während die zahlreichen Büffelmasken oft sehr realistisch sind.

Die Holzskulptur des Kameruner Graslandes kennt nicht die Präzision der minutiösen Schnitzerei, die vollkommen glatte Oberfläche und die ansprechende Gestaltung, durch die sich zum Beispiel die Holzschnitzereien der Baule an der Elfenbeinküste auszeichnen. Alle Skulpturen, einschließlich der Masken, sind massig, ihre vollblütigen Formen wirken kraftvoll. Diese Wesensart kommt auch in der Technik der Schnitzerei zum Ausdruck. Auf der nicht geglätteten Oberfläche sind die Spuren der breiten Dechsel sichtbar, die an die energischen breiten Pinselstriche auf einem modernen Ölgemälde erinnern. Die Wirkung der Skulpturen, besonders der Masken, wird oft durch den scharfen Kontrast zwischen den glatten Flächen der geschwärzten Oberfläche und den breiten Vertiefungen der Umrißlinien sowie der flächenhaften Ornamente, die mit weißer Farberde (Abb. 146) ausgefüllt sind oder in der natürlichen hellen Farbe des Holzes

leuchten, hervorgehoben.

168 Stehende männliche Figur. Mangbetu, Zaire. Helles, schweres Holz. Die Figur hat die ursprüngliche Farbe des Holzes, nur die Frisur, die Füße und das Ende des Penis sind schwarzbraun gefärbt. Die menschlichen Freifiguren der Mangbetu haben oft, wie dieses Exemplar, ein pädomorphes Aussehen.

Náprstek-Museum, Kat. Nr. 39 092 H. 27,5 cm

169 Frei stehende weibliche Figur. Azande, Republik Sudan. Helles Holz mit braun gefärbter Oberfläche. Diese Figur wurde zusammen mit zwei anderen in den Jahren 1909 bis 1914 von dem tschechischen Jäger und Safari-Führer Richard Štorch erworben.

Náprstek-Museum, Kat. Nr. 39 253 H. 32,6 cm

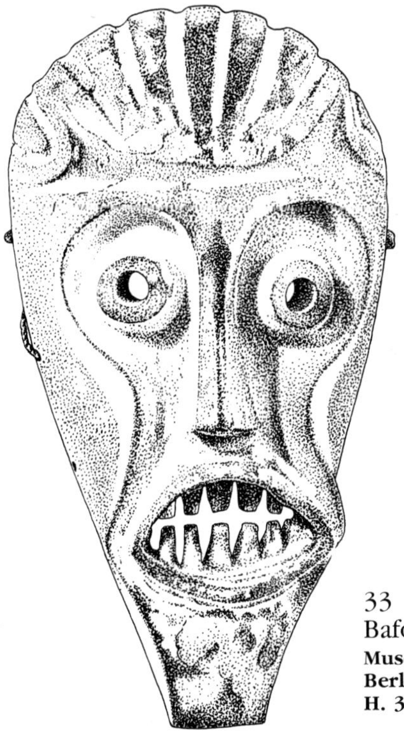

33 Gesichtsmaske.
Bafo, Kamerun
Museum für Völkerkunde, Berlin-Dahlem
H. 31,5 cm

leuchten, hervorgehoben. Dieses Verfahren wird nicht nur bei Masken, sondern auch bei den Luxusgegenständen der Palasteinrichtung angewendet.

Der Kameruner Bronzeguß stammt wahrscheinlich von der nördlichen Gruppe der Bamileke, seine höchste Blüte erreichte er aber bei der Gruppe der Bamum. Sein bekanntestes Motiv sind Tabakspfeifen in Gestalt von oft relativ großen menschlichen Köpfen (Abb. 142). Diese Tabakspfeifen gehören zu den königlichen Insignien und außerdem haben sie auch eine rituelle Bedeutung. Die hölzernen Porträtfiguren der Herrscher der Kleinstaaten halten oft eine Pfeife in der Hand, da das Rauchen dieser Pfeifen als eines der magischen Mittel zur Sicherung der Fruchtbarkeit der Felder gilt. Außer den Pfeifen werden auch verzierte Griffe zeremonieller Fächer und sogar große Tanzmasken

170 Symbolischer Thron — stehende weibliche Figur mit Stab und Stuhl. Bekom, Kamerun. Holz, das Gesicht der Figur ist mit Kupferblech bedeckt. Eine von vier ähnlichen, zwei männlichen und zwei weiblichen Figuren, die 1904 erworben wurden. Die Figuren stellen die Ahnen des regierenden *fon* der Bekom dar und offenbar bildeten sie jeweils ein Paar. Nach dem identischen Sockel des Stuhls, der von Büffelköpfen getragen wird, zu schließen, gehörte diese Figur zu der männlichen Figur, die sich im Museum für Völkerkunde in Frankfurt befindet. Der Stuhl diente wahrscheinlich nicht als Sitzgelegenheit, sondern es wurden darauf Opfergaben, z.B. Kalebassen mit Palmwein, gestellt.
Museum für Völkerkunde, Berlin H. 185 cm

171 Figuren eines stehenden Mannes und einer stehenden Frau. Azande, Republik Sudan. Helles, braun gefärbtes Holz. Dieses Paar, das von der Hand desselben Schnitzers stammt, ist das schönste bekannte Beispiel dieses Stammesstils, in dem die Arme und die Schultern als ein hufeisenförmiges Band aufgefaßt und die Beine „kubistisch" stilisiert sind. Diese Figuren waren vermutlich Kultgegenstände des Geheimbundes *mani.*

Náprstek-Museum, Kat. Nr. 39 254 und 39 255
H. 34,5 cm u. 35 cm

aus Bronze gegossen. Der Großteil dieser Gegenstände stammt aus der Stadt Fumban und hat alle charakteristischen Merkmale des Bamum-Stils, vor allem die großen, weit aufgerissenen Augen und die aufgeblasenen Backen. Die französische Kolonialverwaltung hat in den zwanziger Jahren die Bronzegießer in Fumban in einer Straße konzentriert; die Gegenstände vom traditionellen Typ, die dort heute hergestellt werden, sind nichts anderes als Souvenirs für den Touristenmarkt.

Die Pfeifen der Würdenträger wurden ursprünglich aus Ton gemacht. Sie sehen den aus Bronze gegossenen Pfeifen ähnlich, aber ihre Thematik ist viel reicher. Der Pfeifenkopf stellt oft eine ganze sitzende Figur dar, die eine zeremonielle Maske trägt (Abb. 140, 141). Gegen Ende des vorigen Jahrhunderts wurde durch die Herstellung dieser Tonpfeifen der Stamm der Bali berühmt. Die Bali lieferten ihre Tonpfeifen nicht nur den anderen Stämmen, sie lieferten sie dann auch als Souvenirs auf den damals entstehenden Touristenmarkt. Die großen Tonpfeifen stammen aber aus dem Bamum-Land.

Die Kunst des Perlenbesatzes wurde bereits im Zusammenhang mit den Thronen erwähnt. Diese Technik wurde auch bei der Verzierung verschiedener Insignien des Herrschers angewandt. Mit Glasperlen wurden auch Kalebassen bedeckt, die in den Palästen als Palmweingefäße dienten.

Einige Schnitzereien der Stämme Bafo und Bakundu, z.B. die Tanzaufsätze, stehen zweifellos unter dem Einfluß der Kunst der südlichen Ibibio. Die Gesichtsmasken der Bafo (Zeichnung S. 161) erinnern in ihrem Umriß an die Form eines umgekehrten Tropfens. Sie haben kugelförmige Augen, die in runden Vertiefungen sitzen, ähnlich wie bei enigen Masken des Graslandes, bei denen dieses Stilisierungselement in hypertropher Form vorkommt, wie es dem robusten Charakter jener Schnitzereien entspricht. Eine nähere Parallele bildet die ähnliche Stilisierung der Augenpartie bei einigen Masken der Kalabar-Stämme, die für den Kult der Wassergeister bestimmt waren. Die Stämme Bafo und Bakundu, die in der Urwaldzone von Südkamerun leben, schnitzen kleine Menschenfiguren mit gebeugten Knien und Armen, deren Hände unter dem Kinn verschränk sind. Für die Konzeption dieser Figuren gibt es in den nördlichen Gebieten keine Entsprechung, sie nähert sich bereits der Kunst von Äquatorial-Afrika und sie wurden angeblich bei der zeremoniellen Eidesleistung verwendet.

Abschließend müssen wir noch das Kunstschaffen des Küstenstammes Duala erwähnen, der an der Mündung des Flusses Sanaga lebt. Seine Masken in Gestalt von stilisierten, ziemlich abgeflachten Büffelköpfen dienten dem Geheimbund *ekongolo*. Eine bunte Bemalung mit importierten Farben gliedert die Oberfläche dieser Masken in große verschiedenfarbige Felder in der Form von einfachen geometrischen Figuren. Sie stellen eine Variante der Büffelmasken aus dem Kameruner Grasland dar und sind wahrscheinlich die südlichste Äußerung dieses großen Themas in der westsudanischen Kunstregion. Ein Thema, das demgegenüber in Afrika einzig dasteht, sind die geschnitzten Vordersteven der Pirogen, mit denen die Kaufleute und Fischer der Duala bei festlichen Anlässen ihre großen Boote schmückten. Diese seltenen komplizierten Schnitzereien werden heute nicht mehr hergestellt. Für ihre reiche Polychromie wurden importierte Farben verwendet. Bei den Duala begegnet man wieder der unafrikanischen Technik des Zusammensetzens einer Plastik aus mehreren selbständig geschnitzten Teilen, die wir in einigen Schnitzereien von der Kalabarküste kennenlernten. Heute kann man kaum mehr feststellen, ob sie die Schnitzer der Duala von dort übernommen haben, oder ob sie diese Technik durch eigene Beobachtung der Zimmerleute und Schreiner auf europäischen Schiffen kennengelernt haben.

Das dritte Genre der Duala-Schnitzerei sind Hocker (Abb. 148), deren Grundform wahrscheinlich eine Nachahmung der Hocker der Akan-Würdenträger ist, die längs der Guineaküste verbreitet waren. Ihre Sitzfläche hat die bekannte Form eines geschwungenen Rechtecks. Den unteren Teil dieser Hocker bildet jedoch weder eine Stützfigur noch ein dreidimensionales ornamentales Gebilde, sondern es ist ein Kästchen mit figürlich und ornamental durchbrochenen Seitenflächen. Oft wird noch eine Schnitzerei im Flachrelief hinzugefügt.

ÄQUATORIAL-AFRIKA

Die vierte und letzte große Provinz der traditionellen afrikanischen Kunst umfaßt das Territorium von Kamerun südlich des Flusses Sanaga, Äquatorialguinea (das frühere Rio Muni), Gabun, die Volksrepublik Kongo, Zaire (früher: Kongo-Brazzaville) und den nördlichen Teil von Angola. Ihre Randzonen reichen noch bis in das Territorium von an die genannten Länder angrenzenden Staaten hinein. Ein großer Teil dieser Provinz wird vom tropischen Regenwald bedeckt, der sich gegen Osten und Süden hin allmählich in eine Parklandschaft verwandelt, in der Wälder mit feuchten Savannen wechseln. Das große Gebiet ist von vielen Flüssen durchzogen. Die Täler einiger Flüsse bildeten jahrhundertelang natürliche Migrationswege für die Bantu-Stämme — und in der nördlichen Hälfte der Provinz auch für die Stämme der zentralsudanischen Region — und ihre Kultur. Da das fruchtbare Land entlang der Wasserläufe die Entwicklung der Landwirtschaft ermöglichte und die Natur hier auch die

172 Anthropomorpher Löffel. Balega (Warega), Zaire. Elfenbein mit brauner, rötlicher Patina, die auf diesen Löffeln das rote Palmöl erzeugt.
Náprstek-Museum, Kat. Nr. 32 021 L. 17,8 cm

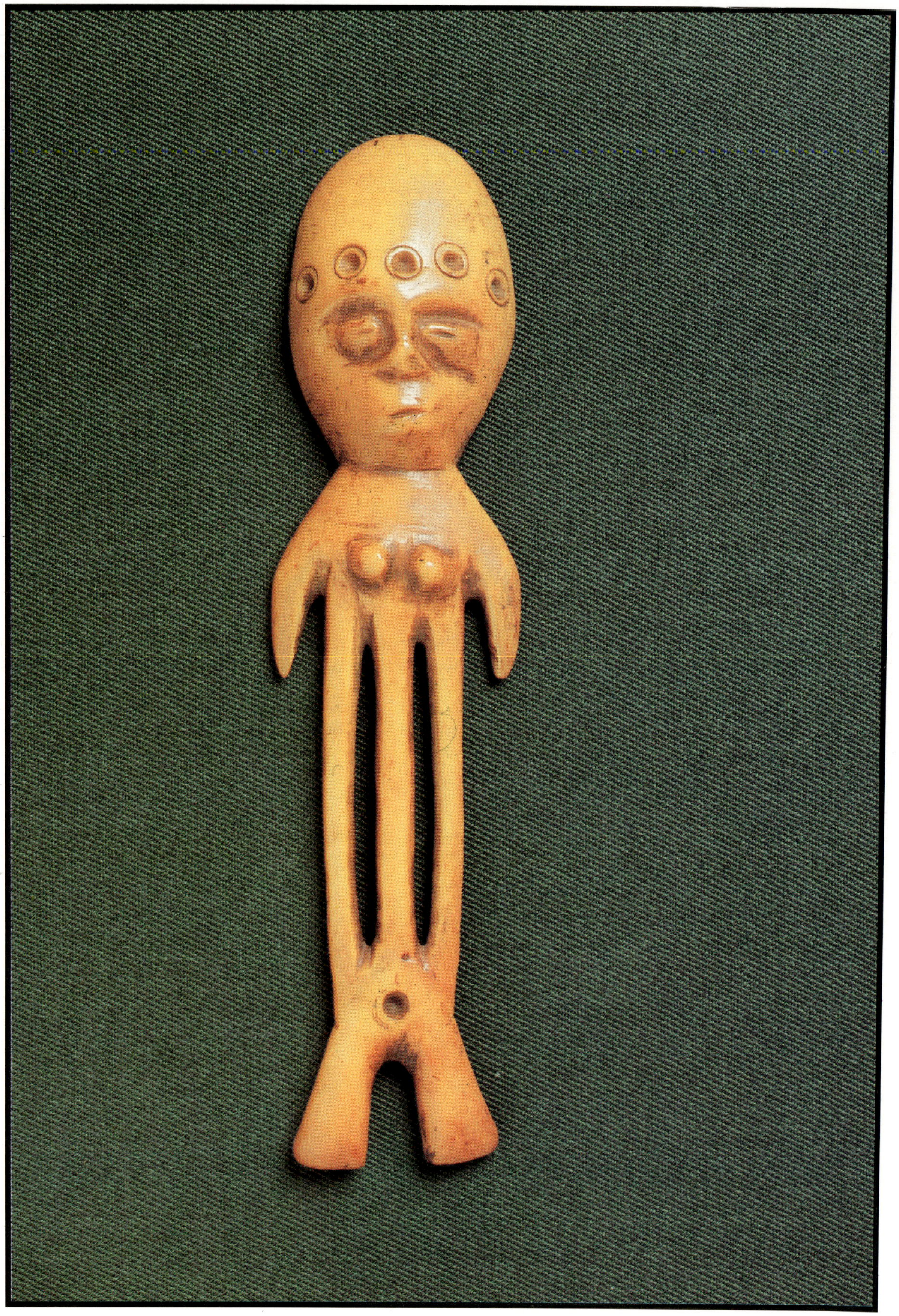

Möglichkeit für Jagd und Fischfang bot, während oft ein undurchdringlicher Urwald die Wasserscheiden bedeckte, wirkte sich hier die geographische Gliederung der Landschaft auf die Entwicklung der Kultur und besonders der traditionellen Kunst viel stärker aus als in anderen Teilen des Kontinents. Die großen Flüsse bilden hier die Grenzen weiter Stilbereiche der traditionellen Kunst, wo in zahllosen Varianten lokaler Stile und Unterstile der thematische Fundus verarbeitet wurde, der auf den gemeinsamen Grundlagen der Kultur entstanden ist. Diese lokalen Stilvarianten entwickelten sich an den Nebenflüssen großer Ströme, wobei dieser Prozeß an den beiden Ufern oder am Ober- und Unterlauf des Flusses oft unterschiedlich verlief.

Obwohl die Europäer die Westküste dieser Provinz bereits gegen Ende des fünfzehnten Jahrhunderts entdeckt hatten — die Portugiesen sind in der Mündung des Kongo zum erstenmal im Jahre 1482 gelandet und aus ihren Berichten erfahren wir, daß hier zu dieser Zeit eine hochentwickelte Schnitzkunst existierte — besitzen wir aus dieser Gegend keine Kunstdenkmäler, die mit denen aus Ife und Benin in Westafrika vergleichbar wären. Das Holz, das fundamentale Material des afrikanischen Künstlers, wird von dem feuchten tropischen Klima viel zu schnell zerstört, um noch nach Jahrhunderten über die älteren Entwicklungsphasen der hiesigen Kunst aussagen zu können, und andere Materialen wurden hier nur minimal oder überhaupt nicht verwendet. Und darüber hinaus blieb das Binnenland dieses Teils von Afrika bis in die zweite Hälfte des vorigen Jahrhunderts der Außenwelt verschlossen. Da der tropische Urwald ein unüberwindbares Hindernis auch für die moslemischen Eroberer bildete, besitzen wir auch, zum Unterschied von der westlichen Sudanregion, keine historischen Berichte gelehrter arabischer Geographen über diese Gebiete. Eine gewisse Vorstellung von der alten Kunst aus diesem Teil von Afrika können wir uns nur nach den steinernen Grabfiguren *ntadi* aus dem Gebiet des unteren Kongos und den seltenen kleinen figürlichen Elfenbeinschnitzereien machen, die aus derselben Gegend stammen. Es ist jedoch nicht leicht, ihr absolutes Alter festzustellen, da Skulpturen aus demselben Material und im gleichen Stil bis zum Anfang des 20. Jahrhunderts hergestellt wurden. Nur einige wenige seltene Ausnahmen, die durch die Zeit ihres Fundes datiert

173 Trommel mit Karyatide in Gestalt einer Frau mit einer Flasche. Bakongo, Zaire. Weiches, helles Holz mit braun patinierter, glänzender Oberfläche. Für den realistischen Stil des unteren Kongo ist das Einlegen keramischer Scherben in die Augen sowie die in afrikanischer Skulptur seltene Andeutung der Schlüsselbeine bezeichnend.
Náprstek-Museum, Kat. Nr. A 11 596 H. 94 cm

sind, ermöglichen die Feststellung, daß sich der Stil des Gebiets am unteren Kongo von dem 16. bis zum 19. Jahrhundert im wesentlichen nicht verändert hat.

Den Einblick in die Kunstgeschichte von Äquatorial-Afrika erschweren noch weitere ungünstige historische Umstände. An der Küste Westafrikas beschränkten sich die Europäer mehrere Jahrhunderte lang mehr oder weniger auf den Handel, den sie aus ihren befestigten Stationen an der Küste mit Hilfe der örtlichen Herrscher, die dabei reich wurden, betrieben, und die Bronzelegierung, welche sie als Zahlungsmittel importierten, gab sogar den Anlaß zum Aufschwung der künstlerischen Verarbeitung dieses Materials. Als die Portugiesen hierhergekommen waren, fanden sie in der Region am unteren Kongo relativ entwickelte Staatswesen vor, vor allem das Reich Loango an der Küste der heutigen Volksrepublik Kongo und das Reich Kongo, das sich südlich der Mündung des gleichnahmigen Flusses erstreckte und dessen politischer und kultureller Einfluß weit ins Binnenland reichte. Der König dieses Reiches, der *manikongo,* empfing im Jahre 1491 die Taufe und nahm diplomatische Beziehungen zum königlichen Hof von Portugal auf. Seitdem stand das Gebiet am unteren Kongo mehr als zwei Jahrhunderte lang unter dem Einfluß christlicher Missionen, die den traditionellen Ahnenkult und den Glauben an die übernatürliche Macht der Fetische auszurotten versuchten. Da sich die traditionellen Glaubensinhalte in den Holzschnitzereien am deutlichsten manifestierten, wurden diese Kunstgegenstände auf Scheiterhaufen verbrannt. So wurde zwei Jahrhunderte lang die traditionelle Kunst nicht nur durch das tropische Klima, sondern auch durch den messianischen Fanatismus zerstört.

Als diese zwei Jahrhunderte vergangen waren, wurden die Portugiesen im Jahre 1717 vertrieben, der alte Glaube wurde wieder lebendig und mit ihm belebte sich auch die Kunst. Da wir die äquatorialafrikanische Kunst aus der Zeit vor der Ankunft der Europäer nicht kennen, kann man sich nur in Spekulationen darüber verlieren, was die Kunst dieser Küstenregion dem Einfluß christlicher Ikonographie und europäischer Vorlagen verdankt und welche Erscheinungen man durch eine zufällige konvergente Entwicklung des bildnerischen Ausdrucks erklären kann.

Die Entwicklung des Kolonialismus in der zweiten Hälfte des 19. Jahrhunderts bedeutete für die traditio-

174 Griff einer rituellen Rassel. Basundi, unterer Kongo, Zaire. Braunes Holz mit graubraun gefärbter und patinierter Oberfläche. Der tiefe Einschnitt unter den Figuren dient zum Anbinden rasselnder Früchte. Die Rassel wird bei dem Initiationstanz der Bakhimba-Sekte verwendet.
Náprstek-Museum, Kat. Nr. 39 178
H. 46,7 cm (H. der Figuren 20 cm)

175 Fetischfigur. Bakongo, Zaire. Braunes Holz mit glänzender Patina, in die Augen sind Glasscherben eingelegt. Der Scheitel ist aus einer plastischen, magischen Masse modelliert, in die ein Elfenbeinstreifen und die Spitze eines Antilopenhorns eingefügt sind. Weitere magische Substanzen befinden sich in dem runden, verglasten Behälter auf der Brust.

Náprstek-Museum, Kat. Nr. 26812 H. 22,7 cm

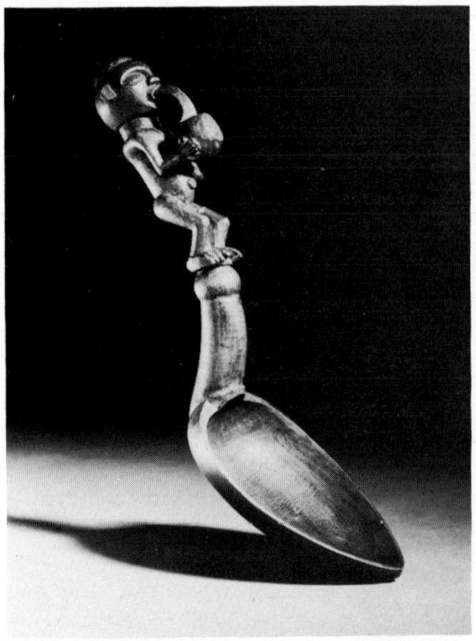

nelle Kunst eine neue Katastrophe. Die französische und besonders die belgische Kolonialverwaltung verfolgten eine Politik der direkten Herrschaft, d.h. ohne Hilfe der traditionellen Institutionen der afrikanischen Gesellschaft, die sie im Gegenteil im Interesse dieser Politik unterdrückte. Hierzu diente auch die Verbreitung des Christentums, zu der sich ein gegen die Kultgegenstände des heimischen Glaubens gerichteter Ikonoklasmus gesellte. Auch die Nachfrage nach Werken der *primitiven Kunst* und speziell der *Neger-Kunst,* die in Europa und vor allem in Frankreich am Anfang des 20. Jahrhunderts im Zusammenhang mit der Entwicklung der europäischen Kunstauffassung entstand, hat zur Zerstörung der traditionellen afrikanischen Kunst beigetragen. Für die Beamten des französischen und belgischen Verwaltungsapparates in den zentralafrikanischen Kolonien wurden die „Idole und Fetische der Wilden" zur Quelle willkommener Nebeneinnahmen. Dies alles führte dazu, daß in allen Teilen dieser Kunstprovinz von Äquatorial-Afrika von dem traditionellen Kunstschaffen nur Fragmente und isolierte Enklaven in schwer zugänglichen Gebieten bis zur heutigen Zeit übriggeblieben sind. Aber auch diese Reste verschwinden im Zusammenhang mit der Entwicklung der Infrastruktur, der ständig steigenden Nachfrage und der Modernisierung der afrikanischen Wirtschaft und Gesellschaft.

176 Löffel mit figürlichem Stiel in Gestalt eines Mannes mit einer Pfeife.
Náprstek-Museum, Kat. Nr. 39 408 L. 22 cm

177 Löffel mit figürlichem Stiel in Gestalt eines Trommlers.
Náprstek-Museum, Kat. Nr. 39 405 L. 15,2 cm

178 Löffel mit figürlichem Stiel in Gestalt einer stehenden Frau.
Náprstek-Museum, Kat. Nr. 39 407 L. 13,7 cm

Hartes, dunkelbraunes Holz mit patinierter Oberfläche. Die schalenförmigen Teile der Löffel bilden mit den Stielen einen Winkel von etwa 60 Grad; ihre Form ist vermutlich von europäischen Vorbildern beeinflußt. Bakongo, Volksrepublik Kongo (nach den erhaltenen ursprünglichen Etiketten wurden die Löffel im Tal des Flusses Niari gesammelt). Einige Löffel von diesem Typ stammen wahrscheinlich auch aus Südgabun.

DAS FLUSSGEBIET DES OGOWE

Der erste große Stilbereich dieser äquatorialen Provinz ist das Flußgebiet des Ogowo in Gabun. Dieser Bereich schließt auch Äquatorial-Guinea und Südkamerun ein, im Osten und Süden überschreitet er die Grenzen der Volksrepublik Kongo. Seine Bevölkerung setzt sich aus zwei Komponenten zusammen, aus den Bantu-Stämmen, die diese Region von Süden aus besiedelt haben, und aus der sudanischen Komponente, welche die mit dem gemeinsamen Namen Beti oder Pangwe bezeichneten Stämme bilden. Die Beti-Stämme kamen aus dem Gebiet der zentralen Sudanregion in einem Zeitraum von etwa drei Jahrhunderten. Sie wanderten den Lauf des Ivindo, des nordöstlichen Nebenflusses des Ogowe entlang und während ihrer Wanderung assimilierten sie die hier ansässigen Bantu oder drängten sie teils nach Süden, teil nach Westen zur Atlantikküste. Diese Wanderung endete erst um das Jahr 1870, als die Beti-Stämme selbst an die Küste gelangten. Dem künstlerischen Stil, beziehungsweise den Stilen dieser Stämme der Sudanregion wird in der Fachliteratur oft der gemeinsame ethnische Name Fang gegeben, der eigentlich nur einen von diesen Stämmen bezeichnet.

Trotz diesem Dualismus der ethnischen Zusammensetzung der Bevölkerung und dem Stilreichtum ihrer Kunstäußerungen, die einige der abstraktesten sowie einige der realistischsten Tendenzen aufweisen, zeichnet sich die Kunst dieses Bereichs durch eine außerordentliche thematische Einheit aus. Ein fundamentales Thema, das dem Ahnenkult dient, der hier eine sehr ausgeprägte Form hat, bilden die sogenannten Reliquiarfiguren (Zeichnung S. 26), die auf Behältern, welche die Gebeine und Schädel von Gründern der Sippen und Dörfer, von Müttern vieler Kinder und anderen bedeutenden Persönlichkeiten enthalten, befestigt werden. Dieses Thema, das es in keiner anderen Region Afrikas gibt, findet man hier überall. Das zweite fundamentale Thema bilden hier die sog. Masken mit weißen Gesichtern, die Geister verstorbener Mädchen darstellen. Die Auftritte der weißen Masken sollen eine aktive Teilnahme dieser Geister an dem Leben der Gemeinschaft ermöglichen und sie auf diese Weise besänftigen. Zu weiteren, weniger häufigen und weniger auffallenden Themen, die auch eine ziemliche Einheitlichkeit aufweisen, gehören verschiedene Insignien der Häuptlinge, das Verzieren von Harfen mit einem kleinen menschlichen Kopf, der auf dem Korpus des Instruments angeschnitzt ist.

Den dominierenden ethnischen Faktor in der nördlichen Hälfte dieses Stilbereiches bilden die Beti-Stämme, die man im Hinblick auf Stilunterschiede in drei Gruppen einteilen kann: die nördliche (die Bane, Bulu und Jaunde in Südkamerun), die mittlere (die Ntumu und Mwai in Gabun und Äquatorial-Guinea) und die südliche (die Fang in Gabun). Das wichtigste Thema all dieser Stämme bilden Menschenköpfe und ganze

179 Genregruppe. Ein Trommler mit sechs Zuhörern, fünf Männern in europäischer Kleidung und einer Afrikanerin. Bakongo, Zaire. Weiches, polychromiertes Holz. Die Figuren sind auf dem kreisförmigen, aus einem Brettchen ausgeschnittenen Untersatz mit Nägeln befestigt. Einige der männlichen Figuren stellen vermutlich Asiaten dar und die ganze Gruppe ist eine Darstellung der kosmopolitischen Gesellschaft einer Stadt an der afrikanischen Küste aus der Zeit um die Jahrhundertwende. Die lange Trommel aus einem ausgehöhlten Baumstamm ist ein charakteristisches Musikinstrument der Gegend am unteren Kongo. Eine frühe Souvenir-Schnitzerei im traditionellen Stil.
Náprstek-Museum, Kat. Nr. 23 493 H. 26 cm, ∅ des Untersatzes 34 cm

Figuren, die auf den Deckeln zylindrischer Reliquiare aus Rinde, welche die Gebeine bedeutender Ahnen enthalten, befestigt werden. Diese Kästchen heißen *bieri* und mit diesem Namen werden auch die Reliquiarfiguren bezeichnet. Für ein früheres Entwicklungsstadium werden die Köpfe gehalten, die in der Mitte des Deckels befestigt sind. Es sind meistens Frauenköpfe mit einer altertümlichen Haartracht. Die männlichen und weiblichen *bieri*-Figuren zählen zu den Höhepunkten der traditionellen afrikanischen Kunst. Es sind etwa 45—70 cm hohe rundliche Figuren mit geschmeidiger Muskulatur, die manchmal wie eingeschnürt wirkt, mit einem hohen Torso und gebeugten Armen, die einen rechten Winkel bilden. Die männlichen Figuren halten oft ein Antilopenhorn in den Händen, das einen Behälter für Zaubermittel bildet. Die kurzen Beine sind wie beim Sitzen in den Knien gebeugt, weil sie auf dem Deckel des Reliquiars in Sitzhaltung durch einen unter dem Gesäß angeschnitzten vertikalen Fortsatz befestigt wurden. Die *bieri*-Figuren sind streng symmetrisch und zeichnen sich durch ausgewogene Proportionen und eine vollkommene Bearbeitung der Oberfläche mit Palmöl, pulverisierter Holzkohle oder mit einem Puder aus dem roten Holz einer bestimmten Baumart aus. Bei den Stämmen in Südkamerun wurden die hervortretenden und wichtigen Partien dieser Figuren noch mit Messingblech beschlagen. Diese Ausschmückung steigert manchmal die Wirkung des Werkes, manchmal jedoch wird sie zu einem störenden Element. Es hing von der künstlerischen Meisterschaft jedes einzelnen Schnitzers ab, inwieweit er beide Materialien, das Holz und das Metall, in Einklang zu bringen vermochte. Bei einigen *bieri*-Figuren aus Südkamerun kann man auch gewissen kubistischen Tendenzen begegnen, die sich durch die Transformation gerundeter Körperteile in Facettenflächen und durch die geometrische Stilisierung des Mundes zu einem Viereck manifestieren. Es scheint, daß diese Tendenzen auf die Überbleibsel von älteren Stilen einiger der hiesigen kleinen Stämme, wie z.B. der Ngumba oder Yabassi, zurückzuführen sind,

180 Figur eines Europäers mit Schnurrbart, in Gala-Uniform. Bakongo, Zaire. Helles, polychromiertes Holz. Nach einem ähnlichen Stück, das F.M. Olbrechts (1959, Abb. 229) veröffentlichte, handelt es sich um ein Porträt des belgischen Königs Albert. In der Kolonialzeit wurden die europäischen Herrscher oft zu Themen einheimischer Künstler. Manchmal waren es Souvenir-Figuren, wie in diesem Fall, manchmal wurden sie in das heimische kulturelle Inventar einbezogen. Besonders oft kommen Figuren vor, welche die britische Königin Victoria darstellen, es gibt Porträtfiguren des deutschen Kaisers Wilhelm, u. ä. An einigen dieser Figuren ist die karikierende Absicht zu erkennen.
Náprstek-Museum, Kat. Nr. 26899 H. 81 cm

für deren seltene und wenig bekannte Skulpturen diese Tendenzen bestimmend sind.

Die Reliquiare *bieri* wurden in einem besonderen Heiligtum in einer Ecke der Hütte des Häuptlings aufbewahrt und es wurden ihnen regelmäßig Opfer dargebracht. Frauen und nichtinitiierte Jugendliche durften sie nicht zu Gesicht bekommen. Ursprünglich stellten diese Figuren wahrscheinlich Ahnen dar, sie waren Zufluchtstätten für ihre Seelen. Allmählich überwog aber ihre Schutzfunktion, sie sollten den Inhalt der Reliquiare hüten und gleichzeitig die Gemeinschaft vor der Wirkung schädlicher Zauberkräfte beschützen. Eine ähnliche Bedeutung hatten wahrscheinlich die Reliquiarfiguren auch bei allen anderen Stämmen dieser Region, die solche hatten.

Zum künstlerischen Inventar der Beti-Stämme gehören auch mehrere Typen größtenteils weißer Masken, Gesichts- und Helmmasken, mit zwei oder mehreren Gesichtern. Von besonderer künstlerischer Bedeutung sind die länglichen, schmalen, weißen Masken *ngel,* deren abstrahierte Gesichtszüge auf eine lange, gerade Linie des Nasenrückens, die sich oben in zwei Bögen der Brauen teilt, die wiederum bis zu den Rändern der Maske reichen, reduziert sind. Die Augen bilden kleine waagerechte Schlitze, der Mund hat die Form eines kleinen Rechtecks. Diese Masken, die in ihrer Einfachheit außergewöhnlich eindrucksvoll sind, dienen dem Geheimbund *ngi.* Ihre Aufgabe ist es, Zauberer und alle, die die Rechtsnormen des Stammes verletzen, aufzusuchen und zu bestrafen.

Obwohl der Kunst der Beti-Stämme relativ viel Beachtung gewidmet worden ist, bleiben einige sie betreffende grundsätzliche Fragen immer noch unbeantwortet. Diese Stämme hatten angeblich in ihrer ursprünglichen Heimat keine eigene Schnitzkunst. Es wäre aber sehr verwunderlich, wenn sie es zustande gebracht hätten, in einer neuen und feindlichen Umgebung und in einer so kurzen Zeit dermaßen vollkommene, stilistisch reife Werke zu schaffen. Es wäre eine bewundernswerte Leistung, auch bei der berechtigten Voraussetzung, daß sie von der einheimischen Bevölkerung die fertige Thematik übernommen haben. Schwerlich kann man auch der Behauptung glauben,

181 Souvenir-Schnitzerei aus einem Nilpferdzahn. Bakongo, Kongo, Loangoküste. Elefantestoßzähne und Nilpferdzähne mit Reliefs schreitender, wenigstens zum Teil europäisch gekleideter Afrikaner und Genreszenen aus afrikanischem Leben, die sich in einer aufsteigenden Spirale um den Zahn winden, gehörten zu den frühen geschnitzten Souvenirs aus diesem Teil Afrikas. Obwohl sie schon damals in ziemlich großer Zahl gefertigt wurden, handelt es sich nicht um serienmäßig hergestellte Ware. Jedes Exemplar ist ein Original, das den Zauber naiver Kunst ausstrahlt.
Náprstek-Museum, Kat. Nr. A 9368 L. 33,8 cm

die Schnitzer dieser Stämme seien keine professionellen Künstler gewesen. Man kann sich kaum vorstellen, daß Amateure ohne jede professionelle Schulung, die nicht die Möglichkeit gehabt hatten zu experimentieren und den logischen Aufbau der Figuren gründlich zu durchdenken, solche Meisterwerke hätten schaffen können, wie es viele der *bieri*-Figuren sind.

Eine einzigartige Schöpfung afrikanischer Kunst sind die Reliquiarfiguren der Stämme im östlichen Teil von Gabun. Die berühmtesten davon sind die äußerst abstrakten Werke des Stammes der Bakota-Mindasa (Abb. 163), der am Oberlauf des Ogowe lebt. Den grundlegenden und häufigsten Typ bilden zweidimensionale Figuren, die auf einen Kopf mit einem halbmondförmigen Aufsatz, wahrscheinlich einer stilisierten Haartracht oder Kopfbedeckung, reduziert sind. An den Seiten ihres ovalen Gesichts sind flügelförmige Vorsprünge, die vielleicht auch zu der Haartracht gehören. Die meisten Figuren haben ein leicht konkaves Gesicht, Figuren mit einem konvexen Gesicht kommen seltener vor. Der ganze Kopf ist an der Vorderseite mit Messingblech bedeckt. Er sitzt auf einem schlanken Hals, der aus einem rhombischen Rahmen herauswächst, der in den Korb mit den Gebeinen eines Ahnen eingesetzt wird. Diese Figuren, die unter dem Namen *mbulu-ngulu* bekannt sind, gehören zu jenen Werken der afrikanischen Kunst, die am Anfang des 20. Jahrhunderts moderne europäische Künstler faszinierten und inspirierten. Sehr selten ist ihre ikonographische Variante *mbulu-viti* mit zwei Gesichtern, die in entgegengesetzte Richtungen blicken. Eines dieser Gesichter ist gewöhnlich konkav, weiblich, das andere ist konvex, männlich. Die Figuren *mbulu-ngulu* gibt es in vielen Stilvarianten von verschiedenen Bakota-Stämmen und auch aus nicht näher bestimmten Ortschaften. Die abstraktesten Reliquiarfiguren, die *bwiiti* (Abb. 164), stammen von den Mahongwe, die östlich des Mittellaufs des Ivindo leben. Früher wurden diese Figuren irrtümlicherweise dem Stamm Ossyeba zugerechnet.

Sehr selten sind die Masken der Bakota. Sie haben keinen Unterkiefer, ihre untere Kante fällt mit der Mundlinie zusammen. Den oberen Teil der Maske schmücken zwei hohe Kämme in der Form von zwei senkrechten, sich im rechten Winkel schneidenden Flächen. Aus dem weißen Gesicht treten verdoppelte Bögen der Brauen hervor, die über der Nasenwurzel verbunden sind und bis zu den Seitenrändern reichen. Diese Masken sind angeblich Darstellungen böser Geister, die durch Opfer und Bitten besänftigt werden müssen.

Die Kultur der Reliquiarfiguren reicht bis zu den südlichen Nachbarn der Bakota, den Ambete in der Volksrepublik Kongo. Die Figuren bewachen hier aber keine Reliquiare mehr, sondern die Gebeine der Ahnen werden in dem hohlen Torso der Figuren selbst, die auf

182 Fetischfigur eines Mannes mit Stock und Gewehr. Babembe, Kongo. Helles Holz mit dunkelbraun gefärbter, glänzender Oberfläche. Der Hals ist mit einem dünnen Messingdraht umwickelt.
Náprstek-Museum, Kat. Nr. 26 594 H. 14,5 cm

183 Gegenstand von unbekannter Funktion. Babembe, Kongo. Helles Holz, die Scheitel beider Figuren und die im Flachrelief geschnitzten Figuren der Tänzer an beiden Seiten des „Kästchens" sind geschwärzt, vielleicht durch Brennen. Beide Seitenfiguren haben tiefe, ausgebrannte Afteröffnungen zum Einfügen einer magischen Paste. Denselben Zweck hatten wahrscheinlich auch die zwei Reihen von Löchern in den Torsos der Figuren. Vermutlich handelt es sich um einen Gong, der bei Zauberpraktiken verwendet wurde, dafür sprechen die zwei Öffnungen an den kürzeren Seiten der Mündung des Hohlraums, in denen vielleicht ein Draht mit metallenen Resonanzplättchen befestigt war. Nach ihrem spitzen Kinn zu urteilen, handelt es sich um männliche Figuren.
Náprstek-Museum, Kat. Nr. 4660 L. 28 cm, H. 14,5 cm

dem Rücken mit einem Deckel versehen sind, aufbewahrt. Diese seltenen Figuren, die etwa 70 cm hoch und weiß gefärbt sind, haben säulenartige Hälse und Torsos, die rechtwinklig gebogenen Arme bilden auf dem Torso ein Relief und vor allem die Schulterpartie neigt zur kubistischen Formgebung. Der Kopf ist am breitesten auf der Ebene des Mundes, in der Richtung nach oben wird er schmaler, den Scheitel schmückt ein länglicher Kamm. Das Gesicht ist fast flach, die Hälfte seiner Höhe nimmt die Stirn ein, die sich von der unteren Hälfte stufig abhebt. Die Brauen bilden einen einzigen Bogen, der die ganze Breite des Gesichts einnimmt, die Augen werden durch eingesetzte Kaurimuscheln dargestellt, oder sie sind reliefartig in der Form dieser Muscheln geschnitzt. Dieser figürliche Typ der Reliquiare wurde vielleicht durch die figürlichen Fetische aus dem unteren Kongo inspiriert, deren ausgehöhlter Torso als Behälter für magische Substanzen diente.

In dem schwer zugänglichen, bergigen inneren Gebiet von Gabun, westlich von dem Land der Bakota, zwischen den Oberläufen der Flüsse Offoue und Ngou-

184 Fetischtigur *butti.* Bateke-Sise, Kongo. Geschlechtslose Figur mit männlicher Frisur, auf der Brust ein Behälter mit magischen Substanzen. Helles Holz mit einer starken Schicht dunkler, ritueller Patina, die Halskette aus Messingringen.
Náprstek-Museum, Kat. Nr. 26591 H. 36,7 cm

185 Fetischfigur *butti.* Bateke-Fumu, Kongo oder Zaire. Helles Holz mit einer starken Schicht dunkler, ritueller Patina, die lederne Hülle des Torsos enthält magische Substanzen.
Náprstek-Museum, Kat. Nr. 26590 H. 44 cm

nie, lebt der Stamm der Mitsogho, bei dem wir zum letztenmal den Reliquiarfiguren begegnen, die hier *bwete* heißen (Abb. 154). Diese Figuren sind den *bieri* der Fang aus dem nördlichen Gabun ähnlich. Es sind Halbfiguren von gerundeten Formen, mit runden Augen aus eingesetzten fremden Materialien und mit Augenbrauen, die über der Nasenwurzel verbunden sind, was ein häufig auftretendes stilistisches Element der Holzschnitzereien vieler Stämme in dieser Gegend ist. Das Gesicht der *bwete* erinnert an den Gesichtsausdruck eines staunenden Kindes. Ihre Oberfläche ist mit einem pflanzlichen Farbstoff rot gefärbt. Vor dem zweiten Weltkrieg sind nur wenige davon in europäische Sammlungen gelangt und das in diesem Buch publizierte Exemplar ist eine dieser Figuren. Außerdem ist dies wahrscheinlich die einzige bekannte, ursprünglich ganze Figur dieser Art. Ihre Beine sind leider abgebrochen und haben sich nicht erhalten, wahrscheinlich aber waren sie zu einer Sitzhaltung gebeugt, wie bei den *bieri*-Figuren, da die *bwete* die gleiche Aufgabe erfüllten.

Erst nach dem zweiten Weltkrieg wurden vorher unbekannte Schnitzereien der Mitsogho publiziert, die ihre Kulthäuser schmückten und die sich jetzt in französischen Sammlungen befinden. Es sind vor allem Türen oder Stützpfeiler, die mit Schnitzereien im Flachrelief geschmückt sind. Das wichtigste dekorative Element ist das stilisierte menschliche Gesicht, eigentlich eine Variante der Masken dieses Stammes, die bereits zu den sog. Masken mit den weißen Gesichtern aus dem südlichen Gabun gehören, die wir am Anfang dieses Kapitels erwähnt haben.

Die Masken mit den weißen Gesichtern (Abb. 158), die die Geister verstorbener Mädchen darstellen, gehörten in der Frühzeit des Sammelns afrikanischer Kunstwerke zu den meistgesuchten Gegenständen, da

186 Tanzaufsätze *kebe-kebe* in Gestalt von Frauenköpfen. Kuyu, Kongo. Beide Exemplare wurden von demselben ursprünglichen Sammler in Afrika im Jahre 1910 gekauft. Den Aufsatz mit den kleinen schwarzen und weißen Dreiecken am Hals hat zum erstenmal C. Kjersmeier in seinem klassischen Werk Centres de style..., Bd. IV, Abb. 26 veröffentlicht.
Náprstek-Museum, Kat. Nr. 6936 und A 11566 H. 50,3 cm u. 50,5 cm

187 Figur einer mythischen Stammutter, die bei Initiationsriten verwendet wurde. Kuyu, Kongo. Polychromiertes, helles Holz.
Náprstek-Museum, Kat. Nr. A 9414 H. 80,5 cm

sie zweifellos sehr reizvoll sind. Auch heute sind sie immer noch sehr gefragt. In Ausnahmefällen sind diese Masken durch eine leichte Asymmetrie belebt und wirken dann wie ein idealisiertes Porträt einer bestimmten lebenden Person. Die meisten sind jedoch streng symmetrisch, mit einer schwarzen Frisur, die in drei Wülste geteilt ist, von denen der mittlere der größte ist. Auf der Stirn der Maske gibt es oft ein rhombisches, an den Schläfen ein quadratisches, rot gefärbtes Narbenfeld, das durch sich kreuzende Einschnitte in kleine Keloide geteilt ist. Auch die Lippen dieser Masken sind oft rot gefärbt. Seltener sind Masken mit einem komplizierten Narbenmuster, das lange Linien bildet, die sich z.B. waagerecht über die Nase und quer über das Gesicht ziehen. Wegen der sorgfältigen, feinen Schnitzerei, der Farbkombination der Polychromie, aber auch wegen ihres Ausdrucks wurden diese Masken mit den japanischen *No*-Masken verglichen, heute wird jedoch die Annahme, daß diese japanischen Masken als Vorlagen für die Masken aus Gabun gedient haben könnten, für absurd gehalten. Diese Masken gibt es übrigens sehr selten auch in einer schwarzen Version (Abb. 157), von deren ikonographischer Bedeutung und ritueller Funktion nichts bekannt ist. W. Fagg publizierte vor einigen Jahren (1971) die Vermutung, daß es sich bei dieser Version um keine ikonographische Variante, sondern um normale weiße Masken handele, die im Dachstuhl der Hütte aufbewahrt und dort von Ruß und Rauch, die von der Feuerstelle aufsteigen, geschwärzt wurden und die vor ihrer nächsten rituellen Verwendung wieder weiß gefärbt werden sollten. Diese Vermutung ist jedoch offensichlich falsch, da sich auf den schwarzen Masken keine Spur einer früheren weißen Färbung finden läßt, und ihre schwarze Oberfläche glatt und glänzend, also absichtlich so gestaltet ist.

Die weißen Masken wurden jahrzehntelang den M'pongwe, die am Unterlauf des Ogowe leben, zugeschrieben. Es zeigte sich aber, daß diese Zuschreibung falsch ist. Die Europäer kauften zwar die Masken von diesem Stamm, der in einer für Fremde zugänglichen Gegend lebte, der Ort ihrer Herkunft liegt jedoch weiter im Inneren des Landes. Französische Autoren weisen diese Masken auf Grund einiger Exemplare, deren Fundort dokumentiert war, den Balumbo im äußersten Süden von Gabun zu. In ihrem Stil und ihrer

188 Frei stehende Figur einer Frau mit Kind. Bambala, Zaire. Helles Holz mit braun gefärbter Oberfläche. Eine Mutter mit ihrem Kind ist das am häufigsten bearbeitete Thema in der Kunst dieses Stammes. Für den traditionellen Stil der Bambala ist die Gestaltung der gewölbten unteren Gesichtshälfte charakteristisch.
Náprstek-Museum, Kat. Nr. 39 121 H. 40,5 cm

Funktion vollkommen identische weiße Masken wurden jedoch auch bei weiteren Stämmen im südlichen Gabun verwendet, wie bei den Mashango, Ashira, Bapunu, Banzabi, Balali und auch bei den Bakota. Die angelsächsischen Forscher bezeichnen diese Masken mit dem Namen zweier Stämme, Ashira-Bapunu. Die Masken mit den weißen Gesichtern stehen bei diesen Stämmen im Zusammenhang mit dem Geheimbund *makui* und die Tänzer treten in diesen Masken manchmal auf hohen Stelzen auf.

Diese Stämme schnitzen auch die seltenen, fast ausschließlich weiblichen Figuren ohne Sockel, mit gebeugten Knien und locker hängenden Armen, die in den Händen Kalebassen halten. Ihre Gesichter sind in gleicher Weise wie in der weißen Masken stilisiert, nur die Präzision der Schnitzerei ist noch vollkommener. Auffallend ist die Sorgfalt, die die Schnitzer nicht nur dem Kopf, sondern der ganzen Figur, und vor allem der genauen Nachbildung des komplizierten, plastisch hervortretenden Narbenmusters widmeten. Dasselbe trifft übrigens oft auch auf Figuren verschiedener Stämme in Zaire zu. Über die Funktion dieser Figuren ist, soviel ich weiß, nichts bekannt. Figuren, deren Körper viel schematischer und weniger durchgearbeitet sind (Abb. 160), hatten wahrscheinlich eine ähnliche Funktion wie die Reliquiarfiguren, mit dem Unterschied, daß sie statt der Kästchen mit den Gebeinen der Ahnen Bündel mit Zaubermitteln bewachten, aus denen nur der Kopf und der Torso der Figur herausragten.

Die weißen Masken der Mitsogho, die wir bereits erwähnten, unterscheiden sich im Stil von den Masken der Gruppe Ashira-Bapunu. Sie sind stärker stilisiert und bilden eine sehr rustikalisierte Variante jener Masken. Noch konsequenter ist dieser Prozeß der Rustikalisierung bei den Masken der Bavuvi, dem Nachbarstamm der Mitsogho, verlaufen (Abb. 155, 159). Diese Masken, die ebenfalls erst in den letzten Jahrzehnten bekannt wurden, sind fast flach, oval, die Brauen bilden zwei große, zusammenhängende Bögen, die Nase hat die Form eines kleinen Dreiecks und die auffallend kleinen, mandelförmigen Augen stehen meistens dicht nebeneinander in der Mitte des Gesichts.

Wir kehren jetzt noch einmal in den Norden von Gabun zurück. An einigen weißen Masken und *bieri*-Figuren bei dort lebenden Fang kann man ein sehr

189 Figur einer stehenden Frau. Bayaka, Zaire. Hartes, braunes Holz mit glänzender, patinierter Oberfläche. Im Hinblick auf die außerordentliche Größe der Figur kann angenommen werden, daß sie einen Ahnen einer Familie oder eines Dorfes darstellt. Für den Stil der Bayaka sind der eiförmige Kopf, die rechtwinklig abstehenden Ohren, die sog. „Bayaka-Brille" und das konkave Profil der leicht hochgebogenen Nase kennzeichnend.
Náprstek-Museum, Kat. Nr. 39 393 H. 53 cm

wichtiges und offenbar sehr altertümliches Stilelement beobachten, und zwar die leicht konkaven, herzförmigen Gesichter. Dieser Stilisierung sind wir bereits in Nordostnigeria begegnet, wobei wir auf die Ansicht von Douglas Frazer hingewiesen haben, daß dies wahrscheinlich der ursprüngliche Stil der Zentral-Sudan-Region sei, den vor zwei Jahrtausenden die Bantu-Stämme auf ihre zivilisatorische Wanderung nach Äquatorial-Afrika mitgenommen hatten. Diese Stilisierung des Gesichts kommt zwar auch in der Stammeskunst anderer Kontinente vor und muß also nicht unbedingt an einen einzigen Entstehungsort gebunden sein, trotzdem aber ist es bemerkenswert, daß man sie so oft in dem Streifen Land findet, der sich von Nordgabun nach Osten hin, über das Territorium der Volksrepublik Kongo bis nach Nord- und Ostzaire erstreckt. Es ist der zweite große Stilbereich dieser Kunstprovinz.

NORD- UND OSTZAIRE

Die östlichen Nachbarn der Fang auf dem Territorium der Volksrepublik Kongo, das hier einen Keil zwischen Kamerun und Gabun bildet, sind die Bakwele, bei denen der Stil der herzförmigen konkaven Gesichter eine außergewöhnliche Vollkommenheit erreicht hat. Die Werke der Bakwele-Schnitzer kann man von den Kunstwerken anderer Stämme, die dieses Stilisierungsprinzip einhalten, nach den länglichen, gewölbten Augen mit schlitzartigen Sichtöffnungen auf den ersten Blick unterscheiden. Das Motiv dieser Augen wird manchmal auch mehrmals auf einer Maske wiederholt, oder es erscheint als ein symbolisches Element auf den Insignien eines Häuptlings. Die Masken der Bakwele (Zeichnung S. 183) stellen menschliche Gesichter und auch stilisierte Köpfe von Tieren dar, zum Beispiel den Kopf einer Antilope oder eines Gorillas. Die Masken mit einem menschlichen Gesicht, das aussieht, als ob es in einem ovalen Rahmen frei hängen würde, stellen einen Elefanten dar. Früheren Angaben zufolge sollen alle bekannten Masken dieses Stils aus zwei Sammlungen (aus den ersten Jahren dieses Jahrhunderts und aus dem Jahr 1930) stammen und alle sollen angeblich in einem Ort erworben worden sein. Es scheint jedoch, daß in den letzten Jahrzehnten Mas-

190 Schlitztrommel Bayaka oder Bankan, Zaire. Helles, braun gefärbtes Holz. Die rechte Seite der Trommel von Insekten beschädigt. Am Hals fünf Ringe aus Messingdraht und eine aus einer Raphiaschnur geflochtene Schlinge. Der Griff in Gestalt eines Kopfes weist die charakteristischen Merkmale des Bayaka-Stils auf, der konvexe Nasenrücken könnte jedoch auf die Herkunft von dem Bakongo-Stamm Bankanu hinweisen.
Náprstek-Museum, Kat. Nr. 487 **H. 44 cm, H. des Kopfes 19 cm**

191 Kamm mit Griff in Gestalt eines kleinen menschlichen Kopfes. Bayaka, Zaire. Braunes Holz.
Náprstek-Museum, Kat. Nr. 56 342 H. 15,1 cm

192 Initiationsmaske. Bayaka, Zaire. Rutengeflecht, mit einem Gewebe überzogen. Der Gesichtsteil in Gestalt eines polychromierten Tierkopfes mit Hörnern ist aus hellem Holz geschnitzt, auf dem Scheitel der Maske ist eine Figur einer nackten Frau aus Stoff, deren Kopf, Hände, Füße und Geschlechtsteil aus Holz geschnitzt sind. Kopf und Bauch der Figur sind mit Menschenhaaren beklebt.
Náprstek-Museum, Kat. Nr. 4820 H. 56 cm

ken anderer Herkunft dazugekommen sind. Einige dieser Masken wurden bei Tanzauftritten verwendet, andere waren zur Ausschmückung der Wände des Kulthauses bestimmt. Nach dem zweiten Weltkrieg wurden von diesem Stamm auch Helmmasken mit mehreren Gesichtern erworben, die den Fang-Masken vom gleichen Typ ähnlich sind.

In dem Gebiet zwischen dem großen Bogen des Kongo und seinem mächtigen Nebenfluß Ubangi lebt ziemlich zerstreut der große Stamm Bwaka (oder Ngbaka). Der Stil seiner Initiationsmasken, Ahnenfiguren und Köpfchen, die, wie bei den Fang, die Resonanzkörper der Bogenharfen schmücken, ist sehr unterschiedlich. Dieser Stil schwankt zwischen fast rudimentären Formen und in sich vollendeten Werken, zu denen zweifellos die in diesem Buch abgebildete weibliche Figur von höchster Qualität gehört (Abb. 165). Gerade bei diesen besten Schnitzereien begegnen wir

193 Initiationsmaske. Bayaka, Zaire. Rutenkonstruktion, mit Raphiagewebe überzogen. Das Gesicht ist durch eine sitzende männliche Figur mit einer Flasche ersetzt. Die Figur stellt vielleicht einen Europäer dar. Sie war aber bestimmt als eine Karikatur zur Unterhaltung der Zuschauer gedacht. Die Maske wurde in den zwanziger Jahren erworben.
Náprstek-Museum, Kat. Nr. A 1613 H. der Figur 28 cm

wieder den konkaven Gesichtern, die herzförmig stilisiert sind. An einigen Masken und Figuren sehen wir eine senkrechte Reihe keilförmiger Einschnitte, die sich über die Mitte der Stirn bis zum Nasenrücken zieht und das traditionelle Narbenmuster des Stammes, eine Reihe von kernförmigen Keloiden, wiedergibt.

Noch weiter nach Osten, südlich des Oberlaufes des Uële, leben die Mangbetu, deren Schnitzer sehr produktiv sind. Außer nicht sehr zahlreichen und stilistisch ziemlich variablen männlichen und weiblichen Figuren (Abb. 168) gehören zum künstlerischen Inventar dieses Stammes verschiedene, mit menschlichen Köpfen geschmückte Gebrauchsgegenstände, wie Harfen vom gängigen zentralafrikanischen Typ, Messergriffe und besonders zylindrische Gefäße aus Baumrinde auf einem hölzernen Fuß (Abb. 166). Es wird allgemein behauptet, daß in diesen Gefäßen der Honig von Waldbienen aufbewahrt wurde; es ist jedoch wahrscheinlich, daß sie auch zu anderen Zwekken verwendet wurden. Viele von diesen Schnitzereien bewahren das Stilisierungsprinzip der Umformung des Gesichts in ein konkaves Herz mit Augen, welche die Form von Kaffeebohnen haben. Das dominierende Merkmal der Schnitzereien der Mangbetu ist allerdings die Wiedergabe der künstlichen Deformierung des Schädels, die durch Umwickeln und Zusammenpressen des kindlichen Kopfes erzielt wird. Bei den Frauen wird diese Deformation noch mit Hilfe einer hohen, kranzförmigen Frisur hervorgehoben. Die konvexen Gesichter einiger Köpfe und Figuren an Stelle der konkaven sind wahrscheinlich der Beweis dafür, daß das Streben nach einer realistischen Wiedergabe eben dieser Deformation, d. h. der wirklichen Physiognomie der Angehörigen des Stammes, zum Verzicht auf das ältere Stilisierungsverfahren führte. Durch die Verlängerung des Schädels in Verbindung mit dem rassisch bedingten Vorstehen des Oberkiefers wird die Wölbung des Gesichts sehr stark betont.

Nördlich des Flusses Uële leben die Azande, deren Stammesgebiet bis in das Territorium der Zentralafrikanischen Republik und in die Provinz Bahr-el-Ghazal in der Republik Sudan reicht. In einigen ihren Schnitzereien haben die Azande den Stil der Mangbetu übernommen. Sie haben aber entweder selbst einen besonderen lokalen Stil geschaffen, oder die Schnitzer der Mangbetu haben für ihre Werke, die zu den Azande exportiert wurden, einen besonderen Unterstil erfunden, in dem mehrere Holzfiguren geschnitzt sind, die größtenteils aus der Stadt Yambio in der Republik Sudan stammen. Von gleicher Herkunft ist wahrscheinlich auch das besonders schöne Paar menschlicher Figuren aus den Sammlungen des Náprstek-Museums in Prag (Abb. 171). Die Arme und Schultern, die ein hufeisenförmiges Band bilden, und die kubistische Gliederung des Gesäßes und der Beine sind die kennzeichnenden Merkmale dieses Stils. Auch diese Figuren weisen die archetypische, herzförmige Stilisierung des konkaven Gesichts auf, wenn auch in einer etwas gelockerten Form. Diese Figuren dienten wahrscheinlich den kultischen Zwecken des Geheimbundes *mani,* diese Hypothese kann aber wohl nicht mehr durch Feldforschung bewiesen werden. Es sind deshalb Vermutungen entstanden, daß es sich bei diesen Figuren um ein Produkt für den Touristenmarkt handelt. Das Gebiet ihres wahrscheinlichen Ursprungs schließt zwar diese Vermutung nicht aus, da Bahr-el-Ghazal bald nach der Niederwerfung des Mahdi-Aufstandes gegen Ende des 19. Jahrhunderts zum Reiseziel reicher Europäer wurde, trotzdem aber scheint sie falsch zu sein, es wäre ein Einzelbeispiel für die Entstehung eines reifen Stils im Geiste der besten formalen Traditionen der afrikanischen Kunst.

In dem riesigen tropischen Urwald innerhalb des großen Kongo-Bogens gibt es keine zusammenhängen-

194 Initiationsmaske *mbuya.* Bapende, Zaire. Helles, polychromiertes Holz und Raphiafasern. Diese Maske mit zungenförmig verlängertem Kinn stellt den Häuptling dar, eine von den etwa zwanzig Personen der Komödien, die anläßlich der Beendigung der „Schule im Busch" gespielt werden.
Privatsammlung, Prag
H. 43 cm

195 Initiationsmaske *hemba.* Basuku, Zaire. Helles, polychromiertes Holz und Raphiafasern.
Náprstek-Museum, Kat. Nr. 27 803 H. 37 cm

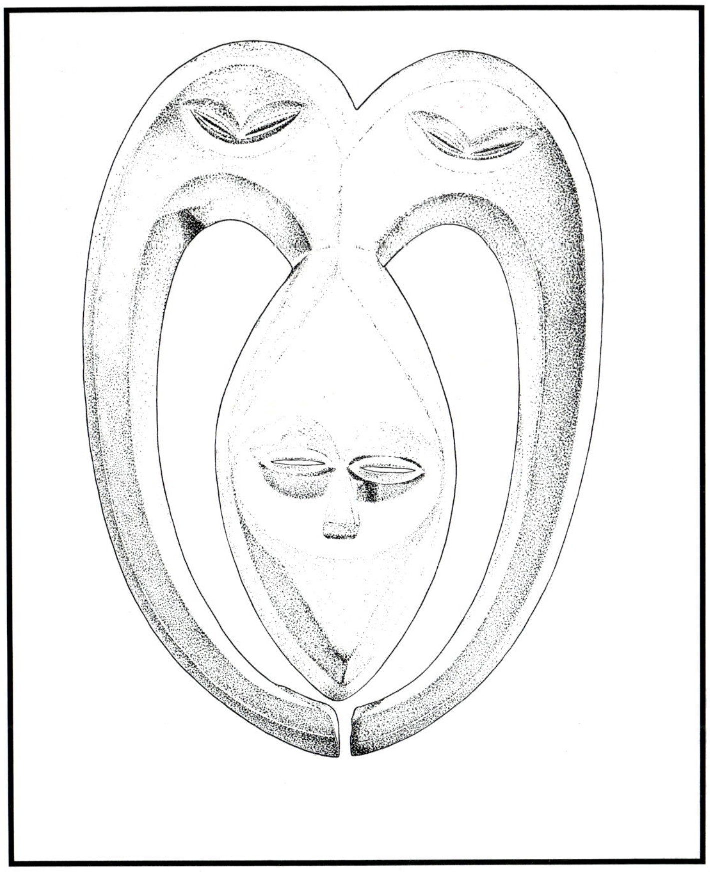

34 Gesichtsmaske. Bakwele, Gabun
Metropolitan Museum of Art, New York H. 53 cm

de Besiedlung und damit auch keinen Einflußbereich eines die Stammesgrenzen überschreitenden Stilisierungsprinzips. Es tritt hier isoliert bei den Bambole in Erscheinung, einem Stamm aus der großen Bantu-Gruppe der Mongo, der über dem Zusammenfluß des Lomani und Lualaba (so heißt der Oberlauf des Kongo) lebt. In seiner reinen Form kommt es in den instruktiven Figuren von Erhängten zur Geltung, die der Geheimbund *lilwa* benutzte (Zeichnung S. 186).

Das letzte große Gebiet des Überstils der herzförmigen Gesichter finden wir bei den Balega (Warega), die östlich des Lualaba leben. Einen Ersatz für die nichtexistierende zentrale politische Autorität bildet bei den Balega der Initiationsbund *bwame* (der nicht geheim ist!), der allen erwachsenen Angehörigen des Stammes, einschließlich der Frauen offensteht. Der Bund *bwame* ist in acht Initiationsgrade, fünf für die Männer und drei für die Frauen eingeteilt. Praktisch alle Elfenbein- und Holzschnitzereien dienen den Bedürfnissen dieses Bundes. Zu jedem Initiationsgrad gehörten besonders Figuren und Masken (Zeichnung S. 199). Die Löffel *kalu kili* (Abb. 172), die aus Elfenbein in Form von extrem stilisierten menschlichen Figuren geschnitzt sind, wurden angeblich von den Angehörigen des höchsten Ranges im *bwame*-Bund bei dem rituellen Verspeisen eines Pangolins (Schuppentieres) verwendet (J. Cornet).

DER UNTERE KONGO

Ein weiterer selbständiger Stilbereich umfaßt das Küstengebiet der Volksrepublik Kongo, die Enklave Cabinda, das Flußgebiet des unteren Kongo bis ungefähr zu der Hauptstadt von Zaire, Kinshasa, und den Norden Angolas. In diesem Gebiet leben mehrere Stämme. An der Küste der Volksrepublik Kongo leben die Bevili, in Cabinda die Bawoyo, im Distrikt Mayombe, nördlich von der Stadt Boma, leben die Basundi, in Nordangola die Basolongo. Eine Reihe von weiteren kleinen Stämmen, deren Kunst zu diesem Stil gehört, lebt an der östlichen Peripherie dieser Region. Aus praktischen Gründen wird der Stil des ganzen Bereiches mit dem Namen Bakongo bezeichnet. Dieser Name bezeichnet eigentlich keine ethnische, sondern eine sprachliche Gemeinschaft. Die Bakongo sprechen die gemeinsame Sprache *kikongo.*

196 Frei stehende Figuren eines Mannes und einer Frau. Bapende, Zaire. Helles Holz mit Polychromie. Obwohl die Figuren vermutlich von demselben Autor stammen, waren sie wahrscheinlich nicht als Paar gedacht, da der Schnitzer die Details beider Figuren nicht mit der gleichen Sorgfalt ausgearbeitet hat.
Náprstek-Museum, Kat. Nr. 39 173 (m) und 4711 (f) H. 54,5 cm

197 Detail der Profile.

Die Bawoyo in Cabinda sind für ihre holzgeschnitzten Deckel für Töpfe und Schüsseln bekannt, die auf ihrer Oberseite mit einer Hochrelief-Schnitzerei geschmückt sind und zu der Aussteuer der Frau gehören: es sind entweder neue oder alte aus dem Familienbesitz. Alle ihre Reliefs haben eine symbolische Bedeutung, die wie in einem Bilderrätsel verschlüsselt, aber jedem Mitglied der Stammesgemeinschaft verständlich ist. Wie bei den Goldgewichten der Akan-Stämme geht sie von einem der bekannten Sprichwörter aus. Die Frau verschließt das Gefäß, wenn sie ihrem Mann seine Mahlzeit auftischt, mit einem Deckel, durch den sie einen Gedanken, eine Bemerkung, Unzufriedenheit u.ä. ausdrücken kann, ohne ein Wort zu sagen. Männer und Frauen der Bowoyo nehmen nämlich ihre Mahlzeiten getrennt zu sich und die Frau kann sich nur in dieser Weise an ihrer Diskussion beteiligen. Diese Deckel haben einen etwas anekdotischen Charakter, es fehlt ihnen nicht an künstlerischer Originalität und meisterhafter Ausführung.

Ein anderes an einen Stamm gebundenes Thema sind polychromierte Ritualmasken der Bavili mit geöffnetem Mund, auf dessen Unterlippe im Flachrelief die Zunge angeschnitzt ist. Diese Masken, die heute praktisch nur in alten Museumssammlungen zu finden sind, werden gewöhnlich mit dem Namen der Loangoküste bezeichnet. Die Basundi-Sekte Bakhimba verwendet bei ihren Initiationsriten rituelle Rasseln, deren hölzerne Griffe oben mit Zwillingsfiguren, die einander den Rücken zuwenden, geschmückt sind (Abb. 174). Wie die Gedenkfiguren der Ahnen, die einst bei den Basundi unter eigentümlichen Schutzdächern auf Gräbern aufgestellt wurden, werden auch die Rasseln nur mit dem geographischen Begriff Mayombe bezeichnet. Aus derselben Region stammen auch die bekannten, in Afrika einzigartigen hölzernen Pulverbüchsen mit verschiebbaren Deckeln, die auf Schnüren befestigt sind, die durch vier paarweise übereinander stehende Löcher an den Seiten der Pulverbüchse und des Deckels durchgehen.

Allgemein kann man den Bakongo-Stil als realistisch oder naturalistisch bezeichnen. Es herrscht eine Vorliebe für volle, gerundete Formen, aber ohne Exaltiertheit und Deformationen, die zum Beispiel für den Naturalismus der Holzschnitzereien aus dem Kameruner Grasland kennzeichnend sind. Bis auf einige funktionale Ausnahmen, wie z.B. die Karyatiden der Trommeln oder einige Fetische, sind die Figuren eher klein und wirken keinesfalls monumental. Eine Fülle von präzisen Miniaturschnitzereien in Holz und in Elfenbein, z.B. Löffel mit figürlichen Stielen (Abb. 176, 178), Aufsätze an Stäben der Würdenträger und Zeptern oder Griffe zeremonieller Fächer und Fliegenwedel, weist auf eine alte Tradition höfischer Kunst hin, die dem Prestige und Luxus der Stammesaristokratie diente. Die figürlichen Schnitzereien sind hier nicht wie anderswo in Afrika durch die Unbewegtheit und das strenge Gesetz der Symmetrie gebunden. Es besteht die — kaum beweisbare — Möglichkeit, daß diese Befreiung der Figuren die Folge des jahrhundertelangen Verkehrs mit Europäern und ihrer Kunst ist. Man kann sie aber bereits bei den steinernen Figuren *ntadi* aus der Gegend der Stadt Matadi an der Grenze zwischen Zaire und Angola bemerken, die wahrscheinlich vor der Ankunft der Portugiesen entstanden sind.

Ein häufiges ikonographisches Thema der Bakongo-Holzschnitzerei sind Figuren, die im Schneidersitz hocken und Angehörige der Stammesaristokratie darstellen. Einige sind symmetrisch, oft aber stützen sie das Kinn in eine Hand, die sich wiederum auf das Knie stützt, oder ein Fuß hängt vom Sockel herunter u. a. Die gesenkten Augenlider betonen ihren nachdenklichen Ausdruck. In ihrer Ikonographie entsprechen sie genau den steinernen *ntadi*-Figuren und sie hatten auch dieselbe Funktion. Sie wurden wahrscheinlich bereits zu Lebzeiten des Würdenträgers angefertigt, in seiner Abwesenheit verkörperten sie symbolisch seine Autorität und erst nach seinem Tod wurden sie zu Ahnenfiguren. Sitzende Figuren von Frauen mit einem Kind an der Brust stellen wahrscheinlich Mütter bedeutender Persönlichkeiten des Stammes dar. Auch diese Figuren stillender Mütter wurden auf den Einfluß christlicher Bilder zurückgeführt. Gegen diese Deutung spricht jedoch die Tatsache, daß es sich um ein Thema handelt, das überall in Afrika vorkommt und auch bei vielen Stämmen zu finden ist, die tief im Landesinneren wohnen, in Gebieten, wo das Christentum bis zum Anfang des zwanzigsten Jahrhunderts nachweislich vollkommen unbekannt war. Wahrscheinlich war es auch hier der Kult der Fruchtbarkeit, der zusammen mit dem Bestreben, den Wohlstand mit magischen Mitteln zu sichern, zu der Anfertigung dieser Figuren inspirierte.

Das Gebiet des unteren Kongo ist ein Land des Fetischismus. Der Glaube an die übernatürliche Kraft der Fetische übte eine mächtige inspirierende Wirkung

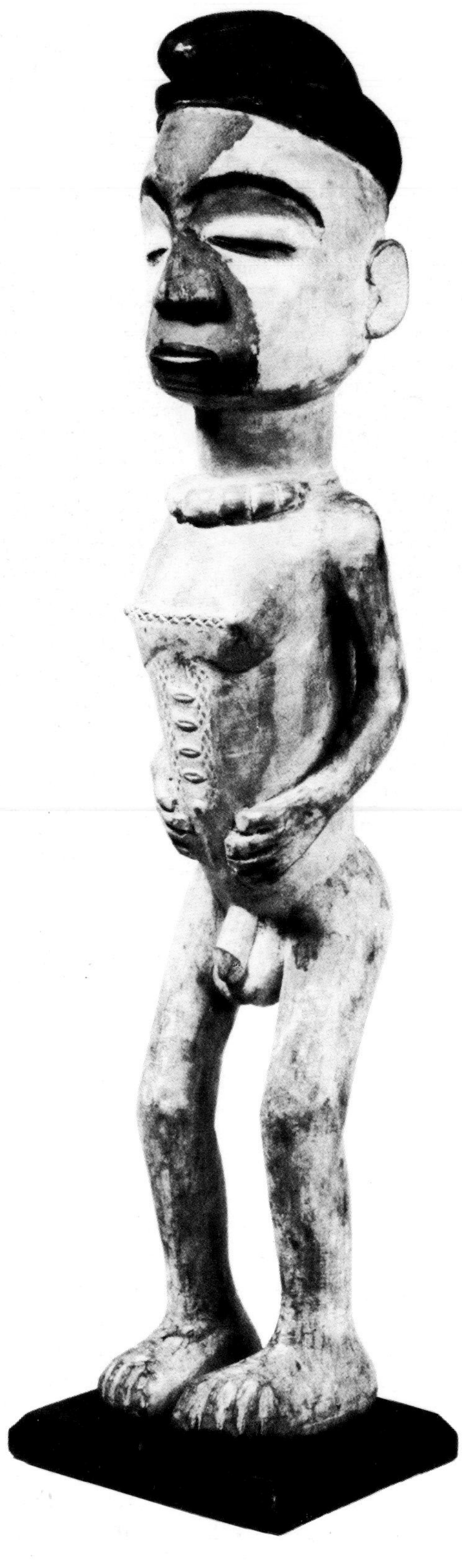

198 Frei stehende männliche Figur. Bapende, Zaire. Helles, polychromiertes Holz. Die Figur stammt vermutlich aus derselben Werkstatt wie das vorhergehende Paar.
Náprstek-Museum, Kat. Nr. 39 113 H. 58,7 cm

199 Hölzerner Deckel. Bawoyo, Cabinda. Das Relief zeigt eine liegende Frau, die von einer Pythonschlange gefressen wird.
Museu de Etnologia do Ultramar, Lissabon ∅ **24 cm**

aus und wurde zur Quelle gesellschaftlicher Aufträge für die Schnitzer. Eine Besonderheit bilden die sogenannten Nagelfetische, die *konde* heißen. Es sind männliche oder geschlechtslose, bis zu einem Meter hohe Menschenfiguren oder Tierfiguren, die meistens einen stehenden oder sitzenden Hund darstellen. Der rechte Arm der menschlichen Figuren ist oft in einer drohenden Geste erhoben, die Hand hielt möglicherweise ursprünglich einen Speer oder ein Messer. Die Torsos und Glieder dieser Fetische sind manchmal fast vollkommen mit eingeschlagenen Nägeln, Messerklingen oder Blechstreifen bedeckt. Wir haben bereits einige westafrikanische Masken mit Nägeln behandelt. Durch den Glauben an eine übernatürliche Kraft des Eisens ist dieser Brauch motiviert, bei verschiedenen Anlässen — wenn man den Fetisch zu Hilfe nimmt, wenn man seinen Schutz braucht oder seine Kraft gegen den Feind wenden will — in den Fetisch Nägel einzuschlagen. Einen anderen Typ bilden die sogenannten Spiegelfetische. Es sind kleine Menschenfiguren, deren Torso an der Vorderseite ausgehöhlt ist und so einen Behälter für magische Substanzen bildet, welcher mit einem angeklebten Spiegel oder einer Glasscherbe verschlossen ist. Die magische Kraft dieser Fetische wird durch das Auftragen einer Paste aus Zaubermitteln auf den Kopf oder den Torso gesteigert. An die Fetischfigure werden auch Gegenstände angebunden, die man für Zaubermittel hält, wie zum Beispiel Schneckengehäuse, an den Köpfen der Figuren werden Federn befestigt usw. Oft kommen auch gemischte Formen vor, bei denen beide magischen Methoden in verschiedenen Kombinationen angewendet werden.

Auch im Falle dieser beiden Grundtypen von Fetischfiguren wurde europäische Inspiration vermutet, die man selbstverständlich nicht ausschließen kann. Der Glaube an die magische Kraft des Eisens war auch

im mittelalterlichen Europa verbreitet und wahrscheinlich könnte man noch heute lebendige Zeugnisse dieser Praxis in abgelegenen ländlichen Regionen unseres Kontinents finden. Die Spiegelfetische könnten durch die verglasten Reliquiare in den Figuren christlicher Heiliger inspiriert worden sein. Falls jedoch die hiesigen Spiegelfetische überhaupt etwas der europäischen Inspiration verdanken, so ist es wahrscheinlich nur die Verglasung des magischen Kästchens, da die Aufbewahrung von Zaubermitteln in viereckigen Kästchen im Torso der Figur ebenfalls in den entlegensten Gebieten Afrikas bekannt war, z.B. am Crossfluß, und darüber hinaus in vielen anderen Teilen der Welt, wie in Südindien oder bei den Batak im Norden von Sumatra. Ein solches Kästchen findet man sogar in den Steinfiguren der mexikanischen Olmeken, die lange vor der Ankunft der Europäer in Amerika entstanden sind. Dieser Brauch hängt wahrscheinlich mit der universellen Vorstellung zusammen, daß der Sitz der Seele, und daher auch des Lebens, in der Brust des Menschen ist. So wird auch der Fetisch eben dadurch aktiviert, daß man ein magisches Mittel in seine Brust einfügt.

200 Ornament aus Glasperlen im Nacken der Maske.

201 Helmmaske *mboom.* Bakuba, Zaire, Schnitzer Sefryano. Erworben im Jahre 1950. Helles Holz mit schwarz gefärbter Oberfläche, Kupferblech, Raphiamatte, Glasperlen, weiße Tierhaare. In den Rand der Zunge aus Fell sind Elefantenhaare eingebunden.
Náprstek-Museum, Kat. Nr. 43 664 **H. 30 cm, B. 27 cm**

An der nördlichen Grenze dieses Stilbereiches begegnen sich zwei stilistische und thematische Welten. Man kann hier Spiegelfetische und andere für den Bereich des unteren Kongo typische figürliche Themen finden, deren Gesichter in dem charakteristischen Stil der Masken mit den weißen Gesichtern aus dem Süden Gabuns geschnitzt sind (Abb. 162). Nordöstlich von Brazzaville, der Hauptstadt der Volksrepublik Kongo, in dem Bezirk Sibiti am Oberlauf des Niari leben die Babembe, die für ihre kleinen Fetischfiguren bekannt sind. Bis auf seltene größere Ausnahmen, sind es edel geformte Miniaturen, die in ihrem naiven Realismus den Stil des Gebietes am unteren Kongo aufweisen. Das gemeinsame stilistische Merkmal bildet das Einlegen von fremdem Material, meistens von Knochen, in die Augen. Man kann an diesen Figuren dennoch einige stilistische Besonderheiten bemerken, wie z.B. den ovalen Bart der männlichen Figuren und hohe Torsos, an denen das für diesen Stamm typische Narbenmuster genau wiedergegeben ist. Dieses Stilmittel wird zwar von vielen Stämmen der äquatorialen Provinz angewendet, nicht aber für Fetischfiguren. Eine weitere Besonderheit besteht darin, daß die Fetische der Babembe durch eine magische Paste aktiviert werden, die in ihren After eingefügt wird. Diese kleinen Figuren halten gewöhnlich verschiedene Attribute in den Händen, wie Stäbe, Gewehre, Messer, Gefäße u.ä., wahrscheinlich im Zusammenhang mit ihrer Aufgabe als Beschützer von Kindern (Abb. 182, 183).

Unmittelbar nördlich von Brazzaville leben die Bateke, die ebenfalls für ihre Fetischfiguren bekannt sind. Diese Figuren haben dieselbe Funktion wie die der Babembe, nämlich Kinder bis zu ihrer Pubertät zu beschützen. Sie werden bei der Geburt des Kindes angefertigt. Außer anderem wird in das Kästchen in der Brust der Figur auch ein Stück der Plazenta hineingelegt. Die Figuren sind entweder männlich oder geschlechtslos, im Durchschnitt etwa 30 cm hoch, häufig kommen auch etwa 10 cm hohe Miniaturen vor, seltener sind Figuren, die etwa 50 cm hoch sind. Den Kopf schmückt gewöhnlich eine Frisur mit einem hohen Kamm, die manchmal an einen Helm erinnert. Die männlichen Figuren haben gelegentlich einen trapezförmigen Kinnbart. Auf den Wangen einiger Fetische sind viele parallele, schräge Einschnitte zu sehen, die die für den Stamm typischen Stammesnarben der östlichen Bateke wiedergeben. Den Menschen werden diese Ziernarben durch Zerkratzen der Haut mit eisernen Kämmen beigebracht. Die Beine der Figuren sind in den Knien gebeugt, die rechtwinklig gebeugten Arme bilden am Torso ein Flachrelief. Meistens sind sie aber zusammen mit dem ganzen Torso unter einer kugelförmig modellierten Kruste aus Ton und zerkleinerter Baumrinde verborgen. Ein auf diese Weise fertiggestellter und aktivierter Fetisch heißt *butti,* eine Figur mit einer Öffnung in der Brust und ohne magische Substanzen heißt *tege.* Es existieren hier zwei grundlegende Stammesunterstile. Das wesentliche Unter-

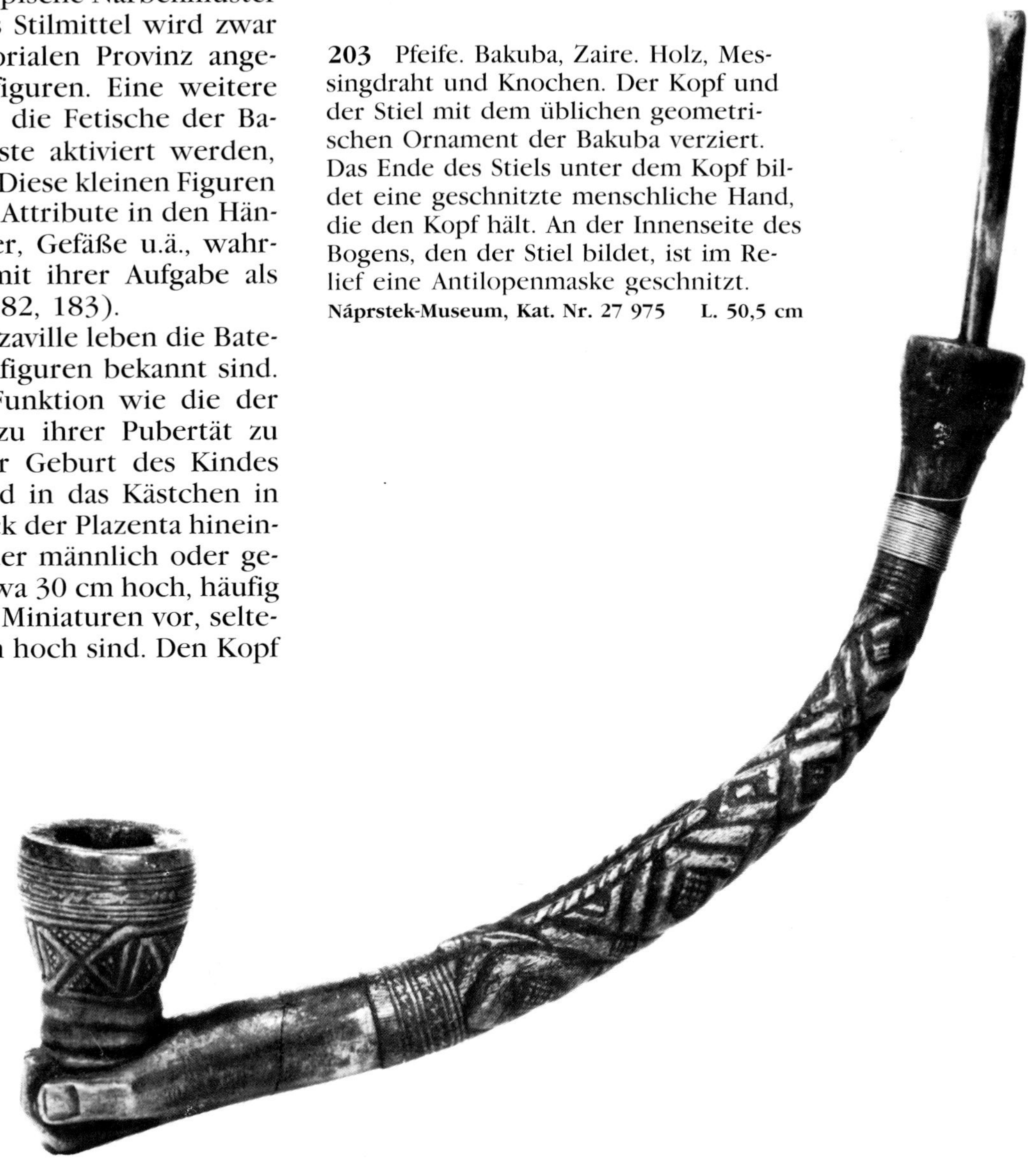

203 Pfeife. Bakuba, Zaire. Holz, Messingdraht und Knochen. Der Kopf und der Stiel mit dem üblichen geometrischen Ornament der Bakuba verziert. Das Ende des Stiels unter dem Kopf bildet eine geschnitzte menschliche Hand, die den Kopf hält. An der Innenseite des Bogens, den der Stiel bildet, ist im Relief eine Antilopenmaske geschnitzt.
Náprstek-Museum, Kat. Nr. 27 975 L. 50,5 cm

202 Helmmaske *mwaash a mbooy.* Bakuba, Zaire. Rutengeflecht mit Raphiagewebe überzogen, auf dem flachen Gesicht ein Mosaik aus zusammengenähten Rhomben aus Fell. Ohren, Nase und Mund aus Holz geschnitzt. Mit Kauri-Muscheln und Glasperlen verziert. Das bogenförmige Gebilde auf dem Scheitel stellt einen Elefantenrüssel mit kleinen Stoßzähnen dar.
Náprstek-Museum, Kat. Nr. 4861
H. 46 cm

scheidungselement bildet eine ovale Umrahmung des Gesichts, die stufenförmig abgesetzt ist. Es ist ein typisches Merkmal der Schnitzereien des Unterstammes Bateke-Sise (Abb. 184), der im Nordwesten des Stammesterritoriums lebt, diese Umrahmung fehlt aber bei den Figuren des Unterstammes Bateke-Fumu, der in der unmittelbaren Umgebung von Brazzaville lebt (Abb. 185). Die Köpfe der Fetische der Bateke-Sise nähern sich in ihren rundlichen Formen den allgemeinen Stiltendenzen des Gebiets am unteren Kongo.

Jeder verwandtschaftlichen Beziehung zu anderen ethnischen Stilen entbehren die polychromierten Masken *kidumu* aus dem westlichsten Teil des Stammesterrioriums, der bereits in der Nähe der Grenze von Gabun liegt. Sie sind flach, scheibenförmig, ihre Plastizität erschöpft sich in einer niedrigen horizontalen Stufe in der Mitte der Maske, so daß die obere Hälfte etwa um 1 cm höher als die untere liegt. In der Mitte dieser Stufe „hängt" ein kleiner Vorsprung, der die Nase andeutet. Sonst ist diese Maske eher ein graphisches als ein plastisches Werk. Alle Linien sind eingeritzt und die Felder dazwischen sind mit verschiedenen Pigmenten bedeckt. Außer den Augen in Form von großen, weißen, vertikal orientierten Ovalen und dem kleinen, kreisförmigen Mund ist an der Maske nur geometrisierte Symbolik zu sehen. Ein häufiges Symbol ist eine stilisierte Eidechse in der Mitte der Stirn. Auch diese Masken wurden erst im Laufe der letzten drei Jahrzehnte bekannt.

Zu dem realistischen Stil des Bereiches am unteren Kongo bekennen sich, wenigstens in einigen, wahrscheinlich älteren Schnitzereien, auch die Kuyu, die am gleichnamigen Fluß in der Umgebung von Fort Rousset und nördlich von hier in der Volksrepublik Kongo leben. Die Schnitzkunst dient hier ausschließlich dem Schlangenkult des Geheimbundes der Kuyu. Das bekannteste hiesige Thema bilden die keulenförmigen Aufsätze für die Tänze *kebe-kebe* (Abb. 186). Das breite Ende der Keule ist in Gestalt eines menschlichen Kopfes auf einem säulenförmigen Hals geschnitzt, das schmale Ende bildet einen Griff, mit dessen Hilfe der in ein langes Gewand gehüllte Tänzer den Aufsatz über seinem Kopf hält. Diese Aufsätze sind Darstellungen der großen Schlange Ebongo, die man mit dem Tanz um Schutz bittet, und der Ureltern des Stammes, der Stammutter Ebotita und des Stammvaters Joku. Es gibt auch seltene, säulenartige Figuren, deren Arme an den Torso gepreßt sind, offensichtlich um eine möglichst starke Illusion eines Schlangenkörpers zu erwecken, und die das Urelternpaar darstellen (Abb. 187). Mit Ausnahme der sehr seltenen realistischen Köpfe und Figuren, deren Köpfe ebenso plastisch geschnitzt sind, ist die Plastizität dieser Holzschnitzereien sehr sparsam. Sie beschränkt sich auf das Flachrelief der waagerecht liegenden Augen, die kleine Nase und den Mund, in dem die Reihe der oberen

204 Palmweinbecher, der auf menschlichen Beinen steht. Bakuba, Zaire. Braunes, braunschwarz gefärbtes Holz mit matt glänzender Patina. Die feine Reliefschnitzerei ahmt eine locker geflochtene Matte nach.
Náprstek-Museum, Kat. Nr. 12076 H. 21 cm, ⌀ 10 cm

Zähne zu sehen ist. Eine größere Sorgfalt wird der verschiedenartig geformten Frisur gewidmet, in der kleine Öffnungen zum Befestigen von Schnüren angebracht sind, die beim Tanz wie Haarflechten um den Kopf fliegen. Dieser Haarersatz hat sich nur sehr selten auf den Aufsätzen *kebe-kebe* erhalten. Die Masken und Figuren sind polychromiert und zeigen verschiedene geometrische Motive, die wahrscheinlich durch Stilisierung der ursprünglichen und vielleicht bereits vergessenen Narbenmuster des Stammes entstanden sind. Diese Narbenmuster sind durch einige seltene alte Figuren belegt. In der Polychromie dominiert die gelbbraune Farbe. In der Sammlung des Städtischen Museums für Völkerkunde in Frankfurt a.M. befindet sich die einzige bekannte Helmmaske, die in diesem Stil geschnitzt ist. Es ist nicht bekannt, ob sie ein einziges Relikt einer älteren Praxis oder das Ergebnis eines vereinzelten ikonographischen Experiments darstellt.

An den Aufsätzen aus verschiedenen Zeitabschnitten des 20. Jahrhunderts kann man ihre allmähliche Degeneration verfolgen. Die Aufsätze aus den dreißiger Jahren sind im Vergleich mit den ursprünglichen größer, sie haben ihre geschmeidigen Formen verloren und die Polychromie ist intensiver geworden. In der Zeit nach dem zweiten Weltkrieg sind sie im Gegenteil kleiner geworden und in ihrem künstlerischen Wert auf das Airport-Art-Niveau gesunken. Aus den sechziger Jahren sind solche verkleinerten Aufsätze bekannt, auf denen der große Ebongo die Gestalt eines naiven Porträts des Präsidenten de Gaulle angenommen hat.

Die Region am unteren Kongo war eine der ersten afrikanischen Regionen, die gegen Ende des 19. Jahrhunderts in ihrer traditionellen Kunst auf die Nachfrage der Besucher aus Europa reagierten. An der Küste hat man begonnen, polychromierte Genrefiguren und Figurengruppen aus leichtem Holz herzustellen (Abb. 179, 180). In der Stilisierung der Gesichter und in ihren Proportionen blieben diese Figuren dem traditionellen Stil verpflichtet. In die Augen sind oft Knochen oder keramische Scherben eingelegt und ihr Blick ist ins Ungewisse gerichtet, wie bei den alten Holzschnitzereien aus dieser Region. Ihre Themen sind aber neu. Sie sollten die Besucher aus Übersee nach ihrer Heimkehr an romantische Erlebnisse und an das exotische Milieu erinnern. Diese Figuren sind Darstellungen z.B. eines afrikanischen Dieners, der den Hund seines Herrn ausführt, von schwarzen Trägern mit einem Europäer, der behaglich in einer Sänfte sitzt u.ä. Die afrikanischen Männer tragen fast immer einen europäischen schwarzen Anzug, während die Frauen prinzipiell auf afrikanische Art — mit nacktem Oberkörper — abgebildet werden. Auch die alte afrikanische Elfenbeinschnitzerei kommt dem Geschmack der neuen Kundschaft entgegen. Zu diesem Zweck wurde ein neues Genre geschaffen — die Reliefschnitzerei auf Nilpferd- und Elefantenzähnen (Abb. 181), die sich in Form einer aufsteigenden Spirale um den Zahn windet und aus marschierenden kleinen Gestalten und Genreszenen besteht. Die Akteure dieser Szenen sind Männer, die die Mode der fremden Herrschaften, einschließlich des Zylinders, übernommen haben, und aufreizende, halbnackte Afrikanerinnen.

205 Ritueller Palmweinbecher in Gestalt eines menschlichen Kopfes. Bakuba, Zaire. Braunes, schwarz gefärbtes Holz. Dieser Becher weist eine Reihe von Elementen auf, die für den Bakuba-Stil charakteristisch sind: die Linie der ausrasierten Haare über der Stirn, die tiefen, bogenförmigen Einschnitte an den Nasenflügeln und die Verbindung der Nase mit der Oberlippe in Form einer kleinen Brücke.
Náprstek-Museum, Kat. Nr. 39 426 H. 18,7 cm

SÜDZAIRE

Ein weiterer großer Bereich der äquatorialen Provinz der afrikanischen Kunst erstreckt sich über die ganze südliche Hälfte von Zaire in dem riesigen Gebiet am Kasai, einem der Nebenflüsse des Kongo. Die Täler

der Flüsse, die in den Kasai münden, gliedern dieses Gebiet nicht nur geographisch, sondern auch kulturell. Obwohl sich an der westlichen und nördlichen Peripherie dieses Gebiets der Einfluß der alten Macht- und Kulturzentren vom unteren Kongo bemerkbar macht, haben die Stämme, die an diesen Flüssen leben, viele eigene charakteristische Stile geschaffen, die wir in mehrere Gruppen einteilen können, die sich wesentlich voneinander unterscheiden.

Die erste Gruppe bilden die Stammesstile der Verwaltungsprovinzen Kwango und Kwilu. Dieses Gebiet ist durch die südlichen Nebenflüsse des Kasai, im Westen durch den Kwango und im Osten durch den Luangue begrenzt. Der künstlerisch produktivste Stamm dieser Gegend ist zweifellos der im äußersten Westen, am Mittel- und Oberlauf des Kwango lebende Stamm der Bayaka. Seine jahrhundertelangen Beziehungen zu den Bakongo-Stämmen am unteren Kongo führten nicht nur zu feindlichen Auseinandersetzungen — die Bayaka eroberten im Jahre 1568 San Salvador, die Hauptstadt des christianisierten Kongo-Reiches — sondern auch zu gegenseitiger kultureller Beeinflussung, zur Übernahme thematischer und stilistischer Elemente auf dem Gebiet der bildenden Kunst. Während der östliche Bakongo-Stamm der Bankanu den bildnerischen Stil der Bayaka übernommen hat, gibt es bei den Bayaka Fetischfiguren in einem reinen örtlichen Stil mit quadratischen Behältern für magische Substanzen in der ausgehöhlten Brust. Diese Kästchen wurden wahrscheinlich aus dem Gebiet des unteren Kongo übernommen.

Die wichtigsten Stilelemente der Holzschnitzerei der Bayaka sind die Nasen mit hochgebogenen Spitzen, die in Extremfällen so zurückgebogen sind, daß sie fast zur Nasenwurzel zurückkehren und die Nasen dann wie kleine Elefantenrüssel aussehen, und die sogenannte Bayaka-Brille, eine stufenförmig abgetrennte ovale Umrahmung der oberen Gesichtshälfte, die von dem unteren Ende der Nase ausgeht und sich in der Mitte der Stirn schließt. Der Sinn und Ursprung dieser stilistischen Formen ist nicht bekannt.

Kleine männliche und weibliche Figuren der Bayaka dienen als Fetische, die für spezielle Schutzzwecke zuständig sind. Diesen Figuren sind oft Zaubermittel angefügt. Große Figuren, wie das in diesem Buch abgebildete Exemplar (Abb. 189), sind selten und ihre Bedeutung ist unbekannt. Wir können nur vermuten, daß es Ahnenfiguren sind. Unter den magischen Requisiten gibt es bemerkenswerte Schnitzwerke, und zwar die

206 Büchse zum Anmachen einer roten kosmetischen Paste aus pulverisiertem *tukula*-Holz. Bakuba, Zaire. Braunes Holz mit stark patinierter Oberfläche. Der eingesetzte Boden ist mit Harz eingeklebt, auf dem Deckel sind im Relief drei Hörner der *Ducker*-Antilope geschnitzt, denen magische Kraft zugeschrieben wird. Durch das Loch vorn am Deckel wurde eine Schnur durchgezogen, die zum Aufhängen der Büchse an die Wand in der Hütte diente.
Náprstek-Museum, Kat. Nr. 27 962 L. 23 cm, H. 4,5 cm

207 Spielzeug. Puppe in Gestalt eines stilisierten menschlichen Kopfes. Bakuba, Zaire. Braunes, ungefärbtes Holz. Auf dem Scheitel ist die traditionelle, flache Kopfbedeckung der Bakuba mit aufgenähten Kauri-Muscheln geschnitzt. Die charakteristische Linie des Haaransatzes wird für ein Element des Bakuba-Stils gehalten, tatsächlich ist es aber eine getreue Wiedergabe des bei diesem Stamm traditionellen Ausrasierens der Haare über der Stirn. Dieses Spielzeug, das im Jahre 1949 erworben wurde, ist fast identisch mit dem Exemplar, das E. Torday zu Beginn dieses Jahrhunderts erwarb. Das Exemplar von Torday befindet sich heute in den Sammlungen des Britischen Museums.
Náprstek-Museum, Kat. Nr. 27 862 H. 21 cm

kleinen, zylindrischen Schlitztrommeln, mit denen der Zauberer den Dorfbewohnern die Vorführung ankündigt (Abb. 190). Auf ihrem Griff ist ein kleiner Kopf im charakteristischen Bayaka-Stil angeschnitzt. Von den Gegenständen des täglichen Gebrauchs der Bayaka kennen wir als Kunstwerke gestaltet nur die Nackenstützen. Sie werden von stehenden Tierfiguren oder menschlichen Figuren, welche die Stützfläche wie kleine Atlanten über ihren Köpfen halten, getragen. Es gibt auch Kämme (Abb. 191), die ein kleiner menschlicher Kopf schmückt.

Das bekannteste Werk der Bayaka-Schnitzer sind Initiationsmasken. Nach dem Abschluß der „Schule im Busch" kehren die initiierten Jünglinge, die *tudansi,* in einem feierlichen Zug in das Dorf zurück. Die besten Tänzer treten paarweise mit gleichen Masken auf, ihre Tänze sollen die zuschauenden Dorfbewohner unterhalten. Obwohl es sich in technischer Hinsicht um Helmmasken handelt, ist nur das verkleinerte polychrome Gesicht geschnitzt. Dieses Gesicht, das fast immer menschlich ist, läuft unterhalb des Kinns in einen Fortsatz aus, der zum Halten der Maske beim Tanz dient. Dieses geschnitzte Gesicht ist an einem Gerüst aus Zweigen befestigt, das mit buntem Raphiagewebe überzogen ist. Über dem Gesicht erhebt sich eine bizarre Frisur, die den Rang der Maske im Initiationslager angibt. Außerdem ist gewöhnlich oberhalb des Gesichts eine — oft komische, manchmal satyrische — Figur angebracht. Diese Figuren sind ausgestopfte Puppen aus Raphienstoff, nur ihre Köpfe und Hände sind aus Holz geschnitzt. Während sich die Gesichter der Masken voneinander nur wenig unterscheiden, werden die Figuren auf den Masken verändert, denn sie sollen das Publikum überraschen und erheitern (Abb. 192). Manchmal fehlt das Gesicht überhaupt und statt dessen gibt es auf dem Rutenhelm nur die komische Figur (Abb. 193). Am Rand der Maske sind lange Fransen aus Raphiafasern befestigt.

Sehr selten sind Masken, die *kakunga* heißen. Gegenüber den Initiationsmasken sind ihre Gesichter mehrfach vergrößert. Ihre besondere Eigenheit sind die dicken Backen, die wie aufgeblasen aussehen. Den *kakunga*-Masken werden außergewöhnliche magische Kräfte zugeschrieben, deshalb werden sie in einer besonderen Hütte fernab des Dorfes aufbewahrt. Man

208 Stehende geschlechtslose Figur. Bena Lulua (?), Zaire. Braunes, dunkel gefärbtes Holz. Körper und Glieder dieser undokumentierten Figur sind ungewöhnlich stark stilisiert. Ihre in kleinen konkaven Flächen liegenden Augen und die schematisch angedeuteten Ziernarben im Gesicht und am Hals ermöglichen ihre Zuweisung zu diesem Stamm. Der Sammler erwarb die Figur in den zwanziger Jahren durch Tausch von einem in Matadi lebenden Missionar.
Náprstek-Museum, Kat. Nr. A 474 H. 20 cm

heilt mit ihnen Kranke, man kann durch sie das Wetter beeinflussen und im Initiantenlager treten sie am Tag der Beschneidung auf. Nach H. Himmelheber (1960) haben die Bayaka diese Masken von ihren westlichen Nachbarn, dem Bakongo-Stamm Bankanu übernommen, obwohl man im Gebiet des unteren Kongo diese Masken nicht kennt. Das schließt aber die Möglichkeit nicht aus, daß die *kakunga*-Masken von dort übernommen wurden, da das künstlerische Inventar der Bayaka und seine Ikonographie offenbar vor einer so langen Zeit entstanden sind, daß die Bayaka selbst ihren Ursprung und ihre Bedeutung nicht mehr darauf zurückführen.

Das vielleicht bemerkenswerteste, wenn auch relativ wenig bekannte Werk der Bayaka-Schnitzer ist die Ausschmückung der Beschneidungshütten, die man auch bei den Bankanu findet. Es sind polychromierte Tafeln mit Figuren im Hochrelief. Ihre überwiegend sexuelle Thematik wird entweder durch eine naturalistische Hyperbel oder symbolisch ausgedrückt.

Die östlichen Nachbarn der Bayaka und ihre nahen Verwandten, die Basuku, die am Fluß Inzia leben, haben einen dem der Bayaka sehr ähnlichen Stil geschaffen. Ihre polychromierten Helmmasken, die *hemba* heißen, sind ganz aus Holz in Gestalt menschlicher Köpfe geschnitzt, auf deren Scheitel eine Tier- oder Vogelfigur sitzt (Abb. 195). Am Maskenrand sind keine langen Fransen, sondern dichte, kurzgeschnittene Raphiafasern angebunden, die eine Halskrause bilden. Die männlichen oder hermaphroditischen Figuren der Basuku stellen wahrscheinlich wieder ausschließlich Fetische dar. Ihr auffallendes Stilmerkmal sind die gehobenen Schultern, zwischen denen der Kopf sozusagen versinkt.

Nördlich von den Bayaka, in der Gegend zwischen den Flüssen Kwango und Inzia, leben die Bambala, die für ihre realistischen Figuren stehender und sitzender Mütter mit einem Kind an ihrer Seite oder an der Brust (Abb. 188), Figuren von Trommlern usw. bekannt sind. Diese Figuren zeichnen sich durch ihre innere Spannung und Dynamik aus. Ihre Frisur bildet auf dem Scheitel einen in der Längsrichtung verlaufenden Kamm, die gewölbte Stirn und das Kinn mit dem kleinen offenen Mund sind vorgeschoben. In ihrem Realismus, ihrer Asymmetrie sowie in einigen ihrer Themen nähert sich diese Kunst der bildnerischen Atmosphäre des unteren Kongo. Die häufigen Frauenfiguren mit einem Kind stellen angeblich die Gründerin des Stammes dar.

Die wenig bekannte Kunst der Bahuana (auch Bahungana), die nordöstlich von den Bambala, über dem Zusammenfluß des Inzia und Kwilu leben, verdient besonders erwähnt zu werden. Ihre Fetischfiguren sind manchmal von denen der Basuku schwer zu unterscheiden, andere sind in dem offensichtlich ursprünglichen Stammesstil geschnitzt. Ihre wichtigsten Merkmale sind die Frisur, die sich in drei in der Längsrichtung verlaufende Kämme teilt und in einer langen Flechte bis auf den Rücken fällt, die gebogenen Arme und das in die Hände gestützte Kinn. Unter den Masken, die diesem Stamm zugewiesen werden, gibt es eine, die besonders bemerkenswert ist. Es ist die einzigartige polychromierte Helmmaske aus Holz mit

209 Kamm. Bena Lulua, Zaire. Hellbraunes Holz mit matt glänzender Patina. Auf dem Griff eine im Relief geschnitzte menschliche Halbfigur. Obwohl der Schnitzer bei diesem kleinen Gegenstand die stilistischen Ausdrucksmittel nicht voll zur Geltung bringen konnte, weisen die Augen in Form von Kaffeebohnen und die charakteristische Lage der in den Ellbogen rechtwinklig gebeugten Arme auf die Herkunft von den Bena Lulua hin.
Náprstek-Museum, Kat. Nr. 39 151 H. 13,7 cm

210 Gesichtsmaske. Basalampasu, Zaire. Helles Holz, das Gesicht ist mit Rechtekken aus Kupferblech bedeckt, die Frisur besteht aus 17 Kugeln, die aus pflanzlichen Spänen geflochten sind. Am Kinn ist eine Raphiaschnur mit einer geflochtenen Kugel angebunden.
Náprstek-Museum, Kat. Nr. A 9006 H. 31 cm

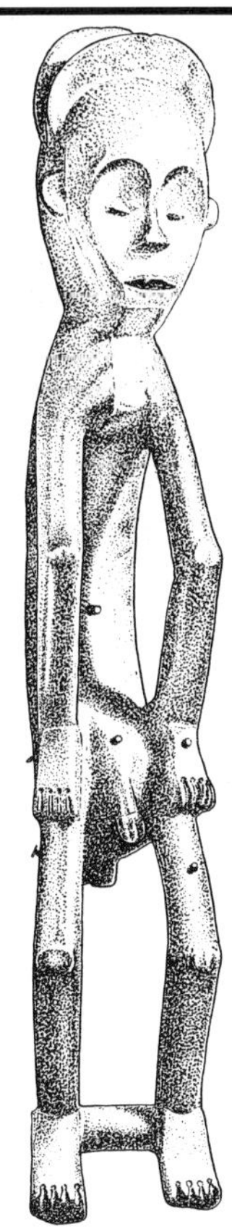

35 Instruktive Figur
des *lilwa*-Bundes,
die einen Erhängten
darstellt.
Bambole, Zaire
Musée Royal de l'Afrique Centrale, Tervuren
H. 92 cm

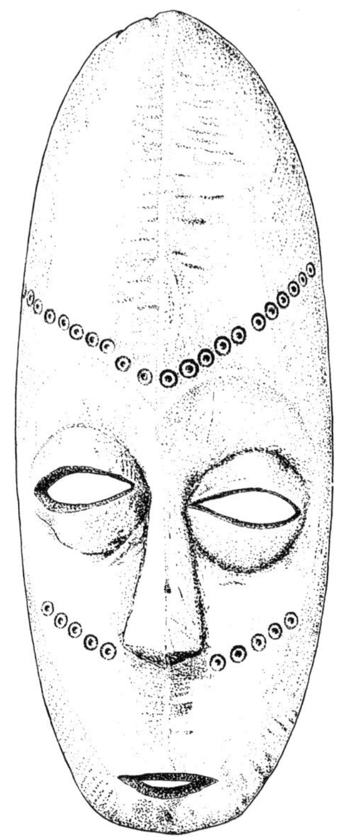

36 Maske
des *bwame*-Bundes,
Elfenbein.
Balega, Zaire.
Metropolitan Museum of Art, New York
H. 21,5 cm

zwei flachen Hörnern aus der Sammlung des Staatlichen Museums für Völkerkunde in Dresden, die Leo Frobenius im Jahre 1905 erworben hat.

Die Bapende, die stromaufwärts am Kwilu leben, sind das letzte große Ethnikum dieser Gruppe, das durch seine Schnitzkunst berühmt wurde. Nach stilistischen Gesichtspunkten werden sie gewöhnlich in eine westliche und eine östliche Gruppe geteilt. Die westlichen Bapende leben am Fluß Kwilu, die östlichen am Kasai. Die Grenze zwischen ihnen bildet der Fluß Luange. Die westlichen Bapende sind die Schöpfer der wohlbekannten Initiationsmasken. Diese Masken werden bei komischen Spielen verwendet, die anläßlich der Entlassung der Knaben aus dem Buschlager aufgeführt werden. Trotz ihrer scheinbar rein weltlichen Funktion sollen diese Spiele die rituelle Umwandlung des nicht initiierten Knaben in den erwachsenen Stammesangehörigen symbolisieren. Diese Masken, die *mbuya* heißen, stellen etwa zwanzig handelnde Personen dar — Häuptlinge, Würdenträger des Dorfes usw. Ihre hölzernen Gesichter sind mehr oder weniger identisch, mit Ausnahme der Maske des Häuptlings, deren Kinn zungenförmig verlängert ist. Diese Verlängerung sollte vielleicht ursprünglich einen Bart darstellen (Abb. 194). Sie ist ganz mit einer geometrischen Schnitzerei bedeckt, die kleine schwarze und weiße Dreiecke bildet. Die einzelnen Personen der Komödie werden vor allem nach ihrer Frisur aus Raphiagewebe, die mit schwarz gefärbten Raphiafasern bestickt ist, identifiziert.

Die Masken und Figuren der westlichen Bapende weisen einen einheitlichen Stil auf. Die Stirn ist stark gewölbt, die nicht unterbrochene Linie der Augenbrauen bildet über der Nasenwurzel einen breiten, stumpfen Winkel, die gesenkten Lider machen den Eindruck eines introvertierten oder schlafenden Gesichts, der Rücken der kleinen Nase ist leicht konkav. Die Backenknochen sind stark betont. Die Lippen des kleinen, geschlossenen Mundes treten reliefartig aus dem Gesicht hervor. Die Grundfarbe der Masken und Figuren ist gelb- bis rotbraun, bei den Masken wird sie mit weißer Farberde kombiniert.

Weniger bekannt und viel seltener sind die Figuren der westlichen Bapende (Abb. 196). Es sind Ahnen- und Fetischfiguren. Berühmt sind Frauenfiguren mit einem Kind an der Seite, die in der rechten Hand ein Beil, das Machtabzeichen des Häuptlings halten. Diese Figuren wurden auf dem Dach der Häuptlingshütte aufgestellt. Kleine Figuren krönen die Häuptlingsstäbe. Man findet hier auch Stützfiguren, welche die Hokker der Würdenträger tragen, oder ganze Figurengruppen, die Lehnen und Fußstützen von Stühlen zieren. Diese Stühle im europäischen Renaissance-Stil wie auch den Stil ihrer Verzierung haben die Bapende aus dem Süden von den Batschokwe übernommen. Kleinen Köpfen im Stil der *mbuya*-Masken kann man auch an kleinen Jagdpfeifen, an Stielen der Prunkbeile u.ä. begegnen.

Das bedeutendste Kunstwerk der östlichen Bapende ist die Maske *giophogo.* Es ist eine Helmmaske aus Holz, die der Häuptling bei magischen Krankenbehandlungen benutzt. In ihrem Stil kann man Einflüsse des künstlerischen Stils der westlichen Bapende (die gewölbte Stirn, die leicht konkave kleine Nase, der Typ der Polychromie) erkennen, aber auch den Einfluß der Batschokwe-Vorlagen (die Form der Augen und der Kragen unter dem Kinn, der die männlichen Masken dieses Stammes nachahmt) und der östlichen Nachbarn aus dem großen Bakuba-Komplex (und die ausrasierte Linie über der Stirn, die im Vergleich mit der Vorlage ornamental deformiert ist). Andere Menschen- und Tiermasken der östlichen Bapende sind eher flach, manchmal zu einem konkaven Herzen stilisiert, wie die Schnitzereien aus Nord- und Ostzaire. Einige Masken sind rund, leicht konvex. Die Augen sind entweder zylindrisch, oder sie haben horizontale, schlitzförmige Sehlöcher. Die Polychromie all dieser Maskentypen entspricht den anderen Schnitzwerken der Bapende.

Die zweite Stilgruppe von Südzaire ist außerordentlich homogen. Sie ist auf das Gebiet über dem Zusammenfluß des Kasai mit dem Sankuru konzentriert. Die wichtigsten Repräsentanten dieser Gruppe sind die Bushongo, die durch ihren kulturellen Einfluß und teilweise auch unter ihrer politischen Führung etwa zehn Nachbarstämme vereinigten. Ihr gemeinsamer künstlerischer Stil wird gewöhnlich mit dem ethnischen Namen Bakuba, den die Baluba den Bushongo geben, bezeichnet. Die stilistischen Unterschiede zwischen den Produkten einzelner Stämme sind, bis auf Ausnahmen, kaum zu erkennen.

Zu dem Gebiet eines starken Bakuba-Einflusses gehören auch die Ndengese, die nördlich von den Bushongo, zwischen den Flüssen Sankuru und Lukenie wohnen, und die Bena Biombo, die im Süden, zwischen den Flüssen Kasai und Lulua leben. Beide Stämme haben jedoch ihre stilistischen Eigenheiten und auch die Thematik ihrer Werke ist unterschiedlich.

Die Bushongo haben einen Staat gebildet, ein sakrales Königreich, wie wir es aus den westafrikanischen Gebieten an der Küste des Golfs von Guinea kennen. An seiner Spitze steht der König, *nyimi,* der mit seinem Hof in der Stadt Mushenge residiert. Wie in Benin hat sich auch hier durch mündliche Überlieferung die Stammesgeschichte oder die Reihe der Könige erhalten, die etwa 1 500 Jahre zurück in die Vegangenheit reicht. Nach dieser Überlieferung müßte die regierende Schicht in diese Gegend irgendwann im ersten Jahrtausend vom Norden, aus dem Niltal, gekommen sein. Doch viele Kulturgüter der Bushongo, vor allem ihre Kunst, zeigen den wesentlich jüngeren und be-

211 Geschlechtslose Fetischfigur. Basonge, Zaire. Helles Holz mit unbearbeiteter Oberfläche und ohne Patina, die Augen aus eingesetzten Kauri-Muscheln, auf dem Kopf Streifen aus Kupferblech und fünf Kupfernägel mit konischen Köpfen. Die Figur wurde vor der Aktivierung des Fetisches durch ein in die Vertiefung im Scheitel eingefügtes Zaubermittel, meistens ein Antilopenhorn, erworben. Für den Stammesstil ist die Form der Lippen charakteristisch, die an eine liegende Acht erinnert. Das Röckchen aus Raphiagewebe.
Náprstek-Museum, Kat. Nr. 26 607 H. 23 cm

212 Tanzschild (?). Helles, leichtes Holz mit braun gefärbter Vorderseite. Basonge, Zaire. Da der Schild aus sprödem Holz hergestellt ist, sollte er vermutlich nicht zum Schutz gegen Waffen dienen. Es ist eher ein Tanzrequisit für einen Auftritt der *kifwebe* (oder *kalebue*)-Masken, da die Miniatur dieser Maske die Mitte des Schildes schmückt. Diese Masken traten bei der Initiation und verschiedenen anderen Anlässen auf. Über die Funktion dieser Schilde gibt es keine genauen Informationen.

Náprstek-Museum, Kat. Nr. A 13542
H. 74 cm, B. 34,5 cm

weisbaren Einfluß des westlichen kulturellen Modells, das in dem Gebiet der alten Königreiche am unteren Kongo entstanden ist. Als den bedeutendsten Kulturheros in dem langen Verzeichnis der Bushongo-Herrscher bezeichnet die Überlieferung der *nyimi* Shamba Balongongo (Zeichnung S. 35), der am Anfang des 17. Jahrhunderts regierte. Er unternahm angeblich eine Studienreise in das Land am unteren Kongo und brachte von dieser Reise die Kunst der Raphiaweberei mit. Die berühmten Bakuba-Velours, welche die Stämme dieses Stilkomplexes bis heute herstellen, sind, wie die zahllosen Bakuba-Holzschnitzereien, mit geometrischen Ornamenten gemustert, die tatsächlich eine auffallende Übereinstimmung sowohl mit den erhaltenen gestickten Mustern alter Stoffe vom unteren Kongo als auch mit den Narbenmustern auf alten Bakongo-Figuren zeigen. Shamba Balongongo hat angeblich auch die Anfertigung der ikonographisch kanonisierten Porträts der Könige eingeführt, mit denen wir uns in dem Kapitel, das der Geschichte der afrikanischen Kunst gewidmet ist, befaßt haben. Es ist sicher kein Zufall, daß diese Porträrtfiguren den mit übergeschlagenen Beinen sitzenden König in genau derselben Weise wie die alten steinernen Figuren *ntadi* und die Holzfiguren aus dem Kongo-Reich darstellen. Auch der Stil dieser Porträtfiguren steht dem realistischen Stil des unteren Kongo nahe. Der Überlieferung nach hat sich nicht nur König Shamba, sondern auch seine Frau Kashashi Verdienste um die Einführung kultureller Neuigkeiten erworben. Dieser König war zweifellos eine bedeutende Persönlichkeit, doch die vereinfachende Überlieferung hat auf ihn bestimmt auch die Verdienste anderer historischer Persönlichkeiten übertragen.

Der gemeinsame stilistische Nenner im „traditionellen Design" der Bakuba-Stämme ist das geometrische Ornament, das in zahllosen Varianten ihre Oberfläche bedeckt. Dieses Ornament ist wahrscheinlich von verschiedenem Flechtwerk abgeleitet, einige Muster sind vielleicht das Erbe der mediterranen Kultur des Altertums, das vor Jahrhunderten die regierende Schicht aus ihrer ursprünglichen Heimat mitgebracht hatte. Die Bakuba-Schnitzer bringen es fertig, in diese geometrischen Strukturen auch solche fremdartigen Elemente kompositorisch einzugliedern wie stilisierte Antilopenköpfe, das beliebte Motiv des „Knotens der Weisheit", das auch bei den westafrikanischen Asante verbreitet ist, oder das Motiv eines Rechtecks, das wahrscheinlich von moslemischen Talismanen aus Leder abgeleitet ist (H. Himmelheber). Diese Ornamente schmücken die länglichen Behälter für Rasiermesser, welche an die einstigen hölzernen Griffelkästen europäischer Schulkinder erinnern, zahllose hölzerne Büchsen zur Zubereitung der kosmetischen Paste *tukula* (Abb. 206) aus zerriebenem roten Holz des *Pterocarpus*-Baumes und aus Palmöl, Köpfe und Rohre großer Tabakspfeifen (Abb. 203), Schöpflöffel mit breiten Stielen, Trommeln und selbst so profane Gegenstände wie die hölzernen Klistierspritzen. Den größten Formenreichtum zeigen die erwähnten Büchsen zum Anmachen der *tukula*-Paste. Einige sind polygonal, andere haben die Form einer Hütte, deren Satteldach den Deckel der Büchse bildet. Am häufigsten gibt es diese Büchsen in Halbmondform.

Ein Thema, das in der traditionellen afrikanischen Kunst einzig dasteht, bilden die Palmweinbecher der Bakuba, die oft die Form eines menschlichen Kopfes, bisweilen auch die eines ganzen Menschen haben (Abb. 204, 205). Ihr Vorbild muß man wahrscheinlich in den antiken Kulturen des Mittelmeerraums suchen. Seltene doppelgesichtige Becher wurden angeblich bei Hochzeiten verwendet. Eine Spezialität der Bashilele und Bashobwa sind Becher, eigentlich kleine Töpfe, mit figürlichen Henkeln, die an europäische Biergläser erinnern. Manchmal hat der Henkel die Form einer menschlichen Hand. Dieses Motiv kann man auch an den Seiten von Trommeln oder in der Mitte des Deckels von Schachteln für Rasiermesser finden. Die Gegenstände, die dieses Motiv aufweisen, waren einst im Besitz von Angehörigen des aristokratischen Kriegerbundes, der *yolo* hieß. Wer Mitglied dieses Bundes werden wollte, mußte die linke Hand eines Feindes erbeuten.

Manche Autoren vergleichen mit Recht den breiten Umkreis der Thematik der Bakuba-Schnitzer mit dem Themenreichtum der Baule-Stämme der Elfenbeinküste. Bei beiden Ethnien finden wir von ihrem Zweck getrennte künstlerisch gestaltete Nachahmungen von Gebrauchsgegenständen, eine Art Kunst als Selbstzweck. Bei den Stämmen des Bakuba-Komplexes sind es keine Schnitzwerke, sondern diese Gegenstände werden aus *tukula*-Rotholzpuder, das mit einem Bindemittel vermischt wird, geformt und über der Feuerstelle getrocknet. Solche Gegenstände, die sogenannten *bongotol,* wurden bei Begräbnissen zum Andenken an den Verstorbenen an die Trauergäste verteilt. Eine andere thematische Besonderheit des Bakuba-Stilkomplexes ist eine Figur, die zur Wahrsagerei und zur Entlarvung von Übeltätern diente und *itombwa* heißt. Es ist eine stilisierte Tierfigur, meistens die eines Krokodils, die an den Seiten mit geometrischen Ornamenten verziert ist. Der Wahrsager schob ein kleines Holzklötzchen auf dem glatten Rücken der Figur hin und her. Wenn das Klötzchen plötzlich durch Adhäsion kleben blieb, bezeichnete es den gesuchten Täter, oder deutete die Antwort auf die Frage an, die der

213 Gesichtsmaske *kifwebe.* Basonge, Zaire. Hartes, hellbraunes Holz, braun gefärbt, in den parallelen Rillen Reste weißer Mineralfarbe, auf den hervortretenden Flächen Reste eines roten Farbstoffes.
Náprstek-Museum, Kat. Nr. A 6250 H. 47 cm

Zauberer in diesem Augenblick an das Tier gestellt hatte.

Die drei häufigsten Maskentypen der Bakuba sind mit den Mythen von der Herkunft der regierenden Schicht verbunden. Die Maske *mwaash a mbooy* stellt den Urahnen der Bushongo, den König Woot dar, der seine Schwester Shene Malula heiratete (Abb. 202). Die Maske, die sie darstellt, heißt *ngady a mwaash,* in der Fachliteratur wird sie oft mit dem Namen dieser blutschänderischen Stammutter bezeichnet. Die Königsmaske ist kein Schnitzwerk. Es ist ein Gerüst aus Rohr, welches mit Raphiagewebe überzogen ist, worauf Kaurimuscheln und Glasperlen, die ein typisches Bakuba-Ornament bilden, aufgenäht sind. Das flache Gesicht ist mit Leopardenfell überzogen, das mit Kaurimuscheln besetzt ist, Nase und Mund sind aus Holz, an den Seiten der Maske sind Ohren aus Holz befestigt. Aus dem Scheitel der Maske erhebt sich ein hoher Bogen, der einen Elefantenrüssel darstellt, was zwei kleine Elefantenzähne bezeugen, die an seinem Ansatz befestigt sind. Diese Maske wird von einer wuchtigen Helmmaske begleitet, die einen flachen Scheitel und eine stark gewölbte Stirn hat, die ebenso wie der Mund mit Kupferblech beschlagen ist. Der Blechbeschlag der Maske wird auch hier mit Glasperlen kombiniert. Unter dem Kinn der Maske ist eine lange Zunge aus Fell befestigt. Die Maske heißt *mboom* (Abb. 201). Einigen Autoren zufolge ist ihre große Stirn und die breite Nase von der Physiognomie der ursprünglichen Pygmäen-Bevölkerung abgeleitet. Während die Ikonographie dieser beiden Maskentypen sehr konservativ ist, ist der dritte Typ, *ngady a mwaash,* sehr variabel, sowohl in den Details des geschnitzten Gesichts, als auch in seiner reichen Polychromie. Wie bei den königlichen Porträtfiguren wird auch auf diesen Masken die traditionelle ausrasierte Linie über der Stirn, die an den Seiten in scharfe Keile ausläuft, getreu wiedergegeben. Die Augen sind meistens kegelförmig und mit einem Ring aus kleinen Löchern umgeben, die den Durchblick ermöglichen. Dieser Augentyp soll wahrscheinlich die Augen eines Chamäleons wiedergeben. Die

214 Häuptlingsstab mit Aufsatz in Gestalt eines Mannes, der auf den Schultern eine Frau trägt. Baluba-Hemba, Zaire. Braunes Holz mit edler, braunschwarzer Patina. Die Frisur mit eisernen Spitzen verziert. Der Stab ist mit einem eisernen Stachel versehen, in der Mitte ist er mit Messingdraht und einem Streifen aus Kupferblech umwickelt. Die Kunst der Baluba, einst eine der reichsten in Afrika, diente weitgehend dem Prestige der Häuptlinge und Würdenträger des Stammes. Die Figurengruppe stellt eine junge Frau nach beendeter Initiation dar, die von ihrem Freier auf den Schultern getragen wird.
Náprstek-Museum, Kat. Nr. A 9421 H. 134 cm, Figurengruppe 25 cm

215 Häuptlingsstab, Profil. Baluba-Hemba, Zaire.

Nase mit den durch einen Bogeneinschnitt hervorgehobenen Nasenflügeln ist durch eine kleine Brücke, die von der Nasenscheidewand ausgeht, mit dem Mund verbunden. Auch diese Masken werden noch zusätzlich mit Glasperlen verziert. Sie werden bei Begräbnissen und bei der Initiation verwendet und bewachen das Initiantenlager. In der Polychromie kommt oft das Motiv wechselnder schwarzer und weißer Dreiecke vor.

Die Ndengese, deren Kunstwerke denen der Bakuba im Stil sehr nahe stehen, thematisch jedoch unabhängig sind, schnitzten die berühmten Gedenkfiguren der Häuptlinge, die etwa 50 bis 150 cm groß sind. Diese Figuren, eigentlich Torsos ohne Beine, die in der Geschlechtsgegend in einen breiten, runden Sockel enden, wurden auf den Gräbern von Häuptlingen oder in den Häusern der Ältesten aufgestellt (Zeichnung S. 206). Die Torsos dieser Figuren sind zylindrisch, sehr schlank und mit dem traditionellen Narbenmuster bedeckt, in dem das Motiv erhabener Scheiben überwiegt. Die Köpfe entsprechen dem Stilisierungskanon der Bakuba, werden aber oben breiter und laufen in eine scharfe Umfanglinie aus. Ein anderes typisches Thema der Schnitzerei dieses Stammes sind große Gabeln mit drei Zinken (Abb. 216), deren Zweck unbekannt ist. Ihr figürlicher Stil ist eine verkleinerte Version der erwähnten Gedenkfiguren. Dieser Stil hat auf der Vorderseite zwei Löcher — auf der Brust und über der mittleren Zinke — durch die eine Raphiaschnur durchgezogen werden konnte. Die Zinken dieser Gabeln sind oft abgeschliffen, so daß nur noch Stümpfe übriggeblieben sind, die offenbar für die Beine und das Geschlechtsteil gehalten wurden (J. Delange). Ein schönes Exemplar einer solchen Gabel, deren drei Zinken erhalten sind und keine andere Deutung zulassen, befindet sich in den Sammlungen des Rautenstrauch-Joest-Museums in Köln.

Die südlichen Bena Biombo, die in ihrem Stil den Bakuba nahestehen, schnitzten Helmmasken, die eine Verwandtschaft mit den Bakuba-Masken zeigen, jedoch viel größer sind. Charakteristisch für diese Masken ist die schwarz-rot-weiße Polychromie mit Reihen schwarzer und weißer Dreiecke. Durch die Vermittlung der Bena Biombo gelangten einige Stilelemente der Bakuba zu den östlichen Bapende, die am gegenüberliegenden, westlichen Ufer des Kasai wohnen. Die Augen einiger dieser Masken, die bei dem Beschneidungsritual verwendet werden, ahmen die Stilisierung der Augen nach, die bei den Batschokwe in Südzaire und Nordangola üblich ist. Eine thematische Eigenheit der Bena Biombo sind Ahnenfiguren, die vor den Hütten aufgestellt werden. Es sind oben und unten unbearbeitete Holzstämme, in deren Mitte ein monumentales menschliches Gesicht im Bakuba-Stil geschnitzt ist.

Südlich von den Stämmen des Bakuba-Komplexes wohnen einige kleinere Stämme, die sehr originelle

37 Stehende weibliche Figur.
Bena Lulua, Zaire
Musée Royal de l'Afrique Centrale, Tervuren
H. 46,5 cm

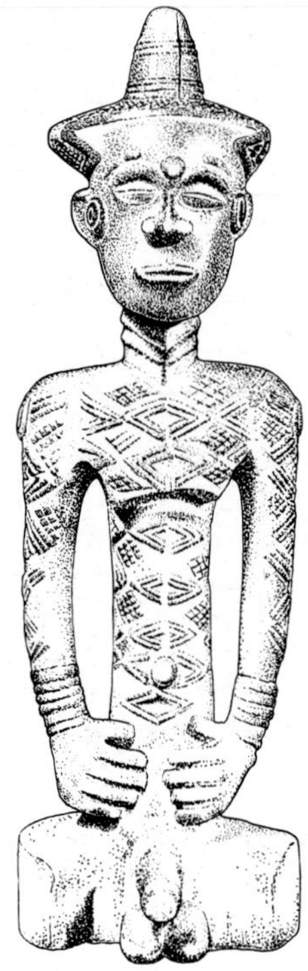

38 Figur eines Königs.
Ndengese, Zaire
Musée Royal de l'Afrique Centrale, Tervuren
H. 53 cm

Stile geschaffen haben, obwohl sie von drei Seiten von machtpolitisch starken und künstlerisch sehr produktiven Nachbarn umgeben waren. Außer dem Bakuba-Komplex im Norden sind es noch das Baluba-Element im Osten und der Komplex der Stämme Balunda-Batschokwe im Süden und Südwesten, die das Gebiet dieser künstlerisch unabhängigen Stämme einschließen. Wir haben es hier natürlich nicht mit einer ideal isolierten stilistischen „Insel" zu tun, auch hier finden wir Anklänge an Stilelemente und Themen der mächtigen Nachbarn. Die meisten Holzschnitzereien aus diesem Gebiet zeugen aber von einer langen, selbständigen künstlerischen Tradition.

Die künstlerisch bedeutendsten von diesen Stämmen sind die Bena Lulua, d. h. „die Menschen aus Lulua", die einen der schönsten und anmutigsten Stile der afrikanischen Kunst geschaffen haben. Es sind schlanke, präzis geschnitzte männliche und weibliche Figuren, die oft ganz mit einem Narbenmuster bedeckt sind, das auf der Stirn und den Wangen besonders reich ist und den ausgeprägten Sinn ihrer Schöpfer für das Detail zum Ausdruck bringt (Zeichnung S. 206). Viele Figuren zeigen einen betonten Nabelbruch. Die Arme sind rechtwinkelig gebeugt, bei kleinen Figuren bilden sie ein Relief am Torso, bei größeren stehen sie vom Torso ab. Die Hände liegen auf dem Bauch oder halten verschiedene Gegenstände, meistens ein kleines Näpfchen. Die Figuren haben keinen Sockel, sie stehen direkt auf dem Boden. Ein häufiges Thema ist eine Mutter mit ihrem Kind auf dem Arm. Diese Figuren wurden angeblich von Frauen, mit dem Gürtel am Leib befestigt, getragen und sollten ihre Kinder, auch die noch nicht geborenen, beschützen. Männliche Figuren mit einem langen Spitzbart und Häuptlingsinsignien, besonders mit Waffen in der Hand, wurden während der Abwesenheit des Häuptlings vor seinem Haus aufgestellt. Sie sollten das Haus und den Häuptling auf seiner Reise beschützen. Ein beliebtes Thema bei den Bena Lulua wie bei den Batschokwe, ist eine hockende menschliche Figur, die sich mit den Ellbogen auf die Knie stützt und das Kinn in den Händen hält. Dieses Motiv kommt entweder als Stützfigur eines kleinen Tabakmörsers oder als figürlicher Kopf von Tabakspfeifen vor. Hockende Freifiguren wurden wahrscheinlich bei verschiedenen Zauberpraktiken benutzt.

Die Masken der Bena Lulua verkörpern die Geister von Verstorbenen. An ihren Rändern ist ein Geflecht angebunden, das den Nacken und den Hals bedeckt. In ihrem Stil unterscheiden sie sich von den Figuren. Sie sind oval, polychromiert, die Augenpartie des Gesichts ist stark konkav und die Ziernarben, die an den Figuren im Relief geschnitzt sind, sind auf den Masken gemalt.

Südlich von den Bena Lulua, an der Grenze zwischen Zaire und Angola, wohnen die Balwalwa, ein kleiner Stamm, der für seine bemerkenswerten hölzernen Gesichtsmasken bekannt ist. Der Umriß dieser Masken hat ungefähr die Form eines Rhombus, das Gesicht ist im Profil konkav, das Kinn läuft in eine Spitze aus. Die schmale Nase beginnt hoch auf der Stirn und vor allem bei den männlichen Masken (Zeichnung S. 209) trägt die Bogenlinie ihres Profils zur aggressiven Wirkung der Maske bei. Die Augen mit schlitzförmigen Sichtöffnungen und die Lippen der Maske liegen waagerecht, an den Schläfen, wo die Maske am breitesten ist, sind kleine zylindrische Vorsprünge der Ziernarben zu sehen. Diese Masken sollten die Opfer der Kopfjagd versöhnen und ihre Tanzauftritte fanden im Zusammenhang mit dem rituellen Übergang auf eine höhere Initiationsstufe statt.

Die südlichen und südöstlichen Nachbarn der Balwalwa sind die kriegerischen Basalampasu, die ihre politische Unabhängigkeit gegenüber dem mächtigen Nachbarstamm der Batschokwe behauptet und die gleiche Unabhängigkeit auch in ihrer Kunst bewiesen haben. Berühmt sind ihre hölzernen oder fein geflochtenen Masken, die im Stil identisch sind. Ihre geradezu inflationäre Zahl, die in den letzten Jahrzehnten in Europa auftauchte, bezeugt, daß auch dieser abgelegene Stamm einen regen internationalen Handel betreibt. Die Masken haben eine auffallend gewölbte Stirn, ihre kleine Nase hat die Form eines senkrecht zerschnittenen kurzen Zylinders oder Kegels, die unter der gewölbten Stirn versteckten Augen sind rechteckig, ebenso wie der Mund mit zackigen Zähnen. Die Frisur diesen Masken bilden angebundene Kugeln etwa von der Größe eines Tischtennisballs, die aus elastischen pflanzlichen Spänen geflochten sind. Bei vielen Masken hängt eine solche Kugel auch an einer Raphiaschnur, die unter dem Kinn der Maske befestigt ist. Das Gesicht ist entweder schwarz oder weiß, oft aber ist es ganz mit Kupferblech bedeckt (Abb. 210). Die Masken werden bei der Beschneidung und bei der Vertreibung von bösen Geistern benutzt. Die seltenen stehenden Menschenfiguren, die im Stil mit den Masken übereinstimmen, sind oft an der Oberfläche rot gefärbt.

Der letzte Stamm der Gruppe der unabhängigen Stile, der eine gewisse Bedeutung hat, ist der Stamm der Bena Kanioka, die östlich von den Basalampasu leben. Die figürliche Schnitzerei der Bana Kanioka steht unter dem stilistischen und thematischen Einfluß der Baluba-Kunst. Durch ihre außerordentlich seltenen Masken, die vor allem dank dem vielmals publizierten Exemplar des Hamburgischen Museums (Zeichnung S. 209), das Leo Frobenius zu Beginn des Jahrhunderts erworben hat, bekannt sind, schließen sie sich dieser Gruppe an. Es sind hölzerne Gesichtsmasken von rundem Umriß, mit einem großen, querverlaufenden, bogenförmigen Kamm, die schwarz-weiß-rot polychromiert sind. Ihre Stirn ist groß und gewölbt, darunter

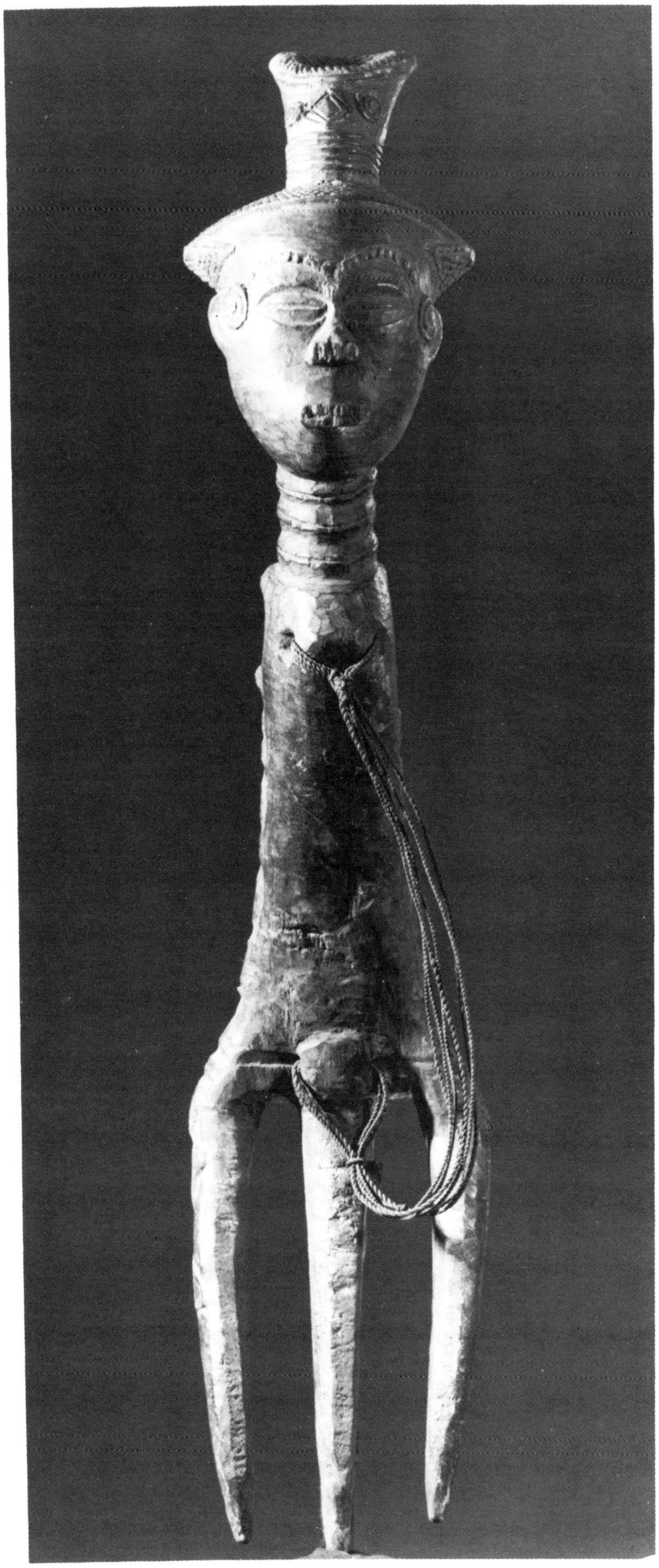

216 Gabel mit drei Zinken und anthropomorphem Stiel. Ndengese, Zaire. Holz und gewundene Schnur.
Rautenstrauch-Joest Museum, Köln H. ca. 50 cm

liegen waagerechte, schlitzförmige Augen, eine kleine Nase und ein großer, offener Mund in der Form eines liegenden Rhombus, mit zwei Reihen langer Zähne. An den Schläfen sind in der Höhe der Augen kleine dreieckige Vorsprünge zu sehen, wahrscheinlich Reste des ursprünglichen Narbenmusters des Stammes, die den zylindrischen Vorsprüngen an den Balwalwa-Masken und an einigen Masken der Basalampasu entsprechen. Die mächtige, fast halbkugelförmige Stirn, die wir auch an den *mboom*-Masken in dem Bakuba-Bereich gesehen haben, scheint sozusagen ein stilistischer Archetyp von Südostzaire zu sein.

217 Nackenstütze mit Karyatide in Gestalt einer knienden Frau. Baluba-Hemba. Zaire. Helles Holz mit polierter, patinierter Oberfläche. Halskette aus Messingdraht. Erworben um 1900.
Náprstek-Museum, Kat. Nr. 23 502
H. 17 cm, B. 13,9 cm

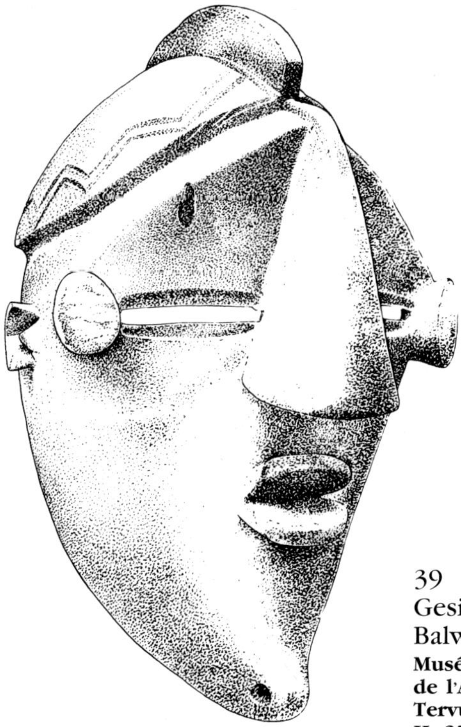

39 Männliche Gesichtsmaske. Balwalwa, Zaire
Musée Royal de l'Afrique Centrale, Tervuren
H. 35,6 cm

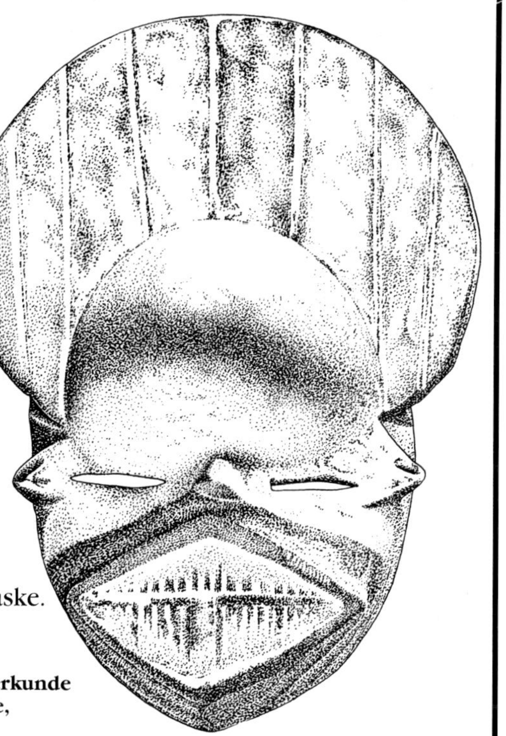

40 Gesichtsmaske. Bena Kanioka, Zaire
Museum für Völkerkunde und Vorgeschichte, Hamburg
H. 29 cm

Die südlichste große Stilgruppe wird von Stämmen gebildet, die als der Balunda-Batschokwe-Komplex bezeichnet werden. Diese Bezeichnung ist im Prinzip falsch, weil sie nicht von künstlerischen, sondern von historisch-politischen Kriterien ausgeht. Die Balunda haben einst in Nordostangola und Südzaire ein mächtiges Reich gebildet, das rege Beziehungen zu dem Königreich Kongo im Westen und dem Baluba-Reich im Osten unterhielt. Zu den Vasallen dieses Reiches gehörten auch die in Angola wohnenden Batschokwe, ein großer Stamm von tüchtigen Jägern und Kriegern, der in den achtziger Jahren des vorigen Jahrhunderts das Reich der Balunda zerstörte und seinen eigenen Staat gründete. Zur Entstehung eines künstlerischen Stils haben die Balunda offenbar nur wenig beigetragen, denn alle Schnitzer von einiger Bedeutung, die in diesem Reich wirkten, stammten wahrscheinlich aus dem Volk der Batschokwe. Das Territorium der Batschokwe liegt zwar in Angola, es dehnt sich aber strahlenförmig bis in die Randgebiete von Zaire aus. Der Batschokwe-Stil wurde von vielen Stämmen in Angola übernommen und sein Einfluß macht sich auch im Osten, bis zu den Stämmen in Westsambia bemerkbar. In dem Kunstschaffen einzelner Stämme gibt es fast keine stilistischen Unterschiede, eine genauere ethnische Zuweisung ermöglichen manchmal nur die Frisuren der Figuren und ihre Narbenmuster, die sich nach der Mode und den traditionellen Gebräuchen des Stammes richten. Einige ausgeprägte stilistische Abweichungen kann man in dem Schaffen derjenigen Stämme beobachten, die an der Peripherie des einstigen Einflußbereichs der Batschokwe wohnen, wie z.B. der Ovimbundu in dem Gebiet Benguela in Westangola (Abb. 225, 226), der Baholo am oberen Kwango usw. Einige Stilisierungsverfahren, vor allem die Stilisierung der Augen, verbreiteten sich weit über die Grenzen des Machtbereichs der Batschokwe. Man findet sie in unterschiedlichen Stammesstilen, z. B. der Bena Lulua, der östlichen Bapende oder der Baluba.

Die bedeutendsten figürlichen Werke sind durch die historischen Traditionen der Stammesaristokratie inspiriert. Es sind männliche Figuren, die an große Häuptlinge der Vorzeit erinnern, vor allem an den legendären Heros, großen Jäger und Gründer der Dynastie Tchibinda Ilunga. Die Körper dieser Figuren sind gerundet, muskulös, ihre Beine sind stark in den Knien gebeugt, als ob die Figur bereit wäre, sich auf einen Feind zu stürzen. Die Hände und Füße sind unverhältnismäßig groß, mit betont durchgearbeiteten Details der Gelenke und Nägel. Die Oberfläche ist vollkommen glatt und poliert. Dieses superrealistische Aussehen wird manchmal durch menschliche Haare gesteigert. Die meisten Figuren tragen jedoch auf dem Kopf den charakteristischen Häuptlingshut *chibongo,* der an eine große Haube erinnert, deren Ränder rund um den Kopf fliegende, kühne Kurven bilden.

Den Häuptlingen und Würdenträgern des Stammes waren noch viele weitere Schnitzereien vorbehalten.

218 Stehende weibliche Figur. Batschokwe, Zaire. Hartes, braunes Holz mit rotbraun gefärbter, patinierter Oberfläche. Die Figur zeigt in ausgeprägter Form das bedeutende Element des Stammesstils, die Augen in Gestalt von Kaffeebohnen in scharf begrenzten, linsenförmigen Augenhöhlen.
Náprstek-Museum, Kat. Nr. A 3001 H. 40,5 cm

Es sind verschiedene Insignien der Macht, wie Stäbe mit figürlichen Aufsätzen (Abb. 220), Beile mit figürlich geschnitzten Stielen oder mit Menschenfiguren geschmückte Schäfte von Speeren, Griffe von Fliegenwedeln usw. Eine besondere Beachtung verdienen die Häuptlingsstühle, die europäische Renaissance-Vorbilder nachahmen. Auf den Querleisten von Lehne und Stuhlbeinen sind Figuren und Genreszenen angeschnitzt. Oft sind es Figuren in typischen Initiationsmasken, koitierende Menschenpaare, Träger mit einem Palankin oder Pfleger am Lager eines Kranken. Die niederen Würdenträger und die Dorfältesten benutzten niedrige runde Hocker mit stehenden oder kauernden menschlichen Stützfiguren, die ihre Hände unter dem Kinn halten oder gegen die Schläfen drücken, wobei sich die angewinkelten Arme mit den Ellbogen auf die Knie stützen (Abb. 221). Die geschnitzten Nakkenstützen werden oft von einer Vogelfigur getragen. Diese Gegenstände sind häufig mit Messingnägeln mit großen, gewölbten Köpfen verziert.

Kleine Menschenköpfe schmücken eine ganze Reihe von weiteren Gegenständen, wie Jagdpfeifen, Kämme (Abb. 224), Musikinstrumente (Abb. 223), Tabakspfeifen usw. Auch hier gibt es kleine Schnupftabakmörser, die auf den Köpfen menschlicher oder tierischer Stützfiguren ruhen. Die Batschokwe-Schnitzer ließen sich wirklich keine Gelegenheit entgehen, die ihnen das Inventar ihrer materiellen Kultur bot. Dort, wo es nicht möglich war, einem Gegenstand die Form einer menschlichen Gestalt zu geben, bedeckten sie seine Oberfläche wenigstens mit einem geometrischen Ornament. Es ist aber kein Ornament aus zahllosen Varianten eines geometrisierten Geflechts, wie bei den Stämmen des Bakuba-Komplexes, sondern es sind rechteckige Felder, die in kleinere Flächen von geometrischen Grundformen geteilt sind, die wieder mit parallelen Rillen, kleinen Rhomben u. ä. ausgefüllt sind.

Reich ist auch die Variationsbreite der Ritualmasken dieses Stammes. Es gibt hier mehrere Arten von Masken aus Rohrgeflecht, das ursprünglich mit Baststoff (Tapa), in neuerer Zeit mit Sackleinwand oder nur mit Papier überzogen ist. Ihre hohe „Frisur" ist polychromiert, das Gesicht ist schematisch aus schwarzem Harz modelliert und mit Streifen eines weißen und roten Gewebes beklebt. Die wichtigste dieser Masken, *chikunza,* stellt einen Schutzgeist dar und bringt Fruchtbarkeit. Der Scheitel dieser Maske läuft in einen hohen Kegel aus. Nicht weniger bedeutend ist die Maske *chi-*

219 Frei stehende männliche Figur. Baluba, Zaire. Hellbraunes Holz mit glänzender Patina. Im Hinblick auf die schematische Ausführung des Torsos und der Glieder handelt es sich vermutlich um eine Fetischfigur, deren Körper in einem Bündel mit Zaubermitteln verborgen sein sollte.
Náprstek-Museum, Kat. Nr. 6823 H. 18,2 cm

kungu, welche die Form eines Häuptlingshuts hat. Diese Masken mit schlitzförmigen Augen und einem auffallend breiten Mund erfüllen verschiedene Aufgaben in den Initiationslagern der Jugend. Die Holzmasken, die früher zweifellos auch eine rituelle Funktion hatten, dienen heute eher zur volkstümlichen Unterhaltung. Sie werden bei den *makishi*-Tänzen verwendet, die nach dem Abschluß der Initiation und bei anderen festlichen Anlässen veranstaltet werden. Die wichtigste von diesen Masken heißt *mwana pwo* und stellt ein schönes junges Mädchen dar (Abb. 222). Der Tänzer mit dieser Maske ist in ein enganliegendes Netzkostüm gekleidet, auf dessen Brust ein künstlicher Busen befestigt ist. Bei einigen Stämmen dieses Stilkomplexes führt diese Maske einen akrobatischen Tanz auf zwei manchmal bis zehn Meter hohen Stangen vor. Das männliche Gegenstück dieser Mädchenmaske ist mit einem Bart versehen, der eher an einen flachen, waagerechten Kragen erinnert. Auch dieses Element hat, wie die Stilisierung der Augen, die Stilgrenze überschritten. Wie wir gesehen haben, ist es bei den östlichen Bapende und manchmal auch an den Masken des Bakuba-Komplexes zu finden. An den Holzmasken für die

221 Karyatide und Sockel eines Hockers. Batschokwe, Zaire. Die Sitzfläche ist abgebrochen, an der Bruchstelle auf dem Scheitel der Karyatide ist eine Retusche erkennbar. Eine sitzende Figur, die den Kopf in die Hände und die Ellenbogen auf die Knie stützt, ist ein beliebtes Thema dieser Stammeskunst. Auf dem Sockel sind eine Schlange, zwei liegende menschliche Gestalten, die einander den Rücken zuwenden, und ein erotisches Paar im Relief geschnitzt. Hocker mit menschlichen Karyatiden waren bei den Stämmen von Südzaire Männern, die in der Gesellschaft eine bedeutende Stellung einnahmen, vorbehalten.
Privatsammlung, Prag H. 25,5 cm, ∅ 29,5 cm

220 Stab mit figürlichem Aufsatz. Batschokwe, Zaire oder Angola. Braunes Holz mit patinierter Oberfläche. Eine Variante des beliebten Themas einer sitzenden Figur, die den Kopf in die Hände stützt. Dieses Thema kommt auch bei den Bena Lulua und, unter dem deutlichen Einfluß der Batschokwe-Kunst, auch in der Kunst der Baluba vor.
Náprstek-Museum, Kat. Nr. 34 322
H. 78,3 cm,
H. der Figur 9,8 cm

makishi-Tänze kommt die bereits mehrmals erwähnte Stilisierung der Augen am stärksten zum Ausdruck. Sie haben die Form von länglichen oder der Länge nach gespaltenen Kaffeebohnen, die in der Mitte konkaver Ovale liegen, welche in Extremfällen reliefartig aus dem Gesicht hervortreten. Diese Masken zeigen auch die deutlichste Wiedergabe des besonderen Narbenmusters des Stammes, das ein Malteserkreuz in der Mitte der Stirn und manchmal auch auf den Wangen bildet. Dieses Element ist wahrscheinlich ein Anklang an christliche Vorlagen. Die Batschokwe hatten nämlich im Laufe der Jahrhunderte ständige Kontakte mit Europäern, da sie die „Ware" für den Sklavenmarkt lieferten.

Die Kunst der Batschokwe und der unter dem Einfluß ihrer Kultur stehenden Stämme gehört zu den am besten erforschten Bereichen der afrikanischen Kunst, vor allem dank dem umfangreichen Werk der belgischen Forscherin Marie-Louise Bastin.

DAS FLUSSGEBIET DES LUALABA

Der letzte große Stilbereich dieser Provinz der afrikanischen Kunst liegt in Südostzaire, im Flußgebiet des oberen Lualaba (Kongo) und seines Nebenflusses Lomami. Er umfaßt auch das ganze westliche Ufer des Tanganjikasees. In der Vergangenheit gehörte diese Region zu den künstlerisch reichsten Regionen, heute jedoch gehört sie zu den besonders verwüsteten. Schuld daran sind zum Teil die Afrikaner selbst. Gegen Ende des vorigen Jahrhunderts verbreitete sich bei den Baluba der bilderstürmerische Kult des Haschischrauchens, der gegen den Ahnenkult gerichtet war. Es scheint, daß außer den Souvenirs für Touristen und den Fälschungen, die vielleicht in einer ganz anderen Gegend angefertigt wurden, aus diesem Gebiet keine Überraschung mehr zu erwarten ist. Dieser Bereich hat keinen solchen einheitlichen Stil wie der Bereich des Bakuba-Komplexes oder andere Bereiche, wo die Kunst eines einzigen Stammes zum stilistisch bestimmenden Faktor wurde. Hier gibt es zwei bestimmende Faktoren: die Kunst der Baluba-Konföderation im Süden und der Basonge im Norden. Die Kunst dieser zwei Unterbereiche stellt zwei stilistische Gegenpole dar. Sowohl die Baluba als auch die Basonge haben zwar in der Vergangenheit eigene Staatswesen vom Typ der sakralen Königreiche gebildet und die Kunst der Baluba hat auch, wie das Schaffen anderer afrikanischer Stämme, die eigene Reiche gegründet haben, einen ziemlich realistischen und, was ihre Themen betrifft, gesellschaftlich-repräsentativen Charakter. Die Kunst der Basonge hingegen steht ganz im Dienst der Geheimbünde und des Glaubens an die Zaubermacht der Fetische und kann in bezug auf ihren Stil als kubistisch bezeichnet werden. Diese beiden Grundtendenzen haben viele lokale und ethnische Varianten und dort, wo es zu ihrer Berührung kommt, vermischen sie sich miteinander.

Die ornamentale Flächendekoration, die in den Stilbereichen der Bakuba und Batschokwe eine erstrangige Bedeutung hat, spielt in der Baluba-Kunst nur eine Nebenrolle. Das zentrale Thema des Baluba-Komplexes, welcher aus jenen Stämmen besteht, die einst mit den Baluba politisch verbunden waren, ist die menschliche Gestalt, die in überwiegender Mehrheit bedeutende — vor allem weibliche — Ahnen darstellt. Der Ahnenkult drückt sich hier nicht nur in Freifiguren aus, sondern auch in Karyatiden von Häuptlingsstühlen und Nackenstützen sowie in figürlichen Motiven auf verschiedenen Insignien der Häuptlinge. Im Einklang mit der ethnisch vielfältigen Struktur des einstigen Baluba-Reiches gibt es in dem reichen Kunstschaffen der Baluba viele lokale Stile und identifizierbare — wenn auch anonyme — Werkstätten oder „Schulen" und künstlerische Persönlichkeiten, z.B. den (oder die?) berühmten Meister von Buli (Zeichnung S. 23) oder den Meister der Kaskadenfrisuren (Zeichnung S. 23), die wir bereits in anderen Zusammenhängen erwähnt haben.

Für die Freifiguren der Ahnen der Baluba-Hemba aus der zentralen Region ist eine gewisse Idealisierung charakteristisch, die es dem Schnitzer ermöglichte, dem menschlichen Gesicht einen ziemlich individualisierten Ausdruck zu verleihen, der die Stimmung zum Ausdruck bringt. Bei den Stämmen an der Peripherie des Baluba-Komplexes sind die Figuren stärker stilisiert und ihr Ausdruck wird stereotyp. Überall macht sich die Vorliebe für gerundete bis runde Formen bemerkbar, am meisten natürlich bei den Köpfen. Diese Tendenz kommt auch in dem realistischsten Stil der Baluba-Hemba zum Ausdruck, sie ist hier jedoch durch allmähliche Übergänge in andere Körperpartien gemildert. Zum Beispiel ist der kugelförmige Bauch mit der Brust durch eine elegante Kurve verbunden, so daß der Torso an eine Birne erinnert. Die Ahnenfiguren sind bis zu einem Meter hoch, statisch und streng symmetrisch, die Hände der Frauenfiguren, wie auch der männlichen Figuren, liegen oft an der Brust, manchmal auf dem Bauch. Große Sorgfalt widmeten die Schnitzer dem Gesicht und der komplizierten Frisur, die in den Nacken des kugelförmigen Kopfes verschoben ist. Auch die Anatomie des Torsos wird mit

222 Gesichtsmaske *mwana pwo,* die eine schöne Frau darstellt. Batschokwe, Zaire oder Angola. Helles, rotbraun gefärbtes Holz, die turbanförmige Frisur braunschwarz gefärbt. Die Nackenpartie der Maske ist aus einer Schnur geflochten. Der Tänzer, der in dieser Maske auftritt, trägt ein enganliegendes Netzkostüm, an dem Brüste aus Holz befestigt sind.
Náprstek-Museum, Kat. Nr. 4688 H. 25 cm

215

223 Trillerpfeife mit dem Torso einer menschlichen Figur. Batschokwe, Zaire oder Angola. Braunes Holz mit Resten einer Patinakruste. Erworben vor dem ersten Weltkrieg.
Náprstek-Museum, Kat. Nr. 23 545
H. 7,8 cm

versehen sind und oben in eine Frauenfigur auslaufen, aus deren Kopf drei Zacken herausragen, auf denen die Waffen aufgehängt wurden.

In künstlerischer Sicht sind auch die — manchmal mehrköpfigen — Fetischfiguren und das *katatora*-Orakel beachtenswert (Abb. 219). Zu diesem Orakel benutzte man einen kleinen rechteckigen Rahmen, an dessen kürzerer Seite ein kleiner menschlicher Kopf angeschnitzt ist. Der Wahrsager und sein Klient saßen einander gegenüber, steckten ihre Zeigefinger in den Rahmen und schoben das *katatora* auf einer hölzernen Unterlage hin und her. Dadurch, daß es an der Unterlage kleben blieb, signalisierte das Orakel die Antwort auf die ihm gestellte Frage. Es ist eine Variante des Bakuba-Orakels *itombwa*.

Die Masken der Baluba sind dunkle, mit weißen Rillen konzentrischer Kreise bedeckte Halbkugeln.

bemerkenswerter Genauigkeit wiedergegeben, während die Glieder deutlich stilisiert sind. Die Beine sind entsprechend dem vollen Umfang der Figur, deren Masse sie tragen müssen, verstärkt. Die Ziernarben, vor allem in der Bauchpartie, werden mit großer Genauigkeit nachgebildet. Diese Prinzipien werden auch bei Stützfiguren eingehalten, einschließlich der sehr verkleinerten Karyatiden der Nackenstützen.

Zu den künstlerisch gestalteten Luxusgegenständen gehören hölzerne Gefäße, die von zwei gegeneinander stehenden Figuren gehalten werden. Ein sehr häufiges Thema ist eine sitzende oder kniende Frauenfigur, die auf dem Schoß ein kugelförmiges Gefäß hält. Diese Gegenstände werden mit verschiedenen Namen bezeichnet, da sie bei verschiedenen Baluba-Stämmen verschiedenen rituellen und weltlichen Zwecken dienen.

Zu den geschnitzten Insignien der Würdenträger des Stammes gehören Beile, deren Stiele am unteren Ende ein kleiner menschlicher Kopf schmückt, und Stäbe, die von einer oder zwei Figuren gekrönt sind (Abb. 214). Eine Besonderheit der Baluba bilden die Bogenhalter, die als Symbole der Macht des Häuptlings bei Staatshandlungen neben den Häuptling in den Boden gesteckt wurden oder vor seinem Haus standen. Es sind Stäbe, die am unteren Ende mit einem Stachel

224 Kamm mit einem kleinen menschlichen Kopf. Batschokwe, Zaire. Hartes, rotbraunes Holz mit funktioneller Patina.
Náprstek-Museum, Kat. Nr. 27 857 **H. 15,8 cm**

Stark stilisierte Gesichtszüge treten aus der gewölbten Maske nur im Flachrelief hervor und sind in das graphische System der weißen Rillen einkomponiert. Diese Masken treten bei Begräbnissen der Häuptlinge und bei verschiedenen anderen mit dieser Würde verbundenen Anlässen auf. Die am häufigsten veröffentliche Baluba-Maske aus den Sammlungen des Musée Royal de l'Afrique Centrale in Tervuren, die gegen Ende des vorigen Jahrhunderts erworben wurde, gehört zwar zu den berühmtesten Werken der afrikanischen Kunst überhaupt, ist aber ein Ausnahmefall. Es ist eine Helmmaske in Gestalt eines kugelförmigen männlichen Kopfes mit einem trapezförmigen Kinnbart, mit zwei eingerollten Hörnern und einer kleinen Vogelfigur im Nacken. Ihre Funktion ist unbekannt.

Eine größere stilistische Unabhängigkeit kommt in der Schnitzkunst der am Tanganjikasee wohnenden Stämme zum Ausdruck, in der Richtung von Norden nach Süden nimmt aber diese Unabhängigkeit ab. Den nördlichsten Ausläufer der Einflußsphäre des Baluba-Stils bilden die Gedenkfiguren von Häuptlingen und bedeutenden Ahnen der Basikasingo, die am nordwestlichen Ufer des Tanganjikasees wohnen (Zeichnung S. 219). Die verlängerte untere Gesichtshälfte dieser Figuren bildet ein Trapez oder auch ein gleichschenkliges Dreieck. Diese Stilisierung und die hoch liegenden Augen verleihen der Figur ein Aussehen, das an einen Menschen mit einer Gasmaske ohne Filter erinnert. Die Wangen sind mit Leisten aus reliefartigen zackigen Vorsprüngen, die einen Bart darstellen, umrandet, die Hände der Figur liegen auf der Brust. Diese Figuren werden den Babembe zugeschrieben, weil einige Exemplare bei diesem Stamm gefunden wurden. Es handelt sich aber wahrscheinlich auch in diesen Fällen um Werke der Basikasingo, die auf Bestellung von auswärts angefertigt wurden. Dies bezeugt der vollkommen andersartige Charakter der extrem stilisierten Helmmasken und der fast rechteckigen, flachen Masken der Babembe, die *kalunga* heißen. Ihre Gesichtszüge sind auf riesige weiße Ovale der Augenhöhlen reduziert, in denen kleine Augen liegen. Der Mund hat die Form eines kleinen zylindrischen Vorsprungs.

Südwestlich von diesen beiden Stämmen wohnen die Babuye, deren Figuren dieselbe Funktion wie die der Basikasingo haben (Zeichnung S. 219). Ihre Körper sind aber kubistisch gestaltet, eckig, aus geometrischen Teilen zusammengefügt. Im Gegensatz dazu stehen ihre kugelförmigen Köpfe und die Stiliserung ihrer

225 Häuptlingsstab, der in einen menschlichen Kopf ausläuft. Ovimbundu, Angola. Der Stil der Schnitzerei ist mit dem Stil der benachbarten Batschokwe verwandt, von dem er sich vor allem durch die charakteristische Frisur unterscheidet. Erworben vor dem ersten Weltkrieg.
Náprstek-Museum, Kat. Nr. 23477 L. 52,6 cm

großen, gewölbten Augen unter dem Baluba-Einfluß. Dem Standard des Baluba-Stils nähert sich vor allem das Kunstschaffen der Baholoholo und Batabwa, die am südwestlichen Ufer des Tanganjikasees wohnen.

Zwischen dem Territorium der Stämme des Baluba-Komplexes im Süden und den Bakuba im Nordwesten, im Flußgebiet des Lomami, liegt das Land der Basonge. Ihr künstlerischer Stil bildet einen Gegenpol zu dem Stil der Baluba, trotzdem aber haben beide Stämme einige gemeinsame Themen. Dies betrifft vor allem die Masken und die Häuptlingsstühle mit Karyatiden. Die Masken spielen aber in der Kunst der Basonge eine viel größere Rolle als in der Kunst der Baluba. Bei den Baluba sind die halbkugelförmigen Masken ein ziemlich fremdes Element. Ihre extreme Stilisierung steht im Gegensatz zu den realistisch gestalteten Gesichtern der Figuren und wird auf kein anderes Genre der Schnitzkunst übertragen. Demgegenüber ist das Motiv der Maske bei den Basonge fast allgegenwärtig und die Gesichter der menschlichen Stützfiguren der Hocker (zum Unterschied von denen der Baluba sind es meistens männliche Figuren) sind in demselben Stil wie die der Masken geschnitzt. Deshalb scheint uns die Ansicht, daß dieser Maskentyp, *kifwebe* (Abb. 213), den Beitrag der Basonge zum Inventar gemeinsamer Themen darstellt, berechtigt zu sein.

Die Masken der Basonge weisen im Vergleich mit den Baluba-Masken eine viel größere Variabilität der Formen auf. Ihr Umriß hat die Form eines Schlüssellochs: im oberen Drittel (oder der oberen Hälfte) bildet er einen Halbkreis, darunter wird die Maske wesentlich schmaler und der untere Rand ist gerade abgeschnitten. Bei den Exemplaren, die ausgesprochen kubistisch gestaltet sind, mit großen, gewölbten Augen, pyramidenförmiger Nase und einem Mund in der Form eines vierseitigen Kästchens oder eines niedrigen polygonalen Prismas, wird der Bogen des Scheitels durch einen hohen, längsgerichteten Kamm, wie auf dem Schädel eines Gorillas, unterbrochen. Über der Ebene der Augen ist die Maske konvex, im unteren Teil ist sie konkav. Die ganze Oberfläche der *kifwebe*-Masken ist mit parallelen Rillen bedeckt, die verschiedene Bogen, schräge Schraffierungen oder ein „Fischgrätenmuster" bilden. Die Rillen haben entweder die

226 Frei stehende weibliche Figur. Ovimbundu, Angola. Braunes Holz mit patinierter Oberfläche, Augen aus Glasperlen, über der Stirn ein Streifen aus Messingzwecken. Der Hals und die Taille mehrfach mit einer Schnur aus Glasperlen umwunden, der Rock aus blauem Gewebe. Die runde Vertiefung auf der Brust diente offenbar zur Aufbewahrung eines magischen Mittels, wie bei den Figuren aus dem Gebiet des unteren Kongo, das nördlich des Territoriums dieses Stammes liegt.

Náprstek-Museum, Kat. Nr. A 1994 H. 38 cm

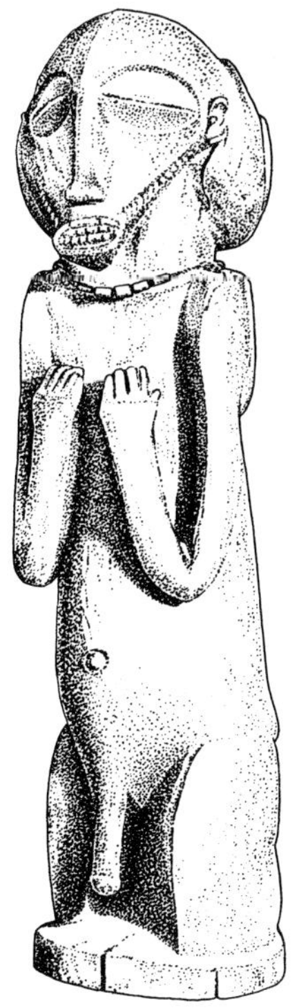

41 Männliche Ahnenfigur.
Basikasingo, Zaire
Musée Royal de l'Afrique Centrale, Tervuren
H. 75,5 cm

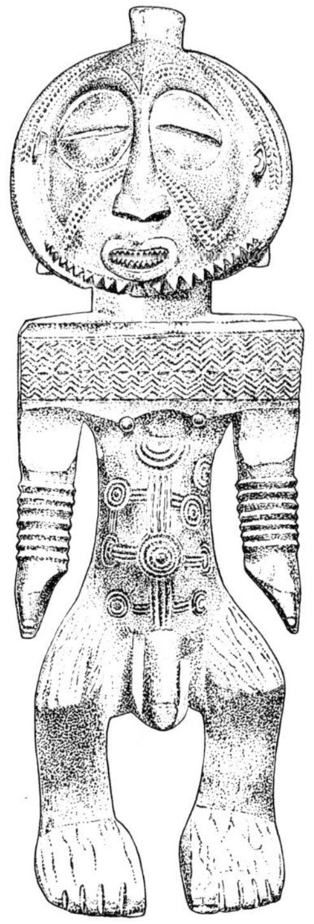

42 Stehende männliche Figur.
Babuye, Zaire
Sammlung
René Van der Straete, Brüssel H. 99,5 cm

ursprüngliche helle Farbe des Holzes, oder sie werden mit weißer Farberde ausgefüllt, so daß sie sich von den Streifen der dunkel gebeizten Oberfläche der Maske abheben. Manchmal ist die Maske mit polychromen Streifen bedeckt, die in der Richtung der Rillen verlaufen. Es gibt keine genauen Angaben über die Funktion dieser Masken, sie wurden wohl bei Initiationsriten und angeblich auch von Zauberern verwendet. Seltene ovale Schilde, in deren Mitte im Hochrelief eine kleine *kifwebe*-Maske geschnitzt ist, wurden bestimmt nicht zum Schutz im Kampf, sondern eher als Tanzrequisiten bei rituellen Anlässen benutzt (Abb. 212). Sehr selten sind Gesichtsmasken ohne Rillen. Die Augen dieser Masken bilden eingelegte Kaurimuscheln, der Mund hat die Form einer liegenden Acht.

Zu den berühmtesten afrikanischen Holzschnitzereien gehören die Fetische der Basonge. In der Terminologie der modernen Kunst könnte man einige davon als Assemblage bezeichnen (Abb. 211). Es sind geschlechtslose menschliche Figuren mit angewinkelten Armen und mit Augen aus eingelegten Kaurimuscheln oder kleinen Kegeln aus zusammengerolltem Messingblech, die den Figuren einen besonders aggressiven Ausdruck verleihen. Die Hohlräume im Torso und im Scheitel enthalten verschiedene magische Substanzen. Aus dem Scheitel erhebt sich oft ein Antilopenhorn, dem eine außerordentliche magische Kraft innewohnt, welche durch Messingblechstreifen, die das Gesicht bedecken, noch gesteigert wird. Die Figur hat manchmal einen Gürtel aus Schlangenhaut, auf dem Schneckengehäuse u.ä. hängen. Wegen ihrer gefährlichen magischen Kraft wurden diese Fetische außerhalb des Dorfes aufbewahrt, damit sie die Dorfbewohner nicht gefährdeten. Die Basonge suchten ihre Hilfe bei magischen Praktiken im Bereich der weißen sowie der schwarzen Magie.

Wie bei vielen Stämmen in Zaire gehörte auch bei den Basonge das Prunkbeil zu den Insignien des Häuptlings. Während die künstlerische Verzierung dieser Beile bei anderen Stämmen den Schnitzern anvertraut wurde, verzierten die Basonge-Schmiede das metallene Teil. Die Blätter dieser Beile sind aus miteinander verflochtenen Eisenstäben zusammengeschmiedet und mit vielen kleinen stilisierten menschlichen Gesichtern geschmückt. Die Beile mit einem kompakten Blatt aus Kupfer, das mit dem Relief einer kleinen Maske verziert ist, kommen viel seltener vor.

Den Stil der Verzierung von Masken mit parallelen weißen Rillen oder gemalten Streifen haben auch die nördlichen Nachbarn der Basonge, die Batetela, übernommen. Ihre Masken unterscheiden sich aber von den *kifwebe*-Masken in der Form. Es gibt bei den Batetela mehrere Maskentypen, die örtlich und vielleicht auch zeitlich bedingt sind. Im wesentlichen sind es Helmmasken. Einige sind niedrig, mit zwei Gesichtern, die in entgegengesetzte Richtungen blicken, und Hör-

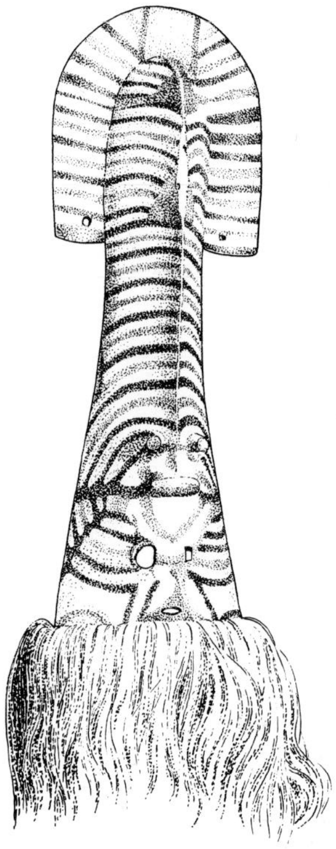

43 Helmmaske *mwadi.*
Batetela, Zaire
Ungenannte Londoner Sammlung (erworben 1925)
H. 99 cm

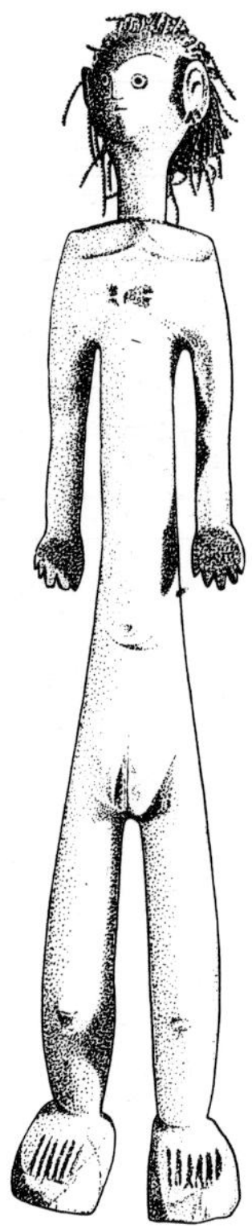

44 Stehende weibliche Figur
Wassukuma, Tansania
Lindenmuseum, Stuttgart
H. 50 cm

nern oder einem kleinen menschlichen Kopf auf dem Scheitel. Bei einem anderen Typ (Zeichnung S. 220) hat der Helm die Form eines hohen Kegels mit einem schematisch angedeuteten Gesicht. Oben ist dieser Kegel mit einem breiten, querverlaufenden Kamm versehen, der den Scheitel der Maske wie ein Heiligenschein umgibt.

OST- UND SÜDAFRIKA

Am Anfang dieses Buches haben wir gesagt, daß Ost- und Südafrika sehr arm an traditioneller Skulptur sind. Einige Teile der östlichen Hälfte des Kontinents wurden einst sogar als ein kunstloses Gebiet bezeichnet. Diese Behauptung entspricht aber nur zum Teil der Wahrheit. Wir wollen hier nicht mit den zahllosen Artefakten des traditionellen Designs, die für den täglichen Gebrauch bestimmt sind, argumentieren, mit Korbgeflechten, Metallarbeiten, Inkrustationen oder Perlenstickereien, in denen der Sinn der Ost- und Südafrikaner für die Schönheit der Form und die Harmonie der Farben zur Geltung kommt, und auch nicht mit Schnitzwerken, die eine praktische Funktion haben, den Nackenstützen oder Hockern. Von Ausnahmen abgesehen sind diese Gegenstände zwar nicht figürlich gestaltet, wie es in der westlichen Hälfte des Kontinents üblich ist, aber ihre abstrakt-ornamentale Gestaltung bezeugt das Vorhandensein traditioneller örtlicher Stile und die Fähigkeit ihrer Schöpfer, die funktionellen Gesichtspunkte mit den ästhetischen zu verbinden. Wir denken hier an wirkliche figürliche Skulpturen. 1967 unternahm Ladislav Holý den vorläufig letzten Versuch, eine systematische Zusammenfassung der bekannten Tatsachen über ihre Existenz in Ost- und Südafrika zu geben. Obwohl seine Arbeit nicht den Anspruch auf Vollständigkeit erhebt, haben ihre Ergebnisse gezeigt, daß es im diesem riesigen Gebiet nur sehr wenige Stämme gibt, bei denen man nicht wenigstens Spuren einer plastischen Kunst finden könnte.

Leider sind es in vielen Fällen tatsächlich nur Spuren. Oft handelt es sich um vereinzelte, unzureichend dokumentierte Werke, die sich in alten Sammlungen einiger Museen erhalten haben. Und selbst dann, wenn es verläßliche Angaben über einen Fundort gibt, bestehen berechtigte Zweifel, ob das Objekt tatsächlich dort entstanden ist. Trotzdem wies Holý auf einige Tatsachen hin. Erstens, daß die figürliche Skulptur in Ost- und Südafrika in einem viel größeren Maße, als bis dahin bekannt, existierte und daß sie sich nicht nur auf einige wenige Regionen beschränkte. Zweitens, daß die figürliche Skulptur nicht überall, wo sie existierte, nur ein Ableger der künstlerisch reichen Zentren war, die in den westlichen Regionen, vor allem in Südostzaire und Nordangola liegen. Und schließlich, daß es in

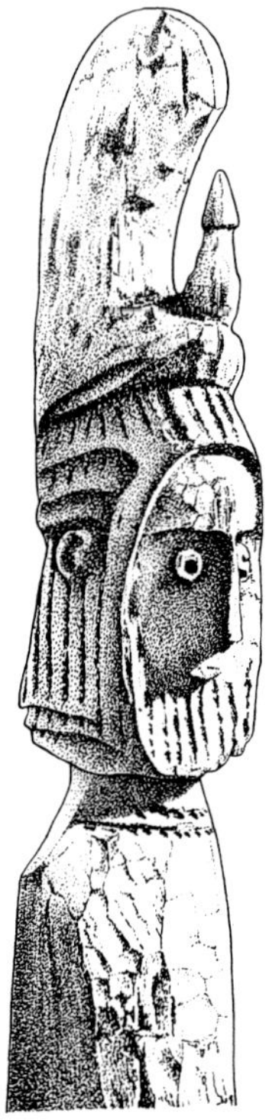

45 Gedenkfigur Gato, Äthiopien
Museum für Völkerkunde, Frankfurt a.M.
H. 133 cm

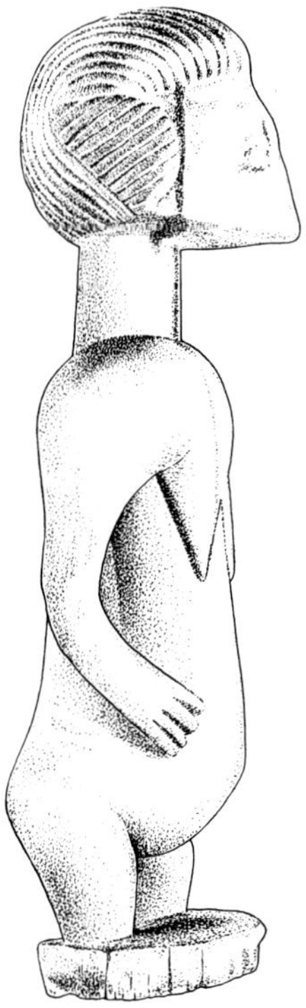

46 Stehende weibliche Figur. Wabende, Tansania
Museum für Völkerkunde, Berlin-Dahlem
H. 67 cm

einer Reihe europäischer Museen weitere, vorläufig vielleicht noch nicht identifizierte Zeugnisse ost- und südafrikanischer Kunst gibt, deren Erforschung neue und genauere Kenntnisse über das Kunstschaffen dieser Regionen bringen würde. Der Grund dafür, daß man auf diesem Gebiet bisher keine wesentlichen Fortschritte verzeichnen konnte, kann man darin sehen, daß diese Kunst — wie L. Holý bereits betonte — bis auf Ausnahmen ein abgeschlossenes historisches Kapitel darstellt, daß in diesem Gebiet keine neuen Zeugnisse von dieser Kunst gefunden wurden, die das Interesse der Sammler, welches gewöhnlich einen positiven Einfluß auf das Studium der Kunst ausübt, finden könnten. In Westafrika dagegen ist die traditionelle Kunst noch lebendig und die Forscher konzentrieren sich auf diese Region unter anderem auch deshalb, weil sie hier auch auf Fragen Antworten finden, die die Museumssammlungen nie beantworten können. Und der letzte, nicht aber unwichtigste Grund besteht darin, daß die Sammlungen verstreut und relativ schwer zugänglich und die eventuellen Ergebnisse einer solchen Forschungsarbeit ziemlich unsicher und wenig effektvoll sind.

Trotz all dieser Faktoren, die unsere Kenntnisse und dadurch auch die Möglichkeiten einer detaillierten Übersicht der traditionellen Skulptur in Ost- und Südafrika begrenzen, zeichnet sich hier eine Reihe künstlerischer Zentren ab. Mit Rücksicht auf den begrenzten Umfang des Buches wollen wir uns nur auf ihre wichtigsten Repräsentanten beschränken.

Wenn wir von Norden nach Süden wandern, stoßen wir auf das erste Zentrum am Nil-Oberlauf im südlichen Sudan. Die wichtigsten Schöpfer figürlicher Skulptur sind hier die Bari, ein Niloten-Stamm, von dem männliche und weibliche Figuren bekannt sind, deren Gestaltung kaum das Stadium einer schematischen Darstellung der menschlichen Gestalt überschritten hat (Abb. 227). Diese Skulpturen sind nicht selten, man kann ihnen in etwa zehn europäischen Museen begegnen. Die meisten wurden im 19. Jahrhundert, einige in seiner ersten Hälfte, gesammelt. Über ihre Herkunft ist aber nichts Genaueres bekannt und auch die Berichte über ihre Funktion sind nicht eindeutig. Wahrscheinlich waren sie mit dem Ahnenkult verbunden und hingen in Hütten, wo man ihnen Opfer brachte. Die Vermutung, daß ein Zusammenhang zwischen diesen Figuren und jenen der Azande in Nordostzaire besteht, kann sich nicht auf Übereinstimmung der Formen stützen. Trotz des primitiven, schematischen Charakters dieser Figuren kann man an ihnen mindestens zwei Stile unterscheiden. Ob aber diese Stilunterschiede der Ausdruck verschiedener ethnischer Herkunft oder nur Unterschiede zwischen einzelnen Schnitzern sind, wissen wir nicht.

Ein stilistisch isoliertes Zentrum liegt in Südwestäthiopien bei den Konso, Gato und Ometo. Die Figuren

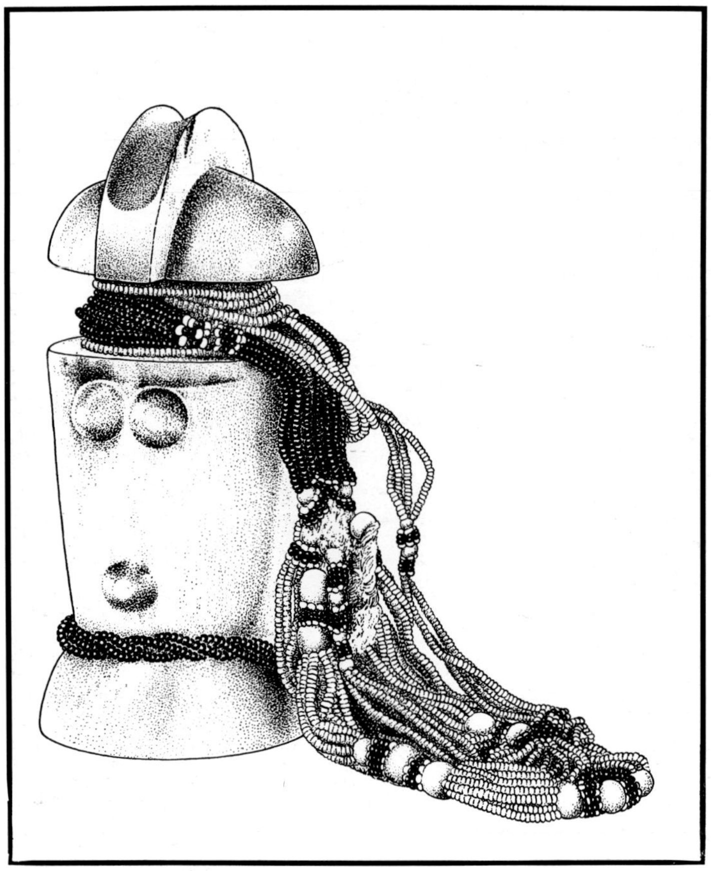

47 Kleine weibliche Figur *mwana kiti.* Wazaramo, Tansania
Museum für Völkerkunde, Berlin-Dahlem H. 14 cm

zum Andenken an die Verstorbenen, die auf Gräbern (Gato — Zeichnung S. 221) oder am Dorfeingang (Koneo) aufgestellt wurden, sind Pfahlplastiken. Am oberen Ende des unbearbeiteten Stammes ohne Arme und Beine ist nur der Kopf mit einer helmartigen Mütze, manchmal mit einem phallischen Vorsprung über der Stirn, geschnitzt. Das Gesicht ist oval, bei männlichen Figuren mit einem eckigen Kinnbart verziert, die ausdrucksvollen, röhrchenförmigen Augen liegen unter den geraden Einschnitten der Brauen.

Den Holzmasken begegnen wir in Ostafrika zum erstenmal bei den Wessiba (Haya) am Victoriasee im Nordwesten von Tansania. Es sind schematische Darstellungen eines menschlichen Gesichts mit großen, runden Augenhöhlen und einem großen Mund mit eingesetzten menschlichen Zähnen. Manchmal haben diese Masken einen Bart aus schwarzem Affenfell und die Gesichtszüge sind mit weißer Farberde umrahmt. Über die Funktion dieser Masken wissen wir nichts Bestimmtes. Aus dem südöstlichen Teil des Victoriasees, von den Wakerewe, die auf der Insel Ukerewe und dem gegenüberliegenden Festland leben, stammen Figuren zum Andenken an Ahnen und Häuptlinge. Im Stil zwar verschieden, aber in einer Reihe von schöpferischen Verfahren identisch sind Figuren der Wassukuma, die südlich von den Wakerewe wohnen (Zeichnung S. 220). Die Figuren dieser beiden Stämme zeigen eine Vorliebe für lange, zylindrische Torsos und entsprechend lange Glieder, die Köpfe sind verhältnismäßig klein, die Geschlechtsmerkmale sind auf das für die Unterscheidung notwendige Minimum reduziert und die Haare der Figuren sind mit Pflanzenfasern wiedergegeben, auf die manchmal Glasperlen aufgezogen sind.

Von den Stämmen, die am östlichen Ufer des Tanganjikasees wohnen, stammen seltene Skulpturen, die aber deutliche Stilmerkmale des Baluba-Komplexes vom gegenüberliegenden Ufer des Sees in Ostzaire aufweisen. Das trifft z.B. für Skulpturen der Gruppe Wajiji des Stammes Abaha (Ha) und besonders für die berühmte Figur aus dem Museum für Völkerkunde in Berlin-Dahlem zu, die bei den Wabende erworben wurde (Holý Nr. 29, W. Fagg, 1965, Nr. 116).

Ein interessantes Zentrum höfischer Kunst existierte in Zentraltansania bei den Wanyamwezi und bei ihren östlichen Nachbarn, den Wagogo. Von den Wanyamwezi stammt der bekannte Stuhl der Sultanin von Buruku, der im Jahre 1898 in ihrem Palast gefunden wurde (Zeichnung S. 225), bei den Wagogo entstand der ähnlich gestaltete Häuptlingsstuhl (heute in den Museen für Völkerkunde in Berlin-Dahlem und Wien). Beide Stühle haben hohe, volle Lehnen, auf deren Rückseite eine menschliche Gestalt mit langen, schlanken Gliedern im Relief geschnitzt ist. Von gleicher Herkunft sind wahrscheinlich auch die im identischen Stil geschnitzten Hörner aus einer belgischen Privatsammlung, die L. Holý veröffentlichte (Nr. 38 und 39). In ihrer Einmaligkeit, ihrer repräsentativen Funktion und der Exklusivität ihres Stils erinnern diese Objekte an die besten Werke der höfischen Kunst der Fon in Abomey. Diese Objekte sind wahrscheinlich an einem

227 Frei stehende Figuren eines menschlichen Paares. Bari, Republik Sudan. Holz mit rotbraun gefärbter Oberfläche. In den Sammlungen von zehn europäischen Museen befinden sich etwa fünfundvierzig Figuren dieses Stammes, die alle im Laufe des 19. Jahrhunderts erworben wurden, einige davon bereits in seiner ersten Hälfte. Was den Stil betrifft, bilden sie mindestens vier Gruppen, die wahrscheinlich durch die Persönlichkeiten der Schnitzer und verschiedene ethnische oder zeitliche Herkunft bedingt sind. Die gleiche Unsicherheit herrscht im Bezug auf die Funktion dieser Figuren. Entweder stellen sie Ahnen des Stammes dar, oder sie hatten eine magisch-schützende Funktion. Dieses undokumentierte Paar, das vor kurzem aus einer Prager Privatsammlung erworben wurde, findet wahrscheinlich seine Entsprechung in einigen Figuren des Pariser Musée de l'Homme, die in der ersten Hälfte des vorigen Jahrhunderts erworben wurden.
Náprstek-Museum, Kat. Nr. 7369 (m); 7370 (f) H. 32 cm; 34 cm

228 Helmmaske. Makonde, Mozambique. Leichtes, helles Holz mit gelbbraun gefärbter, patinierter Oberfläche. In den Vertiefungen der Frisur sind Reste von Menschenhaaren. In der Oberlippe ist der Lippenpflock *pelele,* der traditionelle Schmuck der Makonde, angedeutet.
Náprstek-Museum, Kat. Nr. A 5405 H. 26 cm

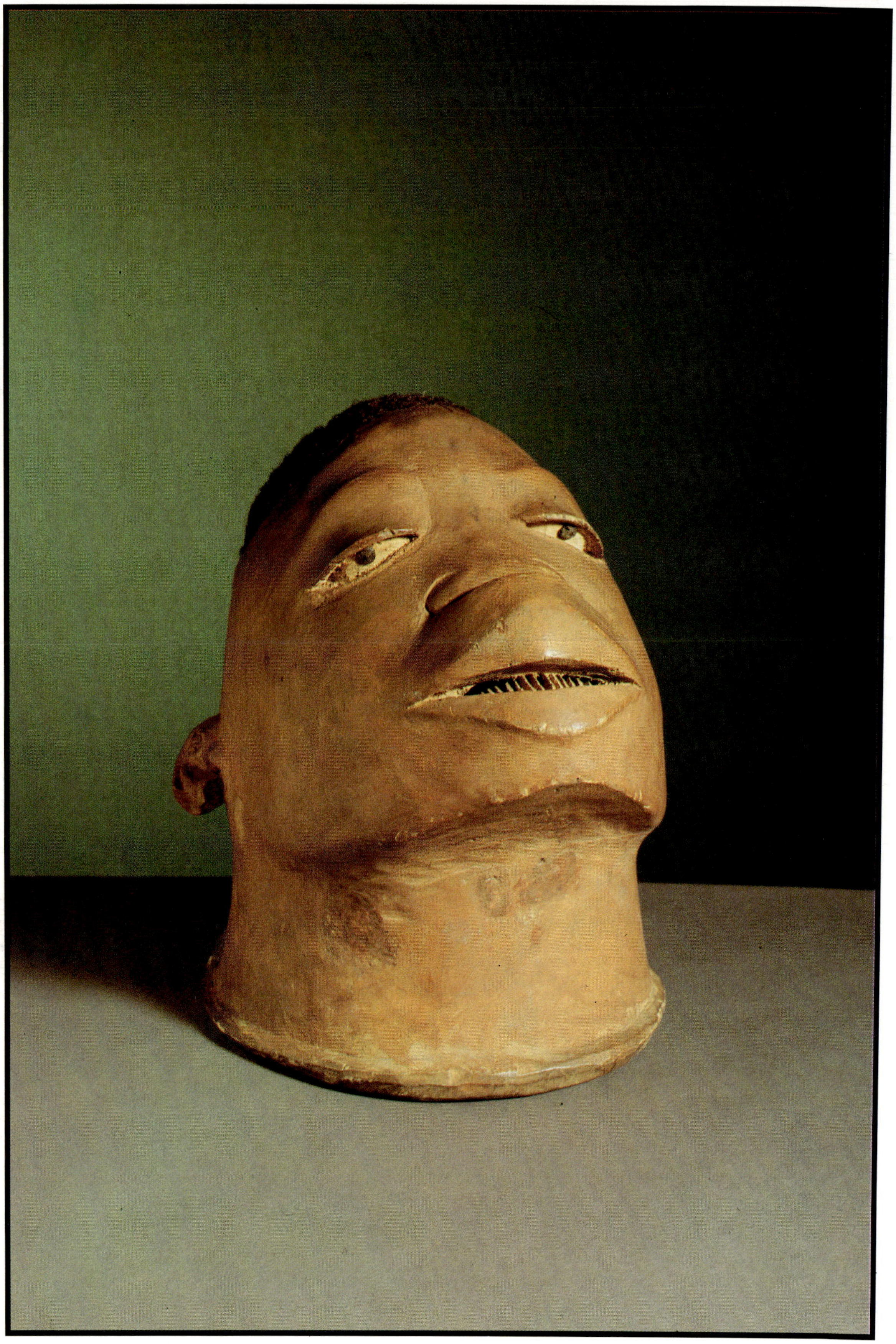

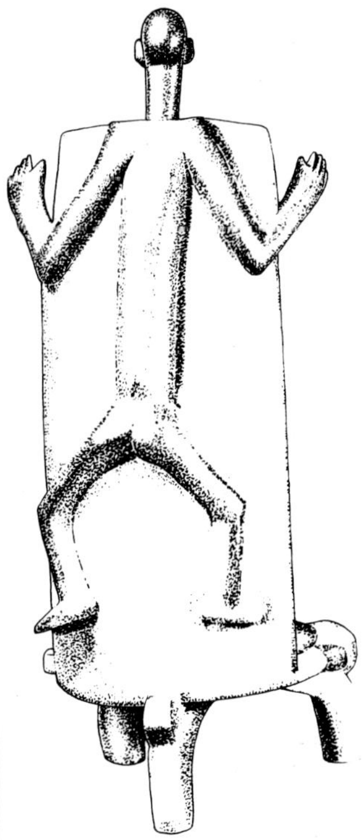

48 Thron der Sultanin von Buruku.
Wanyamwezi, Tansania
Museum für Völkerkunde, Berlin-Dahlem
H. 107 cm

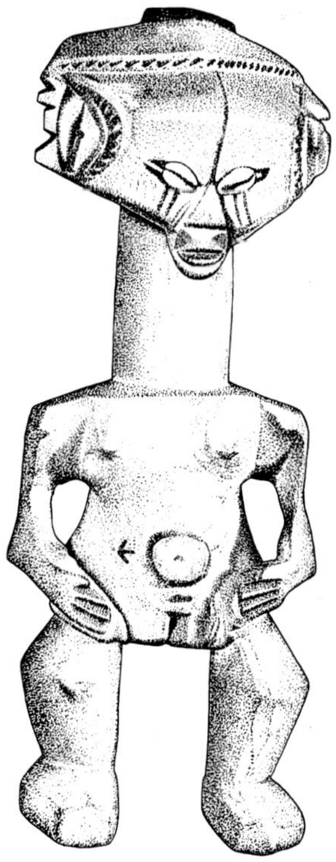

49 Stehende weibliche Figur.
Washambala, Tansania
Lindenmuseum, Stuttgart.
H. 38,5 cm

einzigen Ort entstanden, wir wissen aber nicht, welchem von den beiden Stämmen sie zuzuweisen sind.

Einige als Unikate erhalten gebliebene Figuren, die von den Washambala aus dem Usambara-Gebirge im Nordosten von Tansania stammen, bezeugen die Existenz einer einstigen reifen plastischen Tradition nahe der Küste des Indischen Ozeans. Zum Beispiel die Frauenfigur (Zeichnung S. 225) aus den Sammlungen des Lindenmuseums in Stuttgart, die von L. Holý veröffentlicht wurde (Nr. 56); sie steht in der Originalität der Gestaltung den besten Werken der westafrikanischen Kunst nicht nach, und es ist undenkbar, daß diese Figur nur ein vereinzelter, zufällig entstandener Versuch eines Schnitzers sein sollte.

Wenn wir unseren Weg in der Richtung nach Süden der Küste entlang fortsetzen, werden die Zeugnisse der figürlichen Kunst immer zahlreicher, obwohl diese Küste jahrhundertelang dem arabisch-islamischen Einfluß ausgesetzt war. Die Wazaramo, die nördlich von dem Rufiji-Fluß wohnen, haben mehrere Typen figürlicher Skulpturen in verschiedenen Stilen geschaffen. Die *tambiko*-Stäbe mit figürlichen Aufsätzen, die bei der Heilung von kranken Kindern verwendet wurden, kann man vielleicht für einen entfernten stilistischen Anklang an das reiche Schaffen der Stämme, die zwischen der Küste und dem Nyassasee wohnen, halten. Stilistisch sehr originell sind demgegenüber kleine Figuren, die *mwana kiti* heißen (Zeichnung S. 222). Ihre schematischen Köpfe und Körper ohne Glieder sind eine konsequent durchdachte Zusammenstellung von Kegeln, Zylindern, vollen Bögen und Kugelsegmenten, Puppen, die offenbar mit sympathisch-magischer Kraft begabt sind und in großer stilistischer Vielfalt an verschiedenen Orten in Afrika vorkommen. Unverheiratete Mädchen und verheiratete Frauen, die noch kein Kind hatten, trugen sie bei sich. Die Doe, die weiter von der Küste entfernt wohnen, haben Figuren von demselben Typ, deren konsequente kubistische Gestaltung durch die konkaven Gesichter mit einfach modellierten Details gestört wird. Die Figuren der Wazaramo haben überhaupt kein Gesicht. Von den Doe stammt vielleicht auch das unikate, leider nicht dokumentierte, aus einem Elefantenstoßzahn geschnitzte Horn aus den Sammlungen des Übersee-Museums in Bremen (Abb. 231). Es ist wie in der Regel alle afrikanischen Hörner ein Querhorn, und der Elefantenzahn ist in der Form einer typischen *mwana kiti*-Figur mit einem Gesicht geschnitzt. Die Funktion dieses Musikinstruments kennen wir nicht. Die primitiven Menschenfiguren der Wabondei, die weiter landeinwärts mit den Washambala und Wazaramo leben, sind dadurch bemerkenswert, daß sie konkave, herzförmige Gesichter haben, die aus der westlichen Hälfte des Kontinents bekannt sind. Dieses Stilisierungsprinzip tritt hier noch öfter auf, vor allem auf den Gesichtsmasken der Stämme, die in Mozambique wohnen.

Das Gebiet, das sich von der Küste des Indischen Ozeans in Südtansania über Mozambique bis zum Nyas-

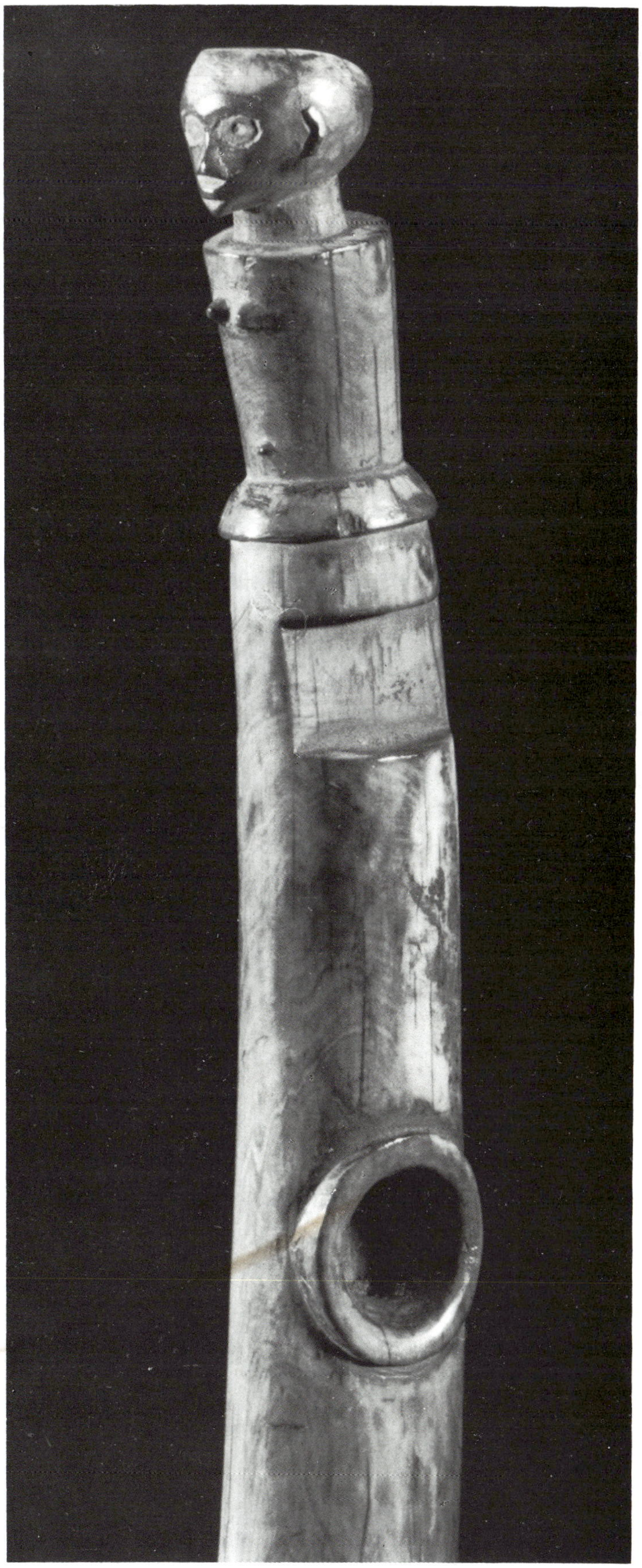

sasee erstreckt, können wir als einen einzigen, abgeschlossenen Stilbereich der östlichen Hälfte Afrikas bezeichnen. Den Grundton des hiesigen Stils bestimmt das reichhaltig dokumentierte und in Sammlungen belegte Kunstschaffen der Makonde (Wamakonde), deren Großteil in Mozambique, südlich von dem Grenzfluß Ruvuma wohnt. Der kleinere Teil dieses Stammes, der am nördlichen Ufer dieses Flusses in Tansania lebt, wurde islamisiert und ließ deshalb bereits um die Zeit des ersten Weltkrieges von seiner traditionellen Kunst ab. Die Angehörigen dieses Stammes, die aus der Kolonie Mozambique in das ehemalige britische Tanganjika kamen, um hier Arbeit zu suchen, und heute in der

229, 230 Figur einer knienden Frau. Makonde, Mozambique. Helles Holz mit unbearbeiteter Oberfläche und ohne Patina, das reiche Narbenmuster ist mit eingebrannten Linien angedeutet.
Náprstek-Museum, Kat. Nr. 4228 **H. 49 cm**

231 Horn aus einem Elefantenstoßzahn, das in eine kleine, stilisierte Frauenfigur ausläuft. Doe, Tansania. Der aufgerauhte Streifen am unteren Ende des Elefantenzahns scheint anzudeuten, daß die Mündung des Horns wahrscheinlich mit einer Ledermanschette versehen war.
Übersee-Museum, Bremen **H. der Figur ca. 8 cm**

228

Umgebung von Dar es salam wohnen, sind die Schöpfer der in den letzten zwei Jahrzehnten so populären, aus Ebenholz geschnitzten phantastischen Figuren und der realistischen, säulenförmigen Figurengruppen. Es muß aber betont werden, daß diese moderne Kunst weder im Stil, noch in der Ikonographie etwas mit der traditionellen Holzschnitzerei der Makonde zu tun hat, daß es sich um ein Produkt eines fremden, durch die Nachfrage des Touristenmarktes motivierten Impulses handelt, und daß die besten Werke ihrer realistischen Komponente von modernen politischen Ideen ausgehen, während die phantastische Komponente sich an die Dämonologie der traditonellen Folklore anlehnt, die in der traditionellen Kunst nicht zum Ausdruck gekommen ist.

An der nördlichen Peripherie dieses Stilbereiches, im Süden von Tansania, lebt der Küstenstamm der Wamuera, der Menschen- und Tiermasken schnitzt. Demgegenüber hat sich die traditionelle Skulptur der Makonde in einem Maße entwickelt, das einen Vergleich mit manchen künstlerisch produktiven Stämmen Westafrikas zuläßt. Das Schaffen der Makonde umfaßt Gesichtsmasken, Masken in Gestalt menschlicher Köpfe, die an die Masken des Yoruba-Bundes *gelede* erinnern, Figuren, Trommeln mit menschlichen Karyatiden, Stäbe mit figürlichen Aufsätzen, figürlich gestaltete Tabakspfeifen usw.

Den quantitativen Schwerpunkt der Makonde-Schnitzerei bilden die Masken. Die Gesichtsmasken sind offenbar in mehreren, stilistisch ziemlich selbständigen Zentren entstanden. Der Umriß dieser Masken ist rund bis oval, sie sind leicht konvex, stark stilisiert und ihre Oberfläche ist braun oder rotbraun gebeizt. Die reichen geometischen Narbenmuster der Gesichter sind mit Bienenwachs gezeichnet. Die männlichen Masken haben oft einen angedeuteten Bart, die weiblichen Masken werden immer mit der in die Oberlippe eingesetzten Holzscheibe *pelele* geschnitzt.

50 Stehende weibliche Figur. Lomwe, Malawi
Museum für Völkerkunde, Berlin-Dahlem
H. 40,4 cm

Zu einer weiblichen Maske gehörte ein ovales Holzschild mit Brüsten, das sich der Tänzer an die Brust band. Diese Masken traten paarweise auf und ihr Tanz war eine choreographisch-dramatische Darstellung das Geschlechtsaktes. Bei Initiationsriten traten auch Tier- und Teufelsmasken mit Hörnern auf.

Die Helmmasken weisen eine größere stilistische Einheitlichkeit und eine starke realistische Tendenz auf (Abb. 228). Es sind Darsstellungen fleischiger Menschenköpfe mit einer breiten Nase, niedergeschlagenen Augenlidern und schlitzförmigen Augen, im halboffenen Mund sind Zähne zu sehen. Die weiblichen Masken zeigen wieder den unentbehrlichen Lippenpflock, an den männlichen Masken sind manchmal Bärte aus Gras befestigt. Die asymmetrische Frisur, die auf ausrasierte geometrische Flächen beschränkt ist, wird oft mit menschlichen Haaren, die in Einschnitte im Holz eingedrückt sind, dargestellt. Diese Masken haben oft den Charakter von Porträts, an manchen kann man eine deutliche karikierende Absicht, an anderen wieder Rassenmerkmale von Fremden, Europäern, Arabern oder Chinesen erkennen. Die Masken des Nachbarstammes der Mawia sind im Stil identisch und von jenen der Makonde nicht zu unterscheiden. Masken mit naturalistischen Lippen, die wie stark geschwollen aussehen, werden einem anderen benachbarten Stamm, den Wyao, zugewiesen.

232 Stab, mit einem kleinen menschlichen Kopf verziert, Zulu-Nguni, Republik Südafrika. Hellbraunes Holz. Die Konturen der Augen und die Augenbrauen zusätzlich durch Brennen geschwärzt. Der Stab stammt vermutlich von demselben Schnitzer wie das menschliche Paar aus den Sammlungen des Rijksmuseum voor Volkenkunde in Leiden. (Vgl. L. Holý, 1967, Abb. 135 und 137).
Náprstek-Museum, Kat. Nr. 12 072
H. 140,5 cm H. des Köpfchens 7,9 cm

233 Stab, der in einen kleinen menschlichen Kopf ausläuft. Bathonga oder Zulu, Republik Südafrika. Hellbraunes Holz. Der Stab ist mit Kupferdraht umflochten. Der kleine Kranz am Kopf stellt die traditionelle Frisur der Bathonga-Männer dar, er erscheint aber auch an Skulpturen anderer südafrikanischer Stämme.
Náprstek-Museum, Kat. Nr. A 6435 H. 113 cm

Die Frauenfiguren der Makonde, die oft ein Kind auf dem Arm oder auf den Schultern tragen, sind wahrscheinlich Darstellungen der mythischen Stammesmutter. Kennzeichnend für diese Figuren ist ihre tänzerische Haltung mit gegrätschten Beinen und seitwärts gestreckten Armen. Männliche Figuren sind viel seltener. Die Gesichter der Figuren sind mit demselben traditionellen Narbenmuster des Stammes wie die Masken geschmückt, auf den Körpern sind die Ziernarben wieder mit Bienenwachs gezeichnet oder durch Pyrographie wiedergegeben (Abb. 229).

Die Kunst der Makonde wird oft als der östlichste Ausläufer der Kunst des Kongobeckens, als eine Enklave der westafrikanischen Kunst in der künstlerischen Wüste von Ostafrika bezeichnet. Doch diese Kunst steht in Ostafrika bei weitem nicht so isoliert da, wie vielfach angenommen wird. Ihr Stil ist vollkommen selbständig, obwohl es in ihm einige sehr allgemeine Übereinstimmungen mit der Baluba-Kunst gibt.

Aus Südmalawi stammen ethnisch nicht näher bestimmte weibliche Figuren, die man als eine „rustikalisierte“ Variante der Makonde-Kunst an der südlichen Peripherie ihres Einflußbereiches bezeichnen kann. Mit der Makonde-Kunst verbindet sie das Motiv der Mutter mit ihrem Kind (Holý, Nr. 112), das am Kopf der Figur angebrachte Fell, das das Haar darstellt, die gegrätschen Beine und die vom Torso entfernten, gebeugten Arme (Holý, Nr. 110), die den Figuren ein dynamisches Aussehen verleihen. Von den Lomwe aus dem Grenzgebiet zwischen Malawi und Mozambique, südwestlich vom Njassasee, stammen zwei unikate Exemplare weiblicher Figuren. Diese stilistisch ziemlich verschiedenen Figuren befinden sich im Museum für Völkerkunde in Berlin-Dahlem. In der Reife des Stils und ihrer Einmaligkeit entsprechen sie den Holzfiguren der Washambala. Auch in diesem Fall muß man eine längere, auf einer breiteren Grundlage bestehende künstlerische Tradition voraussetzen. Das gilt besonders für die bekannte Figur, deren konkaves Gesicht mit schräg liegenden Augen in Facetten geteilt ist und deren Gesicht und Körper mit parallelen geometrischen Rillen, die das Narbenmuster wiedergeben, bedeckt ist (Holý, Nr. 114, Zeichnung S. 229).

Ein bedeutendes Zentrum der traditionellen Holzskulptur liegt am Mittellauf des Sambesi. Seine wichtigsten Repräsentanten sind die Barotse (Lozi), die hier im siebzehnten Jahrhundert auf den Trümmern des alten Reiches Monomotapa einen eigenen Staat gegründet haben. Das originellste Genre der Barotse-Schnitzer bilden luxuriöse, ovale Holzschalen für Speisen, deren flache Deckel in der Mitte mit Handgriffen in Gestalt von Vögeln, Tieren oder Menschen versehen sind. Diese ziemlich realistischen Figuren zeugen von einer großen Beobachtungsgabe ihrer Schöpfer. Ein häufiges Thema bilden Vögel, die auf der Wasseroberfläche schwimmen. Diese Vogelfiguren sind von allen diesen figürlichen Themen am stärksten stilisiert und wahrscheinlich ist es gerade diese Tatsache, die viele Forscher vermuten läßt, daß diese Figuren an die Tradition der großen Vogelfiguren aus Speckstein anknüpfen, die die Mauern der berühmten steinernen Simbabwe-Bauwerke in dem heutigen gleichnamigen Staat schmückten. Die Figuren auf den Gefäßen der Barotse weisen aber weder stilistische noch ikonographische Gemeinsamkeiten mit diesen ihren vermeintlichen Vorbildern auf. Die seltenen Freifiguren der Barotse lassen demgegenüber klare Zusammenhänge mit dem Stilbereich des westlichen Balunda-Batschokwe-Komplexes erkennen. Von diesem Komplex stammen auch die Masken der Barotse, die bei den *makishi*-Tänzen verwendet wurden. Diese Masken sind aus Rindenstoff (Tapa), der auf einem Gerüst aus Gerten aufgespannt und mit geometrischen Ornamenten bemalt ist. Die Holzmasken der Barotse gleichen in ihrem Stil den Masken ihrer südlichen Nachbarn, der Masubia. Kennzeichnend für diese Masken sind die gewölbte Stirn, die manchmal fast halbkugelförmigen, wie aufgeblasenen Backen, der offene Mund mit zwei Reihen von spitzen Zähnen und vor allem die sorgfältig ausgeführten parallelen Runzeln auf der Stirn. Dieser Maskentyp ist auch bei weiteren Stämmen verbreitet.

Das letzte Stilzentrum in unserer Übersicht ist mit der Gruppe von Stämmen verbunden, die mit dem gemeinsamen Namen Bathonga bezeichnet werden und in den Küstengebieten von Südostafrika, im Süden von Mozambique und weiter südlich wohnen. Das Kunstschaffen dieser Stämme hat offenbar noch in jüngster Vergangenheit den Anlaß zur Entstehung der Schnitzkunst bei den Zulu (Amazulu) in Südafrika gegeben. Von den Bathonga stammen männliche und weibliche Figuren, die paarweise geschnitzt sind. Sie haben schlanke, zylindrische Torsos, die Glieder, besonders die Beine, sind lang, die Arme hängen locker herab. Die Köpfe sind gerundet, verhältnismäßig klein, mit kleinen, runden Augen, die männlichen Figuren haben eine Frisur in Form eines gerundeten Kränzchens und am Kinn einen geschnitzten Bart. Die weiblichen Figuren haben kleine Brüste in Form von Kugelkappen. Diese Figuren haben keine kultische Funktion. Ihre Oberfläche hat meistens die natürliche Farbe des Holzes, nur einige Details, wie die Frisur und der Kinnbart männlicher Figuren, werden durch Brennen geschwärzt. Mit kleinen menschlichen Köpfen, die in diesem Stil geschnitzt sind, wurden Stäbe verziert, die wahrscheinlich Würdenzeichen darstellen (Abb. 232). Die Schnitzereien der Zulu sind denen der Bathonga sehr ähnlich, bei einigen männlichen Figuren ist sogar die Frisur in gleicher Weise gestaltet. Der Stilkanon wird hier aber mit mehr Freiheit angewandt. Die meisten Figuren der Zulu waren wahrscheinlich für den Verkauf an Fremde bestimmt.

VERZEICHNIS DER ABBILDUNGEN

1, 2 Jagdhorn. Afro-portugiesische Elfenbeinschnitzerei, 16. Jahrhundert. Sherbro.
Nationalmuseum, Prag, Kat. Nr. 3623
3 Löffel mit Stiel, der mit Figuren eines Hahns und eines Hornraben (?) verziert ist. Afro-portugiesische Elfenbeinschnitzerei. Benin (?), 16. Jahrhundert.
Nationalmuseum, Prag, Kat. Nr. 3654
4 Figur einer sitzenden Frau. Bambara, Mali, Gebiet der Stadt Segou.
Náprstek-Museum, Kat. Nr. 39112
5 Menschliche Figur **nomoli** auf einem Lehnstuhl mit Händen auf den Knien sitzend. Speckstein. Sherbro, Sierra Leone, 16. Jahrhundert.
Privatsammlung, Prag
6 Hocker mit Karyatide in Gestalt einer sitzenden Frauenfigur. Bambara, Mali.
Privatsammlung, Prag
7 Frei stehende weibliche Figur. Bambara, Mali
Náprstek-Museum, Kat. Nr. 39115
8 Tanzaufsatz **tyi-wara.** Bambara, Mali.
Náprstek-Museum, Kat. Nr. A 3102
9 Tanzaufsatz **tyi-wara.** Bambara, Mali.
Náprstek-Museum, Kat. Nr. A 6016
10 Gesichtsmaske mit figürlichem Aufsatz. Bambara, Mali.
Náprstek-Museum, Kat, Nr. A 9034
11 Riegelschloß. Bambara, Mali.
Náprstek-Museum, Kat. Nr. A 5307
12 Reiter, Marionette. Bambara, Mali.
Náprstek-Museum, Kat. Nr. 6939
13 Figur einer stehenden Frau. Dogon, Mali.
Náprstek-Museum, Kat. Nr. A 4472
14, 15 Gefäß mit figürlich verziertem Deckel. Dogon, Mali.
Náprstek-Museum, Kat. Nr. A 5347
16 Ansichtskarte aus den dreißiger Jahren, aus dem damaligen belgischen Kongo.
17, 18 Frei stehende weibliche Figur. Bwa (?), Burkina Faso.
Náprstek-Museum, Kat. Nr. 39114
19 Tanzaufsatz **numtiri.** Kurumba, Burkina Faso.
Privatsammlung, Prag
20 Anhänger in Gestalt eines Büffels. Tussian, Burkina Faso.
Náprstek-Museum, Kat. Nr. 6764
21 Anhänger in Gestalt eines Nashornvogels. Tussian, Burkina Faso.
Náprstek-Museum, Kat. Nr. 6763
22 Frei stehende Figur eines Mannes.
Lobi, Burkina Faso.
Privatsammlung, Prag
23 Maske mit flachem Aufsatz. Nafana (?), Elfenbeinküste (?).
Náprstek-Museum, Kat. Nr. A 4901
24 Figur einer sitzenden Frau. Senufo (Siena), Elfenbeinküste.
Náprstek-Museum, Kat. Nr. A 9405
25 Reiterfigur **(bandéguelé).** Senufo (Siena), Elfenbeinküste.
Náprstek-Museum, Kat. Nr. 39088
26 Ritualstab **daleu.** Senufo (Siena), Elfenbeinküste.
Náprstek-Museum, Kat. Nr. 39145
27 Figur eines Nashornvogels calao. Senufo (Siena), Elfenbeinküste.
Náprstek-Museum, Kat. Nr. A 4617
28 Gesichtsmaske **kpelie.** Senufo (Siena), Elfenbeinküste.
Náprstek-Museum, Kat. Nr. 39156
29 Tiermaske in Form eines Helmes. Senufo (Siena), Elfenbeinküste.
Náprstek-Museum, Kat. Nr. A 6464
30 Webrollenhalter. Senufo (Siena), Elfenbeinküste.
Privatsammlung, Prag
31 Stilisierte Frauenfigur. Bijogo, Guinea-Bissau, Insel Bubaque, Dorf Bijante.
Náprstek-Museum, Kat. Nr. 26554
32 Figur einer stehenden Frau. Bijogo, Guinea-Bissau.
Náprstek-Museum, Kat. Nr. 26613
33 Stehende männliche (?) Figur. Bijogo, Guinea-Bissau (?).
Náprstek-Museum, Kat. Nr. 26612
34 Figur eines Nilpferdes. Bijogo, Guinea-Bissau, Insel Orango.
Náprstek-Museum, Kat. Nr. 26555
35 Anthropozoomorphe Maske **banda.**
Nalu, Guinea-Bissau.
Náprstek-Museum, Kat. Nr. A 11546
36 Tanzaufsatz **koni.** Nalu, Guinea-Bissau.
Náprstek-Museum, Kat. Nr. A 11594
37 Aufsatzmaske. Baga, Guinea.
Náprstek-Museum, Kat. Nr. A 3982
38 Figur einer stehenden Frau. Baga, Guinea.
Náprstek-Museum, Kat. Nr. A 2067
39 Figur eines stehenden Mannes. Baga, Guinea.
Náprstek-Museum, Kat. Nr. A 2071
40 Kultgegenstand **anok.** Nalu, Guinea-Bissau (?).
Náprstek-Museum, Kat. Nr. A 6465
41 Helmmaske **sowei (nöwo).** Mende, Sierra Leone.
Náprstek-Museum, Kat. Nr. 39109
42 Stehende Frauenfigur. Mende, Sierra Leone.
Náprstek-Museum, Kat. Nr. 26574
43 Anthropomorphe Maske. Toma (Loma), Liberia.
Náprstek-Museum, Kat. Nr. A 9013
44 Affenmaske **kaogle.** Dan, Elfenbeinküste.
Náprstek-Museum, Kat. Nr. A 11550
45 Anthropozoomorphe Maske **kaogle.**
Dan-Ngere, Elfenbeinküste (?).
Náprstek-Museum, Kat. Nr. A 13539
46 Anthropozoomorphe Maske **gägon.** Nördliche Dan, Elfenbeinküste.
Náprstek-Museum, Kat. Nr. A 9009
47 **Gesichtsmaske deangle.** Dan, Elfenbeinküste.
Náprstek-Museum, Kat. Nr. A 11551
48 Gesichtsmaske. Wobe. Elfenbeinküste.
Náprstek-Museum, Kat, Nr. A 6255
49 Frei stehende männliche Figur. Dan, Elfenbeinküste.
Náprstek-Museum, Kat. Nr. A 13543
50 Gesichtsmaske. Ngere, Elfenbeinküste.
Náprstek-Museum, Kat. Nr. A 13507
51 Löffel **wunkirmian** mit figürlichem Griff. Dan, Elfenbeinküste.
Privatsammlung, Prag
52 Stehende männliche Figur. Bete, Elfenbeinküste. Detail des Profils.
Náprstek-Museum, Kat, Nr. 7657
53 Stehende männliche Figur. Bete, Elfenbeinküste.
Náprstek-Museum, Kat. Nr. 7657
54 Webrollenhalter. Bete, Elfenbeinküste, Gagnoa-Gebiet.
Náprstek-Museum, Kat. Nr. 7635
55 Gesichtsmaske. Bete, Elfenbeinküste, Dorf Doudonkou, Gagnoa-Gebiet.
Náprstek-Museum, Kat. Nr. 26568
56 Gesichtsmaske mit Aufsatz. Bete, Elfenbeinküste.
Náprstek-Museum, Kat. Nr. 7623
57 Anthropozoomorphe Maske **zamle.** Guro, Elfenbeinküste.
Náprstek-Museum, Kat. Nr. A 11592
58 Gesichtsmaske. Guro/Bete, Elfenbeinküste.
Náprstek-Museum, Kat. Nr. A 2844
59 Bronzeplatte. Benin, Nigeria.
Museum of Mankind, London
60 Frei stehende weibliche Figur. Guro, Elfenbeinküste.
Schloß Opočno, Kat. Nr. 1547
61 Webrollenhalter. Guro, Elfenbeinküste.
Náprstek-Museum, Kat. Nr. A 461
62 Webrolle. Guro, Elfenbeinküste.
Privatsammlung, Prag

63 Webrolle. Guro, Elfenbeinküste.
Privatsammlung, Prag
64 Elefantenmaske. Baule Yaure, Elfenbeinküste
Náprstek-Museum, Kat. Nr. A 2901
65 Tiermaske **goli-goulin.** Baule. Eltenbeinküste.
Náprstek-Museum, Kat. Nr. 7671
66 Profil des Januskopfes. Baule-Yaure, Elfenbeinküste.
Náprstek-Museum, Kat. Nr. A 13585
67 Januskopf. Baule-Yaure, Elfenbeinküste
Náprstek-Museum, Kat. Nr. A 13585
68 Gesichtsmaske **mbolo.** Baule. Elfenbeinküste.
Náprstek-Museum, Kat. Nr. A 11564
69 Mit Reliefschnitzerei geschmückte Trommel. Baule, Elfenbeinküste.
Náprstek-Museum, Kat. Nr. 26572
70 Figur eines sitzenden Mannes. Baule, Elfenbeinküste.
Náprstek-Museum, Kat. Nr. 12932
71 Figur einer stehenden Frau. Baule, Elfenbeinküste, Gegend der Stadt Daloa.
Náprstek-Museum, Kat. Nr. 7629
72 Figur einer stehenden Frau. Baule, Elfenbeinküste.
Náprstek-Museum, Kat. Nr. 6751
73 Stilisierte Figur eines Pavians **(mbotumbo)**.
Baule, Elfenbeinküste.
Náprstek-Museum, Kat. Nr. A 2695
74 Figur einer stehenden Frau. Baule, Elfenbeinküste.
Privatsammlung, Prag
75 Figur einer stehenden Frau. Baule, Elfenbeinküste. Hinteransicht.
Privatsammlung, Prag
76 Webrollenhalter. Baule, Elfenbeinküste.
Privatsammlung, Prag
77 Fliegenwedel. Baule, Elfenbeinküste.
Náprstek-Museum, Kat, Nr. A 6006
78 Griff eines Fliegenwedels. Baule, Elfenbeinküste.
Privatsammlung, Prag
79 Griff eines Fliegenwedels, Detail der Verzierung.
Baule, Elfenbeinküste.
Privatsammlung, Prag
80 Maske mit dem kleinen Kopf eines Vogels. Tussian, Burkina Faso.
Musée Barbier-Müller, Genf
81 Schlegel zum eisernen Gong **dawle.** Baule, Elfenbeinküste.
Náprstek-Museum, Kat. Nr. A 13536
82 Griff eines Fliegenwedels. Baule, Elfenbeinküste.
Náprstek-Museum, Kat. Nr. A 11593
83 Griff eines Fliegenwedels. Baule-Atutu, Elfenbeinküste.
Privatsammlung, Prag
84 Gong **dawle** mit Schlegel (Miniatur). Baule-Atutu, Elfenbeinküste.
Privatsammlung, Prag
85 Zwei Messer in gemeinsamer Scheide (Miniatur). Baule-Atutu, Elfenbeinküste.
Privatsammlung, Prag
86 Stehende männliche Figur. Atie, Elfenbeinküste (?).
Náprstek-Museum, Kat. Nr. 39105
87 Stehende geschlechtslose Figur. Ebrie, Elfenbeinküste.
Náprstek-Musuem, Kat. Nr. A 13550
88 Menschlicher Kopf. Anyi, Elfenbeinküste.
Privatsammlung, Prag
89 Hocker mit einer menschlichen Karyatide. Fante, Ghana.
Náprstek-Museum, Kat. Nr. 23524
90 Kamm. Asante, Ghana, Kumasi.
Náprstek-Museum, Kat. Nr. 26902
91 Stehende Figur einer jungen Frau.
Asante, Ghana.
Náprstek-Museum, Kat. Nr. 23535
92 Nackenstütze. Asante, Ghana (?).
Náprstek-Museum, Kat. Nr. 23501
93 Gewicht mit abstraktem Muster (4 Spiralen).
Privatsammlung, Prag
94 Gewicht mit abstraktem Muster.
Privatsammlung, Prag
95 Gewicht mit geometrischem Muster.
Náprstek-Museum, Kat. Nr. A 6263
96 Beil.
Privatsammlung, Prag
97 Prunkmesser. Baule, Elfenbeinküste.
Privatsammlung, Prag
98 Signalhorn aus einem Elefantenstoßzahn mit daran befestigten Unterkiefern getöteter Feinde.
Náprstek-Museum, Kat. Nr. 26684
99 Hahn.
Privatsammlung, Prag
100 Sprichwortgewicht in Gestalt eines Panthers mit einem Hahn.
Náprstek-Museum, Kat. Nr. 25551
101 Antilope.
Privatsammlung, Prag
102 Prunkschild.
Privatsammlung, Prag
103 Hocker.
Náprstek-Museum, Kat. Nr. 26678
104 Weisheitsknoten.
Náprstek-Museum, Kat. Nr. A 9327
105 Geflochtener Prunkschild.
Privatsammlung, Prag
106 Häuptling mit Prunkschwert und -schild auf dem **asipim**-Stuhl der Würdenträger sitzend.
Náprstek-Museum, Kat. Nr. 6260
107 Reiterfigur eines Würdenträgers mit zwei Trommlern.
Náprstek-Museum, Kat. Nr. 25552
108 Pfeifenkopf in Gestalt eines Vierfüßlers, der einen Fisch oder ein kleineres Tier frißt.
Náprstek-Museum, Kat. Nr. 5347
109 Pfeifenkopf in Gestalt eines Chamäleons.
Náprstek-Museum, Kat. Nr. 23543
110 Pfeifenkopf, an dem eine stehende männliche Figur mit den Händen auf dem Bauch lehnt.
Náprstek-Museum, Kat. Nr. 23544
111 Pfeifenkopf, an dem eine sitzende mähnliche Figur lehnt.
Náprstek-Museum, Kat. Nr. 23540
112 Figur einer stehenden Frau. Ewe, Togo.
Náprstek-Museum, Kat. Nr. A 3636
113 Figur einer sitzenden Frau mit zwei Kindern. Yoruba, Nigeria.
Náprstek-Museum, Kat. Nr. A 4605
114 Genregruppe. Ein Jäger, der sein Gewehr gegen einen Löwen richtet. Fon, Benin.
Náprstek-Museum, Kat. Nr. 26807
115 Figuren verstorbener Zwillinge **ere ibeji.**
Yoruba, Nigeria.
Privatsammlung, Prag
116 Figuren verstorbener Zwillinge **ere ibeji.** Yoruba, Nigeria.
Náprstek-Museum, Kat. Nr. A 13558 und A 13559
117 Weibliche Figur **ere ibeji** im Kostüm eines Priesters des Gottes Shango. Yoruba, Nigeria.
Náprstek-Museum, Kat. Nr. A 13549 a b
118 Tanzstab **ogo elegba.** Yoruba, Nigeria.
Náprstek-Museum, Kat. Nr. A 4613
119 Tanzrequisit **ogo elegba.** Yoruba, Nigeria.
Náprstek-Museum, Kat. Nr. A 11545
120 Schale für Palmkerne **agere ifa.** Yoruba, Nigeria oder Benin.
Náprstek-Museum, Kat. Nr. 39131 a b
121 Orakelbrett **opon ifa.** Yoruba, Nigeria.
Náprstek-Museum, Kat. Nr. A 9393
122 Hasenmaske des **egungun**-Bundes. Yoruba, Nigeria.
Náprstek-Museum, Kat. Nr. A 9417
123 Menschliches Köpfchen **ikin ifa.** Yoruba, Nigeria.
Náprstek-Museum, Kat. Nr. A 11569

124 Maske des **gelede**-Bundes. Yoruba, Nigeria oder Benin.
Náprstek-Museum, Kat. Nr. 23467
125 Tanzaufsatz **ilari** des **egungun**-Bundes. Yoruba, Nigeria.
Náprstek-Museum, Kat. Nr. A 4612
126 Maske des **gelede**-Bundes. Yoruba, Benin.
Náprstek-Museum, Kat. Nr. A 5348
127 Schachtel in Gestalt einer Ente. Yoruba, Nigeria.
Náprstek-Museum, Kat. Nr. A 5649 a b
128 Maske des **gelede**-Bundes. Yoruba, Benin, Region Meko.
Náprstek-Museum, Kat. Nr. 39108
129 Tür mit Schnitzerei im Flachrelief, aus einem Brett geschnitzt. Yoruba, Nigeria, Ilorin (?).
Náprstek-Museum, Kat. Nr. A 13515
130 Verschließbares Futteral für einen Spiegel. Yoruba, Nigeria.
Náprstek-Museum, Kat. Nr. A 11581
131 Altar **opa osanyin** für die Anbetung der Gottheit der Heilkunst und der Lebenskraft Osanyin. Yoruba.
Náprstek-Museum, Kat. Nr. A 6389
132 Figur eines sitzenden Mannes mit Tropenhelm und geöffnetem Buch (?). Yoruba, Nigeria.
Schloß Opočno, Kat. Nr. 1543
133 Figurenpaar **ogboni edan.** Guß in verlorener Form. Yoruba.
Náprstek-Museum, Kat. Nr. A 13976
134 Gesichtsmaske. Bini, Nigeria.
Náprstek-Museum, Kat. Nr. A 4619
135 Gesichtsmaske mit beweglichem Unterkiefer, die im Geheimbund **ekpo** verwendet wurde.
Ibibio, Nigeria.
Náprstek-Museum, Kat. Nr. A 13570
136 Aufsatzmaske des Geheimbundes **ekkpe.** Ekoi (Ejagham), Nigeria, Crossfluß.
Náprstek-Museum, Kat. Nr. 23527
137 Ahnenschrein **duen fobara.** Kalabari Ijo, Nigeria.
Museum of Mankind, London
138 Ein Schneider an einer Singer-Nähmaschine. Ibibio, Nigeria, Ikot Ekpene.
Náprstek-Museum, Kat. Nr. A 9451
139 Frei stehende Figur einer Frau. Wurkum (?), Nigeria.
Náprstek-Museum, Kat. Nr. 26605
140 Pfeifenkopf in Gestalt eines sitzenden Mannes mit einer Elefantenmaske. Bali (?), Kamerun.
Náprstek-Museum, Kat. Nr. 56408
141 Anthropomorphe Pfeifenköpfe. Bali (?), Kamerun.
Náprstek-Museum, Kat. Nr. 49291 und 6593
142 Pfeifenkopf in Gestalt eines menschlichen Kopfes, auf dem eine Halbfigur mit drei Gesichtern steht. Bamum, Kamerun.
Nationalgalerie, Prag
143 Gesichtsmaske. Bamum, Kamerun.
Náprstek-Museum, Kat. Nr. 26583
144 Gesichtsmaske mit beweglichem Unterkiefer. Ibibio, Nigeria.
Lindenmuseum, Stuttgart
145 Helmmaske. Bekom oder Babanki, Kamerun.
Náprstek-Museum, Kat. Nr. A 843
146 Büffelmaske. Bamileke (?), Kamerun
Náprstek-Museum, Kat. Nr. A 13511
147 Zylindrischer Hocker. Bamileke (?), Kamerun.
Náprstek-Museum, Kat. Nr. A 2072
148 Hocker. Duala, Kamerun.
Náprstek-Museum, Kat. Nr. 22662
149 Zoomorpher Behalter fur Speisen mit flachem Deckel. Bamileke (?), Kamerun.
Náprstek-Museum, Kat. Nr. 26582
150 Löffel mit figürlichem Griff. Fang, Gabun.
Náprstek-Museum, Kat. Nr. 39429
151 Löffel mit figürlichem Griff, Detail. Fang, Gabun.
Náprstek-Museum, Kat. Nr. 39429
152 Löffel. Fang, Gabun.
Náprstek-Museum, Kat. Nr. 54164
153 Kleiner Kopf, dessen Gesicht als ein konkaves Herz stilisiert ist. Fang, Gabun
Náprstek-Museum, Kat. Nr. A 6458
154 Torso einer weiblichen Figur **bwete.**
Mitsogho, Gabun.
Privatsammlung, Prag
155 Gesichtsmaske. Mitsogho oder Bavuvi, Gabun.
Náprstek-Museum, Kat. Nr. 12146
156 Stehende männliche Figur. Jukun, Nigeria.
Néprajzimúzeum, Budapest
157 Gesichtsmaske. Ashira-Bapunu, Gabun.
Náprstek-Museum, Kat. Nr. 26602
158 Gesichtsmaske. Ashira-Bapunu, Gabun.
Náprstek-Museum, Kat. Nr. A 13533
159 Gesichtsmaske. Bavuvi, Gabun.
Privatsammlung, Prag
160 Stehende männliche Figur. Ashira-Bapunu, Gabun.
Náprstek-Museum, Kat. Nr. A 13529
161 Tanzaufsatz. Ham, Nigeria.
Koninklijk Museum voor Midden-Afrika, Tervuren
162 Figur einer knienden Frau (?). Ashira-Bapunu, Gabun.
Náprstek-Museum, Kat. Nr. 26606
163 Reliquiarfigur **mbulu-ngulu.** Bakota-Mindasa, Gabun.
Náprstek-Museum, Kat. Nr. 4808
164 Reliquiarfigur **bwiiti.** Mahongwe, Gabun.
Náprstek-Museum, Kat. Nr. A 2068
165 Figur einer stehenden Frau. Bwaka (Ngbaka), Zaire.
Náprstek-Museum, Kat. Nr. 39073
166 Gefäß mit einem menschlichen Kopf auf dem Deckel. Mangbetu, Zaire.
Náprstek-Museum, Kat. Nr. 26600 a b
167 Anthropomorphes Wassergefäß. Mangbetu, Zaire.
Náprstek-Museum, Kat. Nr. 4871
168 Stehende männliche Figur. Mangbetu, Zaire.
Náprstek-Museum, Kat. Nr. 39092
169 Frei stehende weibliche Figur. Azande, Republik Sudan.
Náprstek-Museum, Kat. Nr. 39253
170 Symbolischer Thron — stehende weibliche Figur mit Stab und Stuhl. Bekom, Kamerun.
Museum für Völkerkunde, Berlin
171 Figuren eines stehenden Mannes und einer stehenden Frau. Azande. Republik Sudan.
Náprstek-Museum, Kat. Nr. 39254 und 39255
172 Anthropomorpher Löffel. Balega (Warega), Zaire.
Náprstek-Museum, Kat. Nr. 32021
173 Trommel mit Karyatide in Gestalt einer Frau mit einer Flasche. Bakongo, Zaire.
Náprstek-Museum, Kat. Nr. A 11596
174 Griff einer rituellen Rassel. Basundi, unterer Kongo, Zaire.
Náprstek-Museum, Kat. Nr. 39178
175 Fetischfigur. Bakongo, Zaire.
Náprstek-Museum, Kat. Nr. 26812
176 Löffel mit figürlichem Stiel in Gestalt eines Mannes mit einer Pfeife.
Náprstek-Museum, Kat. Nr. 39408
177 Löffel mit figürlichem Stiel in Gestalt eines Trommlers.
Náprstek-Museum, Kat. Nr. 39405
178 Löffel mit figürlichem Stiel in Gestalt einer stehenden Frau.
Náprstek-Museum, Kat. Nr. 39407
179 Genregruppe. Ein Trommler mit sechs Zuhörern, fünf Männern in europäischer Kleidung und einer Afrikanerin.
Bakongo, Zaire.
Náprstek-Museum, Kat. Nr. 23493

180 Figur eines Europäers mit Schnurrbart, in Galauniform. Bakongo, Zaire.
Náprstek-Museum, Kat. Nr. 26899
181 Souvenir-Schnitzerei aus einem Nilpferdzahn. Bakongo, Kongo, Loangoküste.
Náprstek-Museum, Kat. Nr. A 9368
182 Fetischfigur eines Mannes mit Stock und Gewehr. Babembe, Kongo.
Náprstek-Museum, Kat. Nr. 26594
183 Gegenstand von unbekannter Funktion. Babembe, Kongo.
Náprstek-Museum, Kat. Nr. 4660
184 Fetischfigur **butti.** Bateke-Sise. Kongo.
Náprstek-Museum, Kat. Nr. 26591
185 Fetischfigur **butti.** Bateke-Fumu, Kongo oder Zaire.
Náprstek-Museum, Kat. Nr. 26590
186 Tanzaufsätze **kebe-kebe** in Gestalt von Frauenköpfen.
Kuyu, Kongo.
Náprstek-Museum, Kat. Nr. 6936 und A 11566
187 Figur einer mythischen Stammutter, die bei Initiationsriten verwendet wurde.
Kuyu, Kongo.
Náprstek-Museum, Kat. Nr. A 9414
188 Frei stehende Figur einer Frau mit Kind. Bambala, Zaire.
Náprstek-Museum, Kat. Nr. 39121
189 Figur einer stehenden Frau. Bayaka, Zaire.
Náprstek-Museum, Kat. Nr. 39393
190 Schlitztrommel. Bayaka oder Bankanu, Zaire.
Náprstek-Museum, Kat. Nr. 4873
191 Kamm mit Griff in Gestalt eines kleinen menschlichen Kopfes. Bayaka, Zaire.
Náprstek-Museum, Kat. Nr. 56342
192 Initiationsmaske. Bayaka, Zaire.
Náprstek-Museum, Kat. Nr. 4820
193 Initiationsmaske. Bayaka. Zaire.
Náprstek-Museum, Kat. Nr. A 1613
194 Initiationsmaske **mbuya.** Bapende, Zaire.
Privatsammlung, Prag
195 Initiationsmaske **hemba.** Basuku, Zaire.
Náprstek-Museum, Kat. Nr. 27803
196 Frei stehende Figuren eines Mannes und einer Frau. Bapende, Zaire.
Náprstek-Museum, Kat. Nr. 39173 (m) und 4711 (f)
197 Frei stehende Figuren eines Mannes und einer Frau. Detail der Profile. Bapende, Zaire.
Náprstek-Museum, Kat. Nr. 39173 (m) und 4711 (f)
198 Frei stehende männlich Figur. Bapende. Zaire.
Náprstek-Museum, kat. Nr. 39113
199 Hölzerner Deckel. Das Relief zeigt eine liegende Frau, die von einer Pythonschlange gefressen wird. Bawoyo, Cabinda.
Museu de Etnologia do Ultramar, Lissabon
200 Ornament aus Glasperlen im Nakken der Maske.
Náprstek-Museum, Kat. Nr. 43664
201 Helmmaske **mboom.** Bakuba, Zaire.
Náprstek-Museum, Kat. Nr. 43664
202 Helmmaske **mwaash a mbooy.** Bakuba, Zaire.
Náprstek-Museum, Kat. Nr. 4861
203 Pfeife. Bakuba, Zaire.
Náprstek-Museum, Kat. Nr. 27975
204 Palmweinbecher, der auf menschlichen Beinen steht. Bakuba, Zaire.
Náprstek-Museum, Kat. Nr. 12076
205 Ritueller Palmweinbecher in Gestalt eines menschlichen Kopfes. Bakuba, Zaire.
Náprstek-Museum, Kat. Nr. 39426
206 Büchse zum Anmachen einer roten kosmetischen Paste aus pulverisiertem **tukula**-Holz.
Bakuba, Zaire.
Náprstek-Museum, Kat. Nr. 27962
207 Spielzeug. Puppe in Gestalt eines stilisierten menschlichen Kopfes. Bakuba, Zaire.
Náprstek-Museum, Kat. Nr. 27862
208 Stehende geschlechtslose Figur. Bena Lulua (?), Zaire.
Náprstek-Museum, Kat. Nr. A 474
209 Kamm. Bena Lulua, Zaire.
Náprstek-Museum, Kat. Nr. 39151
210 Gesichtsmaske. Basalampasu, Zaire.
Náprstek-Museum, Kat. Nr. A 9006
211 Geschlechtslose Fetischfigur. Basonge, Zaire.
Náprstek-Museum, Kat. Nr. 26607
212 Tanzschild (?). Basonge, Zaire.
Náprstek-Museum, Kat. Nr. A 13542
213 Gesichtsmaske **kifwebe.** Basonge, Zaire.
Náprstek-Museum, Kat. Nr. A 6250
214 Häuptlingsstab mit Aufsatz in Gestalt eines Mannes, der auf den Schultern eine Frau trägt. Baluba-Hemba, Zaire.
Náprstek-Museum, Kat. Nr. A 9421
215 Häuptlingsstab, Profil. Baluba-Hemba, Zaire.
Náprstek-Museum, Kat. Nr. A 9421
216 Gabel mit drei Zinken und anthropomorphem Stiel. Ndengese, Zaire.
Rautenstrauch-Joest Museum, Köln
217 Nackenstütze mit Karyatide in Gestalt einer knienden Frau. Baluba-Hemba, Zaire.
Náprstek-Museum, Kat. Nr. 23502
218 Stehende weibliche Figur. Batschokwe, Zaire.
Náprstek-Museum, Kat. Nr. A 3001
219 Frei stehende männliche Figur. Baluba, Zaire.
Náprstek-Museum, Kat. Nr. 6823
220 Stab mit figürlichem Aufsatz. Batschokwe, Zaire oder Angola.
Náprstek-Museum, Kat. Nr. 34322
221 Karyatide und Sockel eines Hokkers. Batschokwe, Zaire.
Privatsammlung, Prag
222 Gesichtsmaske **mwana pwo,** die eine schöne Frau darstellt. Batschokwe, Zaire oder Angola.
Náprstek-Museum, Kat. Nr. 4688
223 Trillerpfeife mit dem Torso einer menschlichen Figur. Batschokwe, Zaire oder Angola.
Náprstek-Museum, Kat. Nr. 23545
224 Kamm mit einem kleinen menschlichen Kopf. Batschokwe, Zaire.
Náprstek-Museum, Kat. Nr. 27857
225 Häuptlingsstab, der in einen menschlichen Kopf ausläuft. Ovimbundu, Angola.
Náprstek-Museum, Kat. Nr. 23477
226 Frei stehende weibliche Figur. Ovimbundu. Angola.
Náprstek-Museum, Kat. Nr. A 1994
227 Frei stehende Figuren eines menschlichen Paares. Bari, Republik Sudan.
Náprstek-Museum, Kat. Nr. 7369 (m); 7370 (f)
228 Helmmaske. Makonde, Mozambique.
Náprstek-Museum, Kat. Nr. A 5405
229 Figur einer knienden Frau. Makonde, Mozambique.
Náprstek-Museum, Kat. Nr. 4228
230 Figur einer knienden Frau, Detail. Makonde, Mozambique.
Náprstek-Museum, Kat. Nr. 4228
231 Horn aus einem Elefantenstoßzahn, das in eine kleine, stilisierte Frauenfigur ausläuft. Doe, Tansania.
Übersee-Museum, Bremen
232 Stab, mit einem kleinen menschlichen Kopf verziert. Zulu-Nguni, Republik Südafrika.
Náprstek-Museum, Kat. Nr. 12072
233 Stab, der in einen kleinen menschlichen Kopf ausläuft. Bathonga oder Zulu, Republik Südafrika.
Náprstek-Museum, Kat. Nr. A 6435

DIE VORLAGEN DER FEDERZEICHNUNGEN WURDEN FOLGENDEN PUBLIKATIONEN ENTNOMMEN:

African Arts, Los Angeles
Abb. 2 (Vol. XIV/2); 13 (Vol. XII/2); 14 (Vol. XIV/2); 24 (Vol. XI/3)

Elisofon Eliot and Fagg William, *The Sculpture of Africa*, London 1958
Abb. 19

Eyo Ekpo and Willet Frank, *Treasures of Ancient Nigeria*, London 1982—1983
Abb. 3, 4, 5, 7, 9, 11

Fagg William, *African Sculpture*, Washington D.C. 1970
Abb. 6

Fagg William, *Tribes and Forms in African Art*, New York 1965
Abb. 1, 8, 12, 26, 28, 36, 37, 40, 47, 49

Galerie Wolfgang Ketterer, München
Abb. 18 (41. Auktion, 1980)

Gillon Werner, *Collecting African Art*, London 1979
Abb. 42

Herold Erich, *Zur Ikonographie der „aku-onu"-Maske (Jukun, Nigeria)*. Abhandlungen und Berichte des Staatlichen Museums für Völkerkunde, Dresden, Bd. 34, Berlin 1975
Abb. 23

Holý Ladislav, *Afrikanische Plastik*, Prag 1967
Abb. 43, 44, 45, 46, 48

Leiris Michel und Delange Jacqueline, *Afrika. Die Kunst des Schwarzen Erdteils.* München 1968
Abb. 10, 16, 17, 27, 31

Leuzinger Elsy, *Afrikanische Skulpturen/African Sculpture*, Zürich 1963
Abb. 39

Meauzé Pierre, *African Art.* London 1968
Abb. 34, 35, 41

Newton Douglas, *Masterpieces of Primitive Art*, New York 1978
Abb. 20, 21, 25, 30

Trowell Margaret und Nevermann Hans, *Afrika und Ozeanien.* Baden-Baden 1967
Abb. 15, 33, 38

Sotheby Parke Bernet, New York (26. Mai 1978)
Abb. 22, 29

Ansichtskarte, herausgegeben von dem ehemaligen Museum of Primitive Art, New York
Abb. 32

BIBLIOGRAPHIE

Im Laufe der fast neunzig Jahre, die seit dem Erscheinen der ersten Monographie über die afrikanische Kunst von Leo Frobenius — *Die Masken und Geheimbünde Afrikas* — verflossen sind, ist die Literatur über dieses Phänomen auf Tausende von Büchern, Artikeln sowie Ausstellungs- und Auktionskatalogen angewachsen. Während in den ersten Jahrzehnten dieses Zeitabschnitts jährlich vielleicht nur ein einziger neuer Titel erschien, kam es seit den sechziger Jahren auf diesem Gebiet, wie auf vielen anderen Fachgebieten, zu einer regelrechten Publikationsexplosion. Bis zu jener Zeit war es nicht besonders schwierig, die Produktion auf diesem Gebiet zu verfolgen, doch heute gibt es kaum eine Bibliothek, einschließlich der großen Universitätsbibliotheken, die in der Lage ist, diese Produktion vollständig zu registrieren. Und die finanziellen Möglichkeiten eines einzelnen übersteigt diese Situation bereits seit etwa zwanzig Jahren. Dies ist dem ständig steigenden Interesse der Kunstliebhaber, der steigenden Zahl von Ausstellungen afrikanischer Kunst und von spezialisierten Museen sowie der Tatsache zu verdanken, daß auf vielen Universitäten, vor allem — aber nicht nur — in den USA, Lehrstühle für afrikanische Kunst errichtet wurden und daß auf diesem Gebiet der Wissenschaft viele hervorragende Forscher tätig sind. Da es auch hier, wie auf allen anderen Fachgebieten, zwangsläufig zur Spezialisierung kommt, kann ein einzelner die Problematik der Kunst des *ganzen* Schwarzen Kontinents nur in ihren Grundrissen bewältigen.

Aus diesen Gründen beschränkt sich die Literatur, die in der folgenden Bibliographie angeführt wird, auf Werke, die im Text namentlich zitiert werden und auf die wichtigste benutzte Literatur. Bei ihrer Auswahl habe ich vor allem jene Werke berücksichtigt, die reiches Bildmaterial über Kunstwerke aus alten Museums- und Privatsammlungen enthalten. Diejenigen Leser, die über die traditionelle afrikanische Kunst oder eines ihrer Teilgebiete mehr erfahren möchten, verweise ich auf das von L.J.P. Gaskin zusammengestellte Handbuch *Bibliography of African Art*, das die bis zum Jahr 1965 veröffentlichte Literatur umfaßt, die jüngere Produktion ist — jedoch nicht vollständig — in Bibliographien, die zu den ersten zehn, bzw. fünfzehn Jahrgängen der Zeitschrift *African Arts* herausgegeben wurden, enthalten. Diese Zeitschrift, die seit 1967 von der University of California in Los Angeles herausgegeben wird, ist das wichtigste auf die Problematik afrikanischer Kunst spezialisierte Periodikum, das für jeden, der die neuen Erkenntnisse auf diesem Gebiet verfolgen will, unentbehrlich ist. Ich möchte dem Leser auch die französische Zeitschrift *Arts d'Afrique noire* empfehlen, die seit 1971 vierteljährlich in Arnouville erscheint und vor allem der traditionellen Kunst im französischsprachigen Afrika gewidmet ist.

African Arts, ab 1967 vierteljährlich, Los Angeles
Allison Philip, *African Stone Sculpture*. London, 1968
Arts d'Afrique noire, ab 1971 vierteljährlich, Arnouville
d'Azevedo Waren L. ed., *The Traditional Artist in African Society*, Bloomington, 1973
Bascom William, *Ifa Divination*. Bloomington and London, 1969
Bascom William and Gebauer Paul, *Handbook of West African Art*. Milwaukee, 1953
Bassani Ezio, *Il vassoio dell'oracolo di ifa di Ulm e le statuette de culto „abiku"*. Africa. Rivista trimestrale di studi e documentazione dell'Istituto Italo-Africano, vol. XXXVIII, Nr. 4, S. 580, 1983
Bassani Ezio, *Scultura africana nei musei italiani*. Bologna, 1977
Bassani Ezio, *Una bottega di grandi artisti Bambara*. Critica d'Arte, Firenze, 1978
Bastin Marie-Louise, *Art decoratif Tshokwe I., II.* Lisboa, 1961
Biebuyck D., *Lega Culture: Art, Initiation and Moral Philosophy among a Central Africa People*. Berkeley, 1973
Bodrogi Tibor, *Art in Africa*. New York, 1968
Boston J.S., *Ikenga Figures among the North-west Igbo and Igala*. Lagos/London, 1977
Brain Robert and Pollock Adam, *Bangwa Funerary Sculpture*. London, 1971
Čapek Josef, *Umění přírodních národů*. Praha, 1938
Cole H.M., *Art and Life among the Oweri Igbo*. Bloomington, 1982
Cornet Joseph, *Afrikanische Kunst, Schätze vom Zaire*. Genf, 1971
Coronel Patricia Crane, *Aowin Terracotta Sculpture*. African Arts XIII/1, 1979
Delange Jacqueline, *Arts et peuple de l'Afrique noire*. Paris, 1967
Dobbelmann Dr. Th. A. H.H., *Der ogboni Geheimbund. Bronzen aus Südwest-Nigeria*. Afrika Museum, Berg en Dal, 1976
Drewal H.J. and M.T., *Gelede: Art and Female Power among the yoruba*. Bloomington, 1983
Ekpo Eyo and Willet Frank, *Treasures of Ancient Nigeria*. London, 1982—3
Fagg Bernhard, *Nok Terracottas*. London, 1977
Fagg William, *African Sculpture*. The International Exhibitions Foundation, Washington/New York, 1970
Fagg William, *African Sculpture from the Tara Collection*. Art Gallery, University of Notre Dame, 1971
Fagg William, *African Tribal Images. The Katherine White Reswick Collection*. The Cleveland Museum of Art, Cleveland, 1968
Fagg William, *Nigerian Images*. London, 1963
Fagg William and Elisofon Eliot, *The Sculpture of Africa*. London, 1958
Fagg William, *Tribes and Forms in African Art*. New York, 1965
Fagg William, *Vergessene Negerkunst. Afro-portugiesisches Elfenbein*. Prag, 1959
Fagg William and Pemberton John 3rd, *Yoruba. Sculpture of West Africa*. New York, 1982
Fagg William and Plass M., *African Sculpture*. London, 1964
Fernandez James, *The Exposition and Imposition of Order: Artistic Expression in Fang Culture*. In d'Azevedo, 1973
Fischer Eberhard, *The Western Guinea Coast. A Short Introduction to West-African Art Province*. In Critica d'Arte, vol. XLVI, Firenze, 1981
Fischer Eberhard und Himmelheber Hans, *Die Kunst der Dan*. Zürich, 1976
Fischer Eberhard und Homberger Lorenz, *Die Kunst der Guro, Elfenbeiküste*. Museum Rietberg Zürich, 1985
Foss Perkins, *Urhobo Statuary for Spirits and Ancestors*. African Arts vol. IX, Nr. 4, S. 12, 1976
Fraser Douglas, *Primitive Art*. London, 1963
Frobenius Leo, *Die Masken und Geheimbünde Afrikas*. Halle, 1898
Fröhlich H.V.W., *Exotische Kunst in Rautenstrauch-Joest-Museum*. Köln, 1971
Fry Philip, *Essai sur la statuaire mumuye*. Objets et Mondes, Tom X, Fasc. 1, Paris, 1970
Garrard Timothy F., *Akan Metal Arts*. African Arts, vol. XIII, Nr. 1, 1979
Gaskin L.J.P., *A Bibliography of African Art*. London, 1965
Gerbrands A.A., *Afrika. Kunst aus dem schwarzen Erdteil*. Recklinghausen, 1967
Gillon Werner, *Collecting African Art*. London, 1979
Gower Tess, *Art of the Mende from Sierra Leone*. Exhibition Catalogue. Glasgow, 1980
Griaule M., *Masques Dogons*. Paris, 1938
Grunne Bernard de, *La statuaire en Terre Cuite, The Terracotta Statutary of the Inland Delta of the Niger and Mali*. München, 1982
Haselberger Herta, *Bemmerkungen zum Kunsthandwerk in der Republik Haute Volta*. Zeitschrift für Ethnologie, Band 94, Heft 2, 171—246, Braunschweig
Herold Erich, *Zur Ikonographie der „AKU—ONU" Masken (Jukun, Nigeria)*. Abhandlungen und Berichte des Staatlichen Museums für Völkerkunde, Dresden, S. 77, 1975
Herrmann Ferdinand, *Afrikanische Kunst aus dem Völkerkunde Museum der Portheim-Stiftung*. Berlin—Heidelberg—New York, 1969
Himmelheber Hans, *Deutung bestimmter Eigenarten der Senufo-Masken*. Baessler-Archiv, N.F. Band XIII, S. 73, 1965
Himmelheber Hans, *Nigerkünstler. Ethnographische Studien über die Schnitzkünstler bei den Stämmen der Atutu und Guro im Innern der Elfenbeinküste*. Stuttgart, 1935
Himmelheber Hans, *Negerkunst und Negerkünstler*. Braunschweig, 1960
Hirschberg Walter, *Die Künstlerstrasse. Auf Studienreise durch Kamerun*. Wien, 1962
Holas Bohumil, *Arts de la Côte d'Ivoire*. Paris, 1966
Holas Bohumil, *Die Kunst der Elfenbeinküste*. Die Kunstschätze des Museums von Abidjan. Vevey, 1969
Holas Bohumil, *L'image du monde bété*. Paris, 1968
Holas Bohumil, *Masques ivoiriens*. Paris-Abidjan, 1969
Holas Bohumil, *Sculptures ivoiriennes*. Abidjan, 1969
Holý Ladislav, *Afrikanische Plastik*. Prag, 1967
Horton Robin, *Kalabari Sculpture*. Lagos, 1965
Imperato Pascal James, *Bamana and Maninka Twin Figures*. African Arts VIII, 4, 1975
Jones G.J., *The Art of Eastern Nigeria*. Cambridge, 1984
Kandert Josef, *Exotické slonovinové řezby 16. a 17. století*. Časopis Národního muzea v Praze, řada historická Nr. 2, 1985, S. 82, 1985
Kecskési Maria, *Kunst aus dem alten Afrika*. Innsbruck—Frankfurt/M., 1982
Kjersmeier C., *Centre de style de la sculpture nègre africaine*. I.—IV. Copenhagen, 1935—1938
Korabiewicz Wacław, *Sztuka Afryki w zbiorach polskich*. Warszawa, 1966
Krieger K., *Westafrikanische Plastik*. I.—III. Berlin, 1965—1969
Krieger K. und Kutscher G., *Westafrikanische Masken*. Berlin, 1960
Lamp Frederick, *Cosmos, Cosmetics, and the Spirit of Bondo*. African Arts XVIII, 3, 1985

Laude Jean, *African Art of the Dogon. The Myths of the Cliff Dwellers.* New York, 1973
Lebeuf J. Pl, *Art Ancien du Tchad. Bronzes et ceramiques.* Paris, 1962
Lebeuf J.P. et Annie, *Les arts des Sao.* Paris, 1977
Leiris Michel und Delange Jacqueline, *Afrika. Die Kunst des schwarzen Erdteils.* München, 1968
Leuzinger Elsy, *Africa. The art of the Negro People.* London, 1960
Leuzinger Elsy, *Afrikanische Skulpturen. Beschreibender Katalog. African Sculpture. A Descriptive Catalogue,* Zürich, 1963
Leuzinger Elsy, *Die Kunst von Schwarz — Afrika.* Recklinghausen, 1972
Luschan Felix von, *Die Altertümer von Benin.* Berlin, 1919
Maggs Tim, Davison Patricia, *The Lydenburg Heads.* African Arts XIV, 2, 1981
Mansfeld Alfred, *Urwald-Dokumente; vier Jahre unter den Crossflussnegern Kameruns.* Berlin, 1908
McIntosh Susan and Roderick, *Finding West Africa's Oldest City.* National Geographic, vol. 162, Nr. 3, 396—418, 1982
McIntosh Susan and Roderick, *Terracotta Statuettes from Mali.* African Arts XII, 1977
McLeod M., *The Asante.* London, 1968
Meauzé Pierre, *African Art. Sculpture.* London, 1968
Meauzé Pierre, Noll Colette, N'Diaye Francine, *Sculptures africaines dans les collections publiques francaises.* Paris, 1972
Meek C.K., *A Sudanese Kingdom.* London, 1931
Menzel Brigitte, *Goldgewichte aus Ghana.* Berlin, 1968
Messenger John C., *The Carver in Anang Society.* In d'Azevedo (1973), 1973
Meyer Piet, *Kunst und Religion der Lobi.* Museum Rietberg Zürich., 1981
Morigi Paolo, *Raccolta di un amatore d'arte primitiva.* Bern, 1980
Newton Douglas, *The Nelson Rockefeller collection. Masterpieces of Primitive Art.* New York, 1978
Nicklin Keith, *Skin-covered Masks of Cameroon.* African Arts XII, 2, 1979
Olbrechts F. M., *Les arts plastiques du Congo Belge.* Bruxelles, 1959
Olderogge Dmitrij, *Afrikanische Kunst. Aus den Afrika-Sammlungen des Museums für Anthropologie und Ethnographie, Leningrad.* Hanau/M., 1969
Oliveira Ernesto Veiga de, *Escultura Africana no Museu de etnologia do Ultramar.* Lisboa, 1968
Paulme Denise, *Les Sculptures de l'Afrique noire.* Paris, 1956
Paulme Denise, *Une société de Côte d'Ivoire... les bété.* Paris, 1962
Perroirs Louis, *Arts du Gabon.* Arnouville, 1979
Rattray R.S., *Religion and Art in Ashanti.* Oxford, 1927
Read C.H., Dalton O.M., *Antiquities of Benin and from other parts of West Africa in the British Museum.* London, 1899
Robbins Warren M., *African Art in American Collections.* New York, Washington, London, 1966
Roy Claude, *Le m'boueti des Mahongwe.* Paris, 1967
Sarpong P., *The Sacred Stools of the Akan.* Ghana, 1971
Schädler Karl-Ferdinand, *Afrikanische Kunst in deutschen Privatsammlungen.* München, 1973
Schweger-Hefel Annemarie, *Holzplastik in Afrika.* Wien, 1960
Schweger-Hefel Annemarie, *Masken und Mythen. Sozialstruktur der Nyonyosi und Sikomse in Obervolta.* Wien, 1980
Schweger-Hefel Annemarie, *Plastik aus Afrika.* Wien 1969
Segy Ladislas, *African Sculpture Speaks.* New York, 1961
Shaw Thurstan, *Igbo Ukwu.* I., II. London, 1970
Sieber Roy, *Sculpture of Norther Nigeria.* The Museum of Primitive Art, New York, 1961
Sousberghe L. de, *L'art Pende.* Brussel, 1958
Stoll Mareidi und Gert, *Ibeji. Zwillingsfiguren der Yoruba. Twin Figures of Yoruba.* München, 1980
Sydow Eckart von, *Handbuch der westafrikanischen Plastik.* Berlin, 1930
Sydow Eckart von, Kutscher Gerdt, *Afrikanische Plastik.* Berlin
Talbot P.A., *In the Shadow of the Bush.* London, 1912
Thompson Robert Farris, *Black Gods and Kings. Yoruba Art at UCLA.* Bloomington, London, 1971
Torday Emil and Joyce Thomas A., *Notes ethnographiques sur les peuples communément applés Bakuba ainsi que sur les peuplades apparentées. Les Bushongo.* Brussel, 1911
Trowell Margaret, *Classical African Sculpture.* London, 1954
Trowell Margaret, Nevermann Hans, *Afrika und Ozeanien.* Baden-Baden, 1954
Wassing René S., *The Arts of Africa.* London, 1970
Willet Frank, *African Art: A Concise History.* New York, 1971
Willet Frank, *Ife in the History of West African Sculpture.* New York, 1967
Williams Drid, *The Dance of the Bedu Moon.* African Arts II, 1, 1968

REGISTER

STÄMME UND SPRACHGRUPPEN

Die afrikanischen Stämme werden mit vielen gleichbedeutenden Namen in verschiedener Schreibweise bezeichnet. In diesem Buch werden diejenigen Namen verwendet, die in der heutigen Literatur über afrikanische Kunst am häufigsten vorkommen. Die wichtigsten Synonyme sind im Text sowie in diesem Register angegeben. Im Falle der Bantu-Stämme werden in der Fachliteratur entweder die Namen mit dem Bantu-Pluralpräfix Ba- (in der westlichen Hälfte des Kontinents) oder Wa- (in seiner östlichen Hälfte), oder nur die Wurzel des Wortes verwendet. Zum Beispiel Bakuba oder Kuba, Wamuera oder Muera, bzw. Mwera, usw. Der Autor zieht aus verschiedenen Gründen, aber vor allem deshalb, weil diese Wortwurzel in den Bantu-Sprachen nicht in dieser Form vorkommt, den vollen Namen vor. Sollte also der Leser einen Namen vergeblich im Register suchen, wird er ihn wahrscheinlich finden, wenn er ihm eines der beiden Präfixe voranstellt. In einigen Ausnahmefällen, in denen der Name ohne Präfix in der Literatur absolut überwiegt, wie z.B. Makonde statt Wamakonde oder Zulu statt Amazulu, haben wir uns an die gängige Praxis gehalten, aber der volle Name ist in Form eines Hinweises im Register angeführt.

AFRIKANISCHE AUSDRÜCKE

AFRIKANISCHE EIGENNAMEN UND GEOGRAPHISCHE NAMEN